本书由上海文化发展基金会资助出版

 财政政治学文丛

中国古代
治国理财经典阐释

刘守刚　林　矗　宋浩天／编著

复旦大学出版社

丛书组成人员

丛书顾问　施　诚　王联合

丛书主编　刘守刚　刘志广

丛书编委会（拼音为序）

　　　　　曹　希　李　钧　梁　捷　林　矗　刘守刚　刘志广
　　　　　马金华　马　珺　宋健敏　汤艳文　陶　勇　童光辉
　　　　　王瑞民　魏　陆　温娇秀　武靖国　解洪涛　徐一睿
　　　　　闫　浩　杨海燕　杨红伟　曾军平

总序 PREFACE

成立于2013年9月的上海财经大学公共政策与治理研究院,是由上海市教委重点建设的十大高校智库之一。我们通过建立多学科融合、协同研究、机制创新的科研平台,围绕财政、税收、医疗、教育、土地、社会保障、行政管理等领域,组织专家开展政策咨询和决策研究,致力于以问题为导向,破解中国经济社会发展中的难题,服务政府决策和社会需求,为政府提供公共政策与治理咨询报告,向社会传播公共政策与治理知识,在中国经济改革与社会发展中发挥"咨政启民"的"思想库"作用。

作为公共政策与治理研究智库,在开展政策咨询和决策研究的同时,我们也关注公共政策与治理领域基础理论的深化与学科的拓展研究。特别地,我们支持从政治视角研究作为国家治理基础和重要支柱的财政制度,鼓励对财政制度构建和现实运行背后体现出来的政治意义及历史智慧进行深度探索。在当前中国财政学界,从政治学角度探讨财政问题的研究还不多见,研究者也零星分散在各高校,这既局限了财政学科自身的发展,又不能满足社会对运用财税工具实现公平正义的要求。因此,我们认为有必要在中国财政学界拓展研究的范围,努力构建财政政治学学科。

呈现在大家面前的丛书,正是在上海财经大学公共政策与治理研究院率先资助下形成的"财政政治学文丛"。作为平台,它将国内目前分散的、区别于当前主流方法思考财政问题的学者聚合在一起,以集体的力量推进财政政治的研究并优化知识传播的途径。文丛中收录的著作，内容上涵盖基础理论、现实制度与历史研究等几个方面，形式上以专著为主、以文选为辅，方法上大多不同于当前主流财政研究所用分析工具。

我们上海财经大学公共政策与治理研究院将继续以努力促进政策研究和深化理论基础为己任，提升和推进政策和理论研究水平，引领学科发展，服务国家治理。

胡怡建
2019.10

目录 CONTENTS

导论 … 1

第一章 "法者,所以爱民也;礼者,所以便事也"
　　——《商君书》选文与阐释 … 16

第二章 "视物之轻重而御之以准,故贵贱可调而君得其利"
　　——《管子》选文与阐释 … 50

第三章 "天之生民,非为君也;天之立君,以为民也"
　　——《荀子》选文与阐释 … 82

第四章 "物盛而衰,固其变也"
　　——《史记·平准书》与阐释 … 109

第五章 "愚人反裘而负薪,爱其毛,不知其皮尽也"
　　——《盐铁论》选文与阐释 … 134

第六章 "政事所以理财,理财乃所谓义也"
　　——司马光与王安石选文与阐释 … 159

第七章 "以天下之财与天下共理之"
　　——叶适选文及阐释 … 209

第八章 "善于富国者,必先理民之财,而为国理财者次之"
　　——《大学衍义补》选文与阐释 … 232

第九章 "吾意有王者起,必当重定天下之赋"
　　——《明夷待访录》选文与阐释 … 255

参考文献 … 273
后记 … 277
文丛后记 … 279

导　论

今天的中国是历史中国的延续,面对着如此悠久、如此规模的国家,当今中国人在自豪感油然而生的同时一定会有疑问:如此庞大、如此复杂的国家是怎么兴起、如何维系的?它是怎么进行有效治理并创造出灿烂文明的?为什么中国在向现代国家转型时并未出现奥斯曼土耳其帝国那样的崩解局面而实现了整体的转型,可相对于日本来说为什么现代国家转型之路却又如此的艰难?

财政是国家治理的基础和重要支柱,要回答上述问题就需要洞悉千百年来中国人用财政工具治理国家的秘密。要洞悉这样的秘密,除了要阅读以增长智慧著称的历史著作外,还有一个必要的途径就是,读那些第一流政治家与思想家的作品,看看这一个个鲜活的历史人物在当时对运用财政工具治国是怎么想怎么做的。本书的目的就在于,选编一些在历史上影响国家治理与理财活动的经典文献,并站在今天的角度加以阐释,以揭示古代中国成长的财政轨迹及其中积淀的历史智慧,并分享那些曾经最伟大的头脑在思考国家制度设计、治国理财方法时迸发的智慧灵光。

在正文开始之前,导论部分需要将本书在阐释经典文献时用到的一些概念术语以及这些经典文献所产生的历史背景,做一个大致的交代。在此之后,再介绍一下本书的文本选择与体例安排。

一、从治国理财角度思考中华帝国的成长

从国家类型来看,中国古代史的绝大部分时间应该归为帝国时代。帝国政制是中华先民在特定时期的伟大创造,它曾为中华国家生长、中华文明拓展做出

过卓越的贡献。帝国这一国家类型,也在中国这一地理空间中展现得最为充分。迄今为止,作为国家类型的帝国在中国已经终结,但帝国政制仍在民族心理结构和当代政治运作中留有深刻的印记。因此,从治国理财的角度体察帝国政制的逻辑特征,考察它的兴衰存亡,以及它对中华共同体生存发展所具有的影响,在今天仍有积极的意义。

(一) 国家的类型划分与中华帝国

为了研究国家在历史中的变化,学者们尝试着对国家进行类型的划分,并将特定时空中的某个国家归入其中一个类型。林尚立先生在对国家类型进行概括时,根据国家的三要素(人口、土地和主权)分别作为支撑点发挥作用而将国家分为三种类型:城邦、帝国和现代国家[1]。就是说,这三种国家类型,分别以上述三种要素中的一种作为自己的支撑点,依此形成三种国家类型:城邦以人口为支撑点,帝国以土地为支撑点,现代国家以主权为支撑点。在人类历史上,国家类型的发展轨迹大致是,从城邦转型为帝国,又从帝国转型为现代国家。可用表0.1来表示这样的国家转型过程。

表 0.1 国家类型的划分

国家类型	支撑要素	表现形式	特点	典型的现实国家
城邦	人口	规模较小的人群团体,大多住在有城墙保护的地方(也包括周边可控制的乡村)	过一种自给自足的游牧或农耕生活,重视公共生活中人的德性;具有简单的政府组织机构,公共权力往往表现为权威,体现在军事权、宗教权或族权中	古希腊城邦、苏美尔城邦、商代及春秋时代的诸侯国
帝国	土地	经过征战而形成的规模巨大的共同体,具有延展性的版图结构	过农耕或游牧生活,重视家庭与家族的伦理;以君主为中心,具有中央集权性质的官僚体系,公共权力表现为君权	秦汉至清的中华帝国、罗马帝国、奥斯曼帝国
现代国家	主权	在相对固定的土地基础上,由组织化的主权统摄领土与人口,具有民族认同感	在私人产权与自愿交换基础上追求工商业经济发展,重视实现人对个人权利的追求;一般具有由民众自愿选择形成的公共权力组织形式,即代议制政府,公共权力表现为组织化的主权	现代英国、现代法国、美国

资料来源:笔者整理。

在所有类型的国家中,公共权力都是国家共同体的核心,没有公共权力的存在也就只有人群而没有国家。只不过,随着人类从城邦、帝国走向现代国家,公

---

[1] 国家类型的三分法及各自的支撑要素,来自林尚立先生的课堂讲授。另外,英国学者帕克也持有同样的看法,只是增加了由上述三种类型综合而成的第四种类型(帕克著:《城邦——从古希腊到当代》,山东画报出版社 2007 年版,第 1 页)。

共权力的承载体和表现形式也发生了变化。城邦以人口为支撑点,公共权力主要由人格来承载,表现为权威(结合了统治权与个人魅力),即在一个群体中由具有人格魅力(因其血缘、年龄、知识或能力超越他人)的人行使公共权力。帝国以土地为支撑点,公共权力由财产(土地)来承载,占有土地的人掌握着对该土地上附着人口进行统治的公共权力,即公共权力借由君权(结合了统治权与财产权)来表现自己。现代国家以主权为支撑点,公共权力由制度化的各级组织来承载,而各级组织(其核心是代议制组织)又是经民众同意而设立的,此时公共权力表现为主权(统治权脱离了人身而由组织来行使)。从公共权力的视角看,国家以公共权力为核心,国家类型的转换与公共权力表现形式的变化,其实质是公共权力不断自我实现的过程,即统治权不断地公共化,人类朝着实现自我统治的目标前进(表 0.2)。

表 0.2 公共权力在不同国家类型中的表现

国家类型	承载体	表现形式	权力运转的推动力
城邦	人格	权威(因血缘、神性或技能等魅力而获得)	神意或传统
帝国	财产	君权(君主因占有土地财产而获得)	君主的意志
现代国家	组织	主权(基于公意而由定期选举确认)	民众的要求

资料来源:笔者整理。

在中国古代史上存在的中华帝国,是帝国这一国家类型中发展得最为成熟的代表。在两千年的历史长河中,帝国制度帮助中华民族克服种种生存危机,不断地发展自己的文明。在中国这一地理空间上,帝国国家类型也得以最为充分地展现出自己的形象,完整地经历了初生、生长与成熟等阶段,并从 1840 年以后逐渐走出帝国,走向现代国家。

(二) 财政类型与财政转型

由于在财政活动中收入具有重要的地位,因此财政学在对财政进行类型划分时,一般都根据主体财政收入的形式来进行[1]。也就是说,如果一国财政收入的主要部分来自税收,则将其界定为"税收型财政"。在现代国家,税收是最为常见也最为典型的财政收入形式,以至于有时候学者把所有的财政收入形式都通称为"税收"。这是一种方便的说法,但有时候却也显得过于宽泛,无法将税收与政府收费、黑社会收取的"保护费"区分开。从权力的眼光看,税收是对公众私

---

[1] 刘守刚:《家财型财政的概念及其运用》,《经济与管理评论》,2012 年第 1 期。

人财产的一种普遍性征收,这种对财产权的"侵犯",只有基于公意而形成的立法部门才有权进行。这是因为由立法权来征税,在性质上相当于公众自己同意拿出一部分财产用于共同事业。因此,财政政治学眼中的税收,应该定义如下:基于社会公意而形成的立法权,对公众的收入或财产进行普遍、平等、直接、规范地征收而形成的财政收入,其使用方向是公共服务,其征收与使用过程应由预算控制并最终决定于民众。严格地说,这样的税收只有在现代国家才是现实;或者说,作为完成的形式,现代税收才是真正的税收。在传统国家,税收只具有雏形,不完全符合税收的定义。因此,税收型财政是现代财政的标志。

同样地,可以依照主体收入形式定义其他财政类型。此处特别地将主要财政收入来自国有财产收入的财政类型,界定为"家财型财政"。国有财产收入,指的是由政府以国家共同体的名义拥有或支配的财产所产生的收益。虽然国有财产收入名称为一个,但在收益来源和性质上却不是单一的。因持有国有财产而获得的财政收入,在性质上可能是经营利润(政府不依靠特权而依靠企业家才能获得的正常利润),可能是使用费或普通租金(政府将其控制的财产使用权出借而获得的收益),也可能是所有权的转让收入,不过最有可能的是垄断租金(政府以行政特权创设垄断地位而获得的超额利润)。在帝国时代,君主凭借自己对土地的所有权,依托于政治权力而向土地耕种者收取田租。在曾实行公有制和计划经济的社会主义国家,财政上曾一度主要依靠国有工商企业上缴的收入。在财政上,此二者都是国有财产收入,因而在类型上都属于家财型财政。与税收型财政相比,家财型财政不是一种有利的财政收入工具。如果一国政府依靠国有财产来获取财政收入,将会混淆公权力和私权力的区分,干扰公共权力的运行,影响市场经济的运转,造成公共权力的私有化等问题。不过,这一判断是就现代政治而言的,家财型财政在帝国历史上仍发挥了积极的收入供应作用与国家治理职能。

由财政主体收入形式变换而导致财政类型的转换,就是财政转型。在从城邦到帝国、从帝国到现代国家的转型过程中,财政也依次发生类型的转换。在城邦,它以人口为支撑点,政府财政收入主要依赖于人,这既包括来自臣服国家或部落集体上贡的物资(或少量货币),可将其称为"贡",也包括来自本国或本部落民众提供的以帮助统治者为名的劳役和军役(及少量物资),可称其为"助",这样城邦时代的财政类型可命名为"贡助型财政"。从财政类型来看,帝国对应的财政类型为家财型,现代国家对应的财政类型是税收型。虽说国家类型与财政类型并不完全对应,但大致上,从城邦到帝国、从帝国到现代国家的转型过程中,财政也依次从贡助型向家财型、从家财型向税收型进行转换。

(三)帝国成长与治国理财

本书对国家的历史发展持有一种有机体的视角,认为国家的成长与转型虽有外力的推动,但更多源自内因的驱动。从春秋战国时代起尤其在战国期间,中华国家逐步从城邦走向帝国,帝国这样的国家类型也因此在中国地理空间中不断地形成并生长。在此过程中,一批杰出的治国者、众多伟大的头脑,殚精竭虑地思考着国家的治理,他们的思想与行动塑造了当时的政治秩序并进而构成中华帝国形成内因的一部分。

在对治国之道的思考中,如何运用财政工具获取收入并通过支出项目、管理运行来影响国家,是其中重要的甚至是决定性的内容。正如熊彼特所强调的,"为了满足国家的需要,不得不从经济中汲取资源并加以使用,这对民族的命运产生了极大的影响",特别是在国家转型时期,"财政的需要以及国家的政策对经济发展、对全部生活方式及文化的所有方面,都产生了直接的塑造作用"[1]。就国家治理而言,财政至少具有两方面的意义:一方面,它的收入、支出与管理活动直接影响了国家机构的运行、社会的运转、国家与社会的关系;另一方面,财政状况又是反映国家与社会状况的可靠指标,财政危机是国家危机的标志。

中华帝国并非一日建成,它是从春秋战国开始,历经多方面探索、诸种财政工具运用而逐渐长成的。春秋战国时代各国纷纷变法,其主要内容就关乎财政,比如,确立土地产权(针对耕地"通公私",对非耕地"设禁地")、改革财政征收形式(从力役形式到履亩而税)、变化财政支出项目(从以祭祀支出为主变为军事官俸支出为主)等。在此基础上,因秦统一天下而使得商鞅变法形成的秦国财政制度,成为后世中华帝国财政的制度原点与国家治理的主要工具。在类型上,这样的财政制度就是前文所说的"家财型财政",其内容大致如下。

第一,在土地归君主所有的产权制度基础上获取帝国的财政收入。产权制度的安排,是以君主拥有土地产权的形式,建立起国家对一切土地(及人口)的终极所有权与支配权。也就是说,彻底废除土地分封与各级领主制,国家统一支配土地的使用,并建立起控制人口的户籍制度。在这样的产权制度下,所有的土地都控制在国家(君主)手中,民众对土地的权利由国家授予,并因此向国家承担财政义务。民众的主要财政义务是,就占用耕地而缴纳田赋和承担徭役(军役和力役),其中田赋是最为重要的财政收入形式。另外,民众还需要就非耕地所出产的资源商品而承担过税或住税等负担。

---

[1] 熊彼特:《税收国家的危机》,附录于格罗夫斯著:《税收哲人》,上海财经大学出版社2018年版。

第二，应对帝国主要职能而形成财政支出的项目。帝国的职能，首先是维持国家机器的存在，包括作为帝国象征和履行产权责任的王(皇)室，维护国家统一和安全的军事机器，支持从事帝国内部治理的官僚组织。为了完成上述职能，主要的财政支出项目有王(皇)室支出、军费支出、百官俸禄支出。帝国的职能，其次是为民众服务，即以必要的经济和社会支出来履行必要的服务职能，如兴修水利、平准市场以及赈济灾荒等行为，为此形成再分配性质的财政支出。

第三，以大家庭方式管理财政，即区分自用部分(王室或皇室财政)和公用部分(国家财政)，采用不同方式加以管理。前者作为"私奉养"，主要以王(皇)室领地的收入与来自非耕地(禁地)的收入供王(皇)室消费。后者"赋于民"，主要以田赋力役等正税来维持政府。在管理上，后者比起前者来渐趋严格。这一管理方式，适应了家国一体的帝国政制以及帝国君主的多重身份。

帝国财政制度在历史上屡经调整，财政操作手段与平衡艺术也在国家治理过程中日益完善。因此在帝国成长与治国理财之间，形成了良好的互动关系：帝国国家因财政治理而不断地成长，表现为中华帝国的扩张与文明影响的扩大；财政因国家治理需要而多次变革，表现为新王朝初兴时对财政制度的调整以及王朝中期对财政的改革。在此过程中，既有许多成功的经验，当然也有很多失败的教训。无论是经验还是教训，绝大多数都积淀成为中国古代治国理财的智慧，并体现在诸多思想家的文本著作中。

二、帝国时期治国理财制度的变迁轨迹

自战国起逐步成长起来的中华帝国，构建出家财型财政来实施国家治理、维持中华民族的生存与繁荣。这样的家财型财政类型的制度，其原点是在战国时期的秦国奠定的，内容在秦统一天下之后的长期帝国实践中又屡经调整，以便完成国家治理的任务。大致上，这样的调整是由帝国财政制度中的正式机制和非正式机制相互补充、相互对抗，不断互动而形成的，并在帝国的历史长河中发生着变化，直至第三帝国时期达到最为成熟的地步。为表明正式财政机制与非正式财政机制之间的关系及帝国财政的总体特征，此处将这样的财政命名为"双轨的帝国家财型财政"(简称"双轨财政")[1]，并依此来考察帝国时期治国理财的

---

[1] "双轨"的说法，来自费孝通先生对中华帝国"双轨政治"的分析(费孝通著：《乡土中国》，上海人民出版社2006年版，第145—160页)。

变迁轨迹。

（一）双轨的帝国家财型财政

具体说来，在帝国时期治国理财过程中运行的"双轨财政"，有以下几个方面的内容。

1. 产权方式方面

在征服的基础上形成并在当时宗法结构与文化的影响下，中华帝国共同体被视为一个大家庭，君主对共同体行使的公共权力与宗法文化下的大家长权力混为一体，君主有权拥有并支配大家庭中所有的财产（耕地及非耕地资源）。只是在管理上，君主将大家庭财产区分为自用与公用部分，自用部分留给自己支配，公用部分交由其他臣民使用。由此，中华帝国形成了一种与罗马法中严格的所有权形式不同的产权方式：在大家长（君主）支配下的诸多小家庭，可以占有并使用经"大家长"许可的土地，作为生存繁衍的基础，甚至可以对这些土地进行买卖和租赁（因而小家庭之间的权利边界是清晰的），使这些土地的产权方式呈现出类似于今天"私有"的样态；但在理念上，这些土地仍属君主所有，小家庭对这些土地的占有只是源自君主的恩惠，并非严格的私有权利，民众并无相对于君主而言的清晰的权利边界，而君主完全有权调整臣民对土地的占有状况，这又使土地产权呈现出类似于今天"国有"的样子。

由此形成了中华帝国时期"家国式"产权方式，包括正式机制与非正式机制两根轨道：在正式机制中，帝国土地及全部财富毫不含糊地归属于君主所有；但在非正式机制中，土地及财富除了部分地由君主（及家庭）支配外，大多数仍由民众占有并使用，但这种权利是含糊的，可以被君主或其代理人（官僚）进行调整甚至剥夺。从历史趋势看，秦、汉王朝直至唐王朝，帝国君主经常尝试对民众使用土地的状况（即"田制"）进行调整。到宋代以后，政府已很少尝试去调整田制，但君主在理念上仍然保有对全部土地的支配权，有权进行田制的调整。

这样一种产权方式有其积极的意义。一方面，正式机制在相当程度上使帝国君权呈现出类似于今天主权的样态，君主可以支配境内的所有财产（乃至人口），为中华帝国成长提供了稳定的基础。在今天的主权国家，土地私有权一般可以转让，甚至可以卖给外国人，但转让行为并不会带来国家领土范围的改变。也就是说，国家实质上拥有土地的终极所有权，这是主权的表现。这种终极所有权与私人所有权之区分，与中华帝国君主对全部土地的支配权与可转让的私人占有权之区分非常相似。跟封建时期的西欧相比，中华共同体的完整因此始终得以保证，从而维持了长期的统一与和平。另一方面，非正式机制又使得小农家庭获得支配耕地的能力,一家一户小农分散地进行生产和生活,从而使中华帝国的经济活动和文明发展具有极强的韧性和恢复能力,这是中华共同体能够灵活调整和顽强生存的原因所在。

2. 财政收入方面

帝国以土地为其支撑点,在农耕经济基础上中华帝国建立起家国式产权方式,因此帝国的财政收入自然以源自田地的田赋为主。在今天的术语体系下,这种田赋在经济性质上更接近于地租。显然,根据民众的收获情况按比例收取田赋(分成制租金),最为符合家国式土地产权方式的要求。但是,由于计量民众收获状况并据以按比例分成超出了政府的管理能力,因此虽然帝国初期(秦、汉王朝)曾实行过"十税一""十五税一"甚至"三十税一",但在实践中很快地转向按土地面积(区分土地的等级)收取定额租金。这一做法在唐中期两税法改革后被进一步地确立为国家财政收入的正式机制,从此两税(即根据土地面积及等级缴纳"夏税秋粮")成为一个王朝是否正统的财政标志。

由于农业经济增长弹性不足,加上正式收入机制具有刚性,现实中的政府不得不一再地求助于非正式机制来谋求财政收入的增加与弹性。在历史上,这样的非正式机制主要有以下四类。

(1) 基于正式田赋而产生的附加。即在正式田赋征收基础上额外增加一定的比例,用于额外公务需要(如明清时期以火耗名义征收的办公经费)或者临时性需要(如明末和清末为战争而征收的附加)。

(2) 基于人身的收入。如汉代时期征收的算赋、口赋,以及各个帝国时期都存在的代役金(汉代的更赋、唐代的庸、宋代的免役钱、明代的银差等),这一收入直至清中期"摊丁入地"改革后才在制度上终结。

(3) 基于君主特权的收入。这些收入是基于君主的特权和恩惠而产生的,主要有卖官鬻爵收入(清王朝时期发展为制度性的捐纳)、赎罪收入、民众捐献收入(如"报效")等。

(4) 来源于工商业的收入。包括专卖收入(针对暴利性资源商品)和工商杂税(针对运输与销售过程中的普通商品)等。这些收入是一种特权收入(至少一开始是这样),源于帝国初期设定的君主对山海池泽的支配权。但是,与其他基于君主特权的收入有所不同,工商杂税更具有公共性,与现代条件下运用公共权力征收的税收在形式上最为相似,因而成为现代税收发展的历史基础。

在上述财政收入中,正式机制与非正式机制双轨相互配合,使帝国财政制度能够建立在当时条件下较为可靠的小农经济基础上,并契合家庭生产生活方式基础上产生的文化价值观。与此同时,它又能够获得财政收入的弹性,有助于帝国政府因地制宜地对广土众民实施治理,灵活地应对各种突发状况。当然,这里说的正式机制与非正式机制,是就帝国财政的正统理念而言的;非正式机制中的部分收入,后来在实践中逐渐被纳入正项收入,如西汉时的非正式收入更赋到东汉时变为正式,盐利和部分工商杂税则从皇室收入变成国家收入等。

3. 财政支出方面

中华帝国时期财政上主要有三大支出项目,即军费支出、官俸支出和再分配支出。同样地,这三大支出也是由正式机制与非正式机制双轨构成的。

在春秋之前的城邦时代,民众亲身服军役,军费支出并未表现为主要的财政支出项目。但到了帝国时代,以财政经费供养常备军从事战争的行为,已成为财政支出的正式机制。这些通常直属于中央政府的专业军事力量(主要驻扎在京城、边境和其他重要地点),是维持帝国内外安全的主要力量,对其进行供养的支出安排也是财政支出正式机制的重点。同时,由民众自行负担或者地方政府自筹经费负担的民兵组织(如乡兵、团练、保甲等),在帝国时代始终未绝,成为军费支出非正式机制的内容。

官俸支出也很早就成为中华帝国正式财政支出项目,在秦汉时期甚至官吏品级就是用官俸支出数目来标志的(如在汉代用"二千石"的粮食俸禄来通称郡守级别的官职)。虽然也曾出现过不给官吏发放俸禄的行为(如王莽新朝及北魏初期),但帝国正常运行时期官俸始终是重要的正式支出项目。特别是到了明清时期,只要通过初级科举考试者皆可获得财政的供养。帝国时期,正式机制提供的官俸支出只是一部分,非正式机制也提供了很大一部分的官俸支出,如不在国家财政之列的君主恩赏,以及办公经费与官俸经费难以区分的项目(如唐宋时的公廨田收入),还有明清时期大规模的陋规与摊捐等项目。

"再分配支出"泛指政府通过财政支出在阶层间、空间中和时间上进行的资源与财富的调配活动。显然,帝国财政支出中的济贫赈灾、治理水利、举办常平仓等正式项目,都是再分配支出的正式机制。随着历史的进展,再分配支出对于帝国治理而言越来越重要,并因此成为中华帝国区别于其他帝国的重要特征。但在帝国时代完全依靠正式机制来完成财政再分配目的是不现实的,因此唐宋以前的宗族,宋代以后的富民、士绅,在官府的要求和支持下,成为运行再分配支出的补充性力量,形成了再分配支出的非正式机制。

4. 财政管理方面

在财政管理方面,正式体制与非正式体制双轨共存互补体现在以下几个方面。

第一,国家财政与皇室财政。国家财政与皇室财政分立,可以约束君主消费行为不侵蚀国家财政,这是中华帝国自早期就发展出来的制度原则,体现了中华民族的政治智慧。相对而言,国家财政机制的运行比较正规,有较为严格的制度要求和会计核查,越是到帝国后期这一制度就越为正式,如清代严格的奏销制度。而皇室财政机制的运行比较灵活,其利用向国库拨入内帑、恩赏有功之臣、赈济特定地区等形式,弥补了国家财政制度因刚性而造成的不足。

第二,官府管理与乡绅自治。帝国早期,国家对社会采取征服的态度,政府任命县以下的乡官来直接治理民众。随着国家与社会的和解,政府逐渐将县以下的事务交由民间自理,特别是科举制实施后,逐渐形成了民间的乡绅自治。这种乡绅自治,就是费孝通先生所说的双轨政治中的非正式机制,与正式官僚机制一起构成双轨。财政管理也是如此。州县以上的财政管理,由经任命产生的官员主持,主要以公文为载体通过行政命令来进行,从而形成正式的财政管理制度;州县以下的财政管理,则由拥有功名的乡绅、民间富户或其他代理人来进行,从而形成非正式财政管理制度。

第三,官、吏分途。帝国早期官、吏一途,吏为官私人辟除并可顺利升为官。在当时经济落后与教育资源稀缺的情况下,官吏职位逐渐地为豪强士族所垄断。科举制度的实施,打破了士族对国家公职的垄断,但带来了官员专业性薄弱的问题。因此,相对专业性的"吏"阶层兴起,对"官"进行补充。官、吏分途,在一定程度上与现代公共管理中政治性官员与专业性官员的分工类似,并享有类似分工存在的益处。在财政管理方面,来自科举正途的官员,在幕僚的帮助下运转着财政管理中自上而下的正式机制,承担着财政管理的主要责任,并体现着政治性的要求;而来自非正途的"吏"(甚至还有在一定程度上被视为贱业的"役"),协助正途官员,运转着财政管理中的非正式机制,从事着财政管理中的事务性工作与实际的征收活动(催科钱粮、支付款项等),体现了专业性的要求。

(二) 家财型财政的双轨互动与帝国制度的调适

上述正式机制与非正式机制双轨相互配合、互相补充的帝国家财型财政,是在特定历史条件下形成的。正式机制部分,是帝国政制的重要组成部分,为帝国的维系与发展提供了相对稳固的财政资源,并形成了帝国财政的正式边界。非正式机制部分,具有一定的灵活性,使帝国制度具有容纳变化的弹性,并进而激发帝国财政制度发生调整与变迁。帝国财政的双轨,彼此不断地互动,使财政制度发生调适,并进而促进了帝国的成长。

1. 双轨财政的优点与缺点

在上述双轨财政基础上,与西欧君主相比,中华帝国的皇帝能够行使近似于今天主权的权力,如作为唯一的权力来源(没有平行的权力中心)、有组织化的官僚机构的支持等,因此帝国君主能够相对有效地控制境内的资源与人口。于是,中华国家很早就被塑造成统一的共同体,绝大多数时候都能保持和平与秩序,而不像西罗马帝国崩溃后的欧洲那样无力维持超过百年的和平。中华帝国也因此取得了同一时期所有帝国中最高的治理成就,如国家统一、内部和平、经济富庶、文化繁荣等。

不过,中华帝国这一双轨家财型财政也有缺陷,这些缺陷构成帝国财政制度的内在紧张,表现为如下几个方面。

(1) 君主"家天下"的产权方式决定了民众缺乏真正的权利。在君主"家天下"的产权方式下,天下的土地及资源为君主所有,臣民只能源于君父之恩而加以使用。这一产权安排,虽然较早形成了今天主权的雏形,使之能够保持统一并得到相对有效的治理,但却使民众缺乏类似于西欧中世纪民众拥有的不受君主权力任意侵犯的主体性权利。例如,宋代虽然将"不立田制"作为国策,但南宋末年政府以回购民众"超限田"的形式,又大量地剥夺民众对土地的权利。这是中华帝国在向现代国家转型时不同于西欧的历史基础。

(2) 由产权方式带来的财政收入问题。在上述产权基础上,帝国财政以土地使用者上缴田赋为正式收入形式,以非正式收入作为补充。这种安排在现实中存在两大问题:第一,由于小农对土地并无真正的权利,不能有效抵制皇室、官僚对土地的兼并,而被兼并的土地往往并不承担田赋,帝国财政的正式收入基础常常因此被破坏,最后只能寄希望于下一个王朝来纠正积重难返的问题;第二,工商业者对财产没有真正的权利,无从保护其所创造的经济剩余,因此发展大规模、远距离、长时期商业活动的条件不充分,无法充分寻求经济剩余的积累,而君主及官僚却有种种制度权力或法外特权,来掠夺工商业自由资源或将其纳入特权保护之下。上述缺乏权利保护的现实,要么造成"国富民穷"或"官富民穷"的局面,要么带来工商业中大量依靠特权的"皇商""官商"或"红顶商人",这样就不可能实现资本的可靠积累,社会经济也因此丧失自我转型的机会,不能转向更能创造物质财富的工商业经济。

(3) 财政支出增长使"量入为出"难以实现。"量入为出"是帝国正统支出原则,它包含着用来自农业经济的财政收入有限性来约束君主权力滥用的智慧,但这一原则往往因为有限的收入不能支持不断增长的现实支出而被突破。帝国时期财政支出规模的大幅增长,一般有两个原因:一是王朝稳定建立后都会出现的现象,即由皇室人员与官吏队伍膨胀带来的支出增长;二是在面临巨大的外部威胁时,军事和其他支出大幅增长。针对前者,各王朝在中期都会进行"节流"性质的财政改革,即压缩皇室和官僚开支,加强收支管理,减少中间漏损等。针对后者,一般依靠"开源",即通过非正式收入的增加以及运用非正式支出手段来应对;但在特定时期,这样的办法不再奏效,财政就会遭遇到重大的危机,而应对危机的举措往往构成对帝国财政制度的挑战。

(4) 财政管理方面非正式机制对正式机制的破坏。财政管理是国家对自身及社会运行公共权力的一种表现,但在帝国体制下权力并没有真正地公共化。虽然正式机制不断地加强,管理制度的理性化程度不断地提高,但非正式机制随之不断地成长,在给正式机制带来一定灵活性的同时,也破坏了正式机制运行中的理性,如皇室财政对国家财政的侵蚀,官绅勾结盘剥小农,官吏合作捞取个人利益等。

2. 双轨财政中的互动与制度调适

上述缺陷的存在,影响了帝国财政制度的运行甚至帝国的稳定,最为极端的后果就是王朝覆灭。为了帝国的延续,各王朝统治者也对这一财政制度不断地进行改革,调适财政双轨之间的关系。这种改革大体集中在以下四个方面。

(1) 产权方面进一步虚化正式产权(君主对土地的产权)的地位。也就是说,巩固非正式产权的地位,即进一步确保民众对土地的占有权或使用权,如宋代以后各王朝不立田制、不抑兼并。

(2) 财政收入方面努力确保正式收入的地位。如加强土地清丈与账册管理,部分地剥夺士绅的制度特权、压缩法外特权等,以落实"履亩而税"。与此同时,在制度上消灭基于人身的收入,加强对非正式收入体制的控制,不断地将一些非正式收入纳入制度框架内予以正规化,对工商业则实行一定的保护,甚至在特定时刻严重依赖工商业提供的收入。

(3) 在财政支出的正式体制方面强化"量入为出"原则。比如说,约束君主对外扩张的雄心,竭力压缩皇室、官吏的开支,同时在一定程度上健全再分配性质的支出。在不得不依赖非正式机制的前提下,对其在财政支出方面的作用加以一定的控制。

(4) 财政管理方面加强正式制度的正规化。这种正规化体现在管理中就是集权化与理性化,如清代奏销制度的出现。同时,正规化还体现在运行效率的提高,如对暴利性资源商品的管理进行调整,不断将民间力量和商业化机制引入财政管理领域。与此同时,也加强对非正式机制的约束,甚至将其中部分非正式机制予以正式化,如清代的"火耗归公"改革。

显然,财政改革的目的是纠正前述制度缺陷或限制缺陷的影响,这些改革大多发生在王朝初期和中期,而尤以王朝中期的财政改革更为醒目。王朝中期财政改革若能成功,则构成"财政中兴",并成为王朝延续的重要条件。

财政改革是帝国财政的自我调适,由此形成了财政制度变迁及帝国制度调适的重要组成部分。在中华帝国史上,家财型财政伴随着帝国制度的调适而发展,从财政制度的核心内容看,发展进程依次表现为"舍地而税人"(即以人头税而非田赋作为财政收入的主要来源)的两汉时期的财政,探索以"税地"为核心(即通过两税法来实现履亩而税)的唐宋时期的财政,以及以"税地"为核心(即田赋成为主要财政收入形式)的明清时期的财政。在此过程中,帝国的双轨财政也不断成熟。

不过,应该看到,帝国财政制度的缺陷来自帝国制度自身。帝国以土地为支撑点,君权来自对土地的特权而非真正的公共权力,这就决定了君主(及其助手官僚阶层)个人意志与公共意志之间始终存在着偏差,君主的个人利益与公共利益也常常不一致,君权因此也就无法真正成为公共权力。由此出发,帝国财政的缺陷也就不可能得到真正的纠正,双轨财政也就不可能成为现代国家中的公共财政。这一内在的缺陷,正是促使帝国财政乃至帝国制度向现代转型的内因。

三、文本选择与体例安排

以上内容,是本书在阐释中国古代治国理财经典文献前对概念术语和历史背景的交代。接下来再对本书选择的文本和体例做些说明。

我们今天该如何阅读古先贤的书?正像林宏星先生说的,对于这些先贤的"遗嘱",在阅读时"是将此'遗嘱'还原为历史陈迹的一部分,还是把它看作是能够贯通古今的活着的血脉?是使'经典阅读'止于知识之传授、文献之讲解,还是藉此为点醒我们民族文化和道德意识的身份认同?"[1]显然,本书的目的是第二个方面,即通过阐释文字中所包含的治国理财思想,以便我们与古先贤展开对话,思考我们今天的问题。

本书正文九章共选择了10人的文献(其中有两人的文献编为一章)形成主

---

[1] 林宏星著:《荀子精读》,复旦大学出版社2011年版,第10页。

体内容,来展现中华帝国时期治国理财的发展轨迹,阐释其中积淀的历史经验与杰出智慧,为思考当今的时代问题提供知识资源。

(1) 从《商君书》中选取 5 篇文献加以阐释,用来反映商鞅等学者对于以农战方式构建帝国并通过以刑赏、农战、排儒、弱民等手段来实现国家治理的设想,以及因此而为帝国财政制度建构、帝国制度的运行作出的贡献。

(2) 从《管子》一书中也选择 5 篇文献加以阐释,用来显示以管仲为代表的另一类学者,以商贸方式构建帝国的设想以及对治国理财的思考。管仲学派商贸立国设想,是一种与商鞅等人农战立国竞争性存在的思想,它虽未在历史上真正实现,但这一思想在后世帝国运行中仍有广泛的影响。

(3) 从《荀子》一书中选择了 2 篇文献加以阐释,目的在于反映战国即将结束、统一帝国将要来临前,集大成的思想家荀子对于来临中的帝国的设想,以及对治国理财原则的设计。

(4) 从《史记》选择了"平准书"这篇伟大的文献加以阐释,集中反映在那个时代像司马迁这样的历史学家的思考,即诞生不久并已有效治理了一段时间的帝国,该如何吸取现实的经验和教训以便进一步发展,实现长治久安。

(5) 从《盐铁论》中选择了 6 篇文献加以阐释,集中反映在公元前 81 年那场著名的"盐铁会议"上有关治国理财的激烈争辩。这场争辩,是那个时代学者治国理财思想最高程度的反映,并长期影响后世帝国的发展。

(6) 从司马光与王安石的文集中分别选择了"论财利疏"与"上仁宗皇帝言事书"加以阐释,以对比与冲突的形式来集中反映那个时代第一流知识分子兼宰执大臣对于治国理财的思考,并特别展现国家治理中保守主义与激进主义主张的差异。

(7) 从南宋思想家叶适的文集中选择了 5 篇专论治国理财思想的文献加以阐释,以反映处于内忧外患的大环境中,一批以"功利主义"为思想基础的学者是怎么思考利用财政工具治理国家的,这样一种具有地域色彩的思想又是如何对今天经济发展的温州模式产生影响的。

(8) 从明代思想家丘濬所著《大学衍义补》一书中选择了 2 篇专论理财的文献加以阐释,以反映中华帝国家财型财政达到成熟阶段时学者对于治国理财原则的思考。今天尤其值得我们关注的是,邱濬对理民之财与理国之财的区分、对量入为出原则的解说、对理性化预算的设想等。

(9) 从明末清初伟大的思想家黄宗羲所著《明夷待访录》一书中选择了专论田制的文献 3 篇加以阐释,以反映国家艰难之时一流思想家对于帝国财政中根本性的产权制度安排与财政征收方式的反思。值得今天治国理财者关注的主要有，黄宗羲对为民制产的主张、对传统赋税制度的弊病特别是后人总结为"黄宗羲定律"的反思等。

本书的编著方式是这样进行的。首先，在文本选择过程中，编者有意识地控制每篇约一万字，除了第六章因选择了司马光与王安石两人的文献而超出外。其次，考虑到有许多文献传承已久，脱漏、讹误地方不少，或者有些古文内容现代人理解不易，因此本书根据公认的校勘本和注释本，对其中部分文字内容以文中加注的形式略加解释。再次，在选录、注释原文的基础上，本书对作者与作品进行介绍。最后，是每一章的重点内容"文本阐释"，即从现代国家治理的需要出发，阐发选录古文本包含的治国理财意义。

第一章
"法者,所以爱民也;礼者,所以便事也"
——《商君书》选文与阐释

【文本选录】[1]

更 法 第 一

孝公平画(平画,筹划),公孙鞅、甘龙、杜挚三大夫御(御,陪侍)于君。虑世事之变,讨正(正,修正)法之本,求使民之道。

君曰:"代立(代立,接替君位)不忘社稷,君之道也;错(错,通"措",订立)法务明主长(主长,指君主的权威),臣之行也。今吾欲变法以治,更礼以教百姓,恐天下之议(议,批评)我也。"

公孙鞅曰:"臣闻之:'疑(疑,犹豫不决)行无成,疑事无功'。君亟(亟,尽快)定变法之虑,殆无顾天下之议之也。且夫有高人之行者,固见负(负,背离)于世;有独知之虑者,必见骜(骜áo,此处意指嘲笑)于民。语曰:'愚者暗于成事,知(知,通"智")者见于未萌'。'民不可与虑始,而可与乐成'。郭偃之法曰:'论至德者不和于俗,成大功者不谋于众'。法者,所以爱民也;礼者,所以便事也。是以圣人苟可以强国,不法其故;苟可以利民,不循其礼。"

孝公曰:"善!"

甘龙曰:"不然。臣闻之:'圣人不易民(易民,此处指改变民俗)而教,知者不变法而治'。因民而教者,不劳而功成;据法而治者,吏习而民安。今若变法,不

---

[1] 本章所选文本的文字与注释,主要参考自石磊译注:《商君书》,中华书局2009年版;张觉等著:《商君书导读》,中国国际广播出版社2008年版。小标题为原著所有,其中"第一"之类的序号,标明该篇在《商君书》全书中的顺序。

循秦国之故,更礼以教民,臣恐天下之议君,愿孰(孰,通"熟",详细)察之。"

公孙鞅曰:"子之所言,世俗之言也。夫常人安于故习,学者溺于所闻。此两者,所以居官而守法,非所与论于法之外也。三代不同礼而王,五霸不同法而霸。故知者作法,而愚者制(制,受控制)焉;贤者更礼,而不肖者(不肖者,没有作为的人)拘焉。拘礼之人不足与言事,制法之人不足与论变。君无疑矣。"

杜挚曰:"臣闻之:'利不百,不变法;功不十,不易器'。臣闻:'法古无过,循礼无邪(邪,偏斜)'。君其图(图,思考)之!"

公孙鞅曰:"前世不同教(教,政教),何古之法?帝王不相复(复,重复),何礼之循?伏羲、神农,教而不诛(诛,惩罚);黄帝、尧、舜,诛而不怒(怒,超过);及至文、武,各当(当,顺应)时而立法,因事而制礼。礼、法以时而定;制、令各顺其宜;兵甲器备,各便其用。臣故曰:治世不一道,便国不必法古。汤、武之王也,不循(循,遵循)古而兴;殷、夏之灭也,不易礼而亡。然则反古者未必可非,循礼者未足多是也。君无疑矣。"

孝公曰:"善!吾闻'穷(穷,偏僻)巷多怪,曲(曲,浅陋)学多辩'。愚者之笑,智者哀焉;狂夫乐之,贤者丧焉。拘(拘,拘泥)世以议,寡人不之疑矣。"

于是遂出垦草令(垦草令,开垦荒地的法令)。

垦 令 第 二

无宿治(无,通"毋";无宿治,不要把政务拖过夜),则邪(邪,有私心)官不及为私利于民。而百官之情不相稽(稽,滞留),则农有余日;邪官不及为私利于民,则农不败。农不败而有余日,则草(草,借指荒地)必垦矣。

訾(訾 zī,计算)粟而税,则上壹(壹,统一)而民平。上壹,则信(信,明确);信,则臣不敢为邪。民平,则慎;慎,则难变。上信而官不敢为邪,民慎而难变,则下不非上,中不苦官。下不非上,中不苦官,则壮民疾(疾,积极于)农不变。壮民疾农不变,则少民学之不休。少民学之不休,则草必垦矣。

无以外权(外权,用务农以外的标准来衡量)任爵与官,则民不贵学问,又不贱农。民不贵学,则愚;愚,则无外交(外交,到外国交游);无外交,则国安不殆。民不贱农,则勉农(勉农,努力从事农业生产)而不偷(偷,怠惰)。国家不殆,勉农而不偷,则草必垦矣。

禄厚而税多,食口(食口,依附于贵族的食客)众者,败农者也。则以其食口之数,赋而重使(使,徭役)之,则辟淫游惰之民(辟淫游惰之民,游手好闲的人)无所于食。民无所于食,则必农;农,则草必垦矣。

使商无得籴(籴 tiào,卖出粮食),农无得籴(籴 dí,买进粮食)。农无得籴,则窳惰(窳 yǔ 惰,懒惰)之农勉疾(勉疾,积极努力)。商无得籴,则多岁(多岁,丰年)不加乐(加乐,增加收入)。多岁不加乐,则饥岁无裕利。无裕利,则商怯;商怯,则欲农。窳惰之农勉疾,商欲农,则草必垦矣。

声服(声服,淫声异服)无通于百县,则民行作不顾,休居不听。休居不听,则气不淫。行作不顾,则意必壹(壹,专一)。意壹而气不淫,则草必垦矣。

无得取庸(庸,通"佣",雇佣),则大夫家长不建缮(建缮,建造修葺房屋),爱子不惰食,惰民不窳,而庸民无所于食,是必农。大夫家长不建缮,则农事不伤。爱子、惰民不窳,则故田不荒。农事不伤,农民益农,则草必垦矣。

废逆旅(逆旅,旅舍),则奸伪、躁心(躁心,心思活泛)、私交(私交,意思是喜欢交游)、疑农(疑农,不专心务农)之民不行,逆旅之民无所于食,则必农。农,则草必垦矣。

壹(壹,此处指统一收归国有或君主所有)山泽,则恶农、慢惰、倍欲(倍欲,贪念十足)之民无所于食。无所于食,则必农。农,则草必垦矣。

贵酒肉之价,重其租,令十倍其朴(朴,成本),然则商贾少,农不能喜酣奭(奭 shì,盛大的样子;酣奭,饮酒过度),大臣不为荒(荒,放纵)饱。商贾少,则上不费粟。民不能喜酣奭,则农不慢。大臣不荒,则国事不稽,主无过举(过举,错误的举措)。上不费粟,民不慢农,则草必垦矣。

重刑而连(连,连坐)其罪,则褊(褊 biǎn,急躁)急之民不斗,很刚(很,通"狠";很刚,凶残暴戾)之民不讼,怠惰之民不游,费资(费资,奢侈浪费)之民不作,巧谀、恶心(恶 è 心,心怀叵测)之民无变也。五民者不生于境内,则草必垦矣。

使民无得擅徙,则诛愚(诛愚,愚昧)。乱(乱,不安心)农之民无所于食而必农。愚心、躁欲之民壹意,则农民必静。农静、诛愚,则草必垦矣。

均出(均出,发布同样的)余子(余子,嫡长子以外的孩子)之使(使,服役)令,以世(世,可能指辈分)使之,又高(高,提高条件)其解舍(解舍,免除兵役与徭役),令有(有,取)甬官(甬官,掌管徭役的官吏)食,槩(槩 gài,刮平,不多给粮食)。不可以辟(辟,通"避")役,而大官未可必得也,则余子不游事人(游事人,做高门的家臣),则必农。农,则草必垦矣。

国之大臣诸大夫,博闻、辨慧、游居(游居,周游)之事,皆无得为,无得居游于百县,则农民无所闻变(变,通"辩")见方(方,学说)。农民无所闻变见方,则知(知,通"智",有头脑的)农无从离其故事,而愚农不知,不好学问。愚农不知,不好学问,则务疾农。知农不离其故事,则草必垦矣。

令军市无有女子;而命其商(其商,军市上的商人)令人自给甲兵,使视军兴(使视军兴,让商人注意满足军队的物资需求)。又使军市无得私输粮者。则奸谋无所于伏(伏,隐藏),盗输粮者无所售,输粮者不私稽(稽,贮存),轻惰之民不游军市。盗粮者无所售,送粮者不私,轻惰之民不游军市,则农民不淫,国粟不劳(劳,此处指亏空),则草必垦矣。

百县之治一形,则徙迁(徙迁,指调职升迁)者不饰(饰,美化),代者(代者,接替职位的人)不敢更其制,过而废者(过而废者,犯错被免职者)不能匿其举。过举不匿,则官无邪人。迁者不饰,代者不更,则官属少而民不劳。官无邪,则民不敖(敖,遨游,外出);民不敖,则业不败。官属少,征不烦。民不劳,则农多日。农多日,征不烦,业不败,则草必垦矣。

重(重,加重)关市之赋,则农恶商,商有疑惰(疑惰,无信心又不积极)之心。农恶商,商疑惰,则草必垦矣。

以商之口数使(使,派徭役)商,令之厮、舆、徒、童(厮、舆、徒、童,都是仆役)者必当名,则农逸而商劳。农逸,则良田不荒;商劳,则去来赍(赍 jī,赠送)送之礼无通于百县。则农民不饥,行不饰(饰,装饰)。农民不饥,行不饰,则公作必疾,而私作不荒,则农事必胜。农事必胜,则草必垦矣。

令送粮无得取僦(僦 jiù,雇车),无得反庸(反庸,返回时受雇搭载私货),车牛舆重,役必当名。然则往速来疾,则业(业,运粮之事)不败农。业不败农,则草必垦矣。

无得为罪人请于吏而饷食(饷食,送吃食)之,则奸民无主(无主,没有指望)。奸民无主,则为奸不勉。为奸不勉,则奸民无朴(朴,根)。奸民无朴,则农民不败。农民不败,则草必垦矣。

农 战 第 三

凡人主之所以劝民者,官爵也;国之所以兴者,农战也。今民求官爵,皆不以农战,而以巧言虚道(虚道,空洞的道理),此谓劳(劳,使懒惰)民。劳民者,其国必无力;无力者,其国必削。

善为国者,其教民也,皆作壹(作壹,此处指从事农战)而得官爵。是故不作壹,不官无爵。国去言,则民朴;民朴,则不淫(淫,放纵)。民见上利之从壹空(空,通"孔")出也,则作壹;作壹,则民不偷营(偷营,私下做农战以外的事);民不偷营,则多力;多力,则国强。今境内之民皆曰:"农战可避,而官爵可得也"。是故豪杰皆可（可，肯）变业，务学《诗》《书》，随从外权（随从外权，追随国外势力），上可以得显（显，荣誉），下可以求官爵；要靡（要 yāo 靡，指平庸之人）事商贾，为技艺，皆以避农战。具备（具备，以上情况都出现），国之危也。民以此为教者，其国必削。

善为国者，仓廪虽满，不偷（偷，偷懒）于农；国大民众，不淫于言，则民朴壹。民朴壹，则官爵不可巧而取也。不可巧取，则奸不生。奸不生，则主不惑。今境内之民及处官爵者，见朝廷之可以巧言辩说取官爵也，故官爵不可得而常（常，指封官授爵的法律；官爵不可得而常，意思是官爵不能按照用人法规而获得）也。是故进则曲（曲，曲意逢迎）主，退则虑私，所以实其私，然则下卖权（卖权，玩弄权术）矣。夫曲主虑私，非国利也，而为之者，以其爵禄也；下卖权，非忠臣也，而为之者，以末货（末货，追逐财货）也。然则下官之冀迁者皆曰："多货，则上官可得而欲也。"曰："我不以货事上而求迁者，则如以狸饵鼠尔，必不冀矣；若以情（情，实情）事上而求迁者，则如引诸绝（绝，断）绳而求乘（乘，登）柱（柱，弯）木也，愈不冀矣。二者不可以得迁，则我焉得无下动众取货以事上，而以求迁乎？"百姓曰："我疾农，先实公仓，收余以食亲；为上忘生而战，以尊主安国也。仓虚，主卑，家贫。然则不如索官。"亲戚交游（交游，聚在一起）合（合，达成共识），则更虑（更虑，改变想法）矣。豪杰务学《诗》《书》，随从外权；要靡（要靡，平庸之人）事商贾，为技艺，皆以避农战。民以此为教，则粟焉得无少，而兵焉得无弱也？

善为国者，官法明，故不任知虑（不任知虑，不用那些头脑灵活的人）。上作壹，故民不偷营（偷营，做农战以外的事情），则国力抟（抟 tuán，聚集）。国力抟者强，国好言谈者削。故曰：农战之民千人，而有《诗》《书》辩慧者一人焉，千人者皆怠于农战矣。农战之民百人，而有技艺者一人焉，百人者皆怠于农战矣。国待农战而安，主待农战而尊。夫民之不农战也，上好言而官失常也。常官，则国治；壹务，则国富。国富而治，王之道也。故曰：王道非外，身作壹而已矣。

今上论材能知慧而任之，则知慧之人希（希，观望）主好恶，使官制物（使官制物，为官处理政务）以适主心。是以官无常（常，指用人法规），国乱而不壹，辩说之人而无法也。如此，则民务（务，事务，此处指行业）焉得无多？而地焉得无荒？《诗》、《书》、礼、乐、善、修、仁、廉、辩、慧，国有十者，上无使（无使，没有办法让民众）守战。国以十者治，敌至必削，不至必贫。国去此十者，敌不敢至。虽至，必却；兴兵而伐，必取；按兵不伐，必富。国好力（好力，注重农战）者以难（难，此处指农战，因其做起来不容易）攻，以难攻者必兴；好辩（好辩，喜欢空谈）者以易（易，容易，此处指空谈）攻，以易攻者必危。故圣人明君者，非能尽其万物也，知万物之要(要,要领)也。故其治国也,察要而已矣。

今为国者多无要。朝廷之言治也,纷纷焉务相易(相易,改变对方的主张)也。是以其君惛(惛 hūn,糊涂)于说,其官乱于言,其民惰而不农。故其境内之民,皆化而好辩、乐学,事商贾,为技艺,避农战。如此,则不远(不远,指国亡不远)矣。国有事,则学民(学民,有学识的人)恶法,商民善化,技艺之民不用(不用,没什么用),故其国易破也。夫农者寡而游食者众,故其国贫危。今夫螟、螣、蚼蠋(螟 míng、螣 tè、蚼 qú 蠋 zhú,都是虫子名)春生秋死,一出而民数年不食。今一人耕而百人食之,此其为螟、螣、蚼蠋亦大矣。虽有《诗》《书》,乡一束(束,捆),家一员(员,卷),犹无益于治也,非所以反之之术(反之之术,指改变现状的办法)也。故先王反之于农战。故曰:百人农一人居者,王;十人农一人居者,强;半农半居者,危。故治国者欲民者之农也。国不农,则与诸侯争权(争权,争霸)不能自持(自持,自保)也,则众力不足也。故诸侯挠(挠,侵扰)其弱,乘其衰,土地侵削而不振,则无及已(无及已,来不及了)。

圣人知治国之要,故令民归心于农。归心于农,则民朴而可正也,纯纯则易使也,信可以守战也。壹,则少诈而重居(重居,即重土难迁);壹,则可以赏罚进(进,鼓励上进)也;壹,则可以外用也。夫民之亲上死制(死制,死心塌地地遵从)也,以其旦暮从事于农。夫民之不可用也,见言谈游士事君之可以尊身也、商贾之可以富家也、技艺之足以糊口也。民见此三者之便且利也,则必避农。避农,则民轻其居,轻其居,则必不为上守战也。凡治国者,患民之散而不可抟也,是以圣人作壹,抟之也。国作壹一岁者,十岁强;作壹十岁者,百岁强;作壹百岁者,千岁强;千岁强者,王。君修赏罚以辅壹教,是以其教有所常,而政有成也。

王者得治民之至要,故不待赏赐而民亲上,不待爵禄而民从事,不待刑罚而民致死。国危主忧,说者成伍,无益于安危也。夫国危主忧也者,强敌大国也。人君不能服强敌、破大国也,则修守备,便地形(便地形,占领有利地形),抟民力,以待外事(外事,外来进犯),然后患可以去,而王可致也。是以明君修政作壹,去无用,止浮学事淫之民,壹之农,然后国家可富,而民力可抟也。

今世主皆忧其国之危而兵之弱也,而强听(强听,硬要听信)说者。说者成伍,烦言饰(饰,巧诈)辞,而无实用。主好其辩,不求其实。说者得意,道路(道路,指无论走到什么地方)曲辩,辈辈(辈辈,一批批)成群。民见其可以取王公大人也,而皆学之。夫人聚党与,说议于国,纷纷焉。小民乐之,大人说(说,此处通"悦")之。故其民农者寡而游食者众。众,则农者殆;农者殆,则土地荒。学者成俗(成俗,形成风气),则民舍(舍,放弃)农从事于谈说,高言伪议。舍农游食而以言相高也,故民离上而不臣者成群。此贫国弱兵之教也。夫国庸(庸,任用)民以言,则民不畜(畜 xù,喜好)于农。故惟明君知好言之不可以强兵辟土也,惟圣人之治国作壹、抟之于农而已矣。

去 强 第 四

以强去强(以强去强,指用儒家教化的办法来清除不服法令的民众)者,弱;以弱(弱,指重罚轻赏措施)去强(强,不服从法令)者,强。国为善(善,仁政),奸必多。国富而贫治(贫治,意即设法减少民众的财物),曰重(重 chóng,加倍)富,重富者强;国贫而富治,曰重贫,重贫者弱。兵行敌所不敢行,强;事兴敌所羞为(事兴敌所羞为,此处指排斥儒家礼义),利。主贵多变(多变,多谋善变),国贵少变。国少物(物,财物),削;国多物,强。千乘之国守千物者削。战事(事,治理)兵用而国强,战乱兵息而国削。

农、商、官三者,国之常官(官,此处指职业)也。三官者,生虱害(虱害,像虱子一样为害)者六:曰"岁(因农民懒惰而欠收)",曰"食(农民不务正业、白吃粮食)";曰"美(商人贩卖美丽的东西)",曰"好(商人贩卖好玩的物件)";曰"志(官吏营私舞弊)",曰"行(官吏贪赃枉法)"。六者有朴(朴,根源),必削。三官之朴三人(三官之朴三人,意思是农、商、官三种职业的根本在于从业者),六害之朴一人(六害之朴一人,六害的根本在于君主一人)。以法治者,强;以政(政,政令)治者,削。常官(常官,按常典任官),治省(治省,治道简约);迁官(迁官,随意任用官员),治大(治大,治道繁琐)。治大,国小(国小,国家力量就弱小);治小,国大。强之(强之,用儒家教化的办法待民),重(chóng)削;弱之(弱之,用重罚轻赏措施待民),重强。夫以强攻强者(以强攻强,即前面的以强去强)亡,以弱攻强者王。国强而不战(战,征伐),毒(毒,即前文的虱害)输(输,产生)于内,礼乐虱官生,必削;国遂(遂,进行)战,毒输于敌,国无礼乐虱官,必强。举荣任功曰强,虱官生必削。农少,商多,贵人(贵人,即前面说的三种职业中的官)贫、商贫、农贫。三官贫,必削。

国有礼、有乐、有《诗》、有《书》、有善、有修(修,贤良)、有孝、有弟(弟,通"悌",敬爱兄长)、有廉、有辩(辩,此处指智慧)。国有十者,上无使战,必削至亡;国无十者,上有使战,必兴至王。国以善民(善民,掩盖别人罪恶之人)治奸民(奸民,告发别人罪恶之人)者,必乱至削;国以奸民治善民者,必治至强。国用《诗》、《书》、礼、乐、孝、弟、善、修治者,敌至,必削国;不至,必贫。国不用八者(八者,指《诗》《书》、礼、乐、孝、弟、善、修)治,敌不敢至;虽至,必却。兴兵而伐(兴兵而伐,发兵攻打他国),必取,取必能有之;按兵而不攻,必富。国好(好,重视)力,曰以难攻;国好言(言,空谈),曰以易攻。国以难攻者,起一得十(起一得十,出一分力能得到十分的收获);国以易攻者,出十亡百。

重罚轻赏,则上爱民,民死上(死上,为君主拼命);重赏轻罚,则上不爱民,民不死上。兴国行罚,民利(利,喜欢)且畏;行赏,民利且爱。国无力而行知巧者,必亡。怯民使以刑,必勇;勇民使以赏,则死。怯民勇,勇民死,国无敌者,强。强,必王。贫者使以刑(使以刑,此处指用刑罚强迫务农),则富;富者使以赏(使以赏,此处指让他们用钱粮买爵位),则贫。治国能令贫者富、富者贫,则国多力,多力者王。王者刑九赏一,强国刑七赏三,削国刑五赏五。

国作壹(作壹,即前文的专一于农战)一岁,十岁强;作壹十岁,百岁强;作壹百岁,千岁强。千岁强者,王。威(威,有威势),以一取十,以声取实(以声取实,靠声势取得实利),故能为威者王。能生(生,培养力量)不能杀(杀,削弱力量),曰自攻之国,必削;能生能杀,曰攻敌之国,必强。故攻害(攻害,消灭虫害)、攻力(攻力,消耗实力)、攻敌,国用其二、舍其一,必强;令用三者,威,必王。

十里断(里,一种居民行政区单位;十里断,意思是说在较大范围内决断政事)者,国弱;五里断者,国强。以日治者(以日治者,意思是在白天就能处理好政事)王,以夜治者强,以宿(宿,意思是拖到第二天)治者削。

举(举,列举、登记)民众口数,生者著(著,著录),死者削(削,从人口册上削除)。民不逃粟(逃粟,指逃避赋税),野无荒草,则国富,国富者强。

以刑去刑(以刑去刑,意思是用重刑吓阻民众不去犯罪受刑),国治;以刑(刑,此处指轻刑)致刑,国乱。故曰:行刑重轻(重轻,此处指对轻罪用重刑),刑去事成,国强;重重而轻轻(重重而轻轻,指重罪重罚、轻罪轻罚),刑至事生,国削。刑生力,力生强,强生威,威生惠,惠生于力。举力以成勇战,战以成知谋(知谋,智慧与计谋)。

金生而粟死(金生而粟死,为赚钱而卖出粮食,有了钱没了粮),粟生而金生(粟生而金生,有了粮就有钱)。本物(本物,指粮食)贱,事者(事者,从事农业的人)众,买者少,农困而奸劝(劝,受鼓励),其兵弱,国必削至亡。金一两生于竟(竟,通"境")内,粟十二石死于竟外;粟十二石生于竟内,金一两死于竟外。国好生(好生,喜欢赚取)金于竟内,则金粟两死,仓府两虚,国弱;国好生粟于竟内,则金粟两生,仓府两实,国强。

强国知十三数:竟内仓府之数,壮男壮女之数,老弱之数,官士(官士,官吏士人)之数,以言说取食者之数,利民之数,马、牛、刍藁(刍 chú 藁 gǎo,饲草)之数。

欲强国,不知国十三数,地虽利,民虽众,国愈弱至削。

国无怨民曰强国。兴兵而伐,则武爵武任(武爵武任,指按军功授爵任职),必胜。按兵(按兵,停止军事行动的士兵)而农,粟爵粟任(粟爵粟任,指按种出粮食多少授爵任职),则国富。兵起而胜敌、按兵而国富者,王。

算 地 第 六

凡世主(世主,指国君)之患(患,弊病),用兵者不量力,治草莱(草莱,荒地)者不度(度 duó,度量)地。故有地狭而民众者,民胜(胜,超过)其地;地广而民少者,地胜其民。民胜其地,务开(务开,努力开垦);地胜其民者,事徕(事徕,想办法招徕人口)。开徕,则行倍。民过地,则国功寡而兵力少;地过民,则山泽财物不为用。夫弃天物、遂(遂,顺遂)民淫(淫,放纵)者,世主之务(务,做事)过也,而上下事(事,从事)之,故民众而兵弱,地大而力小。

故(故,过去)为国任(任,利用)地者:山林居什一,薮(sǒu,多草的湖泊或沼泽)泽居什一,薮谷流水居什一,都邑蹊(蹊 xī,小路)道居什一,恶田居什二,良田居什四,此先王之正律(正律,明确规定)也。故(故,过去)为国分田数小(分田数小,意思是为土地配备的人数少):亩五百,足待一役(一役,一个士兵),此地不任(任,胜任,充分开发)也。方土百里,出战卒万人者,数小也。此其垦田足以食其民,都邑遂路足以处其民,山林、薮泽、豀谷足以供其利,薮泽堤防足以畜(畜,通"蓄",积蓄)。故兵出,粮给而财有余;兵休,民作而畜长足。此所谓任地待役之律也。

今世主有地方数千里,食不足以待役实仓,而兵为邻敌(为邻敌,与邻为敌),臣故为世主患之。夫地大而不垦者,与无地同;民众而不用者,与无民同。故为国之数(数,术),务在垦草;用兵之道,务在壹赏。私利塞于外,则民务属(属 zhǔ,依托)于农;属于农,则朴(朴,淳朴);朴,则畏令。私赏禁于下,则民力抟于敌;抟于敌,则胜。奚以知其然也? 夫民之情,朴则生劳(劳,劳作)而易力(易力,易于生力),穷则生知而权利(权利,权衡利害)。易力则轻死而乐用,权利则畏罚而易苦(易苦,易于农作)。易苦则地力尽,乐用则兵力尽。夫治国者,能尽地力而致民死者,名与利交至。

民之性:饥而求食,劳而求佚(佚,安逸),苦则索乐,辱则求荣,此民之情也。民之求利,失礼之法(失礼之法,违背礼制);求名,失性之常(失性之常,违背人的本性)。奚以论其然也? 今夫盗贼上犯君上之所禁,而下失臣民之礼,故名辱而身危,犹不止者,利也。其上世之士,衣不煖(煖,通"暖")肤,食不满肠,苦其志意,劳其四肢,伤其五脏,而益裕(裕,多)广耳,非性之常也,而为之者,名也。故曰:名利之所凑(凑,聚集),则民道(道,遵循)之。

主操名利之柄而能致功名(致功名,名利双收)者,数(数,统治术)也。圣人审(审,审查)权以操柄,审数以使民。数者,臣主之术,而国之要也。故万乘失数而不危、臣主失术而不乱者,未之有也。今世主欲辟地治民而不审数,臣欲尽其事而不立术,故国有不服之民,主有不令(不令,不听从命令)之臣。故圣人之为国也,入令民以属农,出令民以计(计,打算)战。夫农,民之所苦;而战,民之所危(危,害怕)也。犯(犯,从事)其所苦、行其所危者,计也。故民生则计利,死则虑名。名利之所出,不可不审也。利出于地,则民尽力;名出于战,则民致死。入使民尽力,则草不荒;出使民致死,则胜敌。胜故而草不荒,富强之功可坐而致也。

今则不然。世主之所以加务(加务,卖力做)者,皆非国之急也。身有尧、舜之行,而功不及汤、武之略(略,收获)者,此执柄(执柄,指君主)之罪也。臣请语其过。夫治国舍势(势,权势)而任(任,用)谈说,则身修(修,德行美好)而功寡。故事(事,任用)《诗》《书》谈说之士,则民游而轻其君;事处士(处士,有才德而隐居的人),则民远而非其上;事勇士,则民竞(竞,强悍)而轻其禁;技艺之士用,则民剽(剽 piāo,轻捷)而易徙;商贾之士佚且利,则民缘(缘,攀附)而议其上。故五民加于国用(加于国用,被国家任用),则田荒而兵弱。谈说之士资在于口,处士资在于意(意,志向),勇士资在于气,技艺之士资在于手,商贾之士资在于身。故天下一宅(天下一宅,意思是到处都能住),而圜(圜 huán,环绕,此处指携带)身资。民资重于身,而偏(偏,通"遍")托势于外(托势于外,依附于外国势力)。挟重资,归偏(偏,偏私)家,尧、舜之所难也。故汤、武禁之,则功立而名成。圣人非能以世之所易胜其所难也,必以其所难胜其所易。故民愚,则知可以胜之;世知(世知,世人有智慧),则力可以胜之。臣愚,则易力而难巧(易力而难巧,以出力为易而以技巧为难);世巧,则易知而难力。故神农教耕而王天下,师(师,效法)其知也;汤、武致强而征诸侯,服其力也。今世巧而民淫,方效(方效,当仿效)汤、武之时,而行神农之事,以随世禁(随,借用为"堕";随世禁,破坏了治国的禁忌)。故千乘(千乘,大国)惑乱,此其所加务者过也。

民之生(生,通"性",天性):度而取长,称而取重,权而索利。明君慎观三者,则国治可立,而民能可得。国之所以求民者(求民者,要求民众的方法)少,而民之所以避求者多。入使民属于农,出使民壹于战。故圣人之治也,多禁以止能(止能,意指限制农战以外的能力),任力以穷诈。两者偏(偏,通"遍")用,则境内之民壹;民壹,则农;农,则朴;朴,则安居而恶出。故圣人之为国也,民资藏于地

（民资藏于地，民众收入来源于土地），而偏托危于外（偏，通"遍"；偏托危于外，到外地则处处有危险）。资藏于地则朴，托危于外则惑（惑，疑虑）。民入则朴，出则惑，故其农勉而战戢（戢 jí，聚）也。民之农勉则资重，战戢则邻危。资重则不可负而逃，邻危则不归于外。无资归危外托，狂夫之所不为也。故圣人之为国也，观俗立法则治，察国事本（本，指农战）则宜。不观时俗，不察国本，则其法立而民乱，事剧（剧，多）而功寡。此臣之所谓过也。

夫刑者，所以禁邪也；而赏者，所以助禁也。羞辱劳苦者，民之所恶也；显荣佚乐者，民之所务（务，谋求）也。故其国刑不可恶（国刑不可恶，国家的刑罚不让人害怕），而爵禄不足务也，此亡国之兆也。刑人复漏（复漏，指躲避逃脱），则小人辟淫（辟淫，邪僻放纵）而不苦刑，则徼倖（徼 jiǎo 倖，侥幸）于上以利求。显荣之门不一，则君子事势（事势，攀附权贵）以成名。小人不避其禁，故刑烦（烦，多）。君子不设其令（君子不设其令，指官吏不按法令执行），则罚舛（舛 chuǎn，违背，错误）。刑烦而罚舛者，国多奸，则富者不能守其财，而贫者不能事其业，田荒而国贫。田荒，则民诈生；国贫，则上匮赏。故圣人之为治也，刑人（刑人，受过刑的人）无国位，戮人（戮人，罪人）无官任。刑人有列（列，位列朝班），则君子下其位（下其位，看不起自己的职位）；衣锦食肉，则小人冀（冀，希望）其利。君子下其位，则羞功（羞功，羞于立功）；小人冀其利，则伐（伐，夸耀）奸。故刑戮者，所以止奸也；而官爵者，所以劝功也。今国立爵而民羞之，设刑而民乐之，此盖法术（法术，法度方针）之患（患，弊病）也。故君子操权一正（一正，统一政策）以立术，立官贵爵以称（称，举用）之，论劳举功以任之，则是上下之称平。上下之称平，则臣得尽其力，而主得专其柄。

【作者作品】

商鞅（约公元前395—前338年），出生于卫国，是卫国公子（国君儿子中除继承人"世子"之外的儿子）的儿子，因此又称卫鞅或公孙鞅。因为他后来从秦国君主那里获得的封地在"商"而被称为商鞅，或被尊称为商君。商鞅"少好刑名之学"，青年时期到魏国谋生。此时的魏国，因大力推行变法措施而取得显著成效，支配了当时的战国格局近半个世纪之久。在耳濡目染之下，年轻的商鞅也渐渐形成了自己更为成熟的有关国家治理的思想体系。不过在魏国，商鞅并未得到重用，因秦孝公求贤，他携带李悝的《法经》离魏至秦。在秦国，商鞅主持了两次变法活动，第一次开始于公元前356年，第二次开始于公元前350年。变法的内容涉及政治、经济、军事与社会各方面，其中财政制度的内容是变法的核心。商鞅变法取得了极大的成功，硬生生地将战国中实力最弱的秦国，提升为最为强悍的国家。当然，商鞅个人的下场并不美妙，因变法时得罪太子而在太子即位后不得不逃亡，却又因法治的成功而在秦国无处可逃，最终留下"作法自毙"的成语故事而凄惨收场。后世无数以变法为使命的政治家，在钦慕商鞅成功的同时，也为其结局而洒泪。

《商君书》一书现存26篇，其中2篇仅剩篇名而无文字内容。学界迄今比较公认的意见是，该书不是商鞅一人所著，而应该是商鞅以及后学的著作汇编。尽管如此，该书仍然大体反映商鞅在变法时所持有的理论基础与采用的具体措施。在后世两千多年的帝国治理中，《商君书》虽然不断遭到占意识形态统治地位的儒家批评，但作为治国理财经典的地位始终没有动摇。而且，由于百代都行秦政法，商鞅治国理财的思想事实上渗透到后世帝国制度运行之中，并进而影响着帝国向现代国家的转型。正因如此，本书将选录的《商君书》文本作为开篇第一章。

在该书现存文字内容的24篇作品中，我们可以发现它们表现的体例不一，有的属于论辩体如《更法》，有的属于政论体如《农战》，还有的属于法规条文与解释如《垦令》。在该书的文字风格上，多数篇章语言风格冷峻、朴实无华，但也有些篇章因运用了修辞手段而显得颇具文学色彩。

本章从《商君书》中选取了5篇文字，下面来对它们做一点简单的介绍。

《更法》是《商君书》的第一篇，也是该书的先导篇章，它交代了商鞅变法前在朝堂上发生的一场辩论。在体例上，该篇是《商君书》中唯一的对话体文章。一般认为，此篇并非商鞅本人的作品（因出现了"孝公"这一秦国君主死后才获得的谥号），但类似的辩论应该真实发生过。该篇的主要内容是，在孝公主持下，公孙鞅、甘龙、杜挚三位大臣就秦国是实行变法还是遵循古法这一治国方略问题展开辩论。公孙鞅显然主张变法，强调礼法的目的是"爱民""便民"，断言"反古者未必可非，循礼者未足多是"。商鞅因说中了秦孝公的变法心思而得到称赞，并在事后主持变法事业。而甘龙、杜挚两位大臣则反对变法，强调"知者不变法而治""利不百，不变法"。其实，这样两种态度或类似的辩论场景，在古今中外变法或改革过程中都存在或者都发生过。用英国思想家哈耶克的著名理论框架"建构理性主义/演进理性主义"来衡量，商鞅显然属于建构主义者，要求重新创造新法律；而甘龙、杜挚则属于演进理性主义者，要求尊重传统的规则，只有在有把握获得更大利益的前提下才能做边际的改进。

《垦令》是《商君书》的第二篇，其内容是说明鼓励垦荒的20项法令，并对法令制定的缘由给予解释。后世有学者推测,这可能是商鞅提交给秦孝公供他考虑的一篇法律建议案。《垦令》的内容,涉及行政管理、赋税征收、官吏任用、劳动力管理、粮食买卖、音乐服装的控制、雇佣的禁止、旅馆的废除、矿藏资源的国有化、酒肉的价格政策、刑罚制度、居住制度、贵族特权的限制、高级官员的管理、军队管理、政治制度的统一、关税商品税政策、抑商的徭役制度与粮食运输制度、刑狱制度等。对这些法令的解释,最终目的都归于促进百姓垦荒。这些内容鲜明地体现出商鞅重农抑商的主张,如提高商贾的赋税,迫使人们放弃经商念头,想方设法地让高门贵族的食客和仆役去务农等。

《农战》是《商君书》的第三篇,也是商鞅变法的主题,即主张加强农业、增强军队战斗力,是治国、强国、富国的根本。此篇开始就强调,"国之所以兴者,农战也";到该篇的后面,再次强调"国待农战而安,主待农战而尊"。商鞅认为,要发展农战,关键在于利出一孔,即奖赏、官爵乃至一切利益都只能通过致力于农战才能获得。与此同时,国家还要排除那些干扰民众积极从事农战的因素,特别是要去贬抑商人、排斥那些学习儒家《诗》《书》的豪杰与辩说之士。因此,该篇大力宣扬要贬学抑商。在修辞上,此篇是《商君书》中比较少见的有文采的一篇,在文中多处可见递进、排比句式,还有从正反两个方面反复地进行对比与论证,颇显说服力。

《去强》是《商君书》的第四篇,它的主要内容是讨论如何对待不法之民,并管理好国家的内政,其中涉及农、商、官三个阶层。商鞅认为,治理百姓有强民政策和弱民政策。所谓强民,主要指用儒家主张的兴《诗》《书》等教化的办法对待民众。但商鞅主张实行弱民措施,即鼓励民众用粮食购买官爵、国家用金钱将百姓手中粮食大量买走,这样就可以做到国强民弱。与此同时,国家还要赏罚并用,以农战为赏罚依据,同时实行重罚轻赏、以刑去刑,以便将民众的力量集中起来。在他看来,儒家的《诗》《书》是民众不听从政令的原因之一,要大力清除。另外,商鞅还建议从户口管理、吏治、关乎国计民生的数据统计、粮食的储存等方面着手,努力改善内政的管理。对于本篇的阅读,可以配合本书未选录的《说民》《弱民》等篇章一起进行。

《算地》是《商君书》的第六篇,也是对国家土地管理政策的说明。帝国这一国家类型,依土地为支撑点而运行,国家治理与财赋征收,都离不开土地的规划和使用。算地的结果,可用来"任地待役",以地养战,保证军队的力量。商鞅建议的算地,具体内容有:土地面积要与居住人口相适应;国土中山林、湖泊、溪流、都邑、道路、农田的比例要适当等。同时,为了提高民众耕田和作战的积极性,国家要充分利用人类趋利避害的本性,制定严苛的法令堵塞其他获得荣誉与利益的途径,而只留下从农业和战争两个途径获取名、利的出路,即利出一孔。

【文本阐释】

帝国这一国家类型在中国地理空间中的出现,无论如何都是中国历史发展中的大事。在此过程中,有必然性的历史因素的推动,如人与自然关系的变化(即人口增长对土地资源造成压力),以至于需要新的制度类型帮助现有人口对外夺取额外的土地、对内采用更有效率的制度结构来安排人口与资源的关系,又充斥了许多偶然的因素。在诸多偶然性因素中,不可或缺的是在某个特定时空中伟大的立法者的出现。只有依靠这样的立法者,当时的人才能构建出更符合历史的内在目的、更有利于人类生存的新制度。商鞅及其君主秦孝公,正是这样在因缘际会之中偶然诞生的立法者,因他们的立法行动(或者说变法行为)而初步奠定持续了两千多年的帝国制度。

如导论所述,帝国制度以君权(统治权与所有权合一)为核心建构而成,由君主申明自己对天下土地的产权并以此作为国家权力运行的源头,君主也因此占据政治制度的最高地位,代表整个国家共同体集中行使公共权力。为了辅助君主行使这种权力,官僚制也在帝国发展进程中不断地成长起来。制度必须成体系才能真正地发挥作用,商鞅在变法期间为帝国设计的制度,坚持了系统化的原则:既有价值取向的指导,又有组织基础的支撑,还综合考虑了财经、行政、文化教育等各方面的体制因素,并使它们互相补充和配合。由此形成的帝国制度体系,在秦国、秦王朝乃至后世历代王朝都发挥了显著的影响。

对于商鞅变法,已有不计其数的文献进行过客观的描述和主观的评价。本书此处不打算对这一事件的主客观诸方面进行全面的探讨,而只打算从体系化的角度来概括商鞅奠定的帝国制度基础[1],然后再对《商君书》中有关商鞅变法的内容予以阐释。

一、商鞅变法为帝国立基:价值取向

任何制度构建都是在一定的价值基础上进行的,正确的或者说符合时代要

---

[1] 这一部分的文字内容,改写自刘守刚指导的硕士研究生董爽的毕业论文(董爽著:《商鞅变法与帝国基础的形成》,上海财经大学硕士论文2016年)。

求的价值取向是制度变革成功的前提。春秋战国时代是中国古典思想流派精彩纷呈的历史时期,对于人性本质、社会现状与未来选择,各家各派都有自己的主张,其中最有影响的思想流派有墨家、儒家、道家和法家等。商鞅的思想一般被归为法家,下文将从比较的视角来概括商鞅在制度变革上所主张的价值取向。

(一) 商鞅的"利己"人性基础:与墨家的"兼爱"相对

商鞅变法的目的,是为秦国赢得国家之间的生存竞争而构建起一套有效的制度体系,这样的制度体系后来在现实中逐渐演变成帝国制度。对商鞅来说,他在当时面临的问题是,应该以怎样的人性基础来构建制度?

对这一问题,春秋战国时期各派学说大体都有自己的回答,其中墨家提倡的"兼爱"可能最负盛名。在墨子看来,当时秩序混乱、战争频发的根源在于人与人之间互不相爱,"父自爱也不爱子,故亏子而自利,兄自爱也不爱弟,故亏弟而自利,君自爱也不爱臣,故亏臣而自利。是何也?皆起不相爱,虽至天下之为盗贼者亦然。盗爱其室,不爱其异室,故窃异室以利其室。贼爱其身不爱人,故贼人以利其身。此何也?皆起不相爱。诸侯各爱其国,不爱异国,其攻异国以利其国,天下之乱物,具此而已矣。察此何自起?皆起不相爱"(《墨子·兼爱上》)。不相爱的根源在于"自爱","今诸侯独知爱其国,不爱人之国,是以不惮举其国以攻人之国。今家主独知爱其家,不爱人之家,是以不惮举其家以篡人之家。今人独知爱其身,不爱人之身,是以不惮举其身以贼人之身"(《墨子·兼爱上》)。因此,天下大乱的罪魁祸首根源于"自爱",而"自爱"的实际内容就是"自利"。墨子认为,兼相爱、交相利是解决社会纷争最有效的途径,"视人之国若视其国,视人之家若视其家,视人之身若视其身。是故诸侯相爱则不野战,家主相爱则不相篡,人与人相爱则不相贼"(《墨子·兼爱下》)。他的结论是,"天下兼相爱则治,交相恶则乱"(《墨子·兼爱下》)。

从今天的眼光看,墨子推崇的人性是"应然的"而不是"实然的",他并没有从人性的实际状况出发来构建制度。对于这样的看法,商鞅显然是不以为然的,他觉得现实中的人性并不是或者说做不到"兼相爱","利己"才是现实的人性,制度建构应以此为基础。他说,"古之民朴以厚,今之民巧以伪"(《开塞》),在今天的现实中,"民之性,饥而求食,劳而求佚,苦而索乐,辱则求荣,此民之情也"(《算地》)。人性的真实就是追名逐利,"故民生则计利,死则虑名"(《算地》),"民之欲富贵也,共阖棺而后止"(《赏刑》)。名利在哪里,人们就会往哪里去,"名利之所凑,则民道之"(《算地》),"民之于利也,若水如下也,四旁无择也"(《君臣》)。

在商鞅看来,人性好利并不是坏事,制度构建时可以以此为基础来实现国家治理的目的，"民之生，度而取长，称而取重，权而索利。明君慎观三者，则国治可立，而民能可得"（《算地》）。具体来说，就是可以通过"赏罚"机制来引导人们的利己行为，"人君不可以不审好恶。好恶者，赏罚之本也。夫人情好爵禄而恶刑罚，人君设二者以御民之志，而立所欲焉。夫民力尽而爵随之，功立而赏随之"（《错法》），"是以明君之使其臣也，用必出于其劳，赏必加于其功。功赏明，则民竞于功。为国而能使其尽力以竞于功，则兵必强矣"（《错法》）。就是说，在商鞅看来，制度建构和国家治理应以利己为人性基础，因势利导，比如说，用田地和房屋来引诱更多的民众为国家服务，民众得利的同时国家也从民众那里得到了徭役、赋税和兵源，从而实现了富国强兵。在变法时，商鞅一再主张，应该基于这样的人性来实现"壹民于农战"的目的，即堵塞农战以外的一切获得名利的途径（"利出一孔"），将获得名利的途径限于农战，"利出于地，则民尽力；名出于战，则民致死"（《算地》）。

（二）商鞅的"进化史观"：与儒家的"退化史观"相对

春秋战国之际，战争频频发生，政治秩序处于崩溃的边缘。诸子百家对动荡不安的现状极为不满，积极地出谋献策以拯救时局。以儒家为代表的学者，他们持有一种退化史观，认为今不如昔，因此主张拯救时局的关键是恢复三代之治。而以商鞅为代表的学者则认为，历史是在不断地向前发展的，应该彻底抛弃"今不如昔"的范式，转而采用进化史观。商鞅变法正是以此为基础，才建构出未来帝国的制度雏形的。

先秦儒家"祖述尧舜、宪章文武"，带有鲜明的复古主义的思想倾向。孔子政治思想的出发点为"从周"，奉西周的政治为规范，总是把他所设想的理想社会与鼎盛时期的西周相联系。在孔子看来，天下动荡、秩序紊乱的原因在于周礼的废弃，所以他极力主张尊周室、敬主君，恢复"天下有道"的局面。而孟子的复古主张则可概括为"法先王"，即认为先王的道德标准及其所建立的制度都是无可挑剔的，应该效仿"欲为君，尽君道；欲为臣，尽臣道。二者皆法尧舜而已矣"（《孟子·离娄上》）。在他看来，为政必须"尊先王之法"（《孟子·离娄上》）。

商鞅用两种不同的分期方法分析了历史的发展过程，以说明他的进化历史观。一种曾被梁启超注意过，即在《开塞》中以社会组织为标准来进行分期[1]，并对社会进化发展过程与国家起源给予清晰的说明："天地设而民生之。当此之时也，民知其母而不知其父，其道亲亲而爱私。亲亲则别，爱私则险。民众，而以

---

[1] 梁启超著：《先秦政治思想史》，天津古籍出版社2003年版，第183页。

别、险为务,则民乱。当此时也,民务胜而力征。务胜则争,力征则讼,讼而无正,则莫得其性也。故贤者立中正,设无私,而民说仁。当此时也,亲亲废,上贤立矣。凡仁者以爱利为务,而贤者以相出为道。民众而无制,久而相出为道,则有乱。故圣人承之,作为土地、货财、男女之分。分定而无制,不可,故立禁;禁立而莫之司,不可,故立官;官设而莫之一,不可,故立君。既立君,则上贤废而贵贵立矣。然则上世亲亲而爱私,中世上贤而说仁,下世贵贵而尊官"(《开塞》)。就是说,商鞅将人类的历史划分为"上世""中世"和"下世"三个阶段。在上世,"民知其母,而不知其父",人们"亲亲而爱私",但是"亲亲则别,爱私则险","民众,而以别险为务,则民乱"。为了消除这一混乱,贤者出现,"立中正,设无私,而民说仁",于是进入了中世。可是"民众而无制,久而相出为道,则有乱","贤者"与"仁者"不断争斗,社会又陷入了一片混乱。这样就进入了"下世",由圣人来明定"土地货财男女之分",为了保证"分"就"立禁",创立法律制度之后,就"立官"来贯彻实行,设立官吏之后需要有人从整体上加以掌控,于是就"立君",此时的社会"贵贵而尊官"并因此形成秩序。换言之,通过对"明分""立禁""立官""立君"等过程的描述,商鞅说明了国家诞生的过程和社会进化的历史。上世、中世、下世,"此三者非事相反也,民道弊而所重易也,世事变而行道异也"。在《画策》中,商鞅对人类历史还有另一种分期方法,即以生产方式为标准,将人类历史划分为"昊英时代""神农时代"和"黄帝时代":"昊英时代","伐木杀兽,人民少而木兽多";"神农时代","男耕而食,妇织而衣,刑政不用而治,甲兵不起而王";"黄帝之世",制定了"君臣上下之义,父子兄弟之礼,夫妇妃匹之合;内行刀锯,外用甲兵"。据此,商鞅描绘出了生产力与人类制度发展所遵循的进步方向。

以上述社会进化史观为基础,商鞅指出,在当时的大争之世,儒家主张的周代礼制已经不符合现实社会发展的需要,"法治"才是迎合时代发展的明智之举。因此,他极力主张变法。在回应甘龙反对变法的意见("圣人不易民而教,知者不变法而治。因民而教者,不劳而功成。据法而治者,吏习而民安"〔《更法》〕)时,商鞅说,"前世不同教,何古之法?帝王不相复,何礼之循"(《更法》)。时代不同,面临的情况就不同;应根据每个时代变化的实际采取不同的治国办法,"治世不一道,便国不必法古"(《更法》)。

(三) 商鞅的"法治"治国方略:与儒家的"德治"相对

在春秋战国这一国家生存竞争时期,什么才是合适的治国方略?诸子百家学者纷纷给出了自己的答案,其中以儒家提倡的"德治"和法家提倡的"法治"形成了鲜明的对比。这样的对比,一直回响在帝国两千多年有关国家治理的讨论中。

面对当时社会的动荡不安和列国间争战不休,儒家主张恢复礼制、以德治国,从而重建社会政治秩序。孔子认为,治国应从每个人遵守礼的要求开始,以此作为立身之本,"不学礼,无以立"(《论语·季氏》),这样每个人都要自觉地遵守礼的约束,"非礼勿视,非礼勿听,非礼勿言,非礼勿动"(《论语·颜渊》)。统治者要遵循礼的规范,"克己复礼"以治理国家,即所谓"礼治"。儒家的礼治也即"德治",实行德治最为重要的措施是对统治者和民众进行教化,使其"志于道,据于德,依于仁,游于艺"(《论语·述而》)。特别重要的是,统治者要用自己的道德品质与实际行动树立榜样,"其身正,不令而行;其身不正,虽令不从"(《论语·子路》)。在具体的德治主张上,以孔子为代表的儒家学者主张,国家要实行富民和均平政策,在财税政策上要轻徭薄赋、改善民生。

商鞅认为,在战争频繁的时代,德治不能帮助秦国迅速崛起,只有依法治国才是强大秦国的唯一道路,"以法治者,强;以政治者,削"(《去强》),只有通过法治才能达到天下大治的目的。这是因为,只有法才能定分止争("一兔走,百人逐之,非以兔也。夫卖者满市,而盗不敢取,由名分已定也。故名分未定,尧、舜、禹、汤皆如鹜焉而逐之;名分已定,贪盗不取"〔《定分》〕),只有法才能胜民("民胜法,国乱;法胜民,兵强"〔《说民》〕)。要实行法治,在商鞅看来,就必须做到:第一,让全体臣民知法,而知法不仅需要法律条文本身明白易懂,"圣人为法,必使之明白易知","万民皆知所避就,避祸就福而皆以自治"(《定分》),而且要设置法官法吏"以为天下师",如此"天下之吏民无不知法者"(《定分》);第二,在执法过程中要实行"刑无等级",比如商鞅在秦国"法令必行,内不私贵宠,外不偏疏远。是以令行而禁止,法出而奸息"(《史记·商君列传》);第三,实行轻罪重刑,让人们连轻微的罪行都不敢犯,"故禁奸止过,莫若重刑"(《赏刑》);第四,任法必专,以法度作为政治生活的唯一标准,不被私议善行动摇,"故立法明分,而不以私害法,则治"(《修权》)。

显然,在商鞅那个时代,儒家所津津乐道的仁义与德治,很难真正保护那个时候的国家在竞争中生存下来,也根本无力解决现实世界的迫切问题,即人口对土地的要求。相比之下,商鞅主张的法治,更具有现实的可能性。正如韩非子记载的一个故事,齐国对欲劝阻自己入侵鲁国的孔门弟子子贡说:"子言非不辩也,吾所欲者土地也,非斯言所谓也。"(《韩非子·五蠹》)当然,在统一帝国及和平环境下,儒家的德治作为价值理性,可以为国家治理赢得合法性,这也是汉武帝时期儒术上升为帝国正统意识形态的原因之所在。

(四) 商鞅的"竞争性"对外战略:与道家的"与人无争"相对

春秋战国时代遵循弱肉强食、优胜劣汰的丛林法则,各诸侯国不停地进行较量。如何看待战争以及对外关系,是各思想流派争论的一个中心话题。在其中一端,代表者道家主张"与人无争",坚持"无为而治""小国寡民";而在另一端,商鞅则明确主张"竞争性"的国家战略,坚持战争是解决问题的途径。

道家的代表人物老子认为,列国纷争是因为人们沿着"有为"的道路行事,"有欲""有争""有知"引起了社会祸乱不断地发生。因此,要想平定祸乱,必须先铲除一切祸乱之源,把人们从"有为"的道路引到"无为"的道路上,践行"与人无争"。首先,在国内要使民无所争,要毁掉一切代表财利的器具,让人无法"贵难得之货",同时统治者要实行不"尚贤"的政策(《老子》第三章)、"不以智治国"(《老子》第六十五章)的政策,以避免争斗。其次,在对外方面要慎征伐,因为战争具有极大的破坏性("师之所处,荆棘生焉。大军之后,必有凶年",《老子》第三十章),只有在无可奈何的时候才能打仗,"兵者,不详之器,非君子之器,不得已而用之"(《老子》三十一章)。最后,老子崇尚的天下(国际社会)秩序是小国、寡民、彼此隔绝("小国寡民,使有什伯之器而不用,使民重死而不远徙。虽有舟舆,无所乘之。虽有甲兵,无所陈之。使民复结绳而用之。甘其食,美其服,安其居,乐其俗,邻国相望,鸡犬之声相闻,民至老死不相往来",《老子》第八十章)。

以老子为代表的道家所提倡的对外战略,理所当然地受到商鞅的反对。在他看来,这是一个弱肉强食、武力征伐的时代,"不胜而王、不败而亡者"(《画策》)的现象从未发生过,在今天更是非积极参战并取得胜利就不能称王天下,"名尊地广,以至王者,何故?名卑地削,以至于亡者,何故?战罢者也"(《画策》)。因此,他认为战争是不可避免的,弱小的秦国要想迅速崛起、称霸天下,就必须积极应战,用战争来消灭战争。商鞅进一步地认为,战争还可以有效地维护国内的统治,无论国家贫富、强弱都要把战争当作治理国家的必要手段,"国贫而务战,毒生于敌,无六虱,必强。国富而不战,偷生于内,有六虱,必弱"(《靳令》),"国强而不战,毒输于内,礼乐虱官生,必削;国遂战,毒输于敌,国无礼乐虱官,必强"(《去强》)。那么,如何才能取得战争的胜利?商鞅的回答是必须奖励耕战,因为耕可养战(为战争提供物质基础和"朴""穷"的士兵),战又促农(用战争来消耗民力、财力和物力,民众为了生存下去不得不再次努力地进行农业生产)。

(五) 商鞅在价值取向方面为帝国奠基

商鞅阐明的价值取向,为当时秦国的变法进行了有力的辩护,也为后世两千年帝国制度的设计与运行奠定了基础。不过,以商鞅所代表的法家思想所包含的价值取向,毕竟过于严酷。秦亡汉兴的结果,使得汉初统治者逐渐采用儒家价值来柔化法家制度。但是,法家所采用的价值取向毕竟是帝国制度的内在要求,因而始终隐伏在后世帝国制度的运行之中,构成"明儒暗法"的基本价值取向以及礼法融合的制度精神。

二、商鞅变法为帝国立基:组织基础

国家治理的对象是人,只有把人组织起来才能实现治理的目标。商鞅在秦国原有的国家组织基础上加以变革,形成了在战国时代颇为有效的民众组织和统治集团组织,从而为秦统一六国及后世帝国治理奠定了组织的基础。

(一) 民众组织

商鞅发起了两次变法,两次都进行了户籍制的改革。他认为,国家要想强盛,就需要了解十三个数目(国家的粮仓和总人口的数目,壮男和壮女的数目,老人和弱者的数目,官吏和学士的数目,靠言谈游说吃饭的人的数目,靠利益谋生的人的数目,马、牛和牧草的数目〔参见《去强》〕)。如果不了解这十三个数目,即便拥有富饶的土地、繁多的人口,国家也只会越来越弱直至被侵略。通过变法,商鞅建立起严密的户籍制度并在户籍制基础上实施连坐、分户等制度,从而很好地掌握了这十三个数目,并将民众(及掌握在民众手中的资源)组织成可加利用的有效力量。

商鞅建立的户籍制,首先是户口登记制,即把全国范围内的人口都登记在官府的户籍簿中("四境之内,丈夫女子皆有名于上"〔《境内》〕)。登记时要把姓名、身份(爵位与社会身份)、籍贯、性别、婚姻状况、身体自然状况(体貌与年纪)都记录在内,甚至还需要登记家庭财产,包括田宅、牲畜、器用等。登记的户口若出现变动情况,也需要及时更正,如需要登记户口的自然变动情况、迁徙情况。其次,商鞅划分户籍种类,实行严格的分类管理。大致上,秦国的户籍有七类:普通民户籍(最基本的户籍,涉及的人口最多)、徒籍(有罪刑徒的户籍)、役籍(服役士兵的户籍)、高爵者籍(民间拥有大夫以上爵位的人的户籍)、私奴籍(私家奴以相对独立的形式附注于主人家籍)、宗室籍(王室宗亲的户籍)、市籍(商人的户籍)。对不同性质的人口进行详细分类,目的是为了分类管理,其中农民和士兵在管理中是最为重要的对象。最后,商鞅还对违反户籍管理的行为,实行严格的惩罚措施。

为了更好地掌握物质与人力资源,商鞅还实行分户令。一开始,他用财政手段强力推行小家庭的户籍制:"民有二男以上不分异者,倍其赋。"(《史记·商君列传》)后来,他直接颁布法令禁止父子、兄弟同室而居("令民父子、兄弟同室内息者为禁"〔《史记·商君列传》〕)。显然,一夫一妻的个体家庭结构,容易被国家管理,也更能适应当时的生产力状况。

以户籍制为基础,商鞅建立起什伍连坐制度,编织全民的组织与监督网。他"令民为什伍,而相牧司连坐"(《史记·商君列传》),即在最基层实行十户人家为一什、五户人家为一伍的组织形式,相互监视、检举不法行为,对不告奸甚至有意藏匿的人给予惩罚("不告奸者腰斩,告奸者与斩敌首同赏,匿奸者与降敌同罚"〔《史记·商君列传》〕)。

对于动员资源参与国家间生存竞争而言,在户籍制基础上形成的乡里什伍制是非常有效的组织形式。所有的民众都被组织在什伍网络中并体现在户籍上:占有田宅的人,户籍上必然有名字,国家就可以根据户籍上的土地占有量和人口数量来征收田租、户赋("举民众口数,生者著,死者削,民不逃粟,野无荒草,则国富,国富则强"〔《去强》〕),还可根据户籍上的年龄信息派发男子的徭役和兵役,甚至能保证应役者的身体素质(户籍登记中有此信息)。如此以户籍制为基础的乡里什伍制,也为后世基层组织的建设立下了起点。

(二)统治集团的组织:军功爵位制

任何政治共同体都必然存在着统治者,统治者组成的统治集团是在政治上占主导地位的集团,它掌握着政治权力,决定了国家的治理能力和民众的生存状况。因此,统治集团的组织形式与效能,直接地决定了一个国家的发展状况。商鞅在变法过程中,主要运用军功爵位制将秦国统治集团组织起来,以便有效地统率民众参与那个时代国家之间的生存竞争。

不同于西周时期大多依据血缘原则建立的封建制,军功爵位制,顾名思义是根据军功的大小来授予相应的爵位,并赋予相应的统治特权。事实上,在春秋战国之际,许多诸侯国都在不同程度上先后推行了军功爵位制,只不过以商鞅变法下的秦国执行得最为坚决,军功爵位制也最为完备。《商君书·境内》记载了军功爵位制内容,大致上为十四级军功爵位制(自一级至十四级分别为:公士、上造、簪袅、不更、大夫、官大夫、公大夫、公乘、五大夫、客卿、正卿、大庶长、左更、大良造),后来十四级军功爵又发展为二十级军功爵位制。普通吏民所获得的爵位,一般不能超过第八级公乘,若因此有多出来的军功可转给他人,这样的爵位又被称为"民爵"。相应地,公乘以上的爵位称为"官爵",获得者是那些已为统治集团的成员或因此进入统治集团的人。因此,军功爵位制的实质,是依军功大小将国家掌握的名利价值与权力资源按爵位大小分配出去,如田宅、奴仆("庶子")、减免刑罚、减轻徭役负担、拜官除吏等。

细究而言,军功爵位制中"民爵"的目的,主要是为了奖励军功、提升军队战斗力,与此同时,也将一部分民间精英选拔进入统治集团(从"民爵"晋升入"官爵")。凡是立军功的,都按照所立军功的比率赏赐爵位("有军功者,各以率受上爵。为私斗者,各以轻重被刑大小"〔《史记·商君列传》〕)。宗室贵族不能凭借血缘关系而受爵,如果没有在战场上立下功劳,甚至要被除去宗室籍("宗室非有军功者,不得为属籍"〔《史记·商君列传》〕)。立下军功后,商鞅制定了一套严格的军功爵论定程序,即劳(展示功劳)、论(评功论赏)、赐(拜爵、赏赐田宅财物)三道程序,以加强制度的严肃性。

而就军功爵位制中公乘以上的"官爵"而言,其实质是统治集团的一种组织方式,即以军事等级制将参与统治的少数人组织起来,并施加相应的激励与约束措施,完成对外征战和国家治理的目的("尊卑爵秩等级,各以差次名田宅,臣妾衣服以家次。有功者显荣,无功者虽富无所芬华"〔《史记·商君列传》〕)。正因如此,在七国中秦国统治集团组织得最为高效,行政效率及官吏清廉度亦为各诸侯国之最。到战国晚期荀况游秦时,还盛赞秦"百吏肃然,莫不恭俭敦敬,忠信而不楛",秦朝廷"听决百事不留,恬然如无治者"(《荀子·强国》)。

(三)商鞅在组织方面为后世帝国奠基

商鞅在秦国进行变法时建立的乡村基层组织即乡里什伍制,到后世帝国大多得以保留或在此基础上加以改进,如汉代的乡里什伍制、唐代的乡里保邻制、宋代的保甲法、明代的里甲制等。在统治集团组织方面,军功爵位制在汉初仍得以保留。但这一战争时期的制度毕竟不适用于和平时期,于是在统一帝国时期逐渐发展为官、爵分离制度,即"官以任能、爵以赏功"的统治集团组织形式。不过,组织形式的变化并没有改变军功爵位制所包含的绩效导向的组织精神,这种精神比起封建制时期的血缘原则显然更符合帝国官僚制发展的要求。

三、商鞅变法为帝国立基:体制结构

商鞅变法所建构出来的制度体系,除了价值取向与组织基础外,还包括商鞅在秦国组建的完整的体制结构,该结构涵盖财经体制、地方政府体制和文化教育体制等方方面面。统一六国后,秦王朝继承和发展了商鞅变法所建立的体制结构,并在此基础上发展出大一统帝国的体制结构。

(一) 财经体制

商鞅在秦国变法期间,至少进行了三个方面的财经体制改革,分别是确立土地产权基础、构建实物性财经体制以及统一度量衡制等。

1. 进一步确立帝国的土地产权基础

帝国的支撑点在土地,建构土地产权制度是帝国国家制度建设的前提。商鞅吸取了以魏国为代表的土地产权改革经验,在秦国土地分封制不断瓦解的现实基础上,进一步地确立了君主对全国土地的产权及私人对土地的占有制度。《史记·商君列传》中说商鞅在秦国"为田开阡陌封疆",这一做法被概括为"废井田、开阡陌"。虽然学术界对于"废井田、开阡陌"等具体字义有些争议,但它包含的大体内容还是比较清楚的,那就是:进一步地废除过去村社对土地的共有共耕制,鼓励开荒,允许土地买卖(废止"田里不鬻"政策),从而在巩固确认君主对土地产权的基础上,加强私人对土地的占有。为了申明君主的产权,商鞅在变法过程中还对全国土地进行了重新丈量,以便清查旧的封君贵族所隐匿的田产。

唐代学者杜佑在《通典》中是这样描述商鞅的"废井田、开阡陌"措施的:"周制,步百为亩,亩百给一夫。商鞅佐秦,以一夫力余,地利不尽,于是改制二百四十步为亩,百亩给一夫矣。"(《通典·州郡四》)这样,重新设定的每亩面积比周制大一倍有余,使秦国可以人尽其力、地尽其用。为配合由此形成的土地制度,商鞅还推行了两项行之有效的政策,即计户授田制及军功爵赏田制。通过这样的变法行动,商鞅为后世帝国土地产权制度奠定了坚实的基础。

2. 构建实物性财经体制来形成竞争性国家

在上述土地产权基础上,土地出产物成为财政收入的主要来源,也是一个国家参与国家间竞争的主要依仗。尤其在战争期间,粮食、布帛以及人力等实物性财政资源,是决定成败的关键。在此前提下,重农基本上成为帝国国家治理的不二选择("国不农,则与诸侯争权不能自持也,则众力不足也。故诸侯挠其弱,乘其衰,土地侵削而不振,则无及已"〔《农战》〕)。因此,"圣人知治国之要,故令民归心于农"(《农战》)。

在这样的思想支配下,商鞅以粟帛等实物形式来建构起财经活动体制,积极鼓励民众从事农业生产,具体的政策有:(1)对致力于农业生产的人免除徭役,对不肯努力进行农战、务农不力的人没为官奴,即"僇力本业,耕织致粟帛多者复其身。事末利及怠而贫者,举以为收孥"(《史记·商君列传》);(2)用免除徭役、赐给他们田宅等奖励措施,招徕"土狭而民众"的三晋(赵、魏、韩)之民务农垦荒,"徕三晋之民,而使之事本"(《徕民》);(3)提高粮食价格以吸引人们从事农耕

("欲农富其国者,境内之食必贵……食贵则田者利,田者利则事者众"〔《外内》〕),并对百姓实行"以粟出官爵"的制度,鼓励人民用余粮向国家买爵位("民有余粮,使民以粟出官爵。官爵必以其力,则农不怠"〔《靳令》〕);(4)减轻民众负担,让财政负担尽可能做到公平,以鼓励民众积极地从事农业生产("官属少,征不烦,民不劳,则农多日";"訾粟而税,则上壹而民平"〔《垦令》〕)。

为了构建这样的实物性财经体制,商鞅还通过种种"抑商"措施来减少商业或商人掌握的具有流动性、不易为国家控制的社会资源。虽然商鞅也认识到商业的重要性,"农、商、官三者,国之常官也。农辟地,商致物,官法民"(《弱民》),但在中国思想史上却比较早地提出了崇本抑末(即重农抑商)的主张。他认为,国家治理应以农业为本,"农之用力最苦而赢利少,不如商贾、技巧之人"(《外内》),而商贾、技艺、游谈等为"末业",所以应该"事本抑末"。商鞅说:"农少,商多,贵人贫,商贫,农贫。三官贫,必削。"(《去强》)就是说如果商业过分发展,就没有人愿意耕田务农、参加战争,而这样的话就会造成国家的削弱。为此,商鞅采取了一系列抑商的政策,具体包括:(1)对粮食"使商无得籴,农无得粜",即规定商人不得买卖粮食,而农夫只能通过耕种获得粮食;(2)"重关市之赋""贵酒肉之价",即对商业活动征收重税并提高酒肉等商品的价格,减少人们对商业的投机和对酒肉的消费;(3)在徭役方面实行"农逸而商劳",即对农民和商人差别对待,让农民少服徭役、商人多承担徭役负担等。

3. 统一度量衡制

在商鞅那个时代,各诸侯国之间甚至在一国之内,都执行着不同的度量衡制。显然,度量衡制不统一所造成的混乱,严重制约了社会经济的发展,也不能满足国家的内在治理要求。

商鞅统一度量衡,主要是颁布"平斗桶、权衡、丈尺"(《史记·商君列传》)的法令,即分别对容积、重量和长度的度量标准做出了严格的规定,其中尤以"丈尺"的改革最为突出。商鞅将西周的百步为小亩的单位,改为六尺为一步、二百四十步为一亩的单位,这一标准被沿用了两千多年。为了确保度量衡的精准化,商鞅还推出了相关举措,如向地方政府颁布度量衡标准器(要求用标准器检验和校正各地的度量衡)、制定严格的惩罚措施等。秦统一六国后,秦始皇继承和发展了商鞅的度量衡制,并向全国加以推广。

度量衡的统一显然方便货物的流通,并因此加强了全国各地间的经济联系和彼此的认同,也方便统治者进行有效的财政征收活动。在此基础上,秦国及其后的秦王朝,又进行了货币和文字等其他具有重要历史意义的统一工作。

（二）地方政府体制

在秦国原有的基础上，商鞅广行县制以取代分封，为后来秦始皇实行"废分封、行郡县"奠定了基础，并进而形成帝国两千多年基本的地方政府体制。

战国时期，郡或者县作为行政单位，在各诸侯国一开始主要于边境地区实行，以便国君对新扩张的领土实行直接的中央控制。商鞅第一次变法成功后，秦国实力增强，也因此取得了一系列军事上的胜利，领土随之迅速扩张。为了便于中央对地方的控制并削弱贵族的特权，商鞅在第二次变法中推行县制。商鞅首先选择泾渭汇流的三角地带作为推行县制的试点，以此作为根据地将县制推广到秦国全境。到秦孝公十二年，"并诸小乡聚，集为大县，县一令，四十一县"（《史记·秦本纪》），孝公十三年时，"初为县，有秩史"（《史记·六国年表》）。通过商鞅变法，县制在秦国得以普遍推行，且较为成熟和完备，秦国的地方政府体制就此走上了正轨。关于县级单位的设置，汉代完全承继，规定如下："县令、长，皆秦官，掌治其县，万户以上为令，秩千石至六百石；减万户为长，秩五百石至三百石；皆有丞、尉，秩四百石至二百石，是为长吏；百石以下，为斗食佐史之秩，是为少吏"（《汉书·百官公卿表》）。县制与分封制相比，最大的特色是，县令和县丞由中央直接任免、调任、升迁，不能终身任官，更不能世袭官位。这样，以流官替代世官，以官禄取代世禄，有效地把过去分散的地方权力集中于君主手里，加强了中央在制度上的集权，奠定了后世帝国的基本地方行政结构。

在商鞅之后，由于县的数量不断增加，秦惠文王十年时，开始在秦国县以上设置郡。由此，郡县制在秦国得以成形并逐渐发展起来。不过此时的秦国尚未彻底废除分封制，只是受封者与西周时的封侯已大不相同，他们可以取得封地的赋税，但几乎不掌握封地的政权与兵权。秦统一六国后，秦始皇更进一步地废分封、行郡县。

（三）文化教育体制

为了实现对外征战的胜利和对内秩序的维护，商鞅公开提出弱民、愚民的措施。他的弱民举措主要体现在财经体制中，而他的愚民政策主要体现在他的文化教育体制中，其核心内容为"燔诗书而明法令"。

在文化方面，商鞅明确提出，诗、书、礼、乐这样的传统文化无助于国家治理，反而是毒害国家的六种虱子，"六虱：曰礼、乐；曰诗、书；曰修善、曰孝弟；曰诚信、曰贞廉；曰仁义；曰非兵、曰羞战。国有十二者，上无使农战，必贫至削。十二者成群，此谓君之治不胜其臣，官之治不胜其民，此谓六虱胜其政也。十二者成朴，必削。是故兴国不用十二者，故其国多力，而天下莫能犯也。……六虱成群，则民不用"(《靳令》)。他还详细分析了作为"六虱"之一的"诗、书",对国家有百害而无一利,"农战之民千人,而有《诗》《书》辩慧者一人焉,千人者皆怠于农战矣"(《农战》)。与此相反,他认为法治才是治国的根本,主张效仿古代贤明的国君实行法治,"古之明君,错法而民无邪,举事而材自练,赏行而兵强。此三者,治之本也,夫错法而民无邪者,法明而民利之也"(《错法》)。因此,他在第一次变法时,就要求焚烧儒家的经典《诗》《书》,同时制定法律条文,实行依法治国。到后来秦始皇时期,更进一步地酿成史上著名的"焚书坑儒"事件。

在教育方面,商鞅提倡以农战为教和法制教育。他认为农战关系着国家的强弱,"国之所以兴者,农战也"(《农战》),希望通过教化民众使他们明白,农战才是唯一重要的,"君修赏罚以辅壹教,是以其教有所常,而政有成也"(《农战》)。如此一来,民众将专心于农战,国家自然会越来越强。商鞅还首创了法制教育,他要求法律条文必须明白易懂并广布国内,让全体臣民熟知法律规则,还设置法官法吏,让民众跟从法官法吏学习法律条文。到韩非子时期,商鞅的文化教育思想被进一步总结为:"明主之国,无书简之文,以法为教;无先王之语,以吏为师。"(《韩非子·五蠹》)到秦统一天下后,"以法为教、以吏为师"成为明确的教育政策。

(四) 商鞅在体制方面为帝国奠基

商鞅开创的财经体制基本上得以保留,如君主拥有产权但由私人占有的土地制度、重农抑商的做法和统一度量衡的措施等。地方政府体制在后世帝国保留得更多,县作为地方治理的基本单位保持了近两千年的稳定。文化教育方面,"燔诗书而明法令"的做法虽然在汉代调整为"罢黜百家、独尊儒术",但由政府出面负责对民众进行教化的精神实质并未改变,更因科举制的举办而将教育机制、选官机制与政治社会化过程高度地融合在一起。这一做法,鲜明地区别于世界同时期其他的帝国。

四、商鞅变法中的重农:一种竞争性帝国立国方式

如上所述,通过商鞅变法,秦国在价值取向、组织基础和体制结构方面,形成了一套制度体系,从而锻造出最为理性化的国家机器,并运用国家机器来塑造社会。《史记·商君列传》对此的记载是:秦国行新法后十年,"秦民大悦,路不拾遗,山无盗贼,家给人足。民勇于公战,怯于私斗,乡邑大治"。

这里需要特别探讨的是商鞅变法中的"重农抑商"政策。本来"重农抑商"是

商鞅等法家学者的主张,但后来却成为儒家学派的思想内容,并进而成为帝国治国理财的正统意识形态。在本书第五章将论及的"盐铁会议"上,公卿大夫虽肯定商鞅积极的变法态度与国家垄断资源的措施,却认为不必重农而可以从工商业发展来获取财政资源;而文学贤良虽然反对商鞅的变法行为与国家垄断资源的做法,却高度赞成重农抑商的措施。

商鞅的重农抑商措施,前文在论述"构建实物性财经体制来形成竞争性国家"时已有所讨论。在本章选录的《垦令》篇中,也可以看到大量的关于重农抑商的内容。比如,用官爵来奖赏务农,用法令禁止农民弃农经商,即"无以外权任爵与官,则民不贵学问,又不贱农","使民无得擅徙","使商无得粜,农无得籴","令送粮无得取僦,无得反庸"。这样,农民只有努力耕田才能获得粮食,而增产的粮食可用来提高爵位甚至任官。在《垦令》中,还有一项有利于农民的措施就是"訾粟而税",就是说根据农民收获状况来收取田税。这样,丰年时政府可以多收租税,凶年时农民可以少交租税,这对农民显然有利。对于商人,《垦令》规定,提高商人的税收负担,让商人更多地负担国家的徭役和兵役,提高部分消费品的价额,废除旅店并严格管理军市等,即"重关市之赋","以商之口数使商,令之厮、舆、徒、童者必当名","命其商人自给甲兵,使视军兴","贵酒肉之价,重其租,令十倍其朴","废逆旅","令军市无有女子……轻惰之民不游军市"。可见,重农抑商的目的是为了将所有的人力物力都投入农战,以赢得战争的胜利。

商鞅的重农抑商主张,作为政策今人显然已不会支持。因此,对帝国时期重农抑商政策的历史地位,评价往往不高。甚至有学者认为,重农抑商政策是导致中国专制政治与近代落后状态的根源。

(一)商鞅为什么要重农抑商?

为了构建帝国,完成外部扩张与内部整合的使命,商鞅运用了重农抑商的措施,以便并力一致。与此相反,第二章将讨论的《管子》一书,设想的是以商贸手段来完成制度构建与国家间生存的竞争。因此,在中国古代史上,并非没有人设想过以商贸政策来构建帝国,重商立国也无需等到两千年后再由什么人提出来。这样两种不同的帝国建构方式,在春秋战国时代,事实上就已被当时最为杰出的中国思想家设想出来。只不过从竞争结果来看,重农立国方案获得了胜利,而重商立国未能成功。

事实上,不仅商鞅等人主张重农抑商,古希腊人也有类似的主张,这是由那时农耕经济的根本环境决定的。在古希腊,农业与农民受到普遍的称赞与重视,其原因如下:第一,粮食耕种关系民生,因此值得尊重;第二,勇敢的农民就是优秀的士兵,长期的田间劳作锻炼了他们的作战能力;第三,生活和劳动都被束缚在土地上的农民是一个严守本分、相对稳定的阶级[1]。对照《商君书》可以发现,古希腊人指出的第一和第三两方面,也是商鞅重点考虑的内容。也就是说,商鞅认识到,只有重农才会生产出足够的粮食,农民相对于商人来说更为淳朴、更易于统治。

就重农与粮食生产而言,显然,战争是对社会秩序的大规模破坏,商业经济活动将因此受到极大的影响,以至于战争期间会出现有货币无实物的状况。因此,在战争时期,粮食等物资相对于货币来说更为关键。商鞅强调,如果重货币而轻视粮食,就会"金生而粟死,粟生而金生。本物贱,事者众,买者少,农困而奸劝,其兵弱,国必削至亡"(《去强》);而如果重视粮食的话,货币最终并不会少,"国好生粟于竟内,则金粟两生,仓府两实,国强"(《去强》)。如果战争频繁且持续下去,不但会消耗现有粮食等物资,而且在兵农合一之下无人耕作田地,粮食出产就会减少,此时粮食就成为赢得战争最为重要的砝码。所以,对于治国理财而言,有一项重要的工作就是做好土地与农业规划,努力增产粮食,"此其垦田足以食其民,都邑遂路足以处其民,山林、薮泽、谿谷足以供其利,薮泽堤防足以畜。故兵出,粮给而财有余;兵休,民作而畜长足。此所谓任地待役之律也"(《算地》)。要提高粮食产量,至关重要的是,想办法用利来诱使民众努力耕田,则国家必能富强("民之欲利者,非耕不得;避害者,非战不免。境内之民莫不先务耕战,而后得其所乐。故地少粟多,民少兵强。能行二者于境内,则霸王之道毕矣"〔《慎法》〕)。

就务农会使民众淳朴而言,商鞅反复强调,相对于商人来说,农民头脑比较单纯,更有利于国家内部治理,也更容易接受命令去作战。他说,"归心于农,则民朴而可正也,纯纯则易使也,信可以守战也"(《农战》),"属于农,则朴;朴,则畏令"(《算地》)。当然,除了让民众致力于耕田外,还要堵塞其他获利的渠道,唯有致力于耕战才能获利,"私利塞于外,则民务属于农"(《算地》),"入使民属于农,出使民壹于战"(《算地》),这样民众的心思才会单纯,"民壹,则农;农,则朴;朴,则安居而恶出"(《算地》)。黑格尔也曾对农民(他称为第一等级)表达过类似的看法,他认为农民的劳动与成果是"与个别固定的季节相联系,又由于收成是以自然过程的变化为转移",因此农民"保持着一种不大需要以反思和自己意志为

---

[1] 王萍著:《从清教神坛到福利国家》,中央编译出版社2016年版,第35页。

中介的生活方式"[1]。也就是说,不需要多思考,才可保持着单纯的思维。相形之下,中外思想家的传统看法也都认为,商人头脑复杂、道德水平低,会躲避国家的耕战义务。西塞罗就说过,"那些向商人购买货物又随即卖出的人也应该被认为是可鄙的,因为他们若不进行欺骗,便不可能有任何获利。要知道,没有什么比撒谎更可耻"[2]。

(二) 重农与道德

现代学者读到商鞅主张以重农为手段让民众保持在淳朴状态的文字,往往特别容易理解成这是为了专制君主的统治而特意实施的愚民政策。特别是若配合阅读《商君书》中出现的愚民主张,这一结论显得似乎更为正确。比如《商君书》中就有文字表示,反对民众学习《诗》《书》等儒家技艺,认为这样可以达到愚民的目的:"无以外权任爵与官,则民不贵学问,又不贱农。民不贵学,则愚;愚,则无外交;无外交,则国安不殆。"(《垦令》)

这样的解读当然是有道理的,在一定意义上也是成立的,但似乎有些时代误置感。就商鞅那个时代(城邦正在向帝国转型)而言,构想一个集中所有权与统治权为一体的君权并依此治理国家,以便赢得人群最大化的生存机会,尚属于积极的、符合历史发展方向的设想。用现代国家中自由/专制这样的框架来分析商鞅的主张,甚至给予苛刻的评价是有失历史感的。当然,这不是说商鞅对于治国方式的讨论尤其对法治的主张都是正确的,前文已经结合儒家的德治简单讨论过这一问题。

单就以重农促进民众的淳朴而言,将其解读为专制手段或者因此指责商鞅的暗黑心理似乎"过"了一点。毋宁说,这是传统政治思想中关心民众道德的一种建议性措施。事实上,坚决反对并大力批评商鞅的儒家学者,虽不接受商鞅的法治手段,但却完全接受了他的重农措施以及将重农作为促进民众道德水平的作用机制。如前所述,"重农抑商"本来是商鞅、韩非这样的法家学者的特别主张,但在大汉帝国形成后却成为儒家的核心思想,并成为帝国的正统思想。以至于在"盐铁会议"上,作为儒家思想代言人出现的文学贤良,坚决反对公卿大夫的重商主义思想,强调重农措施,其理由除了清醒地认识到此时帝国的农耕经济基础外,更多强调的就是重农与道德的关系。在他们看来,治理国家的关键在于"防淫佚之原,广道德之端,抑末利而开仁义,毋示以利"(《本议》),而工商业的发

---

[1] 黑格尔著:《法哲学原理》,商务印书馆 1961 年版,第 212 页。
[2] 西塞罗著:《论义务》,中国政法大学出版社 1999 年版,第 143 页。

展则会败坏社会风气,破坏社会的道德基础,"散敦厚之朴,成贪鄙之化"(《本议》)。

为什么现代人会认为商鞅以重农促进淳朴是专制的手段？除了商鞅明确表达的说法(重农会带来愚民而愚民有利于国家治理)确实令现代人侧目外,还与现代国家治理过程中明确实行政治与宗教分离的政策有关。因为宗教往往与道德联系在一起(只有神才能确保"德""福"一致或者说好人有好报),所以政治与宗教分离带来的普遍政治要求是,国家不应去强力干预民众的道德状况。现代政治呈现出来的这种所谓道德中立性,曾经遭到施特劳斯学派的严厉批评。在施特劳斯看来,驱逐道德或价值色彩的这种政治现代化带来了人类普遍性的危机。他在《古今自由主义》中指出："真正的自由人今天最紧迫的责任莫过于要全力对抗那种堕落的自由主义,这种堕落的自由主义宣扬人的唯一目的就是只要活得开心而不受管教,却全然忘了人要追求的是品质高尚、出类拔萃、德性完美。"[1]

此处暂不论施特劳斯学派的是与非,而是想强调,如果我们将这种对现代国家的要求套用在商鞅之类的古代学者或传统国家身上,就难免有求全责备与时空错乱的感觉。事实上,在古代类似商鞅以关注民众道德为目的而主张通过教育或其他手段来纯洁民众思想的学者,比比皆是。比如,古希腊学者柏拉图在他晚年的名著《法律篇》第二卷,就开始大谈以教育塑造美德,并特别强调要限制商人和商业活动以免其腐蚀人们的灵魂,他的建议是："第一,商人阶层尽可能要小;第二,从事商业的阶层要不使其腐败的行为过分地危害国家;第三,必须找到某些手段以防止从事商业活动的人十分容易地滑入极端无耻和气度狭窄的生活方式中。"[2]商鞅强调限制甚至消灭儒家知识分子,柏拉图则强调要制定法律限制戏剧、诗人的言论,未经批准不得演出戏剧或诗歌[3]。亚里士多德在《政治学》一书的第七卷和第八卷中,也花了大量的篇幅专门讨论公民教育,要求立法家运用才能引导公民进入行善的良轨,甚至为国家训练青年、纯洁他们的思想而制定了专门的科目与规划[4]。

在此处想要再次强调的是,不是说从商鞅、柏拉图、亚里士多德等人的著作中读不出专制主义,而是说没有必要为此去指责他们在那个时代的想法和制度

---

[1] 施特劳斯著:《自然权利与历史》,生活·读书·新知三联书店2003年版,导言第33页。
[2] 柏拉图著:《法律篇》,上海人民出版社2001年版,第364页。
[3] 同上书,第384—385页。
[4] 亚里士多德著:《政治学》,商务印书馆1965年版,第339—434页。

设计。商鞅以重农为手段来达到纯洁民众心灵、提升道德水平的目的,不必将其解读为暗黑的专制主义思想,甚至苛刻地要他为两千多年来中国的专制制度负责。

五、商鞅的历史地位:变法者何求?

商鞅变法后,一向被视为夷狄的秦国一跃而成为富强国家,进而奠定了秦国统一天下的物质与制度基础。不过,在秦亡以后,对于商鞅(乃至对秦帝国)一直存在着两种截然不同的评价:一派肯定商鞅在治国理财方面的贡献,正如《盐铁论》中桑弘羊的说法:"秦任商君,国以富强,其后卒并六国而成帝业。"(《非鞅》)而另一派则指正商鞅个人的道德缺陷(司马迁在《史记·商君列传》中说他"天资刻薄""挟持浮说""少恩"),批评他有关治国理财的方案缺失价值基础,正如《盐铁论》中文学的评价:"今商鞅弃道而用权,废德而任力,峭法盛刑,以虐戾为俗,欺旧交以为功,刑公族以立威,无恩于百姓,无信于诸侯,人与之为怨,家与之为雠。"(《非鞅》)即使到了宋代这一面临国家间激烈生存竞争的时代,苏轼仍从这两面在《商君功罪》一文中评价商鞅:"商君之法,使民务本力农,用于公战,怯于私斗,食足兵强,以成帝业。然其民见刑而不见德,知利而不知义,卒以此亡。故帝秦者,商君也;亡秦者,亦商君也。"(《东坡全集》第92卷)宋代之后,更多学者甚至根本不提商鞅的功绩,而只集中抨击他个人或者他主张的治国方略的道德缺失。直到近代,章太炎才摆脱了这些传统看法,为他叫屈:"商鞅之中于馋诽也二千年,而今世为尤甚。"[1]

在今天,我们当然应该认识到,商鞅在治国理财过程中运用简单粗暴的手段去处理意识形态、强调以力以刑服人而忽视运用恩德去感化人,这些做法确实成问题(甚至在当时的背景下也是有问题的)。不过,考虑到这一点之后,我们应该如何给商鞅定位?大体上,将商鞅定位为他那个时代的"立法者"是不错的。什么是立法者?赵明认为需要具备以下基本品质才是真正意义上的立法者并推崇商鞅是大变革时代的立法者:"不仅需要坚定的政治理念、系统的思想主张、明确的变革方案,还需要百折不挠的意志、大公无私的德行、高超的实践技艺。"[2]

对于什么是立法者,我们可以结合卢梭的相关讨论来进一步地认识。在卢

---

[1] 赵明著:《大变革时代的立法者——商鞅的政治人生》,北京大学出版社2013年版,第8页。
[2] 同上书,引言。

梭看来,真正的法律必须是民众为自己制定的,如此民众才是幸福而自由的,而这样的法律体现的必然是公意;但问题是,特定时空中的人群对于公意的判断未必是明智而正确的,如此才需要立法者的出现,制定相应的法律,以便让个人意志服从自己的理性、让公众认识自己真正的愿望。他的原话是这样的:"服从法律的人民就应当是法律的创作者;规定社会条件的,只能是那些组成社会的人们……人永远是愿望自己幸福的,但是人民自己并不能永远都看得出什么是幸福。公意永远是正确的,但是那指导公意的判断却并不永远都是明智的……个人看得到幸福却又不要它;公众在愿望着幸福却又看不见它。两者都同等地需要指导。所以就必须使前者能以自己的意志服从自己的理性;又必须使后者学会认识自己所愿望的事物……正是因此,才必须要有一个立法者。"[1]对这样的立法者所应具备的素质,卢梭的要求是相当高的,甚至认为相当于神明,"为了发现能适合于各个民族的最好的社会规则,就需要有一种能够洞察人类的全部感情而又不受任何感情所支配的最高的智慧","要为人类制订法律,简直是需要神明"[2]。

一定程度上,商鞅(及秦孝公)扮演的就是那个时代的立法者或者卢梭所说的"神明"的角色。如前所述,由于人与自然关系的变化(人口增长对土地资源造成压力),春秋战国之交的中国需要一种新的制度类型来处理人与自然的关系以便赢得最大化生存的机会。这样,依托于土地、以所有权与统治权合一的君权为核心的帝国,实属那个时代内在的要求,以便帮助现有的人口对外夺取额外的土地、对内采用更有效率的制度结构来处理人口与资源的关系。这样一种历史的内在要求,事实上相当于卢梭所谓的"公意";可对于这样的公意,那个时代的人群(尤其知识分子)只能模模糊糊地感觉到,却未必能加以表达或表达出来的未必准确,又或者即使能够准确表达也未必能予以实施。因此,商鞅与秦孝公的因缘际会,相互配合着实施了秦国变法行为,并进而为整个中华共同体立了法。从这个意义上说,将商鞅评价为"一个具有'高人之行'、'独知之虑'的政治家与改革家"、"一个正直而杰出的法治实践家"、"一个杰出的法治理论的奠基者"[3]并不过分。

仅就治国理财而言,商鞅在理论上的最大贡献在于透彻地阐述了"力"的原

---

[1] 卢梭著:《社会契约论》,商务印书馆1980年版,第52页。
[2] 同上书,第53页。
[3] 张觉等著:《商君书导读》,中国国际广播出版社2008年版,第27—28页。

则。如前所述,国家在最本质意义上就是以公共权力为核心、受公共权力支配的共同体;没有权力,共同体无法对内维持秩序、对外保护安全。因此,国家的生存发展、治国理财的实施,都离不开"力"或者说权力的原则。只不过,在不同的发展阶段,公共权力的表现形式不同。在城邦,公共权力表现为权威,而权威更依赖于声望、传统与说服(即德治),因而在城邦运行过程中显现出来的常常并非硬的权力关系,而是儒家学者反复鼓吹的德礼之治。可人群共同体要获得更大的生存机会,就不能停留在城邦状态;在探索更有利于生存的国家类型过程中,"力"的原则就不得不凸显出来。商鞅认识到了这一点,并表达在《商君书》中。他说:"国之所以重、主之所以尊者,力也。"(《慎法》)"刑生力,力生强,强生威,威生惠,惠生于力。举力以成勇战,战以成知谋。"(《去强》)他认识到,用强力使人屈服才是"汤武革命"的实质。因此,商鞅揭示的是国家以公共权力为核心的普遍政治原理。

商鞅提倡力的原则,从而以强力为根基,再辅之以刑赏、农战、排儒、弱民等手段构建起强国之术,是不是意味着他就是一位帮助自私君主荼毒天下的帮凶呢?这样的帮凶在历史上比比皆是,商鞅的许多说法也确实可以这样去理解或者被后世君主这样利用。但作为帝国来临时代的立法者和伟大的政治学家,商鞅并非如此简单。事实上,商鞅赞成的是运用君主专制的手段(即帝国政制)来为那个时代人群的生存服务,并非纯粹为君主的私心效力;或者说,正如帝国政制设计的目的(将所有权与统治权合一),利用的是君主为个人、家族的私心来激励他为天下之人服务。商鞅个人事实上是反对君主单纯为个人私心而运用权力的,他说:"故尧、舜之位天下也,非私天下之利也,为天下位天下也。论贤举能而传焉,非疏父子、亲越人也,明于治乱之道也。故三王以义亲,五霸以法正诸侯,皆非私天下之利也,为天下治天下。是故擅其名而有其功,天下乐其政而莫之能伤也。今乱世之君、臣,区区然皆擅一国之利而管一官之重,以便其私,此国之所以危也。故公私之交、存亡之本也。"(《修权》)

我们再以今天持有自由主义思想的学者诟病不已的商鞅的"弱民"主张为例。他说:"民弱国强,国强民弱。故有道之国,务在弱民。"(《弱民》)此处商鞅所说的"民",未必是我们今天理解的普通人或者所有人,而主要可能指的是豪民,或者说在经济和政治上占据垄断地位的不轨之民。如何平衡好这些豪民与普通小民的关系,约束豪民不至于成长为破坏社会平衡、欺压小民的势力,是国家治理的重要问题。因此,将商鞅的弱民主张单纯理解为商鞅帮助专制统治者的手段,恐怕是有失公允的。当然,商鞅主张的弱民手段是否奏效,在当今现代国家如何维持社会势力的平衡,则是另一个问题。

需要说明的是,将商鞅视为伟大的立法者,并非说明他毫无缺陷。前文已提及,商鞅的学说与商鞅个人的治国理财行动,确实缺乏价值理性,未能用当时人所能接受的、基于家庭生产生活形成的伦理(即德礼)来柔化刚硬的统治关系。特别是在他施政过程中采用了过多的简单粗暴的手段,如焚烧诗书、连坐酷刑、鼓励告密等。事实上,上述这些缺陷当时的人已有认识,并在汉代逐步得以纠正,最终形成了"明儒暗法"的帝国国家治理原则。

第二章

"视物之轻重而御之以准，故贵贱可调而君得其利"

——《管子》选文与阐释

【文本选录】[1]

牧 民 第 一

凡有地牧民者，务在四时（四时，四季），守在仓廪。国多财，则远者来；地辟举（举，尽），则民留处；仓廪实，则知礼节；衣食足，则知荣辱；上服度（服度，遵行礼度），则六亲固；四维（四维，指礼义廉耻）张，则君令行。故省刑之要，在禁文巧（文巧，泛指奢侈品）；守国之度，在饰（饰，通"饬"，整顿）四维；顺（顺，通"训"，训导）民之经，在明鬼神、祇（祇 zhī，恭敬）山川、敬宗庙、恭祖旧（祖旧，宗亲故旧）。不务天时，则财不生；不务地利，则仓廪不盈。野芜旷，则民乃菅（菅，当为"荒"，怠惰）。上无量（无量，没有节制），则民乃妄（妄，妄为）。文巧不禁，则民乃淫（淫，放纵）；不璋（璋，通"障"，堵塞）两原（两原，指上无量和文巧不禁），则刑乃繁。不明鬼神，则陋民不悟（悟，当为"信"）；不祇山川，则威令不闻；不敬宗庙，则民乃上校（校，通"亢"；上校，即抗上）；不恭祖旧，则孝悌不备。四维不张，国乃灭亡。[2]

国有四维，一维绝则倾，二维绝则危，三维绝则覆，四维绝则灭。倾可正也，

---

[1] 本章所选文字及其注释，参考自谢浩范、朱迎平译注：《管子全译》，贵州人民出版社 1996 年版；马非百著：《管子轻重篇新诠》，中华书局 1979 年版。所选文本的篇名中包含的"第一"等表达顺序的字眼，是指该篇在《管子》全书中的顺序数。

[2] 原文在此段之后，有一句提示性的文字"右国颂"，接下来一段或数段之后也有类似的文字，以标明段落关系及其主旨内容。不过，由于本章所选《管子》五篇中只有"牧民"篇有这样的提示文字且这些提示文字并没有实际内容，因此选录时将这些提示文字全都删去。

危可安也，覆可起也，灭不可复错（错，疑为衍文，当删）也。何谓四维？一曰礼，二曰义，三曰廉，四曰耻。礼不逾节，义不自进（自进，指钻营），廉不蔽恶，耻不从枉。故不逾节，则上位安；不自进，则民无巧诈；不蔽恶，则行自全；不从枉，则邪事不生。

政之所兴，在顺民心；政之所废，在逆民心。民恶忧劳，我佚乐之；民恶贫贱，我富贵之；民恶危坠，我存安之；民恶灭绝，我生育之。能佚乐之，则民为之忧劳；能富贵之，则民为之贫贱；能存安之，则民为之危坠；能生育之，则民为之灭绝。故刑罚不足以畏其意，杀戮不足以服其心。故刑罚繁而意不恐，则令不行矣；杀戮众而心不服，则上位危矣。故从其四欲，则远者自亲；行其四恶，则近者叛之。故知予之为取者，政之宝也。

错（错，通"措"，处置）国于不倾之地，积（此处漏一"食"字）于不涸之仓，藏（此处漏一"富"字）于不竭之府，下令于流水之原（原，通"源"，源头），使民于不争之官（官，行业），明必死（必死，犯罪必死）之路，开必得（必得，有功必赏）之门。不为不可成，不求不可得，不处不可久，不行不可复。错国于不倾之地者，授有德也；积于不涸之仓者，务五谷也；藏于不竭之府者，养桑麻、育六畜也；下令于流水之原者，令顺民心也；使民于不争之官者，使各为其所长也；明必死之路者，严刑罚也；开必得之门者，信庆赏也；不为不可成者，量民力也；不求不可得者，不强民以其所恶也；不处不可久者，不偷取一世也；不行不可复者，不欺其民也。故授有德，则国安；务五谷，则食足；养桑麻、育六畜，则民富；令顺民心，则威令（令，疑为衍文，当删）行；使民各为其所长，则用备；严刑罚，则民远邪；信庆赏，则民轻难；量民力，则事无不成；不强民以其所恶，则诈伪不生；不偷取一世，则民无怨心；不欺其民，则下亲其上。

以家为（为，治理）乡，乡不可为也；以乡为国，国不可为也；以国为天下，天下不可为也。以家为家，以乡为乡，以国为国，以天下为天下。毋曰不同生（生，通"姓"），远者不听（远者不听，不听关系疏远者的意见）；毋曰不同乡，远者不行（行，采纳）；毋曰不同国，远者不从。如地如天，何私何亲？如月如日，唯君之节（节，治理准则）！

御民之辔（辔，缰绳，此处指关键），在上之所贵；道（道，通"导"）民之门，在上之所先；召民之路，在上之所好恶。故君求之，则臣得之；君嗜之，则臣食之；君好之，则臣服之；君恶之，则臣匿之。毋蔽汝恶，毋异（异，改变）汝度，贤者将不汝助。言室满室（言室满室，意思是君主说话要开诚布公、堂堂正正），言堂满堂，是谓圣王。

城郭沟渠，不足以固守；兵甲强力，不足以应敌；博地多财，不足以有众。惟有道者,能备患于未形也,故祸不萌。天下不患无臣,患无君以使之;天下不患无财,患无人以分(分,指合理分配)之。故知时者,可立以为长;无私者,可置以为政;审于时而察于用,而能备官者,可奉以为君也。缓者,后于事;吝于财者,失所亲;信小人者,失士。

治国第四十八

凡治国之道,必先富民。民富则易治也,民贫则难治也。奚以知其然也?民富则安乡重家,安乡重家则敬上畏罪,敬上畏罪则易治也。民贫则危(危,不安心)乡轻家,危乡轻家则敢凌上犯禁,凌上犯禁则难治也。故治国常富,而乱国常贫。是以善为国者,必先富民,然后治之。

昔者,七十九代(七十九代,泛指历代)之君,法制不一,号令不同,然俱王天下者,何也?必国富而粟多也。夫富国多粟生于农,故先王贵(贵,重视)之。凡为国之急者,必先禁末作文巧(末作文巧,指制造经营奢侈品的手工业和商业),末作文巧禁则民无所游食,民无所游食则必农(农,务农)。民事农则田垦,田垦则粟多,粟多则国富。国富者兵强,兵强者战胜,战胜者地广。是以先王知众民、强兵、广地、富国之必生于粟也,故禁末作,止奇巧,而利农事。今为末作奇巧者,一日作而五日食。农夫终岁之作,不足以自食也。然则民舍本事而事末作,舍本事而事末作,则田荒而国贫矣。

凡农者月不足而岁有余者(月不足而岁有余者,意思是经常食用不足,只有收获季节才稍有剩余)也,而上征暴(暴,突然)急无时,则民倍贷(倍贷,借一还二)以给上之征矣。耕耨者有时,而泽(泽,雨水)不必足,则民倍贷以取庸(庸,通"佣",雇帮工)矣。秋籴以五,春粜以束(束,指"十"),是又倍贷也。故以上之征而倍取于民者四,关市之租、府库之征、粟什一(什一,指比率为十分之一的田赋)、厮舆(厮舆,指劈柴养马的劳役)之事,此四时亦当一倍贷矣。夫以一民养四主,故逃徙者刑而上不能止者,粟少而民无积也。

常山(常山,当为嵩山)之东,河汝之间,蚤(蚤,通"早")生而晚杀,五谷之所蕃孰(孰,通"熟")也,四种而五获(四种而五获,四季皆可种植、五谷都能收获)。中年亩二石,一夫为粟二百石。今也仓廪虚而民无积,农夫以粥(粥,通"鬻",卖)子者,上无术以均(均,均衡)之也。故先王使农、士、商、工四民交能易作(交能易作,交换他们的所能与所作),终岁之利无道(道,从)相过也。是以民作一而得均。民作一则田垦,奸巧不生。田垦则粟多,粟多则国富;奸巧不生,则民治。富而治,此王之道也。

不生粟之国亡,粟生而死(死,用光)者霸,粟生而不死(不死,有剩余)者王。粟也者,民之所归(归,归附)也;粟也者,财之所归也;粟也者,地之所归也。粟多则天下之物尽至矣。故舜一徙成邑(邑,小城市),二徙成都,参(参,通"三")徙成国。舜非严刑罚重禁令,而民归之矣,去者必害,从者必利也。先王者善为民除害兴利,故天下之民归之。所谓兴利者,利农事也;所谓除害者,禁害农事也。农事胜则入粟多,入粟多则国富,国富则安乡重家,安乡重家则虽变俗易习、驱众移民,至于杀之而民不恶也。此务粟之功也。上不利农则粟少,粟少则人贫,人贫则轻家,轻家则易去,易去则上令不能必行,上令不能必行则禁不能必止,禁不能必止则战不必胜、守不必固矣。夫令不必行,禁不必止,战不必胜,守不必固,命之曰寄生(寄生,不能长久)之君,此由不利农少粟之害也。粟者,王之本事也,人主之大务,有人(有人,指招徕百姓)之涂(涂,通"途"),治国之道也。

乘马数第六十九

桓公问管子曰:"有虞(有虞,指虞国)策乘马(策乘马,经济筹划)已行矣,吾欲立策乘马,为之奈何?"管子对曰:"战国(战国,好战之国)修其城池之功,故其国常失其地用(地用,指农业)。王国(王国,成就王业之国)则以时行也。"桓公曰:"何谓以时行?"管子对曰:"出准之令(出准之令,指行事都按政令),守地用人策(人策,指经济筹划),故开阖皆在上,无求于民。"

"霸国(霸国,成就霸业之国,低于王业之国)守分上分下(分上分下,指财物的轻重贵贱),游于分之间而用足。王国守始(守始,控制财货产生的开始),国用一不足则加一焉,国用二不足则加二焉,国用三不足则加三焉,国用四不足则加四焉,国用五不足则加五焉,国用六不足则加六焉,国用七不足则加七焉,国用八不足则加八焉,国用九不足则加九焉,国用十不足则加十焉。人君之守高下(守高下,控制物价涨跌),岁藏(藏,储藏)三分,十年则必有五年之余(五,当为"三";每年储藏三分之一,十年可储藏三年之用)。若岁凶旱水泆(泆 yì,通"溢",这里指水灾),民失本,则修宫室台榭,以前无狗后无彘(彘 zhì,猪)者为庸(庸,佣工)。故修宫室台榭,非丽(丽,通"丽+见",观)其乐也,以平国策(平国策,指以工代赈的策略)也。今至于其亡策乘马之君,春秋冬夏,不知时终始,作功起众,立宫室台榭。民失其本事,君不知其失诸春策,又失诸夏秋之策数也。民无饘(饘 zhān,这里指粥)卖子数矣。猛毅之人淫暴(淫暴,暴乱反抗),贫病之民乞请(乞请,乞讨),君行律度(律度,法律制度)焉,则民被刑僇(僇 lù,通"戮",杀)而不从于主上。此策乘马之数亡也。"

"乘马之准(乘马之准,经济筹划的标准,此段说的是物价标准),与天下齐准(与天下齐准,与各国物价齐平)。彼物轻则见泄(彼物轻则见泄,物价标准低的国家货物会泄散到各国),重则见射(射,射利,即货物因价高而流入以赚差价)。此斗国相泄(斗国相泄,故对国家相互倾销货物),轻重之家相夺(轻重之家相夺,通晓轻重术的行家争夺利益)也。至于王国,则持流(持流,控制货物流通)而止(止,就可以了)矣。"桓公曰:"何谓持流?"管子对曰:"有一人耕而五人食者,有一人耕而四人食者,有一人耕而三人食者,有一人耕而二人食者。此齐力而功地(齐力而功地,齐民力而治土地),田策相员(田策相员,土地与物价政策相结合),此国策之时守(时守,因时制宜)也。君不守以策,则民且守于下(民且守于下,指富商大贾会加以控制),此国策流(流,失败)已。"

桓公曰:"乘马之数尽于此乎?"管子对曰:"布织财物,皆立其赀(立其赀,定其价)。财物之货与币高下(货,指财物价格;币,指币值高低;高下,指高低相符合),谷独贵独贱(独贵独贱,独立决定价格高低)。"桓公曰:"何谓独贵独贱?"管子对曰:"谷重而万物轻,谷轻而万物重。"

公曰:"贱(贱,通"践",实施)策乘马之数奈何?"管子对曰:"郡县上臾(臾,通"腴",肥沃)之壤守之若干(守之若干,确定收成),间壤(间壤,中等土地)守之若干,下壤守之若干。故相壤定籍(相壤定籍,根据土地情况确定征税数量),而民不移,振(振,通"赈")贫补不足,下乐上。故以上壤之满补下壤之众(众,疑为"虚"),章(章,通"障",控制)四时(四时,指四季物价),守诸开阖(开阖,指市场的开放与关闭),民之不移也,如废方于地(废,指安置;方,指方形物体;废方于地,意为安定)。此之谓策乘马之数也。"

国蓄第七十三

国有十年之蓄,而民不足于食,皆以其技能望(望,期待求取)君之禄也;君有山海(山海,指盐铁)之金,而民不足于用,是皆以其事业(事业,指职业)交接(交接,指交换)于君上也。故人君挟其食(挟其食,控制粮食),守其用(守其用,掌握财货),据有余而制不足,故民无不累(累,附系)于上也。五谷食米,民之司命(司命,生命的主宰)也;黄金刀币,民之通施(通施,流通工具)也。故善者执其通施以御其司命,故民力可得而尽也。

夫民者亲信(亲信,信任亲己之人)而死利,海内皆然。民予则喜,夺则怒,民情皆然。先王知其然,故见予之形,不见夺之理,故民爱可洽(洽,通达)于上也。租籍(租籍,当为"征籍",额外的征收)者,所以强求也;租税(租税,正常的征收)

者,所虑(虑,指考虑)而请也。王霸之君去其所以强求,废(废,放置,保留)其所虑而请,故天下乐从也。

利出于一孔(出于一孔,即专出于君)者,其国无敌;出二孔者,其兵不(不,当为"半")诎(诎 qū,通"屈",穷尽;半诎,半数军队力尽不能战);出三孔者,不可以举兵;出四孔者,其国必亡。先王知其然,故塞民之养(养,当为"美",此处指暴利的途径),隘(隘,限制)其利途。故予之在君,夺之在君,贫之在君,富之在君。故民之戴上如日月,亲君若父母。

凡将(将,准备)为国,不通于轻重,不可为笼(笼,意为垄断)以守民;不能调通民利,不可以语制(语制,说控制经济)为大治。是故万乘之国有万金之贾,千乘之国有千金之贾,然者何也?国多失利(失利,散失财利),则臣不尽其忠,士不尽其死矣。岁有凶穰(穰 ráng,丰收),故谷有贵贱;令有缓急(令有缓急,国家征收的期限有宽有紧),故物有轻重。然而人君不能治,故使蓄贾(蓄贾,有积蓄的商人)游市(游市,在市场上兴风作浪),乘民之不给,百倍其本。分地(分,通"份";分地,个人占有的土地)若一(一,相同),强者能守;分财若一,智者能收。智者有什倍人之功,愚者有不赓(赓 gēng,意为"偿")本之事。然而人君不能调(调,调节),故民有相百倍之生(生,产出)也。夫民富则不可以禄使也,贫则不可以罚威也。法令之不行,万民之不治,贫富之不齐也。且君引錣(錣 zhuì,计算用筹码)量用,耕田发草上(上,疑为"土"),得其数(数,指粮食)矣。民人所食,人有若干步亩之数(数,定数,此处指每个人的口粮及需要的土地是个定数)矣,计本量委(计本量委,意为计算生产、估量储存)则足矣。然而民有饥饿不食者何也?谷有所藏也。人君铸钱立币,民庶之通施也,人有若干百千之数(数,此处指每人需要的货币数是定数)矣。然而人事(人事,当作民事,指日常费用)不及、用不足者何也?利有所并(并,通"屏",积聚、储藏)藏("藏",疑为衍字,当删)也。然则人君非能散积聚,钧(钧,通"均")羡不足,分并财利而调民事也,则君虽强本趣耕,而自(自,疑为"日")为铸币而无已,乃今使民下相役(下相役,此处指贫弱为豪富所奴役)耳,恶能以为治乎?

岁适(适,遇到)美,则市粜无予(市粜 tiào 无予,此处意为粮食过多而卖不出去),而狗彘食人食。岁适凶,则市籴(籴 dí,买粮食)釜(釜 fǔ,计量单位,标准不一,大约为一百升)十繦(繦 qiǎng,通"镪",指成串的钱),而道有饿民。然则岂壤力固不足而食固不赡也哉?夫往岁之粜贱,狗彘食人食,故来岁之民不足也。物适贱,则半力而无予(半力而无予,意思是物价贱,仅能偿人工勤力之半),民(民,此处指生产者)事不偿其本;物适贵,则什倍而不可得,民(民,此处指消费者)失其用。然则岂财物固寡而本委(本委,生产贮存)不足也哉?夫民利之时失,而物利之不平("民利之时失,而物利之不平",意思是未能在百姓和货物方便调节的时候进行调节)也。故善者委(委,贮存的货物)施于民之所不足,操事于民之所有余。夫民有余则轻之,故人君敛之以轻(敛之以轻,用低价购进);民不足则重之,故人君散之以重(散之以重,用高价售出)。敛积之以轻,散行之以重,故君必有十倍之利,而财之横(横 huǎng,器具,此处指物价)可得而平也。

凡轻重之大利,以重射轻,以贱泄平("以重射轻,以贱泄平",意为在物价低时高价买入,物价高时低价卖出)。万物之满虚随财准平(财准平,相当于平准基金)而不变,衡绝(衡绝,平衡被打破)则重见(重见,显示出轻重)。人君知其然,故守之以准平,使万室之都,必有万钟之藏,藏繦千万;使千室之都,必有千钟之藏,藏繦百万。春以奉(奉,供应)耕,夏以奉芸(芸,通"耘",除草)。耒耜械器,种穰(种穰,指种子)粮食,毕取赡于君。故大贾蓄家(蓄家,有积蓄之家),不得豪夺吾民矣。然则何?君养其本谨(本谨,指农业)也。春赋(赋,赋予,此处指贷款)以敛(敛,收取)缯(缯 zēng,丝织品)帛,夏贷以收秋实,是故民无废事而国无失利也。

凡五谷者,万物之主也。谷贵则万物必贱,谷贱则万物必贵。两者为敌(敌,相对),则不俱平。故人君御谷物之秩(秩,读为"迭",交替)相胜,而操事于其不平之间。故万民无籍(无籍,指不纳税)而国利归于君也。夫以室庑籍(室庑 wǔ,房屋;以室庑籍,意为征房屋税,下文以此类推),谓之毁成(成,此处指房屋);以六畜籍,谓之止生;以田亩籍,谓之禁耕;以正人籍(以正人籍,按人征税),谓之离情(离情,背离人情,因民众不愿多生育);以正户籍,谓之养赢(养赢,意思是若按户征税,一户之下人口会很多)。五者不可毕用,故王者遍行而不尽也。故天子籍于币,诸侯籍于食。中岁之谷,粜石十钱(粜石十钱,指在粮食出售时每石征十钱的税)。大男食四石,月有四十之籍;大女食三石,月有三十之籍;吾子食二石,月有二十之籍。岁凶谷贵,籴石二十钱,则大男有八十之籍,大女有六十之籍,吾子有四十之籍。是人君非发号令收啬(啬,敛取)而户籍也,彼人君守其本(本,指粮食生产)委(委,指粮食储备)谨,而男女诸君吾子无不服籍者也。一人廪食(廪食,向国库买粮),十人得余(余,此处指国家的好处);十人廪食,百人得余;百人廪食,千人得余。夫物多则贱,寡则贵,散则轻,聚则重。人君知其然,故视国之羡不足而御其财物。谷贱则以币予(予,这里指收购)食,布帛贱则以币予衣。视物之轻重而御之以准,故贵贱可调而君得其利。

前有万乘之国,而后有千乘之国,谓之抵(抵,通"牴 dǐ",牛角向前)国。前有千乘之国,而后有万乘之国,谓之距国。壤正方,四面受敌,谓之衢国。以百乘衢处,谓之托食之君。千乘衢处,壤削少半(少半,当为"太半")。万乘衢处,壤削太半(太半,当为"少半")。何谓百乘衢处托食之君也?夫以百乘衢处,危慑(危慑,受威胁)围阻千乘万乘之间,夫国之君不相中(相中,相和睦),举兵而相攻,必以为捍挌蔽圉(捍挌蔽圉yǔ,指抵御)之用,有功利不得乡(乡,此处指"享")。大臣(大臣,此处指前文说的百乘小国的大臣)死于外,分壤而功;列陈(陈,通"阵";列陈,指列阵的将士)系累获虏(系累获虏,俘获敌虏),分赏而禄。是壤地尽于功赏,而税臧(税臧cáng,指国家库藏)殚(殚,尽)于继孤(继孤,抚恤遗孤)也。是特名罗(罗,列)于为君耳,无壤之有;号有百乘之守,而实无尺壤之用,故谓托食之君。然则大国内款(内款,内空),小国用尽,何以及此?曰:百乘之国,官赋轨符(赋轨符,即发债券),乘四时之朝夕(朝夕,通"潮汐",此处指涨落),御之以轻重之准,然后百乘可足也。千乘之国,封(封,封闭)天财之所殖、械器之所出、财物之所生,视岁之满虚而轻重其禄(轻重其禄,调整臣下的俸禄),然后千乘可足也。万乘之国,守岁之满虚,乘民之缓急,正其号令而御其大准,然后万乘可赡(赡,当为"澹",通"赡",丰足)也。

玉起于禺氏(禺氏,即月氏),金起于汝汉,珠起于赤野,东西南北距周七千八百里。水绝壤断,舟车不能通。先王为其途之远,其至之难,故托用于其重,以珠玉为上币,以黄金为中币,以刀布为下币。三币握之则非有补于暖也,食之则非有补于饱也,先王以守财物,以御民事,而平天下也。

今人君籍求(籍求,强令征税)于民,令曰十日而具,则财物之贾(贾,通"价")什去一;令曰八日而具,则财物之贾什去二;令曰五日而具,则财物之贾什去半;朝令而夕具,则财物之贾什去九。先王知其然,故不求于万民而籍于号令(籍于号令,通过政令与轻重术来调节物价并获取财政收入)也。

山至数第七十六

桓公问管子曰:"梁聚(梁聚,假托的人名)谓寡人曰:'古者轻赋税而肥(肥,通"飤",薄)籍敛,取下(取下,向百姓征税)无顺于此者矣。'梁聚之言如何?"管子对曰:"梁聚之言非也。彼轻赋税则仓廪虚,肥籍敛则械器不奉(奉,供应)。械器不奉,而诸侯之皮币(币,此处指帛)不衣;仓廪虚则倳(倳,通"士")贱无禄。外,皮币不衣于天下;内,国倳贱。梁聚之言非也。君有山,山有金(金,指铜),以立币,以币准谷而授禄,故国谷斯在上(在上,指为国家垄断)。谷贾(贾,价)什倍,农夫夜寝蚤(蚤,通"早")起,不待见使(见使,被使唤);五谷什倍(什倍,指五谷总量为之前的十倍),士半禄而死君,农夫夜寝蚤起,力作而无止。彼善为国者,不曰使之，使不得不使；不曰贫（贫，此处当为"用"）之，使不得不用，故使民无有不得不使者。夫梁聚之言非也。"桓公曰："善。"

桓公又问于管子曰："有人教我，谓之请士（请士，假托的人名）。曰：'何不官（官，通"管"）百能？'"管子对曰："何谓百能（百能，当为"官百能"）？"桓公曰："使智者尽其智，谋士尽其谋，百工尽其巧。若此则可以为国乎？"管子对曰："请士之言非也。禄肥（肥，通"佁"，薄）则士（士，这里指士兵，后两句同）不死，币轻则士简赏，万物轻则士偷幸（偷幸，偷安侥幸）。三怠在国，何数之有？彼谷十（十，当为"七"，与后文"三"对应）藏于上，三游于下，谋士尽其虑，智士尽其知，勇士轻其死。请士所谓妄言也。不通于轻重，谓之妄言。"

桓公问于管子曰："昔者周人有天下，诸侯宾服，名教（名教，此处指号令）通于天下，而夺于其下（夺于其下，被臣下所夺，指春秋时期诸侯割据）。何数（数，此处指原因）也？"管子对曰："君分壤而贡（贡，贡品）入，市朝（市朝，市场）同流。黄金，一策也；江阳之珠，一策也；秦之明山之曾青（曾青，即硫酸铜），一策也。此谓以寡为多，以狭为广，轨出（轨出，疑为"轻重"）之属也。"桓公曰："天下之数尽于轨出之属也？"（此处脱漏"管子曰："）"今国谷重什倍而万物轻，大夫谓贾之（之，当为"人"）：'子为吾运（运，贩运）谷而敛财。'谷之重一也，今九为余（今九为余，意思是谷物原价为一，现价九倍，贩运有盈利），谷重而万物轻。若此，则国财九在大夫矣。国岁反一（国岁反一，国家谷价又回到一），财物之九者皆倍重而出（财物之九者皆倍重而出，意思是谷价低、财物价格就高，大夫再卖出财物以获利）矣。财物在下，币之九在大夫。然则币谷羡（羡，盈余）在大夫也，天子以客行（以客行，意思是天子失去了主动地位），令以（以，疑为"不"）时出。熟谷（熟谷，精通粮食交易）之人亡（亡，逃亡），诸侯受而官之。连朋而聚与（与，党与，同党），高下万物以合（合，兼并）民用。内则大夫自还（自还，指自私）而不尽忠，外则诸侯连朋合与，熟谷之人则去亡，故天子失其权也。"桓公曰："善。"

桓公又问管子曰："终身有天下而勿失，为之有道乎？"管子对曰："请勿施于天下，独施之于吾国。"桓公曰："此若言何谓也？"管子对曰："国之广狭、壤之肥硗（硗qiāo，贫瘠的土地）有数，终岁食余有数。彼守国者，守谷而已矣。曰：某县之壤广若干，某县之壤狭若干，则必积委（积委，储蓄）币，于是县州里受（受，此处通"授"，发放）公钱。泰秋，国谷去（去，这里指减价）参之一，君下令谓郡县属大夫，里邑皆籍粟入若干（里邑皆籍粟入若干，让里邑按贷款数交售粮食）。谷重一（谷重一，粮价与市价相同）也，以藏于上者，国谷三分则二分在上矣。泰春，国谷倍重（国谷倍重，粮价成倍上涨），数也。泰夏，赋谷以市櫎（赋谷以市櫎，指按市价将粮食贷给百姓),民皆受上谷以治田土。泰秋,田(田,当为"曰"):'谷之存予(予,当为"子")者若干,今上敛谷以币。'民曰:'无币,以谷。'则民之三有归于上矣。重之相因(重之相因,粮价轮番上涨),时之化举(时之化举,季节的差价变化),无不为国策。君用大夫之委(委,此处指存粮),以流归于上。君用民,以时归于君。藏轻(藏轻,在谷价低时贮藏),出轻以重(出轻以重,在谷价高时把低价购入的谷物卖出),数(数,方法)也。则彼安有自还(自还,自营私利)之大夫独委(委,囤积)之?彼诸侯之谷(谷,此处指谷价,下同)十,使吾国谷二十,则诸侯谷(谷,此处指谷物)归吾国矣;诸侯谷二十,吾国谷十,则吾国谷归于诸侯矣。故善为天下者,谨守重流(谨守重流,严守谷物高价),而天下不吾泄矣。彼重之相归(重之相归,粮食流向价高之处),如水之就下。吾国岁非凶也,以币藏之,故国谷倍重,故诸侯之谷至也。是藏一分以致(致,招引)诸侯之一,利不夺于天下,大夫不得以富侈。以重藏轻(以重藏轻,指高价抛售、低价囤积),国常有十国(有十国,获得十国的财富)之策也。故诸侯服而无正(正,当为"止"),臣横("横"字衍,当删)从而以忠,此以轻重御天下之道也,谓之数应(数应,必然效果)。"

桓公问管子曰:"请问国会(国会,国家会计事务)。"管子对曰:"君失大夫为无伍(无伍,没有部属),失民为失下(失下,失去基础)。故守大夫(守大夫,此处指控制一个郡,与下文守郡同)以县之策,守一县以一乡之策,守一乡以一家之策,守家以一人之策。"桓公曰:"其会数(会数,会计之术)奈何?"管子对曰:"币准之数(币准之数,标准的货币数量),一县必有一县中田之策(中田之策,符合土地统计的数字),一乡必有一乡中田之策,一家必有一家直人之用。故不以时(以时,把握时机)守郡为无与(无与,即失下),不以时守乡为无伍。"桓公曰:"行此奈何?"管子对曰:"王者藏于民,霸者藏于大夫,残国亡家藏于箧(箧 qiè,箱子)。"桓公曰:"何谓藏于民?"(此处缺"管子曰:")"请散(散,放贷)栈台之钱,散诸城阳;鹿台之布(布,布币),散诸济阴。君下令于百姓曰:'民富君无与贫,民贫君无与富。故赋(赋,财政征收)无钱布,府无藏财,贵藏于民。'岁丰,五谷登,五谷大轻,谷贾去上岁之分(谷贾去上岁之分,谷价比去年下降若干),以币据(据,收购)之,谷为君,币为下。国币尽在下,币轻,谷重上分(上分,上涨若干)。上岁之二分在下,下岁之二分在上,则二岁者四分在上,则国谷之一分在下,谷三倍重[1]。邦

---

[1] 马非百先生是这样解释这一段的:国谷四分,去年(上岁)国家与民众各占二分(一半),今年(下岁)国家与民众又各二分。这样国家掌握的粮食在今年有四分,但民众上年的粮食已吃完,手中只有今年的二分,于是整个国家的粮食共有六分。在这六分之中,民众掌握二分,即三分之一(即"国谷之一分在下")。参见马非百著:《管子轻重篇新诠》,中华书局 1979 年版,第 375 页。

布之籍(邦布之籍,国家征收人头税),终岁十钱。人家受食(人家受食,百姓向国家买粮为食),十亩加十,是一家十户也。出于国谷策(国谷策,国家谷专卖政策)而藏于币者也。以国币之分(分,一部分)复布(复布,再次贷给)百姓,四减(减,分)国谷,三在上,一在下。复策(复策,反复运用这一方法)也。大夫聚(聚,当为"裂")壤而封,积实而骄上,请夺之以会。"桓公曰:"何谓夺之以会?"管子对曰:"粟之三分在上,谓民萌(萌,通"氓";民萌,民众)皆受上粟(受上粟,此处指从君主那里买粮食),度君藏(度君藏,此处指依赖国库的储备)焉。五谷相靡而重去(重去,价格下跌)什三,为余以国币谷准反行,大夫无什(什,疑为"计")于重[1]。君以币赋(赋,赋予)禄,什在上。君出谷,什而去七。君敛(敛,留存)三,上赋(赋,放贷)七,散振(振,通"赈")不资者(资,当为"赡";不资者,穷人),仁义也。五谷相靡而轻(相靡而轻,粮食因君主发散而价跌),数(数,方法)也;以乡完(完,疑为"家")重(重,粮价高)而籍国(籍国,征敛大夫封地的粮食),数也;出实财,散仁义,万物轻,数也。乘时进退。故曰:王者乘时,圣人乘易(易,变易)。"桓公曰:"善。"

桓公问管子曰:"特(特,假托的人名)命我曰:'天子三百领(三百领,指葬衣三百领),泰(泰,通"太")奢。而散(散,列)大夫准此而行。'此如何?"管子曰:"非法家(法家,指持有轻重术的人)也。大夫高其垄(垄,此处指坟墓),美其室(室,此处指墓室),此夺农事及市庸(市庸,市场上的手工业者),此非便国之道也。民不得以织为縿绡(縿 shān 绡 xiāo,装饰棺椁的纺织品)而貍(貍,通"埋")之于地。彼善为国者,乘时徐疾(乘时徐疾,把握时机、调整政令缓急)而已矣。谓之国会。"

桓公问管子曰:"请问争夺之事何如?"管子曰:"以戚(戚,近亲)始。"桓公曰:"何谓用(用,以)戚始?"管子对曰:"君人之主,弟兄十人,分国为十;兄弟五人,分国为五。三世则昭穆同祖,十世则为祏(祏 shí,宗庙藏神主的石匣;十世则为祏,意思是十代人之后彼此只剩下祖先神位牌放在一起的关系)。故伏尸满衍(衍,低平之地),兵决(兵决,决战)而无止。轻重之家复游于其间。故曰:毋予人以壤,毋授人以财(财,此处指自然资源)。财终则有始,与四时废起(废起,更替)。圣人理之以徐疾,守之以决塞,夺之以轻重,行之以仁义,故与天壤同数(同数,同寿)。此王者之大辔(大辔,指根本纲领)也。"

---

[1] 这一句的意思是:谷价下跌后,国家再用货币按准平价收购粮食,这样粮食买卖与粮价涨跌全部控制在国家手中,大夫没有办法抬高谷价。

桓公问管子曰:"请问币乘马(币乘马,货币计划)。"管子对曰:"始取夫三大("大"字疑衍,当删)夫之家,方六里而一乘(乘 shèng,兵车),二十七人而奉一乘(二十七人而奉一乘,一辆兵车配备27名随从)。币乘马者,方六里,田之美恶若干,谷之多寡若干,谷之贵贱若干,凡方六里用币若干,谷之重用币若干。故币乘马者,布币于国,币为一国陆地之数(币为一国陆地之数,意思是货币量要与陆地大小成比例)。谓之币乘马。"桓公曰:"行币乘马之数奈何?"管子对曰:"士受资以币(以币,用货币支付),大夫受邑(邑,此处指采邑的收入)以币,人马受食以币,则一国之谷资在上,币赀(赀,资财)在下。国谷什倍,数也;万物财物去什二,策也。皮革、筋角、羽毛、竹箭、器械、财物,苟合于国器君用者,皆有矩券(矩,刻;矩券,合同,此处指国家采购合同)于上。君实(实,当为"谷")乡州藏焉,曰:'某月某日,苟从责(责,通"债")者,乡决州决(乡决州决,意思是到乡里州里用粮食结算债务)'。故曰:就庸(就庸,即"僦 jiù 佣",此处指雇佣百姓运输粮食)一日而决。国策出于谷轨(谷轨,粮食统计),国之策货(策货,即前文用十倍之谷获取十二之物,也就是国家用粮食与货物关系来获利),币乘马者也。今刀布藏于官府,巧币(巧币,巧用货币)、万物轻重皆在贾人。彼币重而万物轻,币轻而万物重,彼谷重而谷轻(谷重而谷轻,当作"谷重而金轻,谷轻而金重")。人君操谷、币、金衡(衡,此处指用谷、币、金三者来衡量万物及彼此),而天下可定也。此守天下之数也。"

桓公问于管子曰:"准衡、轻重、国会,吾得闻之矣。请问县数(县,通"悬";"县数"即相关办法)。"管子对曰:"狼牡(狼牡及后面的冯会、龙夏、海庄,都是地名)以至于冯会之日(日,当为"口"),龙夏以北至于海庄,禽兽羊牛之地也,何不以此通国策哉?"桓公曰:"何谓通国策?"管子对曰:"冯(冯,通"凭")市门一吏书赘直(赘,属;直,通"值";赘直,即牲畜主人及价值)事。若其事唐圉牧食之人(唐,当为"廋 sōu";事唐圉牧食之人,即在国营牧场从事畜牧的人)养视(养视,即放牧饲养)不失扞狙(扞狙,即"捍阻",保护并拦阻牲畜逃亡)者,去其都秩,与其县秩。大夫不乡赘合游(乡赘合游,即聚合牛马进行配种)者,谓之无礼义。大夫幽其春秋(幽其春秋,禁止其用牛羊于春享秋尝仪式上),列民幽其门山之祠(门山,当作"出门";门山之祠,出门时的祭祀)。冯会、龙夏牛羊牺牲月价十倍异日。此出诸礼义,籍于无用之地,因扣(扣,疑为"栏",借指国家垄断)牢策也。谓之通(此处缺"国策")。"

桓公问管子曰:"请问国势(国,此处作"域"讲;国势,即地势)。"管子对曰:"有山处之国,有汜(汜 sì,小沟渠)下多水之国,有山地分(山地分,山与平地各半)之国,有水泆(泆 yì,通"溢")之国,有漏壤(漏壤,漏水的土地)之国。此国之五势,人君之所忧也。山处之国,常藏谷三分之一;氿下多水之国,常操国谷三分之一;山地分之国,常操国谷十分之三;水泉之所伤,水泆之国,常操十分之二;漏壤之国,谨下(谨下,努力取得)诸侯之五谷,与工雕文梓器以下(下,此处指交易)天下之五谷。此准时(准时,因时因地制宜)五势之数也。"

桓公问管子曰:"今有海内、县诸侯,则国势不用已乎?"管子对曰:"今以诸侯为笴(笴,当为笂,即"管")公州之饰(饰,当为饬,整饬)焉,以乘四时,行拇牢之策。以东西南北相彼(彼,疑为"被",补充),用平而准。故曰:为诸侯,则高下万物以应诸侯;遍有天下,则赋币以守万物之朝夕,调而已。利有足则行(利有足则行,当为"利足则有行",与后文"有止"对应,意思是谷物充裕则对外行销),不满则有止。王者乡州以时察之,故利不相倾(倾,倾夺),县死其所(县,通"悬",系;县死其所,安居至死不离乡)。君守大(大,大局)奉一(奉一,指奉行利出一孔的国策),谓之国簿(国簿,与前文的国会、国轨,都是指国家的会计事项)。"

【作者作品】

本章从《管子》一书中选取了五篇文献。《管子》一书,目前学术界通行的见解是,它并非一人之作,也非一时之书。因此,《管子》的内容显得有些庞杂,有些地方存在着前后重复甚至矛盾的地方。该书的作者,一般认为应该是管仲去世后承袭管仲治国思想的后人,这些后人因此被人统称为"管仲学派"[1]。在整理管仲相齐时的治国理财思想与做法的基础上,这些人加入了许多自身的见解。关于该书的形成时间,一般认为部分篇章从春秋战国时就已产生,而有些篇章可能晚至秦汉时期才完成。

当然,该书既然名为《管子》,其思想显然与管仲相关。管仲(约公元前723—公元前645年),姬姓,名夷吾,字仲,是春秋时期齐国著名的政治家、军事家。有关他的生平,司马迁在《史记·管晏列传》中是这样说的:"管仲夷吾者,颍上人也。少时常与鲍叔牙游,鲍叔知其贤。管仲贫困,常欺鲍叔,鲍叔终善遇之,不以为言。已而鲍叔事齐公子小白,管仲事公子纠。及小白立为桓公,公子纠死,管仲囚焉。鲍叔遂进管仲。管仲既用,任政于齐,齐桓公以霸,九合诸侯,一匡天下,管仲之谋也。"最为后人称道也因此让人高度重视《管子》一书的原因在

---

[1] 谢浩范、朱迎平译注:《管子全译》,贵州人民出版社1996年版,前言。

于,管仲在齐国所发动的经济、政治和军事改革,以及他为政时"善因祸而为福,转败而为功,贵轻重,慎权衡",以至于在短短7年时间内就让齐国实现了"通货积财,富国强兵"(《史记·管晏列传》)。

今天《管子》一书的部分篇章,在先秦时已广为流传,《韩非子》一书就曾提及。司马迁在《史记》中说《牧民》等篇章,"世多有之"。在汉武帝推行"独尊儒术"政策后,《管子》一书遭到贬斥,地位远不及儒家经典著作。不过,在历代治国理财的实践中,这本书仍然得到重视,尤其在唐代出现多本关于《管子》的著作,如魏征的《管子治要》、杜佑的《管子指略》、尹知章的《管子》等。在宋、明、清等王朝期间,也有不少学者对《管子》加以校注与研究。到近代中国国家面临生存危机之际,以梁启超为代表的学者,大力肯定管仲化固从新、开拓进取的精神,竭力抬高《管子》一书的地位。在梁启超所著的《管子评传》中,他甚至略带夸张地称赞管子为"中国之最大政治家,而亦学术思想界一巨子也"。在梁启超之后,《管子》研究出现了比较繁荣的局面。

历代学者肯定甚至推崇《管子》一书,至少有三个方面的原因:一,肯定管仲治理齐国时的政治主张和经济思想,试图从管仲的言行中总结治国理财的方略,尤其是他开发利用工商业资源的做法;二,推崇管仲的改革勇气与改革策略,设法学习管仲革弊创新的做法,以尽快帮助自己的国家赢得生存竞争或实现王朝中兴,并因此奠定个人的历史地位;三,认识到《管子》一书中包含的儒、法、道、墨、兵、农、纵横、阴阳等诸家丰富的思想资源,希望从该书学习和开发这些思想资源。

《管子》真正成书,主要是在汉成帝时的学者刘向手中。他广泛搜集了皇宫密藏、太史府藏和私人藏书中有关《管子》的部分,共564篇,经勘校文字、删除重复,最后定为86篇。刘向之后,又陆续有10篇内容遗失,只剩篇名。因此,《管子》一书在今天仅存76篇。在结构上,一般认为是刘向将《管子》一书分为以下8个部分,可惜区分的依据今天已不可知:经言(9篇);外言(8篇);内言(9篇);短语(18篇);区言(5篇);杂篇(13篇);管子解(5篇);管子轻重(19篇)。从内容看,各部分大致如下:"经言"反映了管仲相齐时的原始思想,被奉为经典;"外言"与"内言"的区分依据目前已不清楚,但"内言"记载管仲的功业与言行较多;"短语"的篇幅大多短小,但也有像《侈靡》等长篇;"区言"何指,目前不清楚;"杂篇"应该是指其中的内容庞杂;"管子解"的内容,是对《管子》中若干篇目的解释;"管子轻重"是一组专题论文,因自成体系而区别于其他篇章。在体裁上,《管子》一书包含了论文、问答、记述、疏解等四类。

《管子》一书的思想内容包罗万象、博大精深，《汉书·艺文志》把它列为道家，但历代学者大多将其作为法家著作来看待。若从治国理财的视角来考察《管子》一书，可以发现其中一半以上的篇幅包含了对财政治国的内容论述，这在中国古代经典文献中还是少见的。特别是相对独立的"管子轻重"（原有19篇，遗失3篇，实际为16篇），与本书后面将讨论的《盐铁论》一起，构成了古代中国最为重要的两部专业财政文献。

本章以"管子轻重"为主兼及其他部分，共选取五篇文献来加以阐释，以展现在中华帝国来临前后管仲学派对于治国理财方略的思考以及在实践中积累的智慧。

《牧民》篇位列《管子》诸篇之首。牧民就是治民，本篇的内容集中阐述治理国家、统治民众的理论与原则。此篇包含的文字"礼义廉耻，国之四维。四维不张，国乃灭亡"，千百年来都是中国人治国的至高原则。传统上将这一篇分为"国颂""四维""四顺""士经"和"六亲五法"五个部分。"国颂"开宗明义，首先指明农业生产在国家治理中的地位（"凡有地牧民者，务在四时，守在仓廪"），提出了有关经济与道德先后关系的千古名句"仓廪实，则知礼节；衣食足，则知荣辱"。"四维"引出了"国之四维"的概念，主张把礼、义、廉、耻作为国家治理的道德准绳，并具体给出了可行的评判标准（"礼不逾节，义不自进，廉不蔽恶，耻不从枉"）。"四顺"分析了民之四恶（忧劳、贫贱、危坠、灭绝）与"四欲"（佚乐、富贵、存安、生育），提出君王要按照四恶四欲管理民众，这符合"予之为取"的为政之道。"士经"的内容，是对有利于国家治理的十一项措施的总结。"六亲五法"，是为君王制定的一套详细的行为准则。这五个章节紧密联系，最终都立足在"牧民"上，体现了以管子为代表的早期学者对于国家善治的追求。

《治国》篇为《管子》一书的第四十八篇，从篇名即可看出本篇主要内容为论述治国之道，其重点在于促进经济发展以及为此而理财。在开篇，文章即提出"凡治国之道，必先富民"的观点，阐明以富民来实现治国的方略，其中的因果关系是"民富则易治也，民贫则难治也"。《管子》中的这一看法，在古代的国家治理文献中是非常突出的。接下来，本篇为"富民"目标的实现提出了两条路径：其一是发展农业，储存粮食（"必国富而粟多也"），其二是限制工商，反对奢侈（"必先禁末作文巧"）。在此基础上，本篇提出民富不能实现的原因主要是农民处于以下四种情况而只能借高利贷，相当于"一民养四主"：官府临时征税、雇用帮工、富商操纵粮价、杂税徭役等。农民因此"逃徙者刑而上不能止者，粟少而民无积也"。因此，君主必须为民"除害兴利"，调和"士农工商"的利益分配，让农民"作一而得均",专心务农。最后,本篇再次强调粮食多寡对于国家治理成效影响巨大,粮食积累对于实现"众民、强兵、广地、富国"具有重要的作用。

《乘马数》为《管子》第六十九篇,与接下来本章选取的《国蓄》《山至数》两篇同在"管子轻重"十九篇之内,属于《管子》中集中阐述治国理财思想的独立篇章,特别具有独创性和前瞻性。"乘马数"一词,指的是经济筹划的方法。本篇采用对话体形式,通过齐桓公与管子就"乘马数"问题一问一答来加以叙述。开篇即提出国家治理的"以时行"的原则,要求君主做到"出准之令,守地用人策",从而实现对国家经济的全面掌控。接下来比较分析"霸国守分"和"王国守始"两种模式,指出王国以轻重之术掌控财货生产并实现国家治理,比起霸国仅利用物价高低赚取差价来更胜一筹。所谓"守始",就是控制好财货价格,每年做足储备以备不时之需。一旦遭遇灾荒,就要征调无业农民修建大型工程,完成特殊时期的经济政策("以平国策也")。所谓"轻重之术",就是国家基于对市场供求关系及其影响物价的认识("彼物轻则见泄,重则见射")来谋取利益或实施调控,而这又需要国家掌握相应储备,这样才能调控货物流通。不过粮食问题较为特殊,"谷重而万物轻,谷轻而万物重",需要单独制定相关政策。最后提出要"相壤定籍",根据土地等级来征税,在此基础上补贴贫瘠土地、调控四时物价、掌握市场收放、让百姓安居等。

《国蓄》篇为《管子》一书的第七十三篇。本篇在形式上是一篇较长的专题论文,集中阐述国家财政积蓄粮食与货币的方法,以及因此而实现对国家的治理("故人君挟其食,守其用,据有余而制不足,故民无不累于上也")。本篇在"管子轻重"诸篇中地位特殊,按马非百先生的说法,它是轻重理论的总纲,"全书之理论纲领,其他诸篇所提出之种种具体问题及其讨论与解决问题之种种方法,或则就此纲领中之原理原则加以补充发挥,或则提出与纲领相反之意见,或则将此纲领中之特别术语加以解释"[1]。本篇开篇在肯定国蓄的重要性以及私利作为人之动力的重要意义之后,提出财政积蓄与国家治理的方法,就是以"轻重之术"掌控国家的货币与粮食,归结起来有以下几个方面:一要规范财政收入来源,逐渐用租税代替征籍(临时附加税),实现财政收入的制度化("去其所以强求,废其所虑而请");二要坚持"利出一孔"的原则,让民众只能从国家控制或允许的途径获取利益("塞民之养,隘其利途");三要"分并财利而调民事",设法缩小民众收入差距、调节不同阶层粮食与钱币的余缺。在此基础上,本篇还比较详细地描述

---

[1] 马非百著:《管子轻重篇新诠》,中华书局1979年版,第213页。

了君主行轻重之术来调节粮食、物资、货币的余缺状况的做法,促进资源与财富在不同社会阶层、不同的时间与空间、国家与民众之间的配置,并特别提出国家通过粮食专卖来隐性征税并调控社会的方法("贵贱可调而君得其利")。最后,本篇还分析了不同规模国家的治理方法,再次申明君主务必要减少强征暴敛,改用轻重之术来获取财政收入。

《山至数》为《管子》一书的第七十六篇,"至数"的意思是指轻重术的极致,而"山"字有学者疑为衍文,也有学者认为指财用所出。本篇收录了齐桓公与管子就有关"轻重之术"的十一节对话,从多方面详细解释了"轻重之术"的含义和具体措施。第一、二节,主张用赋税、薪俸、物价等经济手段激发农民、士兵、官员从事经济活动或为国效力的积极性。第三、四、五节,探讨的是大夫和君王间的利益斗争,阐明君王如何使用"轻重之术"来控制粮食的生产与销售,让大夫无法私自聚敛财货,从而实现"藏富于民",并进而实现国家的统一与集权。第六节,批判厚葬制度对商品流入市场的阻断作用。第七节批评按血缘分封的土地制度,认为它是导致天下争夺的源头。第八节提出"币乘马(货币计划)"的模式,即君主利用货币进行大规模收购,以此管控国内资源,并以"轻重之术"调节国内粮食、货币、黄金三者的价格平衡,此为"守天下之数"。第九节,论述"轻重之术"在畜牧业领域的应用。第十节,论述不同地势对农业产出与"轻重之术"策略的影响。第十一节设想齐国统一诸侯后的治国策略,提出君主仍要善用"轻重之术",坚持"守大奉一(控制大局、奉行利出一孔)"的原则,如此国家才能长治久安。

【文本阐释】

在春秋战国时期,中国国家类型正经历着一场大转型,从以人口为支撑点、以封建制网络其中的分散城邦,走向以土地为支撑点、以集权性君主官僚制组织而成的帝国。这一巨大且漫长的国家转型,是通过诸侯争霸、灭国兼并而逐渐完成的。如何构建成功的制度(即"变法")以便在短期内迅速提升国力,并因此赢得国家间的生存竞争进而获得统一天下的机会,是摆在那个时代君主与政治家面前最主要的难题。

正是在这样的时代背景下,以管仲为代表的思想家登上历史舞台。他们通过对时代问题与历史经验的透彻把握与深入思考,提出自己的治国理论,并积极参与到各自国家的制度改革的实践中去,从而为后世留下了宝贵的思想财富。从本章选取的《管子》的五篇文献及其他篇章来看,以管仲为代表的学者侧重的是用商贸手段来构建帝国,并以此为基础提出了颇有特色的治国理财原则与艺术。

一、商贸立国的战略构想:中华帝国构建的另种可能

阅读《管子》,给人带来强烈冲击并因此持续影响后世的突出内容,就是以管仲为代表的一批学者对国富的追求并因此而设想运用商贸手段。这一设想,当然有齐国自然地理环境的原因,如《史记·货殖列传》所说的"齐带山海,膏壤千里,宜桑麻,百姓多文采、布帛、鱼盐",也有齐国自身的经验,即开国君主姜太公善用鱼盐等天然资源追求富强,并进而在与东夷人的战争中不断扩大国土。管仲自己也用商贸手段让齐国中兴,而且不用武力就使齐国称霸于诸侯。以此为基础,管仲学派在《管子》一书中,事实上设想了运用商贸手段来构建统一帝国的战略。这一主张,与前一章以商鞅为代表的学者用农战来构建帝国的设想相当不同,从今天的眼光看它是中华帝国构建的另一种可能道路。由于在真实的帝国史上,秦统一了天下,占据统治地位的一直是商鞅主张的重农抑商政策,因此《管子》一书对财富的追求与对商贸手段的推崇,常让后世学者感到惊异,甚至有人称之为奇迹:"二千多年前的中国,居然就有论述市场功能、货币供应、价格机制这些现代市场经济问题的著作,确实是个奇迹"[1]。今天的我们已无法知道,历史是否有可能让齐国通过商贸手段统一天下,并构建起体现管仲学派想法的另样中华帝国。

(一) 以掌控资源作为商贸立国的前提

管仲以及管仲学派活动的时期,依然是农业经济占优而非机器工业生产的时代。因此,以商贸手段立国的前提,是国家(或君主)手中必须掌握基于粮食与自然资源而形成的商品。在《管子》一书中,可以用商贸手段来操作并进而实现对内治理、对外争霸甚至统一的资源,主要有四项:粮食、货币、盐铁与市场渠道。当然,掌握这些资源,不仅可用于商贸操作,实现国家治理("货多事治,则所求于天下者寡矣,为之有道"《乘马》),而且可以实现"利出一孔"以便吸引民众归附的目的(对此商鞅同样提倡),"故予之在君,夺之在君,贫之在君,富之在君。故民之戴上如日月,亲君若父母"(《国蓄》)。不过,管仲学派主要靠市场来实现利出一孔,比起商鞅靠强制手段,明显要和缓得多,这也是商贸立国不同于农战立

---

[1] 周俊敏著:《〈管子〉经济伦理思想研究》,岳麓书社2003年版,第151页。

国的一个突出表现。

首先,在春秋战国时代,粮食对于国内治理和对外争霸的重要性是不言而喻的。对此,在第一章讨论《商君书》时已多处述及。《管子》强调:"彼守国者,守谷而已矣。"(《山至数》)粮食对于百姓而言,尤为重要("五谷食米,民之司命也"〔《国蓄》〕)。因此,治国的关键在于积粟,"是以先王知众民、强兵、广地、富国之必生于粟"(《牧民》),"不生粟之国亡,粟生而死者霸,粟生而不死者王"(《治国》)。粮食多,民众的道德水平就会因此提高("仓廪实,则知礼节;衣食足,则知荣辱"〔《牧民》〕),军事力量也因此增强("甲兵之本,必先于田宅"〔《侈靡》〕)。粮食多,可以用来吸引外国民众投奔,它也是各种财富归集乃至开疆拓土的关键("粟也者,民之所归也;粟也者,财之所归也;粟也者,地之所归也。粟多则天下之物尽至矣"〔《治国》〕)。粮食多,还可以用来调控市场、抑制兼并("凡谷者,万物之主也","故人君御谷物之秩相胜,而操事于其不平之间"〔《国蓄》〕)。那么国家怎样才能有效地掌握更多的粮食?《管子》建议,先要尽可能生产更多的粮食,办法至少有以下几项:一是君主施政要从民所欲让民众有积极性("故从其四欲,则远者自亲"〔《牧民》〕),使民以时以免耽误农时("彼王者不夺农时,故五谷丰登"〔《臣乘马》〕);二是要禁末作文巧,以增加劳动力("末作文巧禁则民无所游食,民无所游食则必农"〔《治国》〕);三是要设法防止高利贷侵害农民利益("夫以一民养四主,故逃徙者刑而上不能止者,粟少而民无积也"〔《治国》〕);四是要设法让士、农、商、工四民负担均衡("是以民作一而得均。民作一则田垦,奸巧不生。田垦则粟多"〔《治国》〕);五要重视土地("地者,万物之本原,诸生之根菀也"〔《水地篇》〕),要按不同土地类别做好国土规划("有山处之国,有氾下多水之国,有山地分之国,有水泆之国,有漏壤之国"〔《山至数》〕),分别加以管理。在粮食生产的基础上,国家不是依赖横征暴敛而是巧用谷、币、货物的关系来进行市场操作,以便把更多的谷物掌握在手中,这一点下文再讨论。一旦君主掌握了粮食资源,就可以将其用于国家治理并立于不败之地("彼人君守其本委谨,而男女诸君吾子无不服籍者也"〔《国蓄》〕)。

其次,国家必须掌握货币资源。在那个时代,货币显然还是实物货币。正如《国蓄》篇所列举的,主要有三种货币:"以珠玉为上币,以黄金为中币,以刀布为下币。"《管子》特别强调,国家一定要掌握这些货币资源,才能达到治理国家的目的("三币握之则非有补于暖也,食之则非有补于饱也,先王以守财物,以御民事,而平天下也"〔《国蓄》〕)。运用货币治国,最为重要的是利用货币、谷物与货物之间的关系进行经济社会的调控,"人君操谷、币、金衡,而天下可定也"(《山至数》),"黄金刀币,民之通施也。故善者执其通施以御其司命,故民力可得而尽也"(《国蓄》)。特别在《管子轻重》诸篇中,管仲学派多次提到了"人君铸钱立币",即君主必须掌握货币的发行权。

再次,国家要掌握盐铁等资源。与其他诸侯国相比,齐国的耕地资源并不丰富,但因所处的半岛地形而拥有着广阔的海岸和滩涂,这意味着齐国可以充分发展海洋经济,尤其是鱼盐,这是其他诸侯国无可比拟的优势。事实上,海洋资源早在姜子牙时代即已得到开发,政府从中大获其利,这一获利方法也因此常被后世称为"太公之术"。在《海王》篇中,管仲学派将"官山海、正盐策"作为特别的措施提出,主张齐国要对盐业、铁矿资源等消费弹性低的商品实行统一管理,以发展相应的产业。既然家家户户、男女老少都要吃盐用铁,国家就通过垄断并加价出售来获取财政利益,"百倍归于上,人无以避此者"(《海王》)。除了盐铁等自然资源外,《管子》还主张对其他自然资源也实行国家垄断,"故为人君而不能谨守其山林、菹泽、草莱,不可以立为天下王"(《轻重甲》)。当然,从真实的历史来看,盐铁这样的资源在齐国多大程度上实现了专卖实属有疑问,因此有学者认为《海王》篇为汉代学者的著作。需要指出的是,管仲学派此处提倡的"官山海",未必是汉代桑弘羊主张的全面垄断盐铁资源的政策,因为《管子》中反复提出要跟商人合作而不应实施全面垄断,"故善者不如与民,量其重,计其赢。民得其十,君得其三"(《轻重乙》)。

最后,国家必须掌握市场渠道。渠道也是资源。在齐国这样因处于四通八达的交通所在而商品经济一直比较发达的国家,市场的重要性不言而喻("市者,天地之财具也。而万人之所和而利也,正是道也"〔《问》〕)。国家掌握市场渠道,自然不能靠强制性力量,而要依靠公共服务,比如,《轻重乙》建议为商贾立客舍。管仲在齐国主要靠设立市场、减轻关税、提供优质服务、鼓励外贸四大政策来达到"天下商贾齐归若流水"的目的。《问》中对国家掌握市场渠道的建议是:"征于关者,勿征于市;征于市者,勿征于关。虚车勿索,徒负勿入,以来远人,十六道同身。"另外,管仲还通过设立6个工商乡(另外还设15个士农乡)来优待工商,比如说不服兵役。这样可以让他们集中精力发展工商业,并有利于他们教导子女、互相切磋技艺、交流经验与信息等(《小匡》)。

(二) 以商贸为手段来治理国家、调控国内经济与社会

此处说的商贸手段,在《管子》一书中被称为"轻重术"。"轻重"一词在《管子》中有两个基本含义:钱的重量;事物的某种相对关系。由此基本含义出发,管仲学派将轻重概念加以进一步发展:用轻重表示市场供求变化("散则轻,聚则重"(《国蓄》);用轻重表示商品在市场供求变化中相对的关系("谷重而万物轻,谷轻而万物重"〔《乘马》〕);将轻重理解为执行轻重理论的政策和方法("此以轻重御天下之道也"〔《山至数》〕);将其作为运用轻重理论的限度、标准("币重则民死利,币轻则决而不用,故轻重调于数而止"〔《揆度》〕)[1]。再由轻重概念出发,管仲学派创造出"轻重之术"一词,它在含义上大致相当于今天利用经济手段而非行政手段实现国家治理的理论、政策和实践。对于轻重术在国家治理中的作用,管仲学派极为重视,甚至略带夸张地说:"燧人以来,未有不以轻重为天下也。"(《揆度》)

运用轻重术,自然离不开市场;商贸手段只有在市场存在的前提下,才能用于国家治理。因此,《管子》一书对市场作用的重视,在中国古代经典著作中是罕见的。它认为货物价格应由市场自由买卖决定("市者,货之准也"〔《乘马》〕),国家可以从市场获取国家治乱的信息("市者,可以知治乱,可以知多寡,而不能为多寡。为之有道"〔《乘马》〕)。

以商贸为手段来治理国家、调控经济与社会,首先体现为国家要尽可能地运用商贸手段来掌握粮食。在前已述及的建议国家采取措施增加粮食产量的基础上,《管子》倡导用谷、币、货物三者之间关系,通过市场买卖来尽量积储粮食,并通过提高粮价来激发相关主体的积极性("君有山,山有金,以立币,以币准谷而授禄,故国谷斯在上。谷贾什倍,农夫夜寝蚤起,不待见使;五谷什倍,士半禄而死君,农夫夜寝蚤起,力作而无止"〔《山至数》〕)。管仲学派还设想利用粮价季节变化,在收获季节低价购买囤粮并在青黄不接时高价出售,以达到民众依赖国家粮储、大夫无法操控的目的,这样"出实财,散仁义,万物轻"(《山至数》)。在《山至数》中,管仲学派还具体设想国家用货币贷款形式来增加财政收入并获取民众手中的粮食:第一年在青黄不接、粮价高企时给贫民发放货币形式的贷款,到秋收粮价下跌时要求按货币数字归还粮食并支付利息;第二年在青黄不接时再将粮食贷给百姓,并在秋收时要求按市价将粮食折为货币归还国家(还粮食也可以)并支付利息,这样国库就会增加粮食仓储或增加收入。如前所述,君主有了粮食,才会有有效的国家治理。

以商贸为手段来治理国家、调控经济与社会,其次体现为可用此手段获取财

---

[1] 任继亮著:《〈管子〉经济思想研究——轻重论史话》,中国社会科学出版社2005年版,第168页。在《管子》一书中,"轻重"偶尔也有其他的用法,比如指行政工作量,"所以知任之轻重也"(《乘马》),这些用法本章不讨论。

政收入供国家之用。财政收入是运行国家不可或缺的手段,因此管仲学派并不赞成轻税政策。在他们看来,"彼轻赋税则仓廪虚,肥籍敛则械器不奉。械器不奉,而诸侯之皮币不衣;仓廪虚则倳贱无禄"(《山至数》)。不过,管仲学派更不支持为了增加财政收入而对农民索取重田赋、对商贾征收高关税,甚至对房屋、树木、六畜征税,他们尤其反对的是临时加税。在他们看来,最好的财政征收手段是"见予之形,不见夺之理"(《国蓄》)。若能这样做的话,"是人君非发号令收啬而户籍也,而男女诸君吾子无不服籍者也"(《国蓄》)。《管子》中为此提出来的方法有:一是通过"官山海"等措施,对盐、铁、林木资源实行某种形式的专卖措施,以商品加价方式在自愿买卖形式掩盖下实现财政征收;二是运用货币等手段,通过贷款、钱货关系等形式获取增值;三是利用市场季节性差价和其他因信息不对称而导致的巨额价差来进行买卖,获取盈利。这样几种获取财政收入的机会,《管子》都称为"轻重之术"。在书中,管仲学派尤其推崇第三种方式,即利用"物多则贱,寡则贵,散则轻,聚则重"(《国蓄》)来"以重射轻,以贱泄平"。换言之,就是对货物实行低价买入、高价卖出。由于货币数量完全垄断于国家手中,于是利用钱、谷、货等关系,国家就可以操控商品价格、调节商品流通,即"人君知其然,故视国之羡不足而御其财物。谷贱则以币予食,布帛贱则以币予衣。视物之轻重而御之以准,故贵贱可调而君得其利"(《国蓄》)。

以商贸为手段来治理国家、调控经济与社会,还体现在调节贫富阶层的收入与财富上。显然,古今同理的是,贫富差距过大会造成社会势力失衡,并进而影响到国家的稳定。"民人之食,人有若干步亩之数,然而有饿馁于衢间者何也?谷有所藏也。今君铸钱立币,民通移,人有百十之数,然而民有卖子者何也?财有所并也。故为人君不能散积聚,调高下,分并财,君虽强本趣耕、发草立币而无止,民犹若不足也。"(《轻重甲》)《国蓄》篇说明,社会财富分配不均是现实的客观存在,并列举了几个原因:农时的季节性;年岁的丰歉和财政征收的缓急;民智不齐;少数人蓄意操控、百般盘剥等。对于这样的差距,如果"人君不能调",那么"民有相百倍之生也"(《国蓄》)。那么,如何调节这样的贫富差距呢?《管子》虽然认为需要由国君进行筹划并利用法制手段加以纠正,"法令之不行,万民之不治,贫富之不齐也"(《国蓄》),但主要的方法应该是运用商贸手段,"故凡不能调民利者,不可以为大治;不察于始终,不可以为至矣"(《揆度》)。比如,国家通过调剂物资、确保粮食的供应等,来干预市场的运行,以防止巨贾商家豪夺百姓并保障民众的正常生活生产。还有,国家将手中掌握的粮食、物资或者货币,在农忙或青黄不接之时贷放、赊售或租借给贫困农民,实现以丰补歉、调剂民食。国家也可以利用建设公共工程等手段来实现以工代赈,甚至主张扩大公共支出至侈靡的境地来救济贫民,即下文将说到的侈靡之术。

以商贸手段治国,还体现在《管子》对商人这一社会阶层的重视上,在中国古代学者的作品中这是少有的。在国家治理及争霸于天下的过程中,为了富国强兵,管仲鼓励百姓将各种农副产品"鬻之四方",大力发展商业,高度肯定市场对于农业生产的积极促进作用,"市者,天地之财具也,而万人之所和而利也"(《侈靡》),"市也者,劝也,劝者,所以起本事"(《侈靡》)。与此同时,他还极力抬高商人的社会地位,采取了与商鞅极不相同的策略。《管子》将商人与士、农、工一道称为国家柱石,"士农工商四民者,国之石民也"(《小匡》),并高度肯定商人在买卖活动中的智慧以及对于经济的积极作用("今夫商群萃而州处,观凶饥,审国变,察其四时而监其乡之货,以知其市之贾。负任担荷,服牛辂马,以周四方。料多少,计贵贱,以其所有,易其所无,买贱鬻贵。是以羽旄不求而至,竹箭有余于国,奇怪时来,珍异物聚"〔《小匡》〕)。

(三) 以商贸为手段赢得对外战争的胜利

在诸侯林立的现实世界,如何才能实现争霸乃至统一天下,完成帝国内在的使命?商鞅的想法简单直接,那就是要有足够多的粮食及有积极性的战士。《管子》重视粮食,也重视战争("国富者兵强,兵强者战胜,战胜者地广"〔《治国》〕)。但是《管子》认为,仅靠粮食无法争霸,争霸乃至统一天下也未必需要战争手段,而可以采用商贸手段来达到目的。在《地数》中,管仲学派认为,在诸国林立的环境中,仅仅粮食多是危险的:"夫本富而财物众,不能守,则税于天下。五谷兴丰,巨钱(巨钱,当为"吾贱")而天下贵,则税于天下,然则吾民常为天下虏矣。夫善用本者,若以身(身,疑为"舟")济于大海,观风之所起,天下高则高,天下下则下,天下高我下,则财利税于天下矣。"就是说,管仲学派主张的是,应该更多使用商贸手段、发动贸易战,来实现对外争霸乃至统一天下。

《管子轻重》诸篇中记载了许多精彩的"贸易战"。后世学者普遍认为,这些贸易战大多应该属于纯粹的设想而非历史的真实。虽然帝国时期传统的学者对这些设想大多评价不高,甚至认为粗鄙不堪,但站在熟悉贸易战的今人立场来看,我们不得不叹服其中存在的天才与智慧。

纵观这些事例,管仲以商贸手段来赢得对外争胜,至少可分为两类。

一类以《轻重丁》中记载的"石璧谋""菁茅谋"为代表。这类计谋利用齐国的霸主地位能接近周天子的机会,再利用周天子尚存的礼节性权威为齐国谋取巨额利润。比如著名的"石璧谋",管仲先命齐国能工巧匠制造一批不同规格的石璧,再让周天子下令让齐王率天下诸侯朝拜周王室宗庙,前提是要以周王室的"彤弓"和齐国的"石璧"为入场券。于是天下诸侯纷纷携带各国财货珍宝来齐国换取石璧,齐国很快就填补了葵丘会盟后产生的财政亏空。"菁茅谋"也采取了类似的手段,只不过是让诸侯参加周天子封禅仪式时,必须花重金换取周王室贡品"菁茅"用作祭祀垫席,使得周天子在几天之内赚了大笔财富,"七年不求贺献"。这样做,不但帮助了周天子,也提高了齐国的霸主地位,从而解决齐桓公的问题:"天子之养不足,号令赋于天下则不信诸侯,为此有道乎?"(《轻重丁》)

另一类是齐国凭借雄厚的财力,从敌国大量买入特定商品、破坏其经济生产周期,从而用经济手段控制敌国。《轻重戊》中记载的"衡山谋"就是此类战略的典型。首先,管仲建议齐王"贵买衡山之械器而卖之",蓄意引发周边各国对衡山国兵器的抢购热潮,使得衡山之民"释其本,修械器之巧"。所谓"本",正是指农业。随后,齐国以高于赵国国内粮食收购价的价格,前往赵国收购粮食,使得包括衡山国在内的许多国家纷纷向齐国卖粮,如此持续数月后,齐国突然宣布闭关,停止与周边国家的一切经贸往来。此时的衡山国,农业生产周期已经被兵器生产所打乱,国内存粮又多被卖至齐国,国力被消耗殆尽。面对即将被齐鲁两国瓜分的局势,衡山国"内自量无械器以应二敌,即奉国而归齐矣"。在《轻重甲》中的设想是,以四夷所产宝物(吴越的珠象、朝鲜的皮货、昆仑之虚的璆琳琅玕、禹氏的白璧)为货币,抬高它们的价值,这些国家的人与商品,就会远道而来。于是,通过这样的经济手段,达到了征服或吸引敌国的目的:"故物无主,事无接,远近无以相因,则四夷不得而朝矣"。在《轻重戊》中,还提出了一个以粟制敌的谋略。就是说,用巧妙的手段(高价收购敌国"鲁梁"的纺织品绨),扰乱敌国农业生产(鲁梁君主让百姓放弃粮食生产而专门织造绨),使之粮食匮乏,不得不依赖我方,从而达到降服敌国的目的。《轻重乙》还设想,齐国反复运用盐粮价格关系,让自己国家愈富而各国愈贫。《轻重戊》中则设想了齐国利用治柴征服莒、利用田鹿征服楚、利用狐皮征服代等事例。这些都属于用商贸手段达到争胜于天下的例子,虽然看起来有些幼稚或者想当然,但对习惯性认为中国自古以来重农抑商的今人,仍然新鲜且富有启发。

二、治国理财的原则与艺术

管仲相齐,只用了七年时间就让齐国得到中兴,几乎没用什么战争手段,就让齐国称霸于诸侯,由此可见管仲在治国理财方面的能力之高超。管仲学派继承了管仲在治国理财方面的经验与思想,并加以发挥。此处结合选录的文本和部分未选的文本,来探讨一下管仲学派的治国理财原则与艺术。

(一) 治国理财的原则:国家的公共性

国家是以公共权力为核心的共同体,公共性是国家的内在要求。不过,在帝国时代,公共权力表现为君权,一种集中到君主个人手中的权力。虽然此时的权力表现为君主的个人权力,但并不因此改变它内在的公共性。作为一流政治家的管仲和杰出思想流派的管仲学派,对此有着深刻的认识。表现在《管子》一书中,就是存在着大量对于国家、君主职位、权力的公共性的认识。

1. 国家之公:为民、利民

在管仲时代及后世帝国中,君权是国家权力的表现形式,君主具有公私二重性,即作为国家的代表时为公,作为个人时又是私的。管仲之所以没有为自己早先辅佐的公子纠而死,反而投靠了原处于敌对方的公子小白(即后来的齐桓公),是因为他意识到了君主的这两重属性。他说:"夷吾之所死者,社稷破、宗庙灭、祭祀绝,则夷吾死之。非此三者,则夷吾生。夷吾生则齐国利,夷吾死则齐国不利。"(《大匡》)就是说,管仲认为自己服务的是公的国家(齐国)而非私的个人(君主)。

在这里,与《商君书》相似,《管子》也从国家起源的目的来论证国家的正当性或者说国家所应该具有的公共性。在《君臣下》篇中,管仲学派提出了自己的国家起源理论:"古者未有君臣上下之别,未有夫妇妃匹之合,兽处群居,以力相征。于是智者诈愚,强者凌弱,老幼孤独不得其所。故智者假众力以禁强虐,而暴人止。为民兴利除害,正民之德,而民师之。是故道术德行,出于贤人。其从义理兆形于民心,则民反(反,通"返")道矣。名物处,是非分,则赏罚行矣。上下设,民生体,而国都立矣。是故国之所以为国者,民体以为国;君之所以为君者,赏罚以为君。"这一段极为出彩的文字,道尽了国家公共性的本质,那就是说国家一定是为了民众而成立,君主乃是为了民众而设立的掌握赏罚权力的职位。

在这样的国家起源论背景下,管仲学派指出,所谓公的国家就是齐国百姓或者更抽象地说是人,"齐国百姓,公之本也"(《霸形》),"人不可不务也,此天下之极也"(《五辅》)。因此,国家以及国家的代表君主,必须为民众服务,这是真正的公共性,也是国家实现善治并进而争霸于天下的条件。《管子》说:"君人者,以百姓为天。百姓与之则安,辅之则强,非之则危,背之则亡。"(《说苑》)"夫霸王之所始也,以人为本,本理则国固,本乱则国危。"(《霸言》)"与其厚于兵,不如厚于人。"(《大匡》)

那么,如何才能服务民众并进而实现国家的善治呢?《管子》的说法非常明确,"得人之道,莫如利之"(《五辅》),"先王者,善为民除害兴利,故天下之民归之"(《治国》),"爱之、利之、益之、安之,四者道之出。帝王者用之,而天下治矣"(《枢言》)。只有顺应民心,为民谋利,才能体现国家之公并达到善治的目的,《管子》对此一再地教导:"与天下同利者,天下持之。擅天下之利者,天下谋之。天下所谋,虽立必坠;天下所持,虽高不危。故曰安高在乎同利。"(《版法解》)而要顺民心,要为民谋利,就必须了解民众的利之所在,或者说民众实际上是什么样子的。

与商鞅相似,管仲学派也不是按照民众的"应然"去想象他们的样子,而是从"实然"出发来分析人性,认为人实际上是自利的,必须承认民众私利的正当性。事实上,只有真正承认民众之私才能凸显国家之公。管仲学派认识到:"夫凡人之情,见利莫能勿就,见害莫能勿避。其商人通贾,倍道兼行,夜以续日,千里而不远者,利在前也;渔人之入海,海深万仞,就波逆流,乘危百里,宿夜不出者,利在水也。故利之所在,虽千仞之山,无所不上;深源之下,无所不入焉。"(《禁藏》)显然,求利为富是人的本性("百姓无宝,以利为首。一上一下,唯利所处。利然后能通,通然后成国。利静而不化,观其所出,从而移之"〔《侈靡》〕)。就是说,要服务民众并进而实现国家善治,就必须从求利的人性出发,诱导民众去求利求富("故善者势(势,当为"执")利之在,而民自美安,不推而往,不引而来,不烦不扰,而民自富。如鸟之覆卵,无形无声,而唯见其成"〔《禁藏》〕)。事实上,这样的看法在《管子》起始篇《牧民》中就已经明确地指出:"民恶忧劳,我佚乐之;民恶贫贱,我富贵之;民恶危坠,我存安之;民恶灭绝,我生育之。能佚乐之,则民为之忧劳;能富贵之,则民为之贫贱。能存安之,则民为之危坠;能生育之,则民为之灭绝。……故从其四欲,则远者自亲;行其四恶,则近者叛之。故知予之为取者,政之宝也。"(《牧民》)

从这样的人性起点出发,管仲学派提出的治国理念非常不同于后来占统治地位的儒家治国方略,并在后世两千多年的历史中持续回响。那就是,强调利在义先、将求利求富作为民众道德提高的条件:"仓廪实则知礼节,衣食足则知荣辱。"(《牧民》)虽然与商鞅从相同的人性出发,但管仲学派得出的结论并不相同:在一定程度上,商鞅主张弱民、贫民;而管仲学派提出"善为国者,必先富民,然后治之",因为"民贫则难治也"(《治国》)。《管子》中对此给予了翔实的说明,并因此成为千百年来中国人治国理财的经典名言:"凡治国之道,必先富民。民富则易治也,民贫则难治也。奚以知其然也?民富则安乡重家,安乡重家则敬上畏罪,敬上畏罪则易治也。民贫则危乡轻家,危乡轻家则敢凌上犯禁,凌上犯禁则难治也。故治国常富,而乱国常贫。"(《治国》)"富民"于是成为最为重要的治国方略。根据这样的理念,《管子》一书提出了众多的富民措施,从而使自己在中国古代治国理财经典中独具一格。

2. 君主职位之公:任法重法

君主在具体治国过程中,怎样才能体现出自己施政并非出于个人私心而是从国家之公出发的?《管子》认为,关键在于必须"以法制行之,如天地之无私也"(《任法》)。这是因为,"故法者,天下之至道也"(《任法》)。作为从国家之公出发善于治国的君主,必须用"法","圣君任法而不任智,任数而不任说,任公而不任私"(《任法》)。要达到国家善治,不仅君主,而且大臣与民众也要从法,"君臣上下贵贱皆从法,此谓为大治"(《任法》)。对于儒家推崇的仁、义、礼、乐,管仲学派的看法是,"所谓仁义礼乐者,皆出于法"(《任法》)。

国家治理必须遵循法,这样才能体现国家"公"的本质,那么法又是什么呢?管仲学派对此也有非常精当的论述:"夫法者,所以兴功惧暴也;律者,所以定分止争;令者,所以令人知事也。法律政令者,吏民规矩、绳墨也。"(《七臣七主》)就是说,法是一些为了人类生存而设立的禁令("人故相憎也,人心之悍,故为之法"〔《枢言》〕),是确立产权(即"定分")的规则,是吏民行为的依据。因此,法并不是为了君主私心而设计的管控民众的工具,而是为了解决民众之间的纠纷、辨别行为的是非,以及让生命维续、生活正常的关键要素,"法者,天下之仪也,所以决疑而明是非也,百姓所县(县,通"悬")命也"(《禁藏》)。

管仲学派强调,对于这样的法,君主、官吏及民众都要遵守,"君臣上下贵贱皆从法,此之谓大治"(《任法》),"故明王慎之,不为亲戚故贵易其法,吏不敢以长官威严危其命,民不以珠玉重宝犯其禁。故主上视法严于亲戚,吏之举令敬于师长,民之承教重于神宝"(《禁藏》)。当然,守法的责任首先落在君主身上而不是百姓,君主一定要高度重视法,绝不能徇私枉法,"是故先王之治国也,不淫意于法之外,不为惠于法之内也。动无非法者,所以禁过而外私也。威不两措,政不二门,以法治国,则举措而已"(《明法》)。"君一置其仪,则百官守其法"(《法禁》),自上而下的任法重法,国家善治才有可能,国家的公共性才能体现。在此基础上,民众也必须重法,这是涉及国家安危、民众自身安全的大事,"凡国君之重器,莫重于令,令重则君尊,君尊则国安,令轻则君卑,君卑则国危"(《重令》),"法令之不行,万民之不治,贫富之不齐也"(《国蓄》)。

与商鞅、韩非这样的标准法家相比,管仲学派上述关于法的重要性的看法大

多与他们相似,这也是《管子》一书后来被列入法家的原因所在。不过,《管子》中对法的看法,在以下几个方面还是很有特色的:

(1) 法律必须在了解世俗实情的前提下制定,"古之欲正世调天下者,必先观国政,料事务,察民情,本治乱之所生,知得失之所在,然后从事,故法可立而治而行"(《正世》);

(2) 法律必须顺应民心,从民所欲,"政之所行,在顺民心;政之所废,在逆民心"(《牧民》);

(3) 法律必须与时俱进,圣明的君主明于治乱之道,会根据情况变化及时修订法律,"故其位齐(其位齐,指能确立适中的政策)也,不慕古,不留今,与时变,与俗化"(《正世》)。

3. 权力的公共性:服务于民生

在国家治理的过程中,强制性权力的运用是必不可免的。为此《管子》也给予高度的重视,强调"威不两错,政不二门"(《明法》),要求民众尊重权力的严肃性,"如天地之坚,如列星之固,如日月之明,如四时之信然,故令往而民从之"(《任法》)。但是,管仲学派绝不认为这样的权力运用是为君主一人服务的。他们斥责那些为一己之私运用权力的君主,"地之生财有时,民之用力有倦,而人君之欲无穷。以有时与有倦,养无穷之君,而度量不生于其间,则上下相疾(疾,仇视)也"(《权修》)。在《管子》看来,权力的运用必须出于公共的目的,用今天的语言来说,就是必须承担起积极的服务职能,"官不理则事不治,事不治则货不多"(《乘马》)。

管仲学派对于国家公共性及权力运用公共性的强调,在春秋战国时期乃至中国古代史上都是非常超前与突出的。在管仲看来,理想的权力行使,既要维持民众基本的秩序,又要通过向民众提供服务来促进生产,"不能调通民利,不可以语制为大治"(《国蓄》)。管仲学派心目中的服务职能有:一,国家必须积极地干预经济活动,通过生产的扩大以创造更多的财富;二,国家必须积极介入到分配过程中,实现社会一定程度的公平。国家积极地干预经济活动,本章已在前文讨论过,此处不再多说。最能体现权力公共性的,是管仲学派主张的国家对收入分配职能的承担("天下不患无财,患无人以分之"〔《牧民》〕),以及在那个时代就对全面社会保障制度的构想,"赐鳏寡,振(振,通"赈")孤独,贷无种,与无赋,所以劝弱民"(《禁藏》),从而实现"饥者得食,寒者得衣,死者得葬,不资者得振"(《轻重甲》)。因为这样做,民众才会真正认可权力的公共性并对国家保有极高的认同感,"戴上如日月,亲君若父母"(《国蓄》)。

（二）治国理财的艺术手段：货币、无形之税、侈靡之术

管仲在齐国"通货积财、富国强兵"的功绩，令后世治国者艳羡不已。《管子》一书中表述的治国理财思想，也得到后世学者的高度重视。在管仲学派的治国理财手段中，值得后世关注的，除了与其他学派学者相同的地方，如要重视土地问题（"地者，政之本也……地不平均和调，则政不可正也"〔《乘马》〕）、强调财政征收要有节制（"取于民有度"，"不夺民财"〔《五辅》〕；"富上而足下"〔《小问》〕）外，最为重要的是提倡用艺术性手段来从事治国理财活动，这在其他学者的著作中非常少见。接下来，本章将对《管子》一书中提及的三个治国理财的艺术手段做一些探讨。

1. 货币艺术

在中国古代治国理财的经典著作中，《管子》一书也许不是最早但却是最为详细、最为完备地提出货币理论并倡导以此实现国家治理的著作。正如张友直指出的，《管子》一书事实上完整地提出了货币起源与本质、货币种类与本位、货币职能与作用以及货币数量价值论等货币思想[1]。接下来本章将不对这些货币思想予以讨论，而只是看看管仲学派提出的运用货币艺术于治国理财过程之中。

对于货币在国家治理中的作用，《管子》给予高度的评价，认为货币"握之则非有补于暖也，食之则非有补于饱也，先王以守财物，以御民事，而平天下也"（《国蓄》）。事实上，在《管子》看来，货币就是为治国而兴起的。比如说，为了赈灾，"汤七年旱，禹五年水，民之无饘有卖子者。汤以庄山之金铸币，而赎民之无饘卖子者；禹以历山之金铸币，而赎民之无饘卖子者"（《山权数》）。用今天的话说，就是国家通过发行货币来获取债务性收入，以赈济民众、赎回人口。还有，《管子》认为货币是国家为了方便民众交换而指定或制造的："玉起于禹氏，金起于汝汉，珠起于赤野，东西南北距周七千八百里。水绝壤断，舟车不能通。先王为其途之远，其至之难，故托用于其重，以珠玉为上币，以黄金为中币，以刀布为下币。"（《国蓄》）

当然，更为后世学者珍视的就是《管子》一书所表达的用货币手段来调控经济的艺术，"人君操谷、币、准衡，而天下可定也"（《山至数》）。这一艺术被《管子》表达为轻重之术，前文已有涉及。大致上，运用货币艺术治理国家，至少可以达到以下目的：调动民众生产的积极性（"黄金刀币，民之通施也。故善者执其通施

---

[1] 张友直著：《〈管子〉货币思想考释》，北京大学出版社2002年版，第11页。

以御其司命,故民力可得而尽也"(《国蓄》);调节市场均衡关系,平抑物价("遍有天下,则赋币以守万物之朝夕,调而已"〔《山至数》〕);将粮食资源掌握在国家手中并借此增加财政收入("视物之轻重而御之以准,故贵贱可调而君得其利"〔《国蓄》〕)。

管仲学派还主张,应将俸禄和赋税全部货币化。"士受资以币,大夫受邑以币,人马受食以币,则一国之谷资在上,币贷在下。"(《山至数》)这样做的好处至少有两个方面:一不用再实行土地分封制度,以避免分封制下的争夺乃至战争,"故伏尸满衍,兵决而无止。轻重之家复游于其间。故曰:毋予人以壤,毋授人以财"。二使得货币铸造和发行的权力掌握在国家手中,而各级官吏与民众在经济社会活动中使用货币,实质上意味着对国家权力的认可与服从,从而实现秩序,"圣人理之以徐疾,守之以决塞,夺之以轻重,行之以仁义,故与天壤同数。此王者之大辔也"(《山至数》)。

2. 无形之税艺术

在财政征收无可避免的前提下,怎样有效地获取财政收入以"取民不怨"?这是征税艺术的问题,用法国国王路易十四时期著名的财政大臣科尔贝尔的话来说,就是做到"拔鹅毛让鹅尽可能地少叫"。

在税收方面,管仲学派首先不赞成君主的横征暴敛,认为它会带来极大的危害,"重赋敛,竭民财,急使令,罢民力,财竭则不能毋侵夺,力罢则不能毋堕倪。民已侵夺堕倪,因以法随而诛之,则是诛罚重而乱愈起"(《正世》)。《管子》主张,民富是国富的前提和保证,"民富君无与贫,民贫君无与富"(《山至数》),因此在财政征收方面主张"公轻其税敛,则人不忧饥;缓其形政,则人不惧死;举事以时,则人不伤劳"(《霸形》)。他们尤为反对临时性的税收,认为危害极大,"今人君籍求于民,令曰十日而具,则财物之贾什去一;令曰八日而具,则财物之贾什去二;令曰五日而具,则财物之贾什去半;朝令而夕具,则财物之贾什去九"(《国蓄》)。不过,如前所述,管仲学派并不一味地支持轻税政策。征税尤其是从农业方面征税,管仲学派建议的是,要适合农民的负担能力,"案亩而税"(《大匡》),"相地而衰征"(《霸形》)。

不过,管仲学派提出的且为后世推崇的征税艺术,是他们对无形之税的主张,即让民众"见予之形,不见夺之理"(《国蓄》)。是否可能获取一种无形之税?管仲学派的回答是肯定的,这一想法在《盐铁论》中被桑弘羊等汉代治国者进一步表达为"民不加赋而国用饶"。

在《国蓄》篇中,管仲学派发现传统的五种征税方式(房屋税、牲口税、土地税、人头税和户税），都存在着一定的弊端，"夫以室庑籍，谓之毁成；以六畜籍，谓之止生；以田亩籍，谓之禁耕；以正人籍，谓之离情；以正户籍，谓之养赢"。因此，他们主张运用商业手段来获取财政收入，因为这样可以获取无形税收。在《国蓄》篇中，管仲学派设想，国家先在丰年以低价大量收购粮食，之后于平年将每石粮加价十钱，于荒年每石加价二十钱，这样从一个三口之家，平年每月可获得九十钱收入，荒年每月一百八十钱。这样的财政收入方式，寓于商品买卖之中，自然是无形的。前文也说过，国家可以利用粮食、货币、货物三者间的关系，通过市场买卖或者货币借贷来获取财政收入。在粮食与货币两种形式之间进行灵活的切换，国家就能掌控国内的大部分财富。

最为后世学者重视且在中华帝国时期广泛采用的无形之税，是盐和铁的某种专卖措施。在《海王》篇中，管仲学派提倡计口授盐，通过加盐价来获利。当然，在春秋战国诸国林立的时代，全面垄断的盐专卖政策事实上很难行得通。在现实历史中，直到汉武帝时期才真正能够实施全面垄断性质的盐专卖制度。

3. 侈靡之术

在春秋战国乃至后世很长一段时间，农业经济一直占主导地位，量入为出、勤俭节约既是家庭财务原则（秋收粮食在交完租税、留够第二年种粮后才能用于消费），也是国家财政的运行原则（以收入有限性控制君主开支的权力）。特别地，兼具公、私二重性的君主，若私人消费过于奢侈往往会损及公共的利益，"多营于物而苦其力、劳其心，故困而不赡，大者以失国，小者以危身"（《禁藏》），甚至因此败坏社会的道德，"国侈则用费，用费则民贫，民贫则奸智生，奸智生则邪巧作。故奸邪之所生，生于匮不足；匮不足之所生，生于侈；侈之所生，生于毋度。故曰，审度量，节衣服，俭财用，禁侈泰，为国之急也"（《八观》）。《管子》强调，君主、大臣及民众如果能够节约不奢侈，就可以将剩余储蓄起来防备饥荒（"纤啬省用，以备饥馑"〔《五辅》〕），甚至防祸得福（"故适身行义，俭约恭敬，其唯无福，祸亦不来矣；骄傲侈泰，离度绝理，其唯无祸，福亦不至矣"〔《禁藏》〕）。因此，君主的私人消费一定要节制，"是故主上用财毋已，是民用力毋休也。故曰：台榭相望者，其上下相怨也"（《八观》）。

不过，与儒家学派一味主张节俭的意见不同，管仲学派认为，在特定条件下，侈靡并非坏事，侈靡之术甚至可以成为国家治理的艺术。他们认为，一味地节俭会使事情办不成或者公共目的无法达成，"用财啬则不当人心，不当人心则怨起，用财而生怨，故曰费"（《版法解》），"简则伤事，侈则伤货"（《乘马》）。这是因为，施政办事要从民所欲，"饮食者也，侈乐者也，民之所愿也。足其所欲，赡其所愿，则能用之耳"(《侈靡》)。为此,《管子》中辟出专门一篇《侈靡》来加以讨论。在该篇中,管仲学者认为,侈靡消费可以促进生产,在饮食、车马、游乐、丧葬等方面的奢侈行为可以带动生产,"不侈,本事不得立"(《侈靡》),甚至可以"雕卵然后瀹(瀹 yuè,煮)之,雕橑(橑 liáo,屋椽)然后爨(爨 cuàn,烧火做饭)之"(《侈靡》)。他们还认为,侈靡可以促进就业,"富者靡之,贫者为之"(《侈靡》),这大致相当于18世纪法国思想家孟德斯鸠的名言"富人不挥霍,穷人将饿死"。特别是在遇到水旱等自然灾害、百姓生活困难的情况下,君主的侈靡消费与侈靡品生产可为贫苦百姓提供谋生机会,"若岁凶旱水泆,民失本,则修宫室台榭,以前无狗后无彘者为庸。故修宫室台榭,非丽其乐也,以平国策也"(《乘马数》)。

对于《管子》运用侈靡之术于国家治理之中,章太炎先生称赞道:"《管子》之言,兴时化者,莫善于侈靡,斯可谓知天地之际会,而为《轻重》诸篇之本,亦泰西商务所自出矣。"[1]管仲学派的这一观点,在中国古代治国理财思想中是非常突出的。在《盐铁论》中,桑弘羊对此加以特别的肯定,并发挥道:"不饰宫室,则材木不可胜用;不充庖厨,则禽兽不损其寿。无末利,则本业无所出;无黼黻(黼 fǔ 黻 fú,礼服上所绣的华美花纹),则女工不施。"(《盐铁论·通有》)不过桑弘羊的这一观点,也遭到了参加"盐铁会议"的文学贤良猛烈批评,并在后世帝国国家治理中始终处于被压制的状态。

---

[1] 章太炎:《喻侈靡》,载于《章太炎选集》,上海人民出版社1981年版。

第三章
"天之生民,非为君也;天之立君,以为民也"

——《荀子》选文与阐释

【文本选录】[1]

王 制 第 九

请问为政?曰:贤能不待次(次,等级次序)而举,罢(罢pí,软弱)不能不待须(须,须臾)而废,元恶不待教而诛,中庸杂民不待政(政,使用行政力量)而化(化,教化)。分(分,名分)未定也,则有昭缪(缪,通"穆")[2]。虽王公士大夫之子孙也,不能属于(属于,遵守)礼义,则归之庶人。虽庶人之子孙也,积文学,正身行,能属于礼义,而归之卿相士大夫。故奸言、奸说、奸事、奸能、遁逃反侧(反侧,不安分)之民,职(职,强制工作)而教之,须(须,给时间)而待之,勉之以庆赏,惩之以刑罚。安职则畜,不安职则弃。五疾(五疾,哑、聋、瘸、断臂、侏儒),上收而养之,材而事之,官施而衣食之,兼覆(兼覆,全面照顾)无遗。才行反时者死无赦。夫是之谓天德,王者之政也。

听政之大分(大分,要领):以善至者待之以礼,以不善至者待之以刑。两者分别,则贤不肖不杂,是非不乱。贤不肖不杂,则英杰至;是非不乱,则国家治。若是,名声日闻,天下愿,令行禁止,王者之事毕矣。

凡听(听,听政,处理政事),威严猛厉而不好假道(假道,宽容顺从)人,则下

---

[1] 本章选文文字与注释,主要参考自王天海校释:《荀子校释》,上海古籍出版社2005年版;方勇、李波译注:《荀子》,中华书局2011年版;林宏星:《荀子精读》,复旦大学出版社2011年版。

[2] 昭穆是一种宗庙制度。贵族立庙、民间祠堂摆放神主牌,有一定的次序:始祖居中,左昭右穆,父辈及之后的单数辈分居左为昭,子辈及之后的双数辈分居右为穆。

畏恐而不亲,周闭(周闭,隐瞒实情)而不竭,若是,则大事殆(殆,危险)乎弛,小事殆乎遂(遂,通"坠",落空)。和解调通(和解调通,意思是一味地随和),好假道人而无所凝止之,则奸言并至,尝试之说锋起(锋起,蜂拥而起),若是,则听大事烦,是又伤之也。故法而不议,则法之所不至者必废。职而不通(通,沟通),则职之所不及者必坠。故法而议,职而通,无隐谋,无遗善,而百事无过,非君子莫能。故公平者,听之衡(听之衡,听政的尺度)也;中和者,听之绳(听之绳,听政的准绳)也。其有法者以法行,无法者以类(类,类推)举,听之尽也。偏党而不经(经,准则),听之辟(辟,邪路)也。故有良法而乱者,有之矣;有君子而乱者,自古及今,未尝闻也。《传》曰:"治生乎君子,乱生乎小人。"此之谓也。

分(分,名分)均则不偏(偏,偏重),势齐则不壹(壹,统一),众齐则不使。有天有地,而上下有差;明王始立,而处国有制。夫两贵之不能相事,两贱之不能相使,是天数也。势位齐,而欲恶同,物不能澹(澹,通"赡",满足)则必争;争则必乱,乱则穷矣。先王恶其乱也,故制礼义以分之,使有贫富贵贱之等,足以相兼临者,是养天下之本也。《书》曰:"维齐非齐。"此之谓也。

马骇舆(骇舆,拉车时受惊),则君子不安舆;庶人骇政(骇政,对施政害怕),则君子不安位。马骇舆,则莫若静之;庶人骇政,则莫若惠之。选贤良,举笃(笃,忠实)敬,兴孝弟(弟,通"悌tì",敬爱兄长),收孤寡,补贫穷。如是,则庶人安政矣。庶人安政,然后君子安位。《传》曰:"君者,舟也;庶人者,水也。水则载舟,水则覆舟。"此之谓也。故君人者,欲安,则莫若平政爱民矣;欲荣,则莫若隆礼敬士矣;欲立功名,则莫若尚贤使能矣。是君人者之大节也。三节者当,则其余莫不当矣;三节者不当,则其余虽曲当(曲当,委曲周全而当),犹将无益也。孔子曰:"大节是也,小节是也,上君也;大节是也,小节一出焉,一入焉,中君也;大节非也,小节虽是也,吾无观其余矣。"

成侯、嗣公,聚敛计数之君也,未及取民(取民,得到民心)也。子产,取民者也,未及为政(为政,处理好政事)也。管仲,为政者也,未及修礼(修礼,践行礼义)也。故修礼者王,为政者强,取民者安,聚敛者亡。故王者富民,霸者富士,仅存之国富大夫,亡国富筐箧(箧 qiè,箱子)、实府库。筐箧已富,府库已实,而百姓贫:夫是之谓上溢而下漏。入不可以守,出不可以战,则倾覆灭亡可立而待也。故我聚之以亡,敌得之以强。聚敛者,召寇、肥敌、亡国、危身之道也,故明君不蹈也。

王夺之人(人,此处指人心),霸夺之与(与,同盟),强夺之地。夺之人者臣诸侯,夺之与者友诸侯,夺之地者敌诸侯。臣诸侯者王,友诸侯者霸,敌诸侯者危。

用强者：人之城守，人之出战，而我以力胜之也，则伤人之民必甚矣；伤人之民甚，则人之民恶我必甚矣；人之民恶我甚，则日欲与我斗。人之城守，人之出战，而我以力胜之，则伤吾民必甚矣；伤吾民甚，则吾民之恶我必甚矣；吾民之恶我甚，则日不欲为我斗。人之民日欲与我斗，吾民日不欲为我斗，是强者之所以反弱也。地来而民去，累(累，负担)多而功少，虽守者(守者，要守卫的土地)益，所以守者(所以守者，守卫土地的民众)损，是以大者之所以反削也。诸侯莫不怀交接怨(怀交接怨，虽结交但心怀怨恨)而不忘其敌，伺(伺，窥伺)强大之间，承强大之敝，此强大之殆时也。

知强道者不务强(务强，专门追求武力)也，虑以王命，全其力，凝其德。力全则诸侯不能弱也，德凝则诸侯不能削也，天下无王霸主，则常胜矣。是知强道者也。

彼霸者不然：辟田野，实仓廪，便备用，案(案，语助词)谨募选阅(选阅，选拔)材伎(伎，通"技"，技能)之士，然后渐(渐，用)庆赏以先(先，倡导)之，严刑罚以纠之。存亡继绝，卫弱禁暴，而无兼并之心，则诸侯亲之矣。修友敌之道，以敬接诸侯，则诸侯说(说，通"悦")之矣。所以亲之者，以不并也，并之见则诸侯疏矣；所以说之者，以友敌也，臣之见则诸侯离矣。故明其不并之行，信其友敌之道，天下无王主，则常胜矣。是知霸道者也。

闵王毁于五国，桓公劫于鲁庄，无它故焉，非其道而虑之以王也。

彼王者不然：仁眇(眇 miǎo，高于)天下，义眇天下，威眇天下。仁眇天下，故天下莫不亲也；义眇天下，故天下莫不贵也；威眇天下，故天下莫敢敌也。以不敌之威，辅服人之道，故不战而胜，不攻而得，甲兵不劳而天下服。是知王道者也。知此三具者，欲王而王，欲霸而霸，欲强而强矣。

王者之人：饰动(饰，通"饬"；饰动，端正行为)以礼义，听断以类(类，事理)，明振(振，整理)毫末，举措应变而不穷。夫是之谓有原(原，本原，即礼义)。是王者之人也。

王者之制：道不过(过，远离)三代，法不贰后王。道过三代谓之荡，法贰后王谓之不雅。衣服有制，宫室有度(度，限度)，人徒有数，丧祭械用皆有等宜(等宜，等级之差)。声，则凡非雅声者举废；色，则凡非旧文(文，纹饰)者举息；械用，则凡非旧器者举毁。夫是之谓复古。是王者之制也。

王者之论：无德不贵，无能不官，无功不赏，无罪不罚。朝无幸位，民无幸生。尚贤使能，而等位不遗(不遗，不错乱)；析愿(析愿，通"折原 yuàn"，制裁狡黠者)禁悍，而刑罚不过。百姓晓然皆知夫为善于家而取赏于朝也，为不善于幽(幽，暗处)而蒙刑于显也。夫是之谓定论。是王者之论也。

王者之法：等赋（等赋，即平赋税）、政事（政事，征调力役之事）、财万物（财万物，即下文的通流财物），所以养万民也。田野什一，关市几（几，通"讥"，稽查）而不征，山林泽梁以时禁发而不税。相地而衰政（衰政，按等次征税），理道之远近而致贡。通流财物粟米，无有滞留，使相归（归，通"馈"，运输）移也。四海之内若一家。故近者不隐其能，远者不疾其劳，无幽闲隐僻之国，莫不趋使而安乐之。夫是之谓人师。是王者之法也。

北海则有走马吠犬焉，然而中国得而畜使之。南海则有羽翮（hé）、齿革、曾青、丹干焉，然而中国得而财之。东海则有紫紶（qū）、鱼盐焉，然而中国得而衣食之。西海则有皮革、文旄（máo）焉，然而中国得而用之。故泽人足乎木，山人足乎鱼，农夫不斫（zhuó）削、不陶冶而足械用，工贾不耕田而足菽（shū）粟。故虎豹为猛矣，然君子剥而用之。故天之所覆，地之所载，莫不尽其美、致其用，上以饰贤良，下以养百姓而安乐之。夫是之谓大神。《诗》曰："天作高山，大王荒（荒，开荒）之；彼作矣，文王康之。"此之谓也。

以类（类，原则，即下文的礼义）行（行，治理）杂，以一行万。始则终，终则始，若环之无端也，舍是而天下以衰矣。天地者，生之始也；礼义者，治之始也；君子者，礼义之始也；为之，贯之，积重之，致好之者，君子之始也。故天地生君子，君子理天地；君子者，天地之参（参，与天地并列为三）也，万物之总也，民之父母也。无君子，则天地不理，礼义无统，上无君师，下无父子，夫是之谓至乱。君臣、父子、兄弟、夫妇，始则终，终则始，与天地同理，与万世同久，夫是之谓大本。故丧祭、朝聘、师旅一也；贵贱、杀生、与夺一也；君君（君君，君主要像君主的样子，下同）、臣臣、父父、子子、兄兄、弟弟一也；农农、士士、工工、商商一也。

水火有气而无生，草木有生而无知，禽兽有知而无义；人有气、有生、有知，亦且有义，故最为天下贵也。力不若牛，走不若马，而牛马为用，何也？曰：人能群，彼不能群也。人何以能群？曰：分（分，等级名分）。分何以能行？曰：义。故义以分则和，和则一，一则多力，多力则强，强则胜物；故宫室可得而居也。故序四时，裁（裁，节制利用）万物，兼利天下，无它故焉，得之分义也。

故人生不能无群，群而无分则争，争则乱，乱则离，离则弱，弱则不能胜物。故宫室不可得而居也，不可少顷舍礼义之谓也。能以事亲谓之孝，能以事兄为之弟，能以事上谓之顺，能以使下谓之君。君者，善群也。群道当，则万物皆得其宜，六畜皆得其长，群生皆得其命。故养长时（时，适时），则六畜育；杀生时，则草木殖；政令时，则百姓一，贤良服。

圣王之制也：草木荣华滋硕之时，则斧斤不入山林，不夭其生，不绝其长也。鼋鼍（yuán tuó）、鱼、鳖、鳅鳝孕别（别，分娩）之时，罔罟（罔，通"网"；罟 gǔ，渔网）毒药不入泽，不夭其生，不绝其长也。春耕、夏耘、秋收、冬藏，四者不失时，故五谷不绝，而百姓有余食也。汙（汙 wū，通"污"）池、渊沼、川泽，谨其时禁，故鱼鳖优多（优多，丰足），而百姓有余用也。斩伐养长不失其时，故山林不童（童，山无草木），而百姓有余材也。

圣王之用也：上察于天，下错（错，通"措"）于地，塞备天地之间，加施万物之上；微而明，短而长，狭而广，神明博大以至约。故曰：一与一（一与一，以礼义治理所有人），是为人者，谓之圣人。

序官（序官，叙述官的职责）：宰爵知（知，主管）宾客、祭祀、飨（xiǎng）食、牺牲之牢（牢，猪牛羊各一）数。司徒知百宗（宗，宗族）、城郭、立器之数。司马知师旅、甲兵、乘白（乘，四马拉一车；白，通"佰"，百人）之数。修宪命（宪命，指历法），审诗商（商，通"章"），禁淫声，以时顺修（以时顺修，按时整理），使夷俗邪音不敢乱雅，大师之事也。修堤梁，通沟浍（浍 kuài，田间的水沟），行水潦（潦 lào，积水），安水臧（臧，通"藏"，水库），以时决塞，岁虽凶败水旱，使民有所耘艾（艾，通"刈 yì"，割草），司空之事也。相高下，视肥墝（墝 qiāo，土地贫瘠），序五种，省农功，谨蓄藏，以时顺修，使农夫朴力而寡能，治田之事也。修火宪（火宪，防火的法令），养山林薮泽草木、鱼鳖、百索（索，可能是"素"，指蔬菜），以时禁发，使国家足用而财物不屈，虞师之事也。顺州里（州里，泛指城乡），定廛（廛 chán，房屋）宅，养六畜，闲（闲，习）树艺（树艺，种植），劝教化，趋（趋，督促）孝弟，以时顺修，使百姓顺命，安乐处乡，乡师之事也。论百工，审时事，辨功苦，尚完利，便备用，使雕琢文采不敢专造（专造，私造）于家，工师之事也。相阴阳，占祲（祲 jìn，不祥之气）兆，钻龟陈卦，主攘择（攘择，禳 ráng 除不祥、择取吉事）五卜（五卜，五种征兆），知其吉凶妖祥，伛（伛 yǔ，驼背）巫跛击（击，通"觋 xí"，男巫）之事也。修采清（采清，指坟墓与厕所），易道路，谨盗贼，平室律（室，通"质"；平室律，指平抑物价），以时顺修，使宾旅安而货财通，治市之事也。抃急（抃 biàn 急，当作"折愿"，指制裁奸诈）禁悍，防淫除邪，戮之以五刑，使暴悍以变，奸邪不作，司寇之事也。本政教，正法则，兼听而时稽（稽，考核）之，度其功劳，论其庆赏，以时慎修，使百吏免尽（免尽，勤勉尽职）而众庶不偷（偷，苟且），冢宰之事也。论礼乐，正身行，广教化，美风俗，兼覆而调一之，辟公（辟公，指诸侯）之事也。全道德，致隆高，綦（綦 qí，极、完善）文理，一天下，振毫末，使天下莫不顺比从服，天王之事也。故政事乱，则冢宰之罪也；国家失俗，则辟公之过也；天下不一，诸侯俗（俗，可能是

"欲"字之误)反,则天王非其人也。

具具而王(具具而王,具备了王者的条件就称王),具具而霸,具具而存,具具而亡。用(用,治理)万乘之国者,威强之所以立也,名声之所以美也,敌人之所以屈也,国之所以安危臧否(臧否,好坏得失)也,制(制,控制)与(与,通"举",全部)在此(此,我),亡乎人(亡乎人,不在于别人)。王、霸、安存、危殆、灭亡,制与在我,亡乎人。夫威强未足以殆(殆,使危险)邻敌也,名声未足以悬天下(悬天下,如日月一样显赫天下)也,则是国未能独立也,岂渠(渠,通"讵 jù";岂渠,难道)得免夫累(累,祸患)乎!天下胁于暴国,而党为(党,通"倘";党为,假如是)吾所不欲于是者,日与桀同事同行,无害(无害,不妨害)为尧,是非功名之所就也,非存亡安危之所堕(堕,当为"随")也。功名之所就,存亡安危之所堕(堕,当为"随"),必将于愉殷(愉殷,劳苦忧心)赤心(赤心,专一之心)之所。诚(诚,假若)以其国为王者之所,亦王;以其国为危殆灭亡之所,亦危殆灭亡。

殷(殷,国家强盛)之日,案(案,通"安",语气助词)以中立,无有所偏,而为纵横之事,偃然案兵无动(案兵无动,即按兵不动),以观夫暴国之相卒(卒,通"捽zuó",冲突)也。案平政教,审节奏(审节奏,审查礼乐制度),砥砺(砥砺,磨练)百姓,为是之日,而兵剸(剸,通"专",独有)天下之劲(劲,强劲)矣。案修仁义,伉隆高(伉,匹敌;伉隆高,达到隆高),正法则,选贤良,养百姓,为是之日,而名声剸天下之美矣。权者重之,兵者劲之,名声者美之。夫尧舜者,一天下也,不能加毫末于是矣。

权谋倾覆之人退,则贤良知圣之士案(案,语气助词)自进矣。刑政平,百姓和,国俗节(俗,通"欲";国俗节,国之贪欲有节制),则兵劲城固,敌国案(案,语气助词)自诎(诎 qū,屈服)矣。务本事(本事,农业),积财物,而勿忘(忘,通"妄")栖迟(栖迟,弃置)薛越(薛越,通"屑越",抛撒)也,是使群臣百姓皆以制度行,则财物积,国家案(案,语气助词)自富矣。三者(三者,指前述自进、自诎、自富)体(体,效法)此而天下服,暴国之君案(案,语气助词)自不能用其兵矣。何则?彼无与(与,相与)至也。彼其所与至者,必其民也。其民之亲我,欢若父母;好我,芳若芝兰。反顾其上,则若灼黥(灼黥 qíng,火烧刀刻),若仇雠;彼人之情性也,虽桀、跖,岂有肯为其所恶,贼其所好者哉!彼以夺矣。故古之人,有以一国取天下者,非往行之也,修政其所,天下莫不愿,如是而可以诛暴禁悍矣。故周公南征而北国怨,曰:何独不来也?东征而西国怨,曰:何独后我也?孰能有与是斗者与(与,通"欤",语气助词)?安(安,语气助词)以其国为是者王。

殷之日,安以静兵息民,慈爱百姓,辟田野,实仓廪,便备用,安谨募选阅材伎之士,然后渐赏庆以先之,严刑罚以防之,择士之知事(知事,主事)者,使相率贯(率贯,遵循实行)也,是以厌(厌,满足)然畜积修饰,而物用之足也。兵革器械者,彼将日日暴露毁折之中原;我今将修饰之,拊循(拊循,安抚、爱护)之,掩盖(掩盖,收藏)之于府库。货财粟米者,彼将日日栖迟薛越之中野(中野,旷野),我今将畜(畜,通"蓄")积并聚之于仓廪。材技股肱(股,大腿;肱,上臂)、健勇爪牙之士,彼将日日挫顿竭之于仇敌,我今将来(来,通"徕",招揽)致之,并阅(并阅,选用)之,砥砺之于朝廷。如是,则彼日积敝(敝,败坏),我日积完(完,坚固);彼日积贫,我日积富;彼日积劳,我日积佚(佚,通"逸")。君臣上下之间者,彼将厉厉(厉厉,相互危害)焉日日相离疾(离疾,背离憎恨)也,我今将顿顿(顿顿,通"敦敦",诚恳敦厚)焉日日相亲爱也,以是待其敝。安以其国为是者霸。

立身则从庸俗,事行则从佣(佣,通"庸",平常)故,进退贵贱(进退贵贱,进用而显贵者)则举(举,全)佣士,之(之,当为"其")所以接下之人百姓者则庸(庸,用)宽惠,如是者,则安存。立身则轻楛(轻楛 kǔ,轻浮粗疏),事行则蠲疑(蠲 juān 疑,迟疑),进退贵贱则举佞侻(佞 nìng 侻 tuì,谄谀),之所以接下之人百姓者,则好取侵夺,如是者危殆。立身则憍(憍 jiāo,通"骄",骄傲)暴,事行则倾覆(倾覆,倾轧陷害),进退贵贱则举幽险(幽险,阴险)诈故,之所以接下之人百姓者,则好用其死(死,拼死)力矣,而慢(慢,轻慢)其功劳,好用其籍敛(籍敛,征收田税)矣,而忘其本务,如是者灭亡。

此五等者,不可不善择也,王、霸、安存、危殆、灭亡之具(具,条件)也。善择者制人,不善择者人制之。善择之者王,不善择之者亡。夫王者之与亡者,制人之与人制之也,是其为相悬(悬,悬殊)也亦远矣。

富 国 第 十

万物同宇(宇,世界)而异体,无宜(宜,固定用途)而有用为(为,于)人,数(数,道,规律)也。人伦(伦,类)并处,同求而异道,同欲而异知,生(生,天性)也。皆有可(可,追求)也,知愚同;所可异也,知愚分。势(势,地位)同而知(知,智慧)异,行私而无祸(祸,忧患),纵欲而不穷(穷,节制),则民心奋(奋,争竞)而不可说(说,解脱)也。如是,则知者未得治也;知者未得治,则功名未成也;功名未成,则群众未县(县,通"悬",悬殊,即等级差别)也;群众未县,则君臣未立也。无君以制臣,无上以制下,天下害生(生,生于)纵欲。欲恶同物,欲多而物寡,寡则必争矣。故百技所成,所以养一人(一人,普通一人)也。而能(能,才能)不能兼技(技,巧,精),人不能兼官(兼官,兼职)。离居不相待(待,通"持",扶持)则穷(穷,陷入困境),群居而无分(分,等级名分)则争;穷者患也,争者祸也。救患除祸,则莫若明分使群(使群,使民众群居互助)矣。强胁弱也,知惧愚也,民下违上,少陵长,不以德为(为,治)政:如是,则老弱有失养之忧,而壮者有分争之祸矣。事业(事业,劳役)所恶也,功利所好也,职业无分(分,等级与分工):如是,则人有树事(树事,生事端)之患,而有争功之祸矣。男女之合,夫妇之分,婚姻娉内(娉,通"聘",问名;内,通"纳",收彩礼)送逆(送,送女;逆,迎娶)无礼:如是,则人有失合之忧,而有争色(色,指女人)之祸矣。故知者为之分也。

　　足(足,富)国之道:节(节,调节)用裕民,而善臧(臧,通"藏")其余。节用以礼,裕民以政(政,宽政)。彼裕民,故多余。裕民则民富,民富则田肥以易(易,治),田肥以易则出实百倍。上以法取焉,而下(下,疑为衍文)以礼节用之,余若丘山,不时焚烧,无所臧之,夫君子奚患乎无余? 故知节用裕民,则必有仁圣贤良之名,而且有富厚丘山之积矣。此无他故焉,生于节用裕民也。不知节用裕民则民贫,民贫则田瘠以秽(秽,荒芜),田瘠以秽则出实不半;上虽好取侵夺,犹将寡获也。而或以无礼节用之,则必有贪利(贪利,贪庾)纠(纠,收)譑(譑,读为"挢jiǎo",取)之名,而且有空虚穷乏之实矣。此无他故焉,不知节用裕民也。《康诰》曰:"弘(弘,广大)覆乎天,若(若,顺)德裕乃身。"此之谓也。

　　礼者,贵贱有等,长幼有差,贫富轻重皆有称者(称者,相应的规定)也。故天子袾裷(袾裷 zhū yuān,赤色的龙袍)衣冕(冕,礼帽),诸侯玄裷(玄裷,黑色的礼服)衣冕,大夫裨(裨 pí,此处指大夫的礼服)冕,士皮弁(皮弁 biàn,白鹿皮帽子)服。德必称位,位必称禄,禄必称用,由士以上则必以礼乐节之,众庶百姓则必以法数制(制,节制)之。量(量,丈量)地而立国,计利而畜民,度人力而授事,使民必胜事,事必出利,利足以生民,皆使衣食百用出入相揜(揜 yǎn,通"掩",合),必时(时,及时)臧余,谓之称数(称数,合乎法度)。故自天子通于庶人,事无大小多少,由是推之。故曰:"朝无幸位(幸位,侥幸得位),民无幸生(幸生,苟且偷生)"。此之谓也。

　　轻田野之赋,平关市之征,省(省,减少)商贾之数,罕兴力役,无夺农时,如是则国富矣。夫是之谓以政裕民。

　　人之生(生,生存),不能无群,群而无分则争,争则乱,乱则穷(穷,困)矣。故无分者,人之大害也;有分者,天下之本利(本利,根本之利)也;而人君者,所以管分之枢要也。故美之者,是美天下之本也;安之者,是安天下之本也;贵之者,是贵天下之本也。古者先王分割而等异之也,故使或美或恶,或厚或薄,或佚或乐,或劬(qú,劳苦)或劳,非特以为淫泰夸丽之声(声,势),将以明仁之文,通仁之顺也。故为之雕琢、刻镂(刻镂,器物上刻花纹)、黼黻(黼黻 fǔ fú,衣服上绣花纹)、文章(文章,服装上装饰彩绘),使足以辨贵贱而已,不求其观;为之钟鼓、管磬、琴瑟、竽笙,使足以辨吉凶、合欢、定和而已,不求其余;为之宫室、台榭,使足以避燥湿、养德、辨轻重而已,不求其外。《诗》曰:"雕琢其章,金玉其相。亹亹(亹 wěi 亹,勤勉的样子)我王,纲纪四方。"此之谓也。

若夫重色而衣之,重味而食之,重财物而制之,合天下而君之,非特以为淫泰(淫泰,荒淫骄奢)也,固以为王天下,治万变,材(材,通"裁")万物,养万民,兼制(制,当为"利")天下者,为莫若仁人之善也夫!故其知虑足以治之,其仁厚足以安之,其德音足以化之,得之则治,失之则乱。百姓诚赖其知也,故相率而为之劳苦以务佚之,以养其知也。诚美其厚也,故为之出死断亡(出死断亡,出生入死)以覆救之,以养其厚(厚,厚恩)也。诚美其德也,故为之雕琢、刻镂、黼黻、文章以藩饰之,以养其德也。故仁人在上,百姓贵之如帝,亲之如父母,为之出死断亡而愉者,无它故焉,其所是焉诚美,其所得焉诚大,其所利焉诚多。《诗》曰:"我任我辇,我车我牛,我行既集,盖云归(归,归往)哉!"此之谓也。

故曰:君子以德,小人以力;力者,德之役也。百姓之力,待之(之,指君子的德政)而后功(功,功效);百姓之群,待之而后和;百姓之财,待之而后聚;百姓之势,待之而后安;百姓之寿,待之而后长。父子不得不亲,兄弟不得不顺,男女不得不欢。少者以长,老者以养。故曰:"天地生之,圣人成之。"此之谓也。

今之世而不然:厚刀布(刀布,指钱)之敛,以夺之财;重田野之税,以夺之食;苛关市之征,以难其事。不然而已矣,有掎挈(掎 jǐ 挈 qiè,指责)伺诈,权谋倾覆,以相颠倒,以靡敝(敝,通"弊")之,百姓晓然皆知其污漫暴乱,而将大危亡也。是以臣或弑其君,下或杀其上,粥(粥,通"鬻",卖)其城,倍(倍,通"背")其节,而不死其事者,无他故焉,人主自取之。《诗》曰:"无言不雠(雠,通"酬",报答),无德不报。"此之谓也。

兼足(兼足,使都富足)天下之道在明分:掩(掩,翻耕)地表(表,疑为"耒lěi",耕)亩,刺中(刺中 cǎo,除草)殖谷,多粪肥田,是农夫众庶之事也。守时力民,进事长功,和齐百姓,使人不偷(偷,苟且),是将率(率,通"帅")之事也。高者不旱,下者不水,寒暑和节而五谷以时孰(孰,通"熟"),是天之事也。若夫兼而覆之,兼而爱之,兼而制(制,当为"利")之,岁虽凶败水旱,使百姓无冻馁(馁 wěi,饥饿)之患,则是圣君贤相之事也。

墨子之言,昭昭然(昭昭然,忧愁的样子)为天下忧不足。夫不足,非天下之公患也,特墨子之私忧过计(过计,过虑)也。今是(今是,相当于"今夫")土之生五谷也,人善治之,则亩数盆(盆,古代一种量器),一岁而再(再,两次)获之。然后瓜桃枣李一本数以盆鼓(盆、鼓,都是古代的量器);然后荤菜(荤菜,指葱姜蒜等蔬菜)百蔬以泽量(泽量,满泽,非常多);然后六畜禽兽一而剸车(剸,通"专";剸车,满装一车),鼋鼍、鱼鳖、鳅鳝以时别,一而成群;然后飞鸟、凫(凫 fú,野鸭)、雁若烟海;然后昆虫万物生其间。可以相食养者,不可胜数也。夫天地之生万物也,固有余,足以食人矣;麻葛、茧丝、鸟兽之羽毛齿革也,固有余,足以衣人矣。夫有余不足,非天下之公患也,特墨子之私忧过计也。

天下之公患,乱伤之也。胡不尝试相与求乱之者谁也?我以墨子之"非乐"也,则使天下乱;墨子之"节用"也,则使天下贫,非将堕(堕,诋毁)之也,说(说,墨子之说)不免焉。墨子大有天下,小有一国,将蹙然(蹙 cù 然,局促不安的样子)衣粗食恶,忧戚而非乐。若是则瘠(瘠,奉养薄),瘠则不足欲,不足欲则赏不行。墨子大有天下,小有一国,将少人徒,省官职,上劳苦,与百姓均事业,齐功劳。若是则不威,不威则赏罚不行。赏不行,则贤者不可得而进也;罚不行,则不肖者不可得而退也。贤者不可得而进也,不肖者不可得而退也,则能不能不可得而官也。若是,则万物失宜,事变失应,上失天时,下失地利,中失人和,天下敖(敖,通"熬",受煎熬)然,若烧若焦。墨子虽为之衣褐带索(带索,以草绳为腰带),嚽(chuò,通"啜",吃)菽(菽 shū,豆叶)饮水,恶能足之乎!既以伐其木,竭其原,而焦天下矣。

故先王圣人为之不然:知夫为人主上者,不美不饰之不足以一(一,统一)民也,不富不厚之不足以管(管,辖制)下也,不威不强之不足以禁暴胜悍也。故必将撞大钟、击鸣鼓、吹笙竽、弹琴瑟,以塞其耳;必将雕琢、刻镂、黼黻、文章,以塞其目;必将刍豢(刍豢 chú huàn,此处指肉食)稻粱、五味芬芳以塞其口。然后众人徒、备官职、渐(渐,重)庆赏、严刑罚,以戒其心。使天下生民之属,皆知己之所愿欲之举在是于也,故其赏行;皆知己之所畏恐之举在是于也,故其罚威。赏行罚威,则贤者可得而进也,不肖者可得而退也,能不能可得而官也。若是,则万物得宜,事变得应,上得天时,下得地利,中得人和,则财货浑浑(浑浑,水流的样子)如泉源,汸汸(汸 pāng 汸,水势浩大的样子)如河海,暴暴(暴暴,突起的样子)如丘山,不时焚烧,无所臧之。夫天下何患乎不足也?故儒术诚行,则天下大(大,丰泰)而富,使而功,撞钟击鼓而和。《诗》曰:"钟鼓喤喤,管磬玱玱(玱 qiāng),降福穰穰(ráng 穰穰,众多)。降福简简(简简,大),威仪反反(反反,庄重)。既醉既饱,福禄来反(来反,复返)。"此之谓也。故墨术诚行,则天下尚俭而弥贫,非斗而日争,劳苦顿萃(顿萃 cuì,困顿憔悴),而愈无功,愀然(愀 qiǎo 然,忧惧的样子)忧戚非乐,而日不和。《诗》曰:"天方荐(荐,重)瘥(瘥 cuó,疫病),丧乱弘多。民言无嘉,憯(憯 cǎn,曾,竟)莫惩嗟(惩嗟 jiē,停止哀叹)。"此之谓也。

垂事(垂事,显示治绩)养民,拊循(拊 fǔ 循,抚摸安慰)之,呕(呕 wā 呕,小儿声,此处表示表示慈爱)之,冬日则为之饘粥(饘 zhān 粥,稠粥),夏日则与之瓜麮(麮 qù,大麦粥),以偷(偷,苟且)取少顷之誉焉,是偷(偷,苟且)道也,可以少顷得民之誉,然而非长久之道也。事必不就,功必不立,是奸治(奸治,诡诈之治)者也。傮然(傮 cáo 然,急迫的样子)要时务(务,催促)民,进事长功,轻非誉而恬失民,事进矣,而百姓疾之,是又不可偷偏(偷偏,偷窃偏激为之)者也。徒(徒,但)坏堕落,必反无功,故垂事养誉,不可;以遂功而忘民,亦不可。皆奸道也。

故古人为之不然:使(使,役使)民夏不宛(宛,通"蕴",暑气)暍(暍 yē,中暑),冬不冻寒,急不伤力,缓不后时(后时,误农时),事成功立,上下俱富;而百姓皆爱其上,人归之如流水,亲之欢如父母,为之出死断亡而愉者,无它故焉,忠信、调和、均辨(辨,通"遍",遍及)之至也。故君国长民者,欲趋时遂功,则和调累解(累解,解除忧患),速乎急疾;忠信均辨,说乎赏庆矣;必先修正其在我者,然后徐责其在人者,威乎刑罚。三德者诚乎上,则下应之如景向(如景向,如影随形、如响随声),虽欲无明达,得乎哉!《书》曰:"乃大明服(大明服,君主英明而服众),惟民其力懋(力懋 mào,勤勉),和而有疾(疾,迅速)。"此之谓也。

故不教而诛,则刑繁而邪不胜;教而不诛,则奸民不惩;诛而不赏,则勤励之民不劝;诛赏而不类(不类,不当),则下疑俗险(俗,通"欲";俗险,想要侥幸弄险),而百姓不一。故先王明礼义以壹之,致忠信以爱之,尚贤使能以次(次,顺序)之,爵服庆赏以申重之,时其事、轻其任,以调齐之,潢然(潢 huáng 然,大水涌至的样子)兼覆之,养长之,如保赤子。若是,故奸邪不作,盗贼不起,而化善者劝勉矣。是何邪?则其道(道,引导)易,其塞(塞,遏止)固,其政令一,其防表(防表,礼义标准)明。故曰:上一(一,专一不变)则下一矣,上二(二,三心二意)则下二矣。辟之若草木,枝叶必类本。此之谓也。

不利而利之(不利而利之,不利民而取其利),不如利而后利之之利也。不爱而用之,不如爱而后用之之功(功,有功效)也。利而后利之,不如利而不利者之利也。爱而后用之(用之,用民力),不如爱而不用者之功也。利而不利也,爱而不用也者,取天下者也。利而后利之,爱而后用之者,保社稷者也。不利而利之,不爱而用之者,危国家者也。

观国之治乱臧(臧 zāng,好)否(否 pǐ,坏),至于疆易(易,通"埸 yì",边界)而端(端,端倪)已见矣。其候徼(候徼 jiào,斥候巡逻)支缭(支缭,到处巡逻),其竟

(竟,通"境")关之政尽察,是乱国已。入其境,其田畴秽(秽,荒芜),都邑露(露,败露),是贪主已。观其朝廷,则其贵者不贤;观其官职,则其治者不能;观其便嬖(便 pián 嬖 bì,君主左右的小臣),则其信者不悫(悫 què,诚实,谨慎),是暗(暗,昏暗)主已。凡主、相、臣下、百吏之属,其于货财取与(取与,敛取与赐予)计数也,顺孰(顺孰,精细)尽察;其礼义节奏也,芒轫(芒轫,意思是废止)僈楛(僈 màn 楛 kǔ,怠慢粗劣),是辱国已。其耕者乐田,其战士安难,其百吏好法,其朝廷隆礼,其卿相调议(调议,协调众议),是治国已。观其朝廷,则其贵者贤;观其官职,则其治者能;观其便嬖,则其信者悫,是明主已。凡主、相、臣下、百吏之属,其于货财取与计数也,宽饶简易;其于礼义节奏也,陵谨(陵谨,严谨)尽察,是荣国已。贤齐(齐,等同)则其亲者先贵,能齐则其故者先官,其臣下、百吏,污者皆化而修,悍者皆化而愿,躁(躁,骄狂)者皆化而悫,是明主之功已。

观国之强弱贫富有征:上不隆礼则兵弱,上不爱民则兵弱,已(已,止)诺不信则兵弱,庆赏不渐(渐,重)则兵弱,将率不能则兵弱。上好功则国贫,上好利则国贫,士大夫众则国贫,工商众则国贫,无制数度量则国贫。下贫则上贫,下富则上富。故田野县鄙(县鄙,泛指乡村)者,财之本也;垣窌(垣 yuán 窌 jiào,矮墙地窖,此处指货仓)仓廪者,财之末也;百姓时和(时和,以和为是)、事业得叙(叙,持续)者,货之源也;等赋(等赋,按等征赋)府库者,货之流也。故明主必谨养其和,节(节,管理)其流,开其源,而时(时,时常)斟酌焉。潢然(潢然,广大的样子)使天下必有余,而上不忧不足。如是,则上下俱富,交(交,一起)无所藏之,是知国计之极也。故禹十年水,汤七年旱,而天下无菜色者。十年之后,年谷复熟而陈积有余。是无它故焉,知本末源流之谓也。故田野荒而仓廪实,百姓虚而府库满,夫是之谓国蹶(蹶,灾)。伐其本,竭其源,而并之其末(末,此处指垣窌仓廪),然而主相不知恶也,则其倾覆灭亡可立而待也。以国持(持,侍奉)之,而不足以容其身,夫是之谓至贫,是愚主之极也。将以取富而丧其国,将以取利而危其身,古有万国,今有十数焉。是无它故焉,其所以失之一(一,相同)也。君人者亦可以觉矣。百里之国,足以独立矣。

凡攻人者,非以为名,则案(案,语气助词)以为利也;不然,则忿之也。仁人之用(用,治)国,将修志意,正身行,伉隆高(伉隆高,极礼义),致忠信,期(期,通"綦 qí",极)文理(文理,礼文制度)。布衣紃屦(紃 xún 屦 jù,用粗麻绳编的鞋)之士诚是,则虽在穷阎(阎,里巷)漏屋,而王公不能与之争名;以国载(载,实行)之,则天下莫之能隐匿也。若是,则为名者不攻也。将辟田野,实仓廪,便备用,上下一心,三军同力,与之(之,指"上下一心、三军同力"的国家)远举极战(极战,急战)则不可。境内之聚(聚,聚粮聚兵)也,保固视可(保固视可,保安是可以的),午(午,通"迕wǔ",迎战)其军、取其将,若拨麷(麷fēng,蒲草),彼得之不足以药伤补败(药伤补败,疗伤补损失)。彼爱其爪牙,畏(畏,使害怕)其仇敌,若是则为利者不攻也。将修大小强弱之义,以持慎之(以持慎之,持重谨慎),礼节将甚文(文,文饰),圭璧将甚硕,货赂将甚厚,所以(以,用)说之者(说之者,出使的说客),必将雅文辩慧之君子也。彼苟有人意(人意,通情达理)焉,夫谁能忿之? 若是,则忿之者不攻也。为名者否,为利者否,为忿者否,则国安于磐石,寿于旗翼(旗,通"箕jī";此处的箕、翼,指的皆为星宿名)。人皆乱,我独治;人皆危,我独安;人皆失丧之,我按(按,语气助词)起而治(治,制胜)之。故仁人之用国,非特将持其有而已也,又将兼(兼,兼并)人。《诗》曰:"淑人君子,其仪不忒(忒tè,差错)。其仪不忒,正是四国(正是四国,为四国之长)。"此之谓也。

　　持(持,守)国之难易:事强暴之国难,使强暴之国事我易。事之以货宝,则货宝单(单,通"殚",尽),而交不结;约信盟誓,则约定而畔(畔,通"叛")无日;割国之锱铢(锱zī铢zhū,指极微小的数量)以赂(赂lù,赠送财物)之,则割定而欲无厌。事之弥烦,其侵入愈甚,必至于资单国举(举,通"与";国举,尽国而与之)然后已。虽左尧而右舜,未有能以此道得免焉者也。譬之是犹使处女婴(婴,系于颈)宝珠、佩宝玉、负戴黄金,而遇中山之盗也。虽为之逢蒙视(逢蒙视,意思是抛媚眼)、诎要(诎要,通"屈腰")挠胭(挠胭,屈膝),君(君,当为"若")卢屋妾(卢屋妾,意思是像婢妾一样畏惧),由(由,通"犹")将不足以免也。故非有一人(一人,指天子)之道也,直将巧繁(繁,通"敏";巧敏,便佞)拜请而畏事之,则不足以持国安身。故明君不道(道,行)也。必将修礼以齐朝,正法以齐官,平政以齐民;然后节奏(节奏,礼的规定)齐于朝,百事齐于官,众庶齐于下。如是,则近者竞亲,远方致愿,上下一心,三军同力,名声足以暴(暴pù,曝晒)炙之,威强足以捶笞(捶笞,杖击、鞭打)之,拱揖指挥(拱揖yī指挥,意思如端拱而天下治),而强暴之国莫不趋使,譬之是犹乌获(乌获,传说中的秦国大力士)与焦侥(焦侥yáo,传说中的矮人)搏也。故曰:事强暴之国难,使强暴之国事我易。此之谓也。

【作者作品】

　　荀子,名况,战国后期赵国人,时人尊称为荀卿,又称孙卿(因"荀"和"孙"字音近)。荀子的生卒年月现已不可考,张曙光推测他约生于公元前328年,卒于公元前235年,享年94岁[1]。司马迁在《史记·孟子荀卿列传》中简略记载了他的生平,其中主要有两件大事:一是他游学于齐,后来在齐取得极高的学术地位("最为老师")并三度担任过祭酒(稷下学宫的负责人);二是因在齐国有人说他的坏话而被迫转移到楚国,然后被春申君任命为兰陵令。许多学者相信,荀子还到过秦国(在《荀子·强国》中记载应侯问荀子"入秦何见"),但年月已不详。最后荀子葬于楚国的兰陵。司马迁在这篇列传中还提到了荀子的学术著述情况,说他"推儒、墨、道德之行事兴坏,序列著数万言"。

荀子学问的具体师承,今天也已不可考。从他著作中屡次推崇孔子的弟子子弓(即仲弓或冉雍),以及他在著作中体现出仲弓之学的特点(其主要内容集中于政治外王之学即礼乐制度)来看,荀子有可能师承了子弓这一儒学派别,当然也可能仅仅是他心仪子弓之学而私淑其人。有很多学者推崇荀子是先秦时期孟子之后儒家最为重要的代表,并将其视为"外王"流派的代表人物,与孟子倡导正人心的"内圣"主张相对。正如徐复观所评价的:"孟子发展了诗书之教,而荀子则发展了礼乐之教。"[2]从今天的眼光看,荀子可以被定位为春秋战国时期学术百家争鸣的集大成者,因为他对各家各派的学说都有吸收、有批评,也因此一直被视为"通儒"的代表人物。或者说,中华国家在从城邦向帝国转型过程中诸多学者的思考,大多被荀子集成而成为正在诞生中帝国的指导思想。荀子的两位学生李斯和韩非在国家治理方面的实践与思想,只是荀子思想贡献的一个外部标志。在世时,荀子就极受人尊崇,其著作也一直被广泛地阅读与研究。但因儒家对法家的厌恶与批判,作为李斯与韩非老师的荀子,后来也受到儒家学者极大的批评。即使到了帝国晚期,想要冲决帝国罗网迎来新国家类型的谭嗣同,还以批判性语气总结说:"二千年来之学,荀学也。"[3]正因如此,鲍国顺才评价说:"荀子是历来受误解最深的思想家。"[4]

在荀子漫长的一生中,他著述甚多,但并没有编撰为独立的著作。到了汉代,刘向从流传的荀子著作中选取了三百二十二篇,然后删复去重、勘定目次,共著录为三十二篇,取名为《孙卿新书》。《孙卿新书》是《荀子》一书成书的开始。我们今天阅读的《荀子》版本,是经唐代学者杨倞(与荀子一样又是一个生卒年份不可考的人物)重新编排次序并加以校正与注释而形成的,书名《荀子》也是杨倞

---

[1] 张曙光著:《外王之学——荀子与中国文化》,河南大学出版社1995年版,第1页。
[2] 林宏星著:《荀子精读》,复旦大学出版社2011年版,第8页。
[3] 谭嗣同著:《仁学》,辽宁人民出版社1994年版,第70页。
[4] 王军著:《荀子思想研究——礼乐重构的视角》,中国社会科学出版社2010年版,第1页。

确定的。初刊于光绪十七年（1891年）王先谦所作的《荀子集解》，是荀子研究中最权威的版本。今天的学者普遍认为，《荀子》一书目前可见的32篇，绝大多数应该是荀子本人写出的，最多只是经过他的弟子们整理。这是因为，《荀子》书中的思想观点、文字表达几乎前后一致。当然也可能有部分篇章，掺入了他的学生或者后人的一些思想。

《荀子》一书，包含了极为丰富的思想，既有关于世界观、方法论、人性论的哲学内容（如天人问题、名实之辨、性善性恶等问题），又有关于国家治理方略的政治内容（如法先王或法后王、礼义或法治等问题），还有大量的在今天被归属为经济、军事、教育、文学、音乐等方面的内容。限于本书的目的与篇幅，本章只选择《王制》《富国》两篇反映荀子治国理财思想的文本，并将其作为儒家的代表与前述的商鞅、管仲相对比。在治国理财方面，可以给荀子的一个基本判断是，他为治理国家所需的法家学说融合了儒家的礼义思想；当然反过来说也能成立，即他为注重个人修身（即内圣）的儒家发展出了治国方略与能力（即外王）。从汉代开始，历代治国者就致力于为侧重工具理性的秦制寻找价值理性，而这一进程直到唐代才大体完成，表现为制定了蕴含"德礼为政教之本"观念的《唐律》。不过，这样的努力显然早自荀子就已开始，并获得一定程度的成功。在此意义上可以说，荀子接续了商鞅的努力而为萌动中的中华帝国奠定思想基础、绘制建设蓝图。因此，在《荀子》一书中，有多个篇章讨论治国理财事宜。除了本章所选《王制》与《富国》这两篇文字外，另外还有《王霸》《君道》《臣道》《致士》《强国》等篇章亦如此。

《王制》篇开篇就提出了国家治理问题（"请问为政"），然后荀子加以一一阐述。大体上，荀子的回答是：政治上要行仁义、法后王、定名分、尚贤任能、加强法制等；理财方面要加强农业生产、促进货物流通、减轻赋税、合理开发利用资源等；军事上要富国强兵、力争不战而屈人之兵。在这一篇文字中，荀子的论述既涉及统治者对自身的修养（仁义）、治国策略措施的运用，又讨论到国家制度的建立（管理制度、官吏职事），还阐述了许多精妙的政治经济思想。对于国家制度建构的原则，他表达为："维齐非齐"，"分均则不偏，势齐则不壹，众齐则不使"。还有今人特别重视的民本思想的表述："君者，舟也；庶人者，水也。水则载舟，水则覆舟"。在该篇文字中，也有不少财税思想的表达值得关注，下文将在阐释文本时结合《富国》篇予以阐述。

《富国》篇论述的是使国家富足之道，这既是荀子那个大争之世的时代需要，也是自国家诞生以来治国的重要目标。荀子提出了一系列发展经济的政治原则和方针策略，比如用政治手段使社会安定并刺激劳动积极性，从而促使经济发展，如"明分使群""尚贤使能""严明赏罚""裕民以政"等。另外，他还提倡运用财政及其他措施来调整生产与消费结构、保证经济良性发展，如"强本抑末""开源节流""节用裕民"等。在这一篇，荀子还特别批评了墨子的非乐、节用以及对财富采取的静态观，主张要想办法实现财富的动态增长，并因此实现富国强兵、一统天下。

【文本阐释】

与商鞅、管仲这样首先是政治家然后才是学者不同，荀子首先是学者而且终身未有机会担任宰执大臣，因此相对来说，荀子的著作理论性更强、体系更完整、文采也更好，但技术性、制度性细节的探讨并不多。当然，缺乏技术与制度的细节，并不会减少《荀子》一书的价值。作为先秦时代以儒家思想为本、兼采百家并进而尝试为即将来临的帝国奠定理论基础的集大成者，荀子的书是值得一读再读的。本章仅从治国理财的角度来解读荀子的文字，目的是贯通古今，让过去的智慧为今天的活动作指引，或者至少成为思考现代问题的良好契机。

接下来，本章就根据所选录的《荀子》一书中的《王制》《富国》两篇文字并结合其他篇章的内容，尝试着阐释荀子的治国理财思想。

一、以人为中心的治国理财活动

国家在本质上是公共权力组织支配下的人群共同体，国家的内在目的应该是为了人的生存与发展而生成、组织并使用公共权力。但国家的这样一种内在目的，未必始终体现在国家制度建构与公共权力的运用过程中。特别是在帝国这样的国家类型中，由于公共权力以君权为形式来表现，而君权又是统治权与所有权合一，兼具公、私二重性，因此为帝国时代立法的思想者总是反复提醒当政者国家权力所具有的公共性。正如慎到提醒的"立天子以为天下，非立天下以为天子也。立国君以为国，非立国以为君也"（《慎子·威德》），第一章商鞅的说法是"为天下位天下"和"为天下治天下"，而《吕氏春秋·贵公》中也说到："天下，非一人之天下也，天下之天下也。"本章所讨论的荀子，也同样明确地提出："天之生民，非为君也。天之立君，以为民也。"（《荀子·大略》）

相对于其他学者，荀子在为民立国立君、为人治国理财等方面表述得更为全面、更加系统,因为他不但吸收了其他学者的相关观点,还进行了有效的批评与发展。

(一) 人为天下贵

在荀子之前,肯定人的地位甚至持有"天地万物人为贵"思想的学者大有人在,但以毫不犹豫的态度声明"人有气、有生、有知,亦且有义,故最为天下贵也"(《王制》),并以此建立完整的、成体系的人本主义思想的学者,当首推荀子。

荀子推崇人,首先将人从"天"或者"神"的权威中解放出来,即"天人相分"。相对于世界其他文明来说,在中华文明尤其是周代文化中天或神相对于人的权威并不算很高。不过在那个时代,毕竟普通人甚至许多学者对天仍持有某种神秘主义的信仰,认为天具有感情或意志。可荀子明确地提出,"明于天人之分,则可谓至人矣"(《天论》)。天人相分,"最直接的后果就是将人从天神的重压下解放出来,使人与天分属两个不同的领域,落到现实中就是天与人职责的分别"[1]。大体上,荀子对天的看法主要是,强调要消除对天的迷信,认为"天"并没有感情和意志,它是有规律的自然运行而与人无涉("天行有常,不为尧存,不为桀亡"〔《天论》〕),是人而不是天决定人的祸福荣辱("强本而节用,则天不能贫。养备而动时,则天不能病。修道而不贰,则天不能祸"〔《天论》〕;"高者不旱,下者不水,寒暑和节而五谷以时孰,是天之事也。若夫兼而覆之,兼而爱之,兼而制之,岁虽凶败水旱,使百姓无冻馁之患,则是圣君贤相之事也"〔《富国》〕)。荀子认为,虽然我们看到的自然现象与变化、人的能力与欲望,都可以方便地用"天"这一名词来作为本源概括("天地者,生之始也"〔《王制》〕;"凡性者,天之就也,不可学,不可事"〔《性恶》〕),但对在这样的概括背后的东西不必再追究,只需运用即可("唯圣人为不求知天"〔《天论》〕;"不务说其所以然,而致善用其材"〔《君道》〕)。因此,荀子坚决主张天人相分,承认人的独立,认为有智慧有力量的人有自己的尊严,可以按照自己的意愿去行事。特别地,人要利用作为自然的"天",即"制天"("大天而思之,孰与物畜而制之! 从天而颂之,孰与制天命而用之!"〔《天论》〕)。制天的目的,是充分运用自然万物("财万物"〔《富国》〕),以便"长养人民,兼利天下"(《非十二子》)。在此意义上,荀子将人与天、地并立而彰显人的尊严,"天有其时,地有其财,人有其治,夫是之谓能参"(《天论》)。

荀子推崇人,其次表现在对人的自然本性的尊重上。一般认为,与孟子界定的人性善相反,荀子提倡"性恶说"。对此,林宏星考诸诸多学者的说法,指出把

---

[1] 林宏星著:《荀子精读》,复旦大学出版社2011年版,第58页。

荀子说的"人之性恶"这一命题理解成人性皆恶是不对的,"荀子乃纯从人之天生的情欲以言性,故其所谓恶者,乃指顺情欲之发展,不加节制,放浪而无检束,其结果终至于'犯分乱理'而为恶"[1]。也就是说,与孔孟强调欲望不利于个体道德修养不同,荀子认为自然本性的欲望具有正面的作用。在荀子的眼中,欲望并不是恶,只要在礼义的范围内活动,不但不可怕而且会带来积极的后果,特别是对于国家治理而言。他说:"使天下生民之属,皆知己之所愿欲之举在是也,故其赏行;皆知己之所畏恐之举在是也,故其罚威。赏行罚威,则贤者可得而进也,不肖者可得而退也,能不能可得而官也。若是,则万物得宜,事变得应,上得天时,下得地利,中得人和,则财货浑浑如泉源,汸汸如河海,暴暴如丘山,不时焚烧,无所臧之。"(《富国》)荀子的这段话读起来颇有点像商鞅,即利用人对名利的渴望而引导其行为去符合国家治理的目的。但相对于商鞅来说,荀子显然对人自然本性中的"欲望"更为肯定与尊重,而不是简单地作为利用的对象,"以养人之欲,给人以求"(《礼论》),"以所欲为可得而求之,情之所必不免也"(《正名》)。因此,荀子认为欲不可去亦不可怕,欲望虽多但如果符合礼仪法度,那么国家就会有秩序,官吏会有贤能,财货则"浑浑如泉源"。这样,自天子以至于庶人都可以满足自己的自然欲望,并以此来团结天下之民、兼利天下。所以,他强调,"义与利者,人之所两有也。虽尧舜,不能去民之欲利;然而能使其欲利不克其好义也"(《大略》)。就此而言,荀子肯定人的欲望、不禁锢人之情欲的看法,事实上是对《管子》一书中"顺民心、从民欲"主张的进一步发展,并为其奠定了更深刻的人性论的基础。而且,相对于管子而言,荀子在肯定人的欲望合理性的同时,更强调物质资源的相对有限性,以此来论证礼法制度的必要性(节制人欲、促进发展)。荀子的这样一种性恶看法显然更接近于现代人的观念,也因此受到宋儒的大力批评,认为"荀子极偏驳,只一句性恶,大本已失"[2]。

荀子推崇人,还体现在他对人的能力的充分肯定上。在荀子看来,人不仅有欲望,更有能力,这种能力体现在能群、能分、有义。在荀子看来,能群是人区别于动物的本质特征,是人特有的能力,低等动物及植物并不具备这一能力。他说,"力不若牛,走不若马,而牛马为用,何也?曰:人能群,彼不能群也"(《王制》)。在能群的基础上,人又有"分"和"义"的能力,"义以分则和,和则一,一则多力,多力则强,强则胜物"(《王制》)。林宏星指出,荀子所肯定的人之多力、强、

---

[1] 林宏星著:《荀子精读》,复旦大学出版社2011年版,第55页。
[2] 程颢、程颐著:《二程集》,中华书局1981年版,第262页。

胜物,正是人之尊严的别解或注脚,并进一步认为,"先秦儒学亦多有言'天地万物人为贵'的观念,但似乎只有在荀子那里,人之所以'贵'的缘由藉由其对人的特有的智慧和力量的诠释,将人在天地世界中的地位再做了定义"[1]。

(二) 为人而立国

要探讨治国理财,一个回避不了的话题就是,国家是怎么起源的?或者说为什么会有国家?这个问题在商鞅那里就已经得到了探讨,即从进化的历史角度来探索国家的起源。荀子则从逻辑上再次回答了这一问题,那就是为了人的生存与发展而立国。荀子对国家起源问题的思考,提供了深刻影响古代中国政治思想发展的答案。

在荀子看来,立国首先是为了人能以群的方式来获得生存的机会。荀子强调:"人生不能无群,群而无分则争,争则乱,乱则离,离则弱,弱则不能胜物。"(《王制》)要注意的是,荀子此处的讨论基于逻辑而不像商鞅那样基于历史状况。他认为,在逻辑上人不能不以群体方式生活(人没有动物般的爪牙),而在一起生活就必须"明分",即确定等级秩序。这是因为,"两贵之不能相事,两贱之不能相使,是天数也。势位齐,而欲恶同,物不能赡则必争;争则必乱,乱则穷矣"(《王制》)。因此就像天与地有差别一样,非常自然合理的是,人也必须要有上下的等级差别,以此作为国家建立的制度基础("有天有地,而上下有差;明王始立,而处国有制"〔《王制》〕)。人群生存,如果有了这样的等级制度就不再会有混乱,就可以赢得最大化生存的机会,"制礼义以分之,使有贫富贵贱之等,足以相兼临者,是养天下之本也"(《王制》)。因此,以礼义为基础的国家制度就这样兴起了,"故序四时,裁万物,兼利天下,无它故焉,得之分义也"(《王制》)。在《富国》篇,荀子再一次重述了他的结论,即人类群居在逻辑上必须要有国家,"离居不相待则穷,群居而无分则争;穷者患也,争者祸也。救患除祸,则莫若明分使群矣"(《富国》)。荀子描绘了通过国家制度来克服争、乱,然后实现和谐秩序的景象:"礼者,贵贱有等,长幼有差,贫富轻重皆有称者也。故天子袾裷衣冕,诸侯玄裷衣冕,大夫裨冕,士皮弁服。德必称位,位必称禄,禄必称用,由士以上则必以礼乐节之,众庶百姓则必以法数制之"(《富国》)。

在荀子的理论中,国家的起源不仅仅是为了人类群体的生存,而且是为了人的进一步发展。在荀子看来,发展基于分工,只有通过分工与合作才会"使人载其事而各得其宜"(《荣辱》),而分工又取决于国家制度对分工的规定与管理。荀

---

[1] 林宏星著:《荀子精读》,复旦大学出版社2011年版,第52页。

子所说的分工,至少有两个方面:一是社会的分工;二是经济的分工。所谓社会的分工,主要是指在男女、壮弱、少长之间。在儒家理想中,本来就有对这种社会分工的设想,如《礼记·礼运》篇所表达的,"老有所终,壮有所用,幼有所长,矜寡孤独废疾者皆有所养,男有分,女有归",而荀子则以更为坚实的国家制度基础来克服没有社会分工的弱点,"强胁弱也,知惧愚也,民下违上,少陵长,不以德为政:如是,则老弱有失养之忧,而壮者有分争之祸矣。事业所恶也,功利所好也,职业无分:如是,则人有树事之患,而有争功之祸矣。男女之合,夫妇之分,婚姻娉内送逆无礼:如是,则人有失合之忧,而有争色之祸矣。故知者为之分也"(《富国》)。至于通过经济分工以实现发展,在上文说到荀子肯定人的欲望时就已经提及。这样的经济分工,既体现为职业分工,"农精于田","贾精于市","工精于器","君子精于道"(《解蔽》);又体现为地域的分工,"北海则有走马吠犬焉,然而中国得而畜使之。南海则有羽翮、齿革、曾青、丹干焉,然而中国得而财之。东海则有紫紶、鱼盐焉,然而中国得而衣食之。西海则有皮革、文旄焉,然而中国得而用之"(《富国》)。要能实现上述社会与经济分工,显然离不开国家制度(即礼法)的建构,所以荀子强调:"量地而立国,计利而畜民,度人力而授事,使民必胜事,事必出利,利足以生民,皆使衣食百用出入相揜,必时臧余,谓之称数"(《富国》)。

(三) 因人而理财

中国古代的治国理财活动,至少有两个方面的内容:一个涉及经济发展职能,目的在于涵养财源;另一个关乎财政征收技术,目的在于让国家有足够的财力从事必要的活动。荀子阐述这两个方面的理财活动,都围绕着"人"进行,为了人而理财并且遵循人的欲求而理财。

1. 发展经济

在荀子那样的大争之世,"不患寡而患不均"的传统儒家说法和只重视农业发展的法家思想,事实上并不能让国富,也不能让民众富裕,并进而争胜于天下。荀子明确指出,"兼足天下"的责任在于君主为首的执政集团,"夫兼而覆之,兼而爱之,兼而制之,岁虽凶败水旱,使百姓无冻馁之患,则是圣君贤相之事也"(《富国》)。怎样才能发展经济、兼足天下?荀子说,主要要用制度(礼与政)来实现节用裕民并善用仓储,"足国之道:节用裕民,而善臧其余。节用以礼,裕民以政"(《富国》),"无制数度量则国贫"(《富国》)。此处的"节用",有节约财用的含义,也有调节使用之道(即合理的财政支出安排)的含义[1]。就裕民而言,荀子的

---

[1] 王天海校释:《荀子校释》,上海古籍出版社2005年版,第425页注[三]。

思想至少包括以下三个方面。

（1）合理利用人的欲望来实现有效的生产与分工。如前所述，荀子对经济分工的看法，既包括地域的分工也包括农工商等产业的分工。相对于商鞅来说，荀子虽然也重视农业的发展（"故田野县鄙者，财之本也"〔《富国》〕），但他对于工商业的重视是十分突出的，"农以力尽田，贾以察尽财，百工以巧尽械器"（《荣辱》）。

（2）倡导一种没有极限的经济增长理念。荀子批评墨子"为天下忧不足"是"私忧过计"（《富国》），认为"天地之生万物也，固有余，足以食人矣"（《富国》）。只要生产正常进行，财富就能不断增长。在他看来，阻碍增长的最大因素在于墨子提倡的"节用"，"墨子之'节用'也，则使天下贫"，因为节用完全违反人的欲望，将会使人"不足欲""不威"，而"不足欲则赏不行""不威则罚不行"，于是"万物失宜，事变失应，上失天时，下失地利，中失人和，天下敖然，若烧若焦"（《富国》）。荀子的这一看法，跟第二章《管子》中提倡的"侈靡之术"有很多相通的地方。荀子的结论是，只要用礼法去促进发展，那么天下万物就会不断增长，对人的欲望而言不仅不会不足，而且会显示出丰饶、富庶而无尽的面貌。

（3）要求实现可持续的发展。荀子对于以政裕民的倡导，并不鼓励竭泽而渔。他倡导的是一种可持续的发展，要求实现人与自然的协调。显然，这样的理念至今都是值得高度重视的。下面的词句，让今天的我们读起来仍然动容："草木荣华滋硕之时，则斧斤不入山林，不夭其生，不绝其长也。鼋鼍、鱼、鳖、鳅鳝孕别之时，罔罟毒药不入泽，不夭其生，不绝其长也。春耕、夏耘、秋收、冬藏，四者不失时，故五谷不绝，而百姓有余食也。汙池、渊沼、川泽，谨其时禁，故鱼鳖优多，而百姓有余用也。斩伐养长不失其时，故山林不童，而百姓有余材也"（《富国》）。

2. 财政征收

如何才能使国家富裕？荀子认为，我们不仅要用必要的礼法制度措施来促进经济发展，而且还要善用财政征收手段（"轻田野之赋，平关市之征，省商贾之数，罕兴力役，无夺农时，如是则国富矣"〔《富国》〕）。也就是说，在财政上要做到：农业税赋要低，工商税赋要低，征发的力役要轻，而且不能耽误农时。当然，荀子有关财政征收的上述看法，并未超出传统儒家的言论范围，但在以下两个方面，他有自己的特色。

（1）财政征收的目的。在帝国的理念中，天子占有天下土地，并因此向民众进行财政征收，这被视为天经地义或至少民众对此只能被迫接受。然而荀子不这么看,他强调,财政征收的目的是为了在施政过程中处理好政事、赢得民心,从而在满足民众欲望的同时让他们能够践行礼义,"等赋、政事、财万物,所以养万民也"(《王制》)。荀子举了几个例子来说明问题:"成侯、嗣公,聚敛计数之君也,未及取民也;子产,取民者也,未及为政也。管仲,为政者也,未及修礼也"(《王制》)。换言之,"人"才是财政征收的目的,既满足民众作为"经济人"的需要又将其塑造为"道德人",才是为政的真正目的,这样的国家也才能真正无敌于天下,"故修礼者王,为政者强,取民者安,聚敛者亡"(《王制》)。仅仅为了财政收得更多,君主的仓库更满,只会导致民众贫困和国家的灭亡,"故王者富民,霸者富士,仅存之国富大夫,亡国富筐箧、实府库。筐箧已富,府库已实,而百姓贫:夫是之谓上溢而下漏。入不可以守,出不可以战,则倾覆灭亡可立而待也"(《王制》)。因此,君主绝不可以为了聚敛、为了自己国库的目的而实行财政征收,"聚敛者,召寇、肥敌、亡国、危身之道也,故明君不蹈也"(《王制》)。

(2)财政征收要有方法。荀子强调,"上以法取焉,而以礼节用之,余若丘山,不时焚烧,无所臧之,夫君子奚患乎无余?"(《富国》)此处的"法"和"礼",都是荀子强调的财政征收的恰当方法。这样的方法至少有两个方面:一是前述的"节用裕民",先富民然后取之,"故明主必谨养其和,节其流,开其源,而时斟酌焉。潢然使天下必有余,而上不忧不足"(《富国》),而"不知节用裕民则民贫,民贫则田瘠以秽,田瘠以秽则出实不半;上虽好取侵夺,犹将寡获也"(《富国》);二是按事先规定的礼(等级贫富差等)来严格征收,"礼者,贵贱有等,长幼有差,贫富轻重皆有称者"(《富国》),在礼的基础上"相地而衰政,理道之远近而致贡"(《王制》),而若不这样做的话,"而或以无礼节用之,则必有贪利纠譑之名,而且有空虚穷乏之实矣"(《富国》)。荀子严厉批评那些不按法和礼来进行财政征收的国家,预言这些国家必将因此而灭亡("今之世而不然:厚刀布之敛,以夺之财;重田野之税,以夺之食;苛关市之征,以难其事。不然而已矣,有掎挈伺诈,权谋倾覆,以相颠倒,以靡敝之,百姓晓然皆知其污漫暴乱,而将大危亡也。是以臣或弑其君,下或杀其上,粥其城,倍其节,而不死其事者,无他故焉,人主自取之"〔《富国》〕)。

二、以君权为核心的帝国制度建设

从城邦向帝国的国家转型,最为重要的是建构起以君权为核心的制度体系。这一点在商鞅那里已经得以说明,而到荀子这里,他对于君权的核心地位及依此而建立的帝国制度给出了更加清晰的说明,并详细设计了这样的制度内容与运行原则。

(一) 帝国制度中的君权

前已述及,帝国制度的构建是以君权为核心,将天下土地产权界定给君主并尊崇君主的地位,以此实现公共权力对土地资源与附着人口的有效支配。因此,帝国制度最重要的特征是,国家共同体对土地和人口的支配权落实到了君主个人及其家族身上。或者用今天的法律语言来描述就是,以君主的个人所有制(或君主家庭所有制)形式,来实现国家共同体对土地及其附着人口的支配。或者说,国家的公共权力借由君权来表现自己。于是,帝国中的君主事实上有三重身份:(1)作为自然人的自己;(2)作为君主家族的代表;(3)作为国家共同体的代表。三重身份就形成了以君主为中心、层层向外的同心圆的制度结构:从君主个人逐渐扩大到君主家庭(宗族),最后扩展至整个国家。这样一种以君主为核心的制度结构的运行状况,影响到整个共同体的福利。正如荀子说的,"人君者,所以管分之枢要也。故美之者,是美天下之本也;安之者,是安天下之本也;贵之者,是贵天下之本也"(《富国》)。

正因为君权的核心地位与君主的重要性,所以帝国制度在设计时,将最高立法权、最高司法权、最高行政权、最高军事指挥权和最高祭祀权都交给君主,君主也因此拥有崇高的地位,"君者,国之隆也"(《致士》)。需要看到,这种地位事实上来自公共权力本身而非君主个人。君权具备的以下几个特征,皆来自公共权力:(1)神圣性,即君权代表了共同体结合所具有的超越于个体的某种神性,国家的运行必须以之为前提,不得被质疑;(2)始源性,即君权是国家一切权力的源泉,所有其他人或机构掌握的权力都源于君权,并服从、服务于君权;(3)至高性,君权高于所有其他人或机构的权力,在地位上是最后、最高的裁决者;(4)不可分割性,即君权具有唯一性,不能分割也不可转让,只可进行委托并能随时收回等。对于君主的地位,荀子形容道:"故天地生君子,君子理天地;君子者,天地之参也,万物之总也,民之父母也。无君子,则天地不理,礼义无统,上无君师,下无父子,夫是之谓至乱。"(《王制》)总之,君权是帝国的核心,君权的瓦解,就意味着公共权力的瓦解以及国家的解体;而君权的重建,也意味着国家的重建。君权的顺利运行,对共同体运转起决定性的作用,"君者,善群也。群道当,则万物皆得其宜,六畜皆得其长,群生皆得其命"(《王制》)。

由于公共权力表现为君权,而君权既具有公共性又具有私人性,因此国家的最高权力无法从元首的个人身份中分离出来。这样,君权的行使既可能代表了公意或者说民众真正的利益,也可能体现的是君主的私心或其纯粹的个人利益。在理想状况下,君主若能体察到民众的真正利益并致力于实现之,那么他个人的利益(个人地位与欲求满足)及其家族的利益(垄断政权的地位)也能得以保障。或者说,帝国制度设计,将君主对个人利益的追求与共同体的利益保障紧密结合在一起。正如荀子强调的:"若夫重色而衣之,重味而食之,重财物而制之,合天下而君之,非特以为淫泰也,固以为王天下,治万变,材万物,养万民,兼制天下者,为莫若仁人之善也夫!故其知虑足以治之,其仁厚足以安之,其德音足以化之,得之则治,失之则乱。百姓诚赖其知也,故相率而为之劳苦以务佚之,以养其知也。诚美其厚也,故为之出死断亡以覆救之,以养其厚也。诚美其德也,故为之雕琢、刻镂、黼黻、文章以藩饰之,以养其德也。故仁人在上,百姓贵之如帝,亲之如父母,为之出死断亡而愉者,无它故焉,其所是焉诚美,其所得焉诚大,其所利焉诚多。"(《富国》)

由此可见,君主的个人素质以及君主对公共利益的认识与实现,决定了共同体的生死存亡,所谓"一人有庆,兆民赖之"(《尚书·吕刑》)。可是,如何确保这一点能够实现?孔孟关注的主要是人,即试图通过道德教化并借助于个人修身来提升君主(及执政大臣)的道德品质及实现公共利益的动力,但这在一定程度上忽视了君主实现公共利益所需要的条件(制度条件和权势地位),因而常被人视为迂阔而无用。而以商鞅、韩非为代表的法家,特别重视从实现公共利益的条件方面来看这个问题,认为君主要建立起法律制度、拥有施政技巧和处于权势地位才能达到施政的目的,而忽视了君主是否有实现公共利益的动力和道德品质,也因此常被人称为刻薄而寡恩。荀子同时强调了人与制度两个方面,认为君子是制礼的本源,而法是治理国家的必要条件。一方面,在他看来,人(王者或君子)是极为重要的,主张"有乱君,无乱国;有治人,无治法"(《君道》),"无君子,则天地不理"(《王制》);另一方面,荀子又极为重视法治与制度建设,"无国而不有治法"(《王霸》),"法者,治之端也"(《君道》)。为此,荀子一方面提出了由具备道德品质的君主来制定礼义(即圣人和君王合一的圣王,"圣人之得势者"〔《非十二子》〕),另一方面则提出建构有效的制度体系,从而尝试着构筑礼法融合的帝国治理体系。

就君主制定礼义而言,荀子强调:"天地者,生之始也;礼义者,治之始也;君子者,礼义之始也;为之,贯之,积重之,致好之者,君子之始也。"(《王制》)他心目中理想的统治者(王者)应该是这样的:"王者之人:饰动以礼义,听断以类,明振毫末,举措应变而不穷。夫是之谓有原。是王者之人也。"(《王制》)可见,荀子这里的王者,承担的是第一章所说的立法者的角色。此处有一个问题油然而生,那就是:君主为什么有资格掌权并为众人制定礼义?显然,荀子并不像法家那样回避这一问题,而认为原因来自君主的后天的道德修养,"君子曰:'学不可以已'"(《劝学》),"凡礼义者,是生于圣人之伪,非故生于人之性","圣人化性而起伪,伪起而生礼义,礼义生而制法度。然则礼义法度者,是圣人之所生也"(《性恶篇》)。当然,除了君主自身的学习和修身外,还需要君主去把握自然的客观规律,即外部的自然之理,"上取象于天,下取象于地,中取则于人"(《礼论》)。

就建构有效制度而言,在《王制》中,荀子全面系统地从国家职能、效法对象和施政原则三方面,对帝国制度进行设计。他说的国家职能就是"王者之政",即"故奸言、奸说、奸事、奸能、遁逃反侧之民,职而教之,须而待之,勉之以庆赏,惩之以刑罚。安职则畜,不安职而弃。五疾,上收而养之,材而事之,官施而衣食之,兼覆无遗。才行反时者,死无赦"。他阐明的制度建设应效法的对象,即"王者之制"是这样的:"道不过三代,法不贰后王。道过三代谓之荡,法贰后王谓之不雅。衣服有制,宫室有度,人徒有数,丧祭械用皆有等宜。声,则凡非雅声者举废;色,则凡非旧文者举息;械用,则凡非旧器者举毁。"他指出,国家治理的施政原则即"王者之论"应该是,"无德不贵,无能不官,无功不赏,无罪不罚。朝无幸位,民无幸生。尚贤使能,而等位不遗;析愿禁悍,而刑罚不过。百姓晓然皆知夫为善于家而取赏于朝也,为不善于幽而蒙刑于显也。"

可见,荀子对帝国制度的设计,既重视伦理、礼义,又重视制度与利益,价值理性与工具理性充分地融合。在汉帝国"独尊儒术"之后,从孟子经董仲舒发展起来的侧重仁义道德、心性伦理的儒学派别占据了上风,而由荀子这里传至后人注重经济和功利的儒学流派始终处于边缘地位,只有在帝国危机时刻才能发出比较响亮的声音,正如第六章将述及的宋代王安石与第七章将说到的功利学派所表现出来的。历史有点吊诡的是,经荀子教导而成长的李斯和韩非两人,完全抛弃了荀子强调的以礼义为名的价值理性,而只重视他有关有效制度设计与重法尊君的思想。特别是韩非,将商鞅的法、申不害的术、慎到的势与荀子思想融合在一起,发展出一套令现实帝国制度的操作者秦王嬴政欣赏不已的有关国家治理的学说。

(二)在具体制度设计与运行中把握使命与效率的平衡

以君权为核心进行制度建构,乃是帝国时代的特征。在具体制度设计以及在现实制度运行中,还需要把握制度与组织在效率与使命之间的平衡,就是说,既需要致力于实现制度构建的基本使命又要兼顾制度运行中的有效性。对荀子来说，他努力建构制度的目的，除了让人群生存外，还想让人实现符合儒家仁义的价值理想。除此之外，他还要让制度在运行时体系完整、分工有效，以及在各组织中及所有职位上的主体都各司其职并得到有效的激励。用荀子的话来说就是，"德必称位，位必称禄，禄必称用，由士以上则必以礼乐节之，众庶百姓则必以法数制之"（《王制》）。要兼顾使命与效率，作为集大成者的儒家学者，荀子首先在君主职位之下设计了各类具体的官职，然后为选用恰当的人员来填充官位、运行制度提出了原则性的意见。

与同时代及之前的儒家学者不同，荀子并未停留于对理想政治及理想政治家的空想上。在吸收现实经验的基础上，他为帝国制度设计了具体的官职名称及职能分工。在《王制》篇中，他首先高度肯定君主（符合儒家圣人道德理想的王者）的地位与作用，"上察于天，下错于地，塞备天地之间，加施万物之上；微而明，短而长，狭而广，神明博大以至约"（《王制》），并对君主的职责作出具体的规定，"故君人者，欲安，则莫若平政爱民矣；欲荣，则莫若隆礼敬士矣；欲立功名，则莫若尚贤使能矣。是君人者之大节也"（《王制》）。然后，于《王制》篇中，他逐一叙述了自君主以下各级各项官职及其任务分工：(1)宰爵"知宾客、祭祀、飨食、牺牲之牢数"；(2)司徒"知百宗、城郭、立器之数"；(3)司马"知师旅、甲兵、乘白之数"；(4)大师"修宪命，审诗商，禁淫声，以时顺修，使夷俗邪音不敢乱雅"；(5)司空"修堤梁，通沟浍，行水潦，安水藏，以时决塞，岁虽凶败水旱，使民有所耘艾"；(6)治田"相高下，视肥墝，序五种，省农功，谨蓄藏，以时顺修，使农夫朴力而寡能"；(7)虞师"修火宪，养山林薮泽草木、鱼鳖、百索，以时禁发，使国家足用而财物不屈"；(8)乡师"顺州里，定廛宅，养六畜，闲树艺，劝教化，趋孝弟，以时顺修，使百姓顺命，安乐处乡"；(9)工师"论百工，审时事，辨功苦，尚完利，便备用，使雕琢文采不敢专造于家"；(10)伛巫跛击"相阴阳，占祲兆，钻龟陈卦，主攘择五卜，知其吉凶妖祥"；(11)治市"修采清，易道路，谨盗贼，平室律，以时顺修，使宾旅安而货财通"；(12)司寇"抃急禁悍，防淫除邪，戮之以五刑，使暴悍以变，奸邪不作"；(13)冢宰"本政教，正法则，兼听而时稽之，度其功劳，论其庆赏，以时慎修，使百吏免尽，而众庶不偷"；(14)辟公"论礼乐，正身行，广教化，美风俗，兼覆而调一之"；(15)天王"全道德，致隆高，綦文理，一天下，振毫末，使天下莫不顺比从服"。由此也可以看出，荀子对帝国制度中君主的肯定并非无条件，而是基于君主必须达到相应的道德标准并担当起应有的职责。君主如果不能做到，则"天下不一，诸侯俗反，则天王非其人也"（《王制》）。事实上，从此句我们可以读出荀子对于革命的支持。

在古希腊诸城邦中，分别存在着君主制、贵族制与民主制等多种制度类型。因此，西方后世在政治发展时，可以参照这样的经验去思考不同制度类型的选择。而在春秋战国时代的中国没有如此丰富的有关制度类型的经验，因此政治制度设计时的重点更多地落在对统治者的选择与培养上，而非制度类型的选择上。那么，选择什么样的统治者（包括最高统治者及其官僚），既能完成制度建构的使命又能促进制度有效的运转？对此，荀子进行了深入的思考。首先，他警告君主要重视国家治理中的人才选拔，"国者，天下之大器也，重任也，不可不善为择所而后错之，错险则危"（《王霸》）。对于人才选用及其在国家治理作用，荀子设想的理想状况是，"贤能不待次而举，罢不能不待须而废，元恶不待教而诛，中庸杂民不待政而化"（《王制》）。然后他提出了人才选拔的原则，即不顾及亲疏、贵贱，以德才为唯一的选拔标准，力求做到公正无私，"虽王公士大夫之子孙也，不能属于礼义，则归之庶人。虽庶人之子孙也，积文学，正身行，能属于礼义，而归之卿相士大夫"（《王制》）。荀子还指出，在选到德才兼备的人员并授予职位后，就要真诚地任用他们，不要言行相悖，不能损伤他们的积极性，"人主之患，不在乎不言用贤，而在乎不诚必用贤。夫言用贤者口也，却贤者行也，口行相反而欲贤者之至，不肖者之退也，不亦难乎？"（《致士》）以此为前提，国家治理就能实现"无德不贵，无能不官，无功不赏，无罪不罚。朝无幸位，民无幸生。尚贤使能，而等位不遗；析愿禁悍，而刑罚不过。百姓晓然皆知夫为善于家而取赏于朝也，为不善于幽而蒙刑于显也"（《王制》）。

总之，荀子为帝国制度的具体设计以及在制度运行中把握使命与效率的平衡提供了答案，其目的是实现礼乐秩序与安定生活，"选贤良，举笃敬，兴孝弟，收孤寡，补贫穷。如是，则庶人安政矣。庶人安政，然后君子安位"（《王制》）。与孔子强调通过人（君子）内心对秩序的自觉而重构秩序、孟子强调从人心之四端出发充塞仁义而建立秩序相比，荀子既主张个人道德自觉与礼乐修养，更重视礼法制度设计及制度运行。荀子的思想，应该说更适合正处于帝国形成过程中的现实状况与人之实际。

第四章

"物盛而衰,固其变也"

——《史记·平准书》与阐释

【文本照录】[1]

一、背景[2]

汉兴,接秦之弊,丈夫从军旅,老弱转粮饷,作业剧而财匮,自天子不能具钧(钧,通"均")驷,而将相或乘牛车,齐民无藏盖(藏盖,即剩余)。于是为秦钱重难用,更令民铸钱,一黄金一斤,约法省禁(约法省禁,指法令简约,禁令简省)。而不轨逐利之民,蓄积余业以稽(稽,囤积)市物,物踊腾粜(粜 tiào,卖出),米至石万钱,马一匹则百金。

天下已平,高祖乃令贾人不得衣丝乘车,重租税以困辱之。孝惠、高后时,为天下初定,复弛商贾之律,然市井之子孙亦不得仕宦为吏。量吏禄,度官用,以赋于民。而山川园池市井租税之入,自天子以至于封君汤沐邑,皆各为私奉养焉,不领于天下之经费。漕转山东粟,以给中都官,岁不过数十万石。

至孝文时,荚钱(荚钱,指形如榆荚的钱)益多,轻,乃更铸四铢钱,其文为"半两",令民纵得自铸钱。故吴,诸侯也,以即山铸钱,富埒(埒 liè,相比)天子,其后卒以叛逆。邓通,大夫也,以铸钱财过王者。故吴、邓氏钱布天下,而铸钱之禁生焉。

匈奴数侵盗北边,屯戍者多,边粟不足给食(给食,即供养)当食者。于是募

---

[1] 本文所选文本与注释,参考自甘宏伟、江俊伟译注:《史记》,崇文书局 2009 年版;张大可译:《史记》(白话本),商务印书馆 2016 年版。

[2] 在司马迁《史记》原文中,并未对此文分节。由于文本较长,为了阅读与研究的方便,本书为其分节并加上小标题,分节的标准主要是根据汉代财政状况的变化。为与原文区别,特以加粗楷体字标出。

民能输及转粟於边者拜爵,爵得至大庶长。

孝景时,上郡以西旱,亦复修卖爵令,而贱其价以招民;及徒复作(徒复作,指被判刑应服役的人),得输粟县官(县官,指皇帝或朝廷)以除罪。益造苑马以广用,而宫室列观舆马益增矣。

至今上即位数岁,汉兴七十余年之间,国家无事,非遇水旱之灾,民则人给家足,都鄙(都鄙,指城内城外)廪庾(廪庾,指仓库)皆满,而府库余货财。京师之钱累巨万,贯朽而不可校。太仓之粟陈陈相因,充溢露积于外,至腐败不可食。众庶街巷有马,阡陌之间成群,而乘字牝(牝 pìn,雌性鸟兽;字牝,指母马)者傧(傧,通"摈",排斥)而不得聚会。守闾阎(闾阎,指里巷和里中)者食粱肉,为吏者长子孙(为吏者长子孙,意思是吏的任期长,以至于子孙长大了也未转任他职),居官者以为姓号。故人人自爱而重(重,不轻易)犯法,先行义而后绌(绌 chù,不足)耻辱焉。当此之时,网疏而民富,役财骄溢,或至兼并豪党之徒,以武断于乡曲(乡曲,指乡里)。宗室有土,公卿大夫以下,争于奢侈,室庐舆服僭(僭,超越本分)于上,无限度。物盛而衰,固其变也。

二、财政危机的形成

自是之后,严助、朱买臣等招来东瓯,事两越,江淮之间萧然烦费矣。唐蒙、司马相如开路西南夷,凿山通道千余里,以广巴蜀,巴蜀之民罢(罢,通"疲")焉。彭吴贾灭朝鲜,置沧海之郡,则燕齐之间靡然发动。及王恢设谋马邑,匈奴绝和亲,侵扰北边,兵连而不解,天下苦其劳,而干戈日滋。行者(行者,此处指出征的人)赍(赍 jī,指携带武器等物资),居者(居者,此处指留在后方的人)送,中外骚扰而相奉(相奉,指供应战争),百姓抏(抏 wán,通"玩")弊以巧法,财赂(赂 lù,财物)衰耗而不赡。入物者补官,出货者除罪,选举(选举,指选官制度)陵迟(陵迟,意指衰败),廉耻相冒,武力进用,法严令具。兴利之臣自此始也。

其后汉将岁以数万骑出击胡,及车骑将军卫青取匈奴河南地,筑朔方。当是时,汉通西南夷道,作者数万人,千里负担馈(馈,传输)粮,率十余钟致一石,散币于邛僰(邛 qióng 僰 bó,地名)以集之。数岁道不通,蛮夷因以数攻,吏发兵诛之。悉巴蜀租赋不足以更(更,补偿)之,乃募豪民田南夷,入粟县官,而内受钱于都内。东至沧海之郡,人徒之费拟于南夷。又兴十余万人筑卫朔方,转漕甚辽远,自山东咸被其劳,费数十百巨万,府库益虚。乃募民能入(入,此处指向官府输入)奴婢得以终身复(复,指免徭役),为郎增秩,及入羊为郎,始于此。

其后四年,而汉遣大将将六将军,军十余万,击右贤王,获首虏万五千级。明年,大将军将六将军仍再出击胡,得首虏万九千级。捕斩首虏之士受赐黄金二十余万斤,虏数万人皆得厚赏,衣食仰给县官;而汉军之士马死者十余万,兵甲之财转漕之费不与焉。于是大农陈(陈,报告)藏钱经耗,赋税既竭,犹不足以奉战士。有司言:"天子曰'朕闻五帝之教不相复而治,禹汤之法不同道而王,所由殊路,而建德一也。北边未安,朕甚悼之。日者(日者,前些日子),大将军攻匈奴,斩首虏万九千级,留蹛(蹛,通"滞",拖欠)无所食。议令民得买爵及赎禁锢免减罪'。请置赏官,命曰武功爵。级十七万,凡直三十余万金。诸买武功爵官首者试补吏,先除(除,任用);千夫如五大夫;其有罪又减二等;爵得至乐卿。以显军功。"军功多用越等,大者封侯卿大夫,小者郎吏。吏道杂而多端,则官职耗(耗,贬值)废。

自公孙弘以《春秋》之义绳臣下取汉相,张汤用峻文决理为廷尉,于是见知之法(见知之法,意思是处置隐情不报的法令)生,而废格(废格,指不尊天子之命)沮诽穷治之狱用矣。其明年,淮南、衡山、江都王谋反迹见,而公卿寻端治之,竟其党与,而坐死者数万人,长吏益惨急而法令明察。

当是之时,招尊方正贤良文学之士,或至公卿大夫。公孙弘以汉相,布被,食不重味,为天下先。然无益于俗,稍骛(骛 wù,同"务")于功利矣。

其明年,骠骑仍再出击胡,获首四万。其秋,浑邪王率数万之众来降,于是汉发车二万乘迎之。既至,受赏,赐及有功之士。是岁费凡百余巨万。

初,先是往十余岁河决观,梁楚之地固已数困,而缘河之郡堤塞河,辄决坏,费不可胜计。其后番系欲省底柱(底柱,指黄河上的"砥柱")之漕,穿汾、河渠以为溉田,作者数万人;郑当时为渭漕渠回远(回远,指迂回路远),凿直渠自长安至华阴,作者数万人;朔方亦穿渠,作者数万人:各历二三期(期 jī,一周年),功未就,费亦各巨万十数。

天子为伐胡,盛养马,马之来食长安者数万匹,卒牵掌者关中不足,乃调旁近郡。而胡降者皆衣食县官,县官不给,天子乃损膳,解乘舆驷,出御府禁藏以赡之。

其明年,山东被水灾,民多饥乏,于是天子遣使者虚郡国仓廥(廥 kuài,仓库)以振(振,通"赈")贫民。犹不足,又募豪富人相贷假。尚不能相救,乃徙贫民于关以西,及充朔方以南新秦中,七十余万口,衣食皆仰给县官。数岁,假予产业,使者分部护之,冠盖相望。其费以亿计,不可胜数。于是县官大空。

三、应对危机的财政改革

而富商大贾或蹛（蹛 dài，此处意指囤积）财役贫，转毂（毂 gǔ，车轴，代指"车"）百数，废居居邑（废居居邑，大致意思是囤积居奇、贱买贵卖），封君皆低首仰给。冶铸煮盐，财或累万金，而不佐国家之急，黎民重困。于是天子与公卿议，更钱造币以赡用，而摧浮淫并兼之徒。是时禁苑有白鹿而少府多银锡。自孝文更造四铢钱，至是岁四十余年，从建元以来，用少，县官往往即多铜山而铸钱，民亦间盗铸钱，不可胜数。钱益多而轻，物益少而贵。有司言曰："古者皮币，诸侯以聘享（聘享，指朝聘时上供）。金有三等，黄金为上，白金为中，赤金为下。今半两钱法重四铢，而奸或盗摩钱里（里，背面）取镕（镕，铜屑），钱益轻薄而物贵，则远方用币烦费不省。"乃以白鹿皮方尺，缘以藻缋（缋 huì，花纹），为皮币，直四十万。王侯宗室朝觐聘享，必以皮币荐（荐，指衬垫）璧，然后得行。

又造银锡为白金。以为天用莫如龙，地用莫如马，人用莫如龟，故白金三品：其一曰重八两，圜之，其文龙，名曰"白选"，直三千；二曰重差小，方之，其文马，直五百；三曰复小，椭之，其文龟，直三百。令县官销半两钱，更铸三铢钱，文如其重；盗铸诸金钱罪皆死，而吏民之盗铸白金者不可胜数。

于是以东郭咸阳、孔仅为大农丞，领盐铁事；桑弘羊以计算用事，侍中。咸阳，齐之大煮盐；孔仅，南阳大冶，皆致生（致生，指获利）累千金，故郑当时进言之。弘羊，洛阳贾人子，以心计，年十三侍中。故三人言利事析秋豪（析秋豪，意即明晰秋毫）矣。

法既益严，吏多废免。兵革数动，民多买复（复，免除徭役）及五大夫，征发之士益鲜。于是除（除，任命）千夫五大夫为吏，不欲者出马；故吏皆適（適 shì，这里意指责罚）令伐棘上林，作昆明池。

其明年，大将军、骠骑大出击胡，得首虏八九万级，赏赐五十万金，汉军马死者十余万匹，转漕车甲之费不与焉。是时财匮，战士颇不得禄矣。

有司言三铢钱轻，易奸诈，乃更请诸郡国铸五铢钱，周郭（郭，通"廓"，边缘）其下，令不可磨取镕焉。

大农上盐铁丞孔仅、咸阳言："山海，天地之藏也，皆宜属少府，陛下不私，以属大农佐赋。愿募民自给费，因官器作煮盐，官与牢盆（牢盆，指场所与工具）。浮食奇民（浮食奇民，指的是游手好闲、不务正业的人）欲擅管山海之货，以致富羡（羡，盈余），役利细民。其沮（沮 jǔ，阻止）事之议，不可胜听。敢私铸铁器煮盐者,钦(钦dì,用铁钳箍)左趾,没入其器物。郡不出铁者,置小铁官,便属在所县。"使孔仅、东郭咸阳乘传(传zhuàn,驿站提供的马车)举行天下盐铁,作官府,除故盐铁家富者为吏。吏道益杂,不选(不选,意思是不通过选举制度),而多贾人矣。

商贾以币之变,多积货逐利。于是公卿言:"郡国颇被灾害,贫民无产业者,募徙广饶之地。陛下损膳省用,出禁钱以振元元(元元,指百姓),宽贷赋,而民不齐(齐,尽都)出于南亩,商贾滋众。贫者畜积无有,皆仰县官。异时算(算,此处指征税)轺车(轺yáo车,一种小车)贾人缗(缗mín,一千文)钱皆有差(差,等级),请算如故(请算如故,意思是按过去规定征税)。诸贾人末作贳(贳shì,赊欠)贷卖买,居邑稽诸物,及商以取利者,虽无市籍,各以其物自占(占,估税),率缗钱二千而一算(一算,此处指缴税120钱)。诸作有租及铸,率缗钱四千一算。非吏比者三老、北边骑士,轺车以一算;商贾人轺车二算;船五丈以上一算。匿不自占、占不悉,戍边一岁,没入缗钱。有能告者,以其半畀(畀bì,给予)之。贾人有市籍者,及其家属,皆无得籍名田(籍名田,登记并占有土地),以便农。敢犯令,没入田、僮。"

天子乃思卜式之言,召拜式为中郎,爵左庶长,赐田十顷,布告天下,使明知之。

初,卜式者,河南人也,以田畜为事。亲死,式有少弟,弟壮,式脱身出分,独取畜羊百余,田宅财物尽予弟。式入山牧十余岁,羊致千余头,买田宅。而其弟尽破其业,式辄复分予弟者数矣。是时汉方数使将击匈奴,卜式上书,愿输家之半县官助边。天子使使问式:"欲官乎?"式曰:"臣少牧,不习仕宦,不愿也。"使问曰:"家岂有冤,欲言事乎?"式曰:"臣生与人无分争。式邑人贫者贷之,不善者教顺之,所居人皆从式,式何故见冤于人!无所欲言也。"使者曰:"苟如此,子何欲而然?"式曰:"天子诛匈奴,愚以为贤者宜死节于边,有财者宜输委(输,缴纳;委,给),如此而匈奴可灭也。"使者具其言入以闻。天子以语丞相弘。弘曰:"此非人情。不轨之臣,不可以为化(为化,作为教化的榜样)而乱法,愿陛下勿许。"于是上久不报(报,回复)式,数岁,乃罢式。式归,复田牧。岁余,会军数出,浑邪王等降,县官费众,仓府空。其明年,贫民大徙,皆仰给县官,无以尽赡。卜式持钱二十万予河南守,以给徙民。河南上富人助贫人者籍,天子见卜式名,识之,曰"是固前而欲输其家半助边",乃赐式外徭(外徭,戍边)四百人,式又尽复予县官。是时富豪皆争匿财,唯式尤欲输之助费。天子于是以式终长者,故尊显以风(风,教化)百姓。

初，式不愿为郎。上曰："吾有羊上林中，欲令子牧之。"式乃拜为郎，布衣屩（屩 juē，草鞋）而牧羊。岁余，羊肥息（息，繁殖）。上过见其羊，善之。式曰："非独羊也，治民亦犹是也。以时起居，恶者辄斥去，毋令败群。"上以式为奇，拜为缑（缑，gōu）氏令试之，缑氏便之。迁为成皋令，将漕最（将漕最，水运管理得最好）。上以为式朴忠，拜为齐王太傅。

而孔仅之使天下铸作器，三年中拜为大农，列于九卿。而桑弘羊为大农丞，筦（筦，通"管"，管理）诸会计事，稍稍置均输以通货物矣。

始令吏得入谷补官，郎至六百石。

自造白金五铢钱后五岁，赦吏民之坐盗铸金钱死者数十万人。其不发觉相杀者，不可胜计。赦自出者百余万人。然不能半自出，天下大抵无虑皆铸金钱矣。犯者众，吏不能尽诛取，于是遣博士褚大、徐偃等分曹循行郡国，举兼并之徒守相为利者。而御史大夫张汤方隆贵用事，减宣、杜周等为中丞，义纵、尹齐、王温舒等用惨急刻深为九卿，而直指（直指，巡查地方的官员名）夏兰之属始出矣。

而大农颜异诛。初，异为济南亭长，以廉直稍迁至九卿。上与张汤既造白鹿皮币，问异。异曰："今王侯朝贺以苍璧，直数千，而其皮荐反四十万，本末不相称。"天子不说。张汤又与异有郤（郤 què，这里指有过节）及有人告异以它议（它议，其他事），事下张汤治异。异与客语，客语初令下有不便者，异不应，微反唇。汤奏异当，九卿见令不便，不入言而腹诽，论死。自是之后，有腹诽之法比（法比，即法令），而公卿大夫多谄谀取容矣。

天子既下缗钱令而尊卜式，百姓终莫分财佐县官，于是杨可告缗钱纵矣。

郡国多奸铸钱，钱多轻，而公卿请令京师铸钟官赤侧（赤侧，一种钱币，外缘用赤铜），一当五，赋官用非赤侧不得行。白金稍贱，民不宝用，县官以令禁之，无益。岁余，白金终废不行。

是岁也，张汤死而民不思。

其后二岁，赤侧钱贱，民巧法用之，不便，又废。于是悉禁郡国无铸钱，专令上林三官铸。钱既多，而令天下非三官钱不得行，诸郡国所前铸钱皆废销之，输其铜三官。而民之铸钱益少，计其费不能相当，唯真工大奸乃盗为之。

卜式相齐，而杨可告缗遍天下，中家以上大抵皆遇告。杜周治之，狱少反（少反，即少有翻案）者。乃分遣御史廷尉正监分曹往，即治郡国缗钱，得民财物以亿计，奴婢以千万数，田大县数百顷，小县百余顷，宅亦如之。於是商贾中家以上大率破，民偷（偷，苟且）甘食好衣，不事畜（畜，通"蓄"）藏之产业，而县官有盐铁缗钱之故，用益饶矣。益广关，置左右辅。

初，大农筦盐铁官布（**官布，即官钱**）多，置水衡，欲以主盐铁；及杨可告缗钱，上林财物众，乃令水衡主上林。上林既充满，益广。是时越欲与汉用船战逐，乃大修昆明池，列观环之。治楼船，高十余丈，旗帜加其上，甚壮。于是天子感之，乃作柏梁台，高数十丈。宫室之修，由此日丽。

乃分缗钱诸官，而水衡、少府、大农、太仆各置农官，往往即郡县比（**比，通"庀"pǐ"，整治**）没入田田之。其没入奴婢，分诸苑养狗马禽兽，及与诸官。诸官益杂置多，徒奴婢众，而下河漕度（**度 duó，估计**）四百万石，及官自籴（**籴 dí，买入**）乃足。

所忠言："世家子弟富人或斗鸡走狗马，弋猎博戏，乱齐民。"乃征诸犯令，相引数千人，命曰"株送徒"。入财者得补郎，郎选衰矣。

四、财政改革的后果与调整

是时山东被河灾，及岁不登数年，人或相食，方一二千里。天子怜之，诏曰："江南火耕水耨（**耨 nòu，锄草**），令饥民得流就食江淮间，欲留，留处。"遣使冠盖相属于道，护之，下巴蜀粟以振之。

其明年，天子始巡郡国。东度河，河东守不意行至，不办（**不办，意思是供应不上**），自杀。行西逾陇，陇西守以行往卒（**卒，此处通"猝"，仓猝**），天子从官不得食，陇西守自杀。于是上北出萧关，从数万骑，猎新秦中，以勒（**勒，检阅**）边兵而归。新秦中或千里无亭徼（**徼 jiào，巡视**），于是诛北地太守以下，而令民得畜牧边县，官假马母，三岁而归，及息什一，以除告缗，用充仞（**仞，充满**）新秦中。

既得宝鼎，立后土、太一祠，公卿议封禅事，而天下郡国皆豫（**豫，通"预"**）治道桥，缮故宫，及当驰道县，县治官储，设供具，而望以待幸。

其明年，南越反，西羌侵边为桀（**桀 jié，凶暴**）。于是天子为山东不赡，赦天下，因南方楼船卒二十余万人击南越，数万人发三河以西骑击西羌，又数万人度河筑令居。初置张掖、酒泉郡，而上郡、朔方、西河、河西开田官，斥塞卒六十万人戍田之。中国繕道馈粮，远者三千，近者千余里，皆仰给大农。边兵不足，乃发武库工官兵器以赡之。车骑马乏绝，县官钱少，买马难得，乃著令，令封君以下至三百石以上吏，以差（**以差，按等级**）出牝马天下亭（**亭，此处指秦汉时治安组织，十里设一亭长**），亭有畜牸（**牸 zì，雌性牲畜**）马，岁课息。

齐相卜式上书曰："臣闻主忧臣辱。南越反，臣愿父子与齐习船者往死之。"天子下诏曰："卜式虽躬耕牧，不以为利，有余辄助县官之用。今天下不幸有急，而式奋愿父子死之,虽未战,可谓义形於内。赐爵关内侯,金六十斤,田十顷。"布告天下,天下莫应。列侯以百数,皆莫求从军击羌、越。至酎(酎 zhòu,重酿的醇酒,此处指以酎祭神的仪式),少府省(省,检查)金,而列侯坐酎金失侯者百余人。乃拜式为御史大夫。

式既在位,见郡国多不便县官作盐铁,铁器苦恶,贾(贾,此处通"价")贵,或强令民卖买之。而船有算,商者少,物贵,乃因孔仅言船算事。上由是不悦卜式。

汉连兵三岁,诛羌,灭南越。番禺以西至蜀南者置初郡十七,且以其故俗治,毋赋税。南阳、汉中以往郡,各以地比(比,邻近)给初郡吏卒奉食币物,传车马被具。而初郡时时小反,杀吏,汉发南方吏卒往诛之,间岁(间岁,指一年之间)万余人,费皆仰给大农。大农以均输调盐铁助赋,故能赡之。然兵所过县,为以訾给(訾给,即供给),毋乏而已,不敢言擅赋法(擅赋法,于正法之外加派赋税)矣。

其明年,元封元年,卜式贬秩(秩,官位级别)为太子太傅。而桑弘羊为治粟都尉,领大农,尽代仅(仅,指孔仅)筦天下盐铁。弘羊以诸官各自市,相与争,物故腾跃,而天下赋输或不偿其僦(僦 jiù,雇人运输)费,乃请置大农部丞数十人,分部主郡国。各往,往县置均输盐铁官,令远方各以其物贵时商贾所转贩者为赋,而相灌输。置平准于京师,都(都,聚集)受天下委输(委输,指转运)。召工官治车诸器,皆仰给大农。大农之诸官尽笼天下之货物,贵即卖之,贱则买之。如此,富商大贾无所牟大利,则反本,而万物不得腾踊。故抑天下物,名曰"平准"。天子以为然,许之。于是天子北至朔方,东到太山,巡海上,并北边以归。所过赏赐,用帛百余万匹,钱金以巨万计,皆取足大农。

弘羊又请令吏得入粟补官,及罪人赎罪。令民能入粟甘泉(甘泉,指甘泉宫)各有差,以复终身,不告缗。他郡各输急处,而诸农各致粟,山东漕益岁六百万石。一岁之中,太仓、甘泉仓满。边余谷诸物均输帛五百万匹。民不益赋而天下用饶。于是弘羊赐爵左庶长,黄金再百斤焉。

是岁小旱,上令官求雨。卜式言曰:"县官当食租衣税而已,今弘羊令吏坐市列肆,贩物求利。烹弘羊,天乃雨。"

五、评论

太史公曰:农工商交易之路通,而龟贝金钱刀布之币兴焉。所从来久远,自高辛氏之前尚矣,靡得而记云。故《书》道唐虞之际,《诗》述殷周之世,安宁则长庠序(庠序,指学校),先本绌末,以礼义防于利。事变多故而亦反是。是以物盛则衰,时极而转,一质一文,终始之变也。禹贡九州,各因其土地所宜,人民所多少而纳职(纳职,即进贡)焉。汤、武承弊易变,使民不倦,各兢兢所以为治,而稍陵迟衰微。齐桓公用管仲之谋,通轻重之权,徼(徼 jiǎo,求取)山海之业,以朝诸侯,用区区之齐显成霸名。魏用李克,尽地力,为强君。自是之后,天下争于战国,贵诈力而贱仁义,先富有而后推让。故庶人之富者或累巨万,而贫者或不厌(厌,通"餍",吃饱)糟糠;有国强者或并群小以臣诸侯,而弱国或绝祀而灭世。以至于秦,卒并海内。虞、夏之币,金为三品,或黄,或白,或赤。或钱,或布,或刀,或龟贝。及至秦,中一国之币为二等,黄金以镒(镒 yì,二十两)名,为上币;铜钱识曰半两,重如其文,为下币。而珠玉、龟贝、银锡之属为器饰宝藏,不为币。然各随时而轻重无常。于是外攘夷狄,内兴功业,海内之士力耕不足粮饷,女子纺绩不足衣服。古者尝竭天下之资财以奉其上,犹自以为不足也。无异故云,事势之流,相激使然,曷(曷,通"何",有什么)足怪焉。

【作者作品】

本章的文字是选自司马迁所著的伟大经典著作《史记》中的一篇。《史记》是中国第一部纪传体通史,叙述中华民族从神话时期直至司马迁生活时的历史,反映了古代中华国家的成长史以及中华文明的曲折进展之路。《史记》在史学与文学上的成就,被后人反复称颂,今天我们耳熟能详的是鲁迅先生的评价:"史家之绝唱,无韵之离骚。"

司马迁(出生与去世年份说法不一,约公元前145年或公元前135年—?),字子长,左冯诩夏阳(今陕西韩城)人。在他38岁那年,司马迁袭父亲司马谈之位成为太史令。在此之前,他经过了长时期的学习与游历。后来,因为替征伐匈奴失败的将军李陵辩护,司马迁获罪。在死刑与腐刑的选择中,他决定承受后者以便完成已着手写作的《史记》,实现自己的终身志向,即"究天人之际,通古今之变,成一家之言"。在他存世的一封书信(即《报任安书》)中,司马迁表述了自己宁可忍受腐刑也要完成著作的痛苦选择。

就本章标题中的《平准书》来说,"平准"在文本中已有交代,它指的是政府的一种物价调控措施("故抑天下物,名曰'平准'"[1]),即今天调控物价的宏观管理措施。不过,文章的内容并不限于物价调控,实际上它大体依时间顺序叙述了

---

[1] 本章未注明出处的直接引用文字,均来自《平准书》。

汉兴七十年的财政经济状况、重要的财经政策变革，以及在此期间的重大事件与重要人物。在当时的条件下，政府能够运用的调控政策大多属于今天的财政（包括货币）政策，故而本章的大多数内容事实上可归入财政学。《平准书》中的"书"，是《史记》所运用的五种体例之一，它以典章经制为线索、以事件为中心。在《史记》之后的历代王朝断代史（以《汉书》为始）中，财政方面的内容更多地被置于名为《食货志》的文本内。

跟商鞅、管仲、荀子等春秋战国时期的学者不同的是，这些人的思想在相当程度上仍属于对萌动在母腹中的帝国的猜想，而司马迁这一辈学者对帝国已具有了一定的现实经验。司马迁他们看到了秦代国家机器发展至极致后的轰然倒塌，也看到了在国家重建及社会发展的基础上活生生展现出来的一个伟大的统一帝国。于是，司马迁用《平准书》这篇仅六千多字的文献，来描述新生帝国在治国理财方面70多年的发展历程，并表达自己的思考。

在历史的长河中，70多年的时间非常短暂。可是，仅以延续时间来衡量，汉王朝的成绩已远远地超过了二世而衰的秦。汉为什么能够超过秦？改变高祖制定的"与民休息"国策而锐意进取的"今上"，其所作所为是不是预示着成功的巅峰与衰落的开始（"物盛而衰"）？自黄帝以来国家兴衰与长治久安的根本在哪里？对于这些问题，作为史学家与思想家的司马迁尝试着加以回答。从后世的眼光来看，汉初七十多年治国理财积累的经验教训以及汉武帝积极实施的财政新举措，实际影响了后世两千多年国家治理的实践。在这篇文献中，司马迁除了叙述汉初治国理财的思想与实践外，还将历史事件与时人言行、制度进展与思想评论等有机地糅合在一起。当然，由于糅合的内容比较多，它呈现出后人议论的"叙事错综"的特征，甚至有人据此怀疑《平准书》并非司马迁本人的著作。

按照本书所关心的治国理财这一核心问题来衡量，《平准书》一文大致上分为五个部分，需要交代的是，文中有一部分内容并不能完全纳入治国理财的范围内，因而这些内容未必适合纳入这五部分的框架中。

本文的第一部分为背景交代，自文首至"物盛而衰，固其变也"。这一部分叙述汉初开国直至"今上"七十年时间里，针对"秦之弊"，政府采取了与民休息的治国政策，并简单地说明了这些政策所带来的积极效果。

第二部分的主要内容是叙述汉武帝时期财政危机的形成，文字自"自是之后，严助、朱买臣等招来东瓯，事两越，江淮之间萧然烦费矣"至"于是县官大空"。这一部分叙述了汉武帝时期由于对外大规模扩张、对内实施积极的治理（赈灾、兴修水利、平叛等），支出庞大，财政收入与仓储不足以应对支出需要而产生财政危机。

第三部分的主要内容是叙述武帝时期为应对危机而进行的财政改革,自"而富商大贾或蹛财役贫,转毂百数,废居居邑,封君皆低首仰给"至"入财者得补郎,郎选衰矣"。就是说,为了完成国家治理任务、解决财政危机,武帝时期创造性地实施了多种财政改革措施,以增加财政收入、完成国家治理任务。在这当中,还夹杂了一些武帝时期名臣的言与行。

第四部分的主要内容是叙述武帝财政改革带来的后果以及现实中的部分调整措施,自"是时山东被河灾,及岁不登数年,人或相食,方一二千里"至"烹弘羊,天乃雨"。在这一部分,司马迁总结并叙述了武帝时期财政改革措施带来的后果,侧重于描述其中的不良后果以及在现实中对部分措施的调整。

第五部分为评论,即文章的最后一段。这一部分的内容是司马迁对于自古以来货币财政政策的总结与评论,并表达自己对"今上"财政改革措施的不满。这一段虽然简短,作者却直抒胸臆,表达了自己对于庞大帝国治理的看法。

【文本阐释】

本章接下来对《平准书》的阐释,内容上并不打算详述汉初70年的社会经济发展与财政改革的史实,而将目光主要集中于司马迁文本中呈现出来的汉初治国理财思想与制度的演变,再结合司马迁本人夹杂在文中的简短评论及文末的结论来考察那一时期治国理财的思想特征。由于后世帝国的财政制度与改革方案,在相当程度上都能从汉初这一段经历中找到渊源或影子,因而司马迁的这篇文献值得仔细研读。

汉承秦制,秦代所建构的国家机器,在内容上基本为新兴的汉王朝所承接。不过,鉴于秦的崩溃在相当程度上源于缺失价值理性,汉初开始重建并不遥远的周王朝标榜的"德"的传统,以便与秦王朝"力"的传统相区别,从而为汉的统治找到具有深厚历史渊源的价值基础。这一切,特别体现在尊重儒家学者与学说的做法上("招尊方正贤良文学之士"),到武帝时期形成"罢黜百家、独尊儒术"的国策。在财政上,汉初吸取秦王朝对财政积极职能的设定而致国家内外活动频繁、财政支出过多、民众财政负担过大的教训("丈夫从军旅,老弱转粮饷,作业剧而财匮"),重新建构了财政制度。这就是,从消极的国家职能("国家无事")出发重新设定财政制度与财政活动,形成支出有限、财政征收少的局面,由此带来民众丰衣足食("人给家足")、国家财政充裕("廪庾皆满,而府库余货财")的有利结果。

到司马迁亲眼所见的武帝时期,执政者一改汉初以来消极国家职能的设定及与民休息的政策,积极对外征伐、对内削平叛乱与豪强势力,以至于财政支出大幅上升,财政危机显现。在《平准书》中,司马迁为我们描述了这一过程,并介绍了武帝在桑弘羊等人辅助下进行的财政创新活动以及产生的后果。

此处对文本的阐释,结构安排如下:首先从财政视角来阐明《平准书》中包含的制度建构与思想演变内容,然后专门阐发《平准书》中司马迁所表达的"物盛则衰""网疏而民富"的思想。

一、汉初帝国财政制度建构与武帝时财政危机的发生

帝国财政的特点是,依托于所有权与统治权合一的君权,以君主名义支配一切土地及土地上附着的人口,并在此基础上以土地为支撑点获取主要的财政收入。秦统一天下以后,曾经下令"黔首自实田",即每个人可自行占据荒地但需向国家申报自己占有的田地,从而以国家的名义确认了地主和自耕农对土地的占有。到汉初,由于长年战争,土地荒芜,人口稀少,政府实行了大规模的授田制。授田制度,一方面将无主荒地配置给小农家庭,使其得到有效率的开发,另一方面通过授田行为,明确君主对土地的产权。

在这样的产权制度基础上,新生的帝国建构起自己的财政制度。司马迁的《平准书》对财政制度的内容有描述但并不详细,这是因为此文的重点是讨论作为财政管理工具之货币手段的发展以及汉武帝的财政改革措施。本章先对司马迁的叙述内容略加补充,目的在于交代汉初统治者对帝国财政制度的建构,以此作为讨论汉武帝财政改革措施的背景。

在以土地为支撑点的帝国时期,财政收入毫无疑问应该依赖源自耕地出产物且按田亩面积(及等级)而征收的田赋(也称田租)。早在西周时代,为军事费用而实行的财政征收(与兵役合在一起)称为"赋",为行政费用而实行的财政征收称为"税",即所谓"赋供车马甲兵士徒之役,充实府库之用;税给郊社宗庙百神之祀,天子奉养、百官禄食庶事之费"(《汉书·食货志》)。到了春秋战国时期,土地产权逐步"通公私"。在此前提下,加上统治者对民众实行授田的制度,于是现实中税与赋就都依托于田亩而征收。这样,"赋"和"税"逐渐混用而不分,统称为"田赋"或"田税"。秦帝国建立之后,田赋征收采用统一的比率(一般认为是十分之一),根据百姓实际占有的土地和出产进行征收,在性质上这属于分成制租金。

在汉初，由于民生贫困（"自天子不能具钧驷，而将相或乘牛车，齐民无藏盖"），政府大幅度降低了田赋的比率，一开始规定依照田地出产"十五税一"，到文帝时进一步减轻，景帝二年规定为"三十税一"，这一比率在法律上一直实行到西汉末年。不过，在汉帝国广袤的国土上，在当时的经济技术条件和管理能力下，事实上既做不到对土地的全面清丈，更做不到按土地实际收益进行分成。因此，汉初降低田赋征收比率，既可能来自对秦亡教训的吸取，更可能是因实际征收困难而在行政上作出的妥协。至少到汉武帝末年，所谓三十税一依率计征的分成制田租，在现实中就已变成每亩缴纳固定数额的定额租金制。不过，即使按定额形式征收田赋，也同样涉及土地丈量等技术和管理难题，再加上田赋低导致国用不足，于是汉初的财政制度出现了一个重大变化，那就是发展出人头税作为主要收入形式。这是因为人口总是呈现集中居住的态势，比较容易计算数字，征税时也可得到当时户籍制度的支持。由于种类逐渐增加（算赋、口赋、更赋等），数量不断上升，以人头税形式获取的财政收入（"赋"），事实上远远超过了田赋（"租"），史称"轻租重赋"。

在财政支出方面，汉代的财政比起封建领主制时期和秦帝国时期，已表现出更多的公共性。比较突出的就是汉代财政在经济和民生方面有较多的支出，如救济灾荒支出、农田水利支出、移民垦荒支出等。在《平准书》中，司马迁描述了不少水旱灾害现象和赈灾救济活动，还有国家针对灾害而修理河渠、修筑道路、建造常平仓等举措。为了保障共同体的安全而开展的军事防备与物资调配行为，是重要的公共性支出（"匈奴数侵盗北边，屯戍者多，边粟不足给食当食者"）。除此之外，维持国家机器的费用仍是高昂的，皇室、外戚、宦官、官僚等支出，构成了财政重大的和不可控的支出项目，对此《平准书》中也有多处反映（"益造苑马以广用，而宫室列观舆马益增矣"）。

在财政管理方面，正如《平准书》一开始就描述的，汉王朝继承了秦帝国时期那种大家庭管理方式，保持了国家财政和皇室财政分立的原则。国家财政"赋于民"，也称为"公赋税"，财政收入主要为田赋与算赋，由大司农主管，"供军国之用"，主要支付军费、百官俸禄和其他公共开支项目（"量吏禄，度官用，以赋于民"）。皇室财政收入主要来自皇室土地收入以及商品税（过税或住税），另外还有口赋及诸侯王每年奉献的黄金等，这些都由少府主管，以作为"私奉养"（与"公赋税"相对）的"天子之费"（"而山川园池市井租税之入，自天子以至于封君汤沐邑，皆各为私奉养焉，不领于天下之经费"）。天子之费的支出项目包括食物、衣服、家具、器皿、医药、后宫等，以及皇帝对诸侯王、高官、幸臣、功臣等定期的或特殊的赏赐。同时，皇室支出中若有重大项目（如建造宫室、陵墓之类），由大司农掌管的国库也支拨款项，而在皇室收入有剩余时，也将一部分拨付国库周济急用。

在上述财政收支政策下，并在"国家无事"（尤其是对外采取消极忍让的军事策略）的特别背景下，汉初财政状况极为良好。正如《平准书》第一部分所描述并被后世反复称颂的景象："汉兴七十余年之间，国家无事，非遇水旱之灾，民则人给家足，都鄙廪庾皆满，而府库余货财。京师之钱累巨万，贯朽而不可校。太仓之粟陈陈相因，充溢露积于外，至腐败不可食。"

可是，随着汉兴七十多年后，雄才大略的汉武帝掌握政权，汉帝国开始显露出对外扩张的本能。在《平准书》中，司马迁提到了武帝时期分别对东瓯、两越、巴蜀、朝鲜的用兵，并比较详细地交代了对匈奴的用兵过程。这样，国家在军事支出上的数额大幅提升，不长时间内就把前几代的积蓄消耗殆尽。那一时期自然灾害又频繁发生，国家赈灾支出不断增加，于是国家财政遭遇到空前的收支危机（"于是县官大空"）。此时财政方面亟须改革，以扩大财政收入的来源，"兴利之臣自此始也"。

二、汉武帝的财政改革及其后果

汉武帝除了需要大幅提高财政收入以应对财政危机外，还需要运用财政手段抑制国内豪强势力的成长，以恢复政治秩序和社会势力的平衡。在这里，豪强是一个统称，包括司马迁在《平准书》中说到的"兼并豪党之徒""宗室""公卿大夫"等。

西汉初期豪强势力的成长，有两个与其他王朝不太一样的原因：(1)由于汉初民生凋敝，管理能力薄弱，于是政府允许民间（主要是贵族、官僚、大地主与大商人）开发铜、铁、盐等自然资源，甚至允许民间势力铸造货币（"故吴，诸侯也，以即山铸钱，富埒天子"，"邓通，大夫也，以铸钱财过王者"），由此豪强财富积聚；(2)由于汉代财政"轻租重赋"，民众为缴纳人头税而需出售粮食或其他实物方能获得货币，政府获得人头税后需要在市场上采购物资，由此导致商业活动畸形繁荣。虽然《平准书》上也说法律上有"贱商"举措（"高祖乃令贾人不得衣丝乘车，重租税以困辱之"），但并没有从经济上限制工商业活动。尤其在官僚贵族、豪强地主、大商人三位一体发展的背景下，这一阶层势力愈发膨胀（"冶铸煮盐，财或累万金，而不佐国家之急，黎民重困"）。这在相当程度上破坏了社会的平衡与秩序,败坏了社会的风气("役财骄溢,或至兼并豪党之徒,以武断于乡曲。宗室有土公卿大夫以下,争于奢侈,室庐舆服僭于上,无限度")。

(一) 汉武帝财政改革

可见,汉初所建立的财政制度,到汉武帝时期已不能充分满足帝国扩张和防范侵略的要求,也不能作为国家治理手段来平衡各阶层力量以稳定政治与社会。司马迁描述了至他写作时武帝的一系列财政改革措施("于是天子与公卿议,更钱造币以赡用,而摧浮淫并兼之徒")。

1. 运用货币改革手段,集权中央,夺取豪强财富

汉初中央政府以出让货币铸造权来作为笼络地方势力的条件,允许部分封国、贵族甚至宠臣自行铸造钱币("更令民铸钱")。随着经济的恢复、商业的繁荣,铸造货币成为有利可图的事业。各郡官府、王侯宠臣、富商豪民竞相盗铸,甚至掺假、减重("至孝文时,荚钱益多,轻","郡国多奸铸钱,钱多轻")。这不仅造成"劣币驱逐良币"的效应,扰乱市场,破坏经济秩序,更为严重的是通过操纵官、私货币比率来牟取巨额利益("商贾以币之变,多积货逐利")。这些势力,也因此成为影响政治和社会稳定的重大隐患。

武帝推出的货币改革方案,首先是单纯敛财性质的,即白鹿皮币和白金币。白鹿皮币专门针对王侯宗室,规定他们在朝觐聘享时,必须使用产自皇家上林苑的白鹿皮作璧的垫子("乃以白鹿皮方尺,缘以藻绩,为皮币,直四十万")。白金币是用银、锡合铸而成,作价奇高("其一曰重八两,圜之,其文龙,名曰'白选',直三千;二曰重差小,方之,其文马,直五百;三曰复小,椭之,其文龟,直三百"),由中央政府专门向富商豪民发行。武帝货币改革,后来又推行更铸三铢钱、郡国五铢钱和赤侧钱等多项方案。货币改革到最后,在公元前113年,由桑弘羊主持新的币制改革,即"于是悉禁郡国无铸钱,专令上林三官铸。钱既多,而令天下非三官钱不得行,诸郡国所前铸钱皆废销之,输其铜三官"。这一让中央政府垄断货币发行权的改革已非单纯敛财性质,它不仅增强了中央的财政能力,削弱了豪强势力,而且也有利于社会经济的正常运行。

2. 以算缗告缗,来增加财政收入,削弱豪强财力

算缗,就是对商贾、手工业者征收财产税,告缗是以鼓励告密的方式来打击逃漏算缗的行为。武帝之前,西汉政府已针对商贾,就其营业额(固定商铺)或交易行为(流动摊贩)征收"市租",并对其特定财产(如舟、车等)征税。武帝时,将特定财产税转变为一般财产税(公元前128年),就富人所拥有的动产(商货、车船、牲畜等)、不动产(田宅等)以及奴婢,一律估价,折算为钱,并按规定税率征

税。到公元前119年,算缗钱发生质变,与告缗配合,成为打击豪强的利器。其具体操作是:让商人自报资产、车船、土地、奴婢等,对这些财产征税;禁止商人占有土地;对瞒产漏税者,一旦被告发,则没收其全部财产,并罚戍边一年;对主动告发者,以罚没人财产的一半为奖励。司马迁的原文是这样描述的:"异时算轺车贾人缗钱皆有差,请算如故。诸贾人末作贳贷卖买,居邑稽诸物,及商以取利者,虽无市籍,各以其物自占,率缗钱二千而一算。诸作有租及铸,率缗钱四千一算。非吏比者三老、北边骑士,轺车以一算;商贾人轺车二算;船五丈以上一算。匿不自占,占不悉,戍边一岁,没入缗钱。有能告者,以其半畀之。贾人有市籍者,及其家属,皆无得籍名田,以便农。敢犯令,没入田、僮。"

短期内,算缗和告缗的效果奇佳:"治郡国缗钱,得民财物以亿计,奴婢以千万数,田大县数百顷,小县百余顷,宅亦如之。"不过显然,这样的方式不可能持久,它的后果是相当消极的,"於是商贾中家以上大率破,民偷甘食好衣,不事畜藏之产业"。因此,告缗令推行五年后即由桑弘羊建议停止。

3. 调整财政管理方式,实行盐铁专卖

如前所述,在汉初帝国财政重建过程中,君主通过授田制将耕地交由民众(自耕农或佃农)使用并依此获取供国家财政使用的田赋收入。与此同时,君主将山川园池市井的产权仍保留在自己手中,但允许民众在一定条件下使用,由此获取的租税收入供皇家财政使用,在管理上也由皇室财政机构少府进行。对盐、铁等资源性商品,一开始也是这样处理的。不过,由于汉初政府开放盐铁资源供民间开发,于是豪强们通过占有和操纵盐、铁这样低需求弹性的生活必需品的买卖,获得巨额收益。到汉武帝时,又因军事支出庞大,国家财政压力大,君主不得不将少府所辖盐铁税转归大司农,这样盐铁收入就从皇室财政转入国家财政("山海,天地之藏也,皆宜属少府,陛下不私,以属大农佐赋")。

公元前119年前后,在大农丞领盐铁事的孔仅、东郭咸阳建议下,武帝对盐铁实行专卖制度,并将原来的盐铁商人聘为负责管理的官吏,"使孔仅、东郭咸阳乘传举行天下盐铁,作官府,除故盐铁家富者为吏"。实际上到公元前110年,这一专卖政策才由桑弘羊全面贯彻执行,"桑弘羊为治粟都尉,领大农,尽代仅筦天下盐铁"。桑弘羊实施的盐铁专卖政策的内容主要有:官府招募平民煮盐,生产及生活费用由平民自己承担,煮盐工具由官府提供,成盐之后官府全部收购;铁的开采、冶炼以及生产工具的锻造,一律由官府雇用的民工或服刑的囚犯来承担,生产出来的铁器全部归国家所有;任何人均不得私自冶铁煮盐,更不准擅自转运销卖;朝廷在盐铁产区设置专门的专卖机构,并派官吏专门主持盐铁的销售工作。这样的盐铁专卖政策,实际上实行的是一种对盐铁的全面垄断,以谋取所有环节垄断利润的方式获取财政收入。在《管子·海王》中盐铁专卖的设想,至此全部实现。这一政策的有利之处在于,它不但增加了国家的财政收入,使得国用饶给,而且民众的负担至少表面上增加并不明显,而豪强的经济势力则受到一定的打击。可是,这一政策也有很多消极的后果。对这样的低弹性商品实行专卖,其利弊得失问题是帝国治国理财中的经典话题。下一章将借助于《盐铁论》这一文本对此展开进一步的探讨。

4. 其他财政改革措施

在《平准书》中,司马迁还描述了汉武帝实行的一些其他财政措施,以补充国用之不足,特别是在紧急时刻发挥作用。此处我们只看司马迁说到的两个措施。

一个措施是均输法与平准法。司马迁的原文是:"往县置均输盐铁官,令远方各以其物贵时商贾所转贩者为赋,而相灌输。置平准于京师,都受天下委输。召工官治车诸器,皆仰给大农。大农之诸官尽笼天下之货物,贵即卖之,贱则买之。如此,富商大贾无所牟大利,则反本,而万物不得腾踊。故抑天下物,名曰'平准'。"均输法,实际上就是以诸侯国向中央朝廷上缴的贡赋为底本、由中央政府所设的官方商业机构从事地区间远程贩运贸易。其具体内容为:由中央政府在各地设立均输官,在诸侯向皇帝进贡时,一部分质优、价贵或体小轻便的贡品,由均输官直接运抵京师;其余物资不再输往京城,而一律交给各地均输官运至其他缺货地区出售。这样做表面上的理由是避免诸侯所供因物品价值低于运达京师的运输费造成的浪费,事实上是中央政府以此为借口开展官营商业活动,以谋取商业利润。平准政策措施的目的,已在前面作过交代,它是调节物资供求、平抑市场物价波动的措施。

另一个措施就是入钱谷赎罪和卖官鬻爵。赎罪权是君主出售免刑特权,以上缴若干金钱或谷物为代价免受刑罚。卖官鬻爵则是君主出售官位、爵位来获取收入的手段,而购买者可以借此取政治权力、社会地位或者免役特权。在《平准书》中,司马迁多处记载了这两项临时财政收入措施:"募民能输及转粟於边者拜爵,爵得至大庶长";"复修卖爵令,而贱其价以招民;及徒复作,得输粟县官以除罪";"议令民得买爵及赎禁锢免减罪,始令吏得入谷补官,郎至六百石";"弘羊又请令吏得入粟补官,及罪人赎罪"。卖官鬻爵和钱谷赎罪虽然有增加财政收入的作用(尤其是满足短期内的紧急需要),并可将部分经济精英纳入体制内,但其消极影响也非常明显,即混淆了公权和私权的界限。因此,这些有争议的措施被司马迁批评为:"入物者补官,出货者除罪,选举陵迟,廉耻相冒,武力进用,法严令具";"吏道杂而多端,则官职耗废";"吏道益杂,不选,而多贾人矣";"入财者得补郎,郎选衰矣"。在那个时代,也有人已将这些措施评价为"纵虎食人"。

(二)司马迁看到的后果

汉武帝实施的财政改革,当然有积极的后果,那就是供应了当时对外扩张、对内治理的军国之需,打击了豪强势力、平衡了国内社会关系。但这样的改革措施也有消极的后果,其中有些已为与武帝同时期的司马迁所见,而更多的消极后果则在公元前81年的"盐铁会议"上所揭示,并反映在下一章将讨论的《盐铁论》文本中。

司马迁对汉武帝时期财政制度与改革措施的评价,体现在两个方面:一是夹杂在行文中带有感情色彩的用词或评论,如"于是商贾中家以上大率破","郡国多不便县官作盐铁,铁器苦恶,贾贵,或强令民卖买之。而船有算,商者少,物贵";二是在文末直抒胸臆的评论,如"海内之士力耕不足粮饷,女子纺绩不足衣服。古者尝竭天下之资财以奉其上,犹自以为不足也"。显然,司马迁对武帝时期的财政改革措施是相当不满意的。

三、理解《平准书》中的"物盛而衰"

在司马迁写作《史记·平准书》时,汉兴已经七十多年。怎么评价大汉到那时为止已经取得的成绩?怎么看待锐意进取而不再维持休养生息国策的"今上"?对于这些问题,作为史学家的司马迁需要给出答案。在《平准书》中,司马迁在开头和结尾的段落中,分别给出了"物盛而衰"和"物盛则衰"的论断。为什么在时人及后世所称颂的盛世中,司马迁却感受到了浓浓的危机?是什么东西让他觉得已经达到了"盛"以至于马上要转衰了?为什么他会产生这样的想法?

(一)治国理财过程中平衡关系的破坏,让司马迁感受到深重的危机

就国家治理活动而言,一个非常重要的方面就是需要在多种目标、多个群体、不同价值与利益之间进行平衡。司马迁在《平准书》中用了文与质、本与末等比较抽象的词汇,来表达这样的平衡关系。我们若通观《平准书》全文,再用今天的术语体系来表达的话,可以发现他的意思大概是,在治国理财过程中有下述几对关系需要予以平衡,而不能让其中一方过度("盛"):实体经济与货币管理、生产与消费、实物财政与货币财政、贫困阶层与富裕阶层、农业与工商业、社会财富与国家财力等。

司马迁认为,在上述所有这些关系中,处于核心地位的是货币。他概述了货

币形式从虞夏时代的自然货币到秦汉时期法定货币的变化情况,最终珠玉、龟贝、银锡等自然物品退出了货币流通,而法定的货币只剩下黄金("以镒名")与铜钱。他还详细地描述了汉兴七十多年政府货币管理政策的变迁,如制式铜钱轻重规格不断调整(从秦的半两历经四铢、三铢的变化并最终统一为五铢)、铸币政策从允许民间和郡国铸造到由中央政府垄断等。制式铜钱规格的变化,极具国家治理的意义:一是铜钱的铸造要和国家的统治能力相匹配,汉初之所以放开让民间铸造铜钱,在相当程度上与当时国家管控社会的能力薄弱有关,直到武帝时期随着官僚制度的深化国家才具备管控民间的能力;二是铜钱轻重需跟商品流通情况及民众轻便感觉程度相适应,不能太重也不能太轻,太重民众携带不便,太轻则货币能够媒介的商品过少,不利于交易活动;三是要有能力管理制式货币中的"劣币"问题,因为铸造的货币重量成色不足会破坏国家的信用及经济运行。对于这些货币管理的学问,在《管子》中就已有了专门的讨论,《平准书》中也反复地提及,那就是"轻重之权"或者"轻重之术"。

在司马迁看来,汉兴以来特别是在"今上"的统治下,货币政策已被滥用,产生了许多不良的后果,破坏了治国理财过程中的平衡关系,以至于达到了"物盛而衰"的地步。

(1)货币的发展以及上上下下对货币的追逐,带来了商品经济的畸形繁荣。司马迁以及那个时代的学者普遍地认为,商业乃为末,商品经济的过分繁荣造成了作为"本"的农业的凋敝(弃农经商会减少农业劳动力),并因此破坏了重本轻末的国策,造成贫富的分化("庶人之富者或累巨万,而贫者或不厌糟糠")、社会财富的浪费("争于奢侈,室庐舆服僭于上,无限度")和社会风气的败坏("贵诈力而贱仁义,先富有而后推让")。

(2)虽然货币是治国理财的良好工具,但以增加财政收入为目的而滥用货币手段却可能造成极恶劣的后果。比如,"今上"使用超值定价的皮币、白金币来敛取宗室王侯富户的钱财,变动制钱的轻重以敛取普通民众财富,以增加朝廷手中货币为目的而鬻爵减罪、征收商人财产税(即算缗)、发展国营垄断商业等。在文中,司马迁尤为详细地描述了"今上"在杨可、桑弘羊等人的协助下,是如何通过垄断货币铸造(牟取货币发行收入)、鼓励告缗、专卖盐铁等手段,增加政府手中掌握的货币的,并想以此来实现"外攘夷狄,内兴功业",但却带来严重的不良后果,如物价高涨、器用不便、民众贫苦等。

(3)政府运用方便的货币形式从社会中汲取财政收入,使政府手中财力过大、社会财源枯竭、民众负担过重。就财政而言,在汉代那种自然经济条件下,直接从民众手中征收粮食与纺织品,于民众而言更为方便。可是,汉政府在财政收支过程中却大量地使用货币形式。为了汲取财政收入,除了前述的手段外,还大量地使用《平准书》中未提及的人头税(算赋、口赋、更赋等)等货币形式。这样的货币财政形式虽然有管理方便、增强国家财力的优点,但也有相当大的缺点,比如说加重民众负担(民众手中并没有货币,需要在粮食收获季节低价出售粮食或其他实物甚至借取高利贷),让各级官吏有机会利用商业手段捞取额外收益,同时还使民众遭受商人的额外盘剥等。因此,司马迁认为这样的财政形式破坏了社会的财富,以至于"海内之士力耕不足粮饷,女子纺绩不足衣服"。

总之,司马迁的感觉是,在汉帝国国家治理中运用的以货币为标志的各种手段已经过分,国家盘剥已达到顶峰,民众贫穷也已至极点。这意味着,在治国过程中的平衡关系遭到了破坏,"物盛"便要转"衰"。

(二)循环的历史观,让司马迁作出"物盛而衰"的判断

在司马迁的时代,退步的、进步的和循环的三种历史观都存在,并彼此竞争。儒家大体上持有一种退步的历史观,认为今不如昔,远古曾经有过的三代之治最好(有时候也承认物质条件在远古并不怎么好,但政治制度仍是最优的),主张国家治理的关键是恢复三代之治。如第一章所述,以商鞅为代表的法家大致持有一种进步的历史观,认为历史是在不断地向前发展的,国家治理应该彻底地抛弃"今不如昔"的历史观,要像商鞅主张的那样"治世不一道,便国不必法古"(《商君书·更法》)。而以司马迁为代表的一批思想家,持有的则是一种循环的历史观,认为盛极而衰、否极泰来("是以物盛则衰,时极而转,一质一文,终始之变也")。在这样的循环历史观影响下,司马迁基于他对时代状况的判断而感受到深重的危机,并得出"盛极而衰"的结论。

在今天,我们该怎么理解司马迁的这一循环史观呢?

在中国古代典籍中,循环史观是一种常见的看法。就像我们熟知的通俗小说《三国演义》开篇说到的,天下大势合久必分、分久必合,它表达的也是一种循环史观。这样一种史观,应该跟中华古典文明形成期所处的温带农业生产环境有密切的关系:春播、夏耘、秋收、冬藏,一年四季,循环往复。由此出发,中华先民形成了对政治与社会发展的循环论看法,也因此形成了我们后来以王朝为对象考察中国历史的那种循环论:王朝初兴—极盛—衰落—灭亡,直到新王朝初兴。

不过,在今天循环史观虽然仍有市场,但总体上我们已持有一种进步史观,即相信经济、社会和政治有一个不断向上、前进的发展过程。英国历史学家约

翰·伯瑞在《进步的观念》一书中告诉我们,这样的观念来自我们生存环境的变化,即工商业财富不断增长、自然科学知识和技术发明持续积累,以至于在政治和社会发展方面,我们觉得可以为自己设想一种广阔无垠的未来,可以想办法去创造更美好的生活[1]。

细究起来,在我们所认为的历史发展的进步观中还可以分出一种不太一样的历史进化观。所谓进化观,是说人类生存和发展是适应自然与社会各种条件变化的一种过程,遵循的是"优胜劣汰、适者生存"的原则,以使得人类获得最大可能的生存与繁荣;这一进化过程没有道德的含义,甚至无法知道前进的方向。英国思想家哈耶克就对人类发展应该遵循进化过程持有高度赞赏的态度,他甚至创造出一个词叫"国家的无目标性"来概括,意思是说在现代国家已没有可能也不需要为整个共同体制定统一的目标,并集中财富去实现这一目标。在他看来,国家治理的功能仅体现在,将自己限制在提供公共安全、保障产权与公正规则的实施上[2]。与主张无目标的进化观不同,进步观则肯定人类发展有方向且具有道德的意义,就整体而言历史长河是朝着理想的方向(经济更富裕、社会更文明、政治更民主等)流动的。

因此,在今天我们重读司马迁的《平准书》,可以从他"物盛而衰"的悲凉判断中感受他对危机的敏感,并学会做好准备来应对可能的危机,即在顺境中要"思危、思退、思变",但已无必要对社会历史发展再持有循环论的观点。这是因为,进步观虽然不是对历史的真实描述(至少在近代之前历史并非都是进步的),但在人类进入近代之后却显得极为重要,可以为人们的行为提供指导,并在事实上创造历史。正如伯瑞观察美国历史所看到的,美国宪法对人类事务中存在进步的假定,给美国人提供了灵感并使其成为生活的常规,由此塑造了美国历史发展的整个过程。伯瑞要我们相信,如果一个社会的动机是世俗的、经济是有活力的、智力方面的兴趣是科学的,那么政治方面的发展必然会反映这些驱动力[3]。这样的进步观念,是司马迁时代所没有而在今天我们应该持有的。

四、"网疏而民富"的现代解读

在"平准书"的开篇,司马迁提出了一个说法,即"网疏而民富"。我国台湾地

---

[1] 约翰·伯瑞著:《进步的观念》,上海三联书店2005年版,"引言"第19页。
[2] 哈耶克著:《致命的自负》,中国社会科学出版社2000年版,"译者的话"第9页。
[3] 约翰·伯瑞著:《进步的观念》,上海三联书店2005年版,"引言"第21页。

区学者侯家驹先生对这一说法所包含的思想内涵大加肯定。在他所著的《中国经济史》一书的最后一章,侯先生总结说,中国古代史上仅有的几次"民富",都可归因于"网疏"[1]。不过,侯先生指出,历史上的"网疏"大多并非源于国家出于产权保护意识而有意实行的积极不干预政策,而是由于国家能力缺乏而导致的管制罗网之疏松。在侯先生的解读下,司马迁一定程度上成为今天自由主义经济学的同路人,他们共同谴责国家管制的罗网,倡导经济上的自由放任政策。

"网疏而民富"这一说法,似乎值得在学术上更进一步地探讨。首先要补充说明的是,不能说中国历史上完全缺乏因积极不干预政策而致民众富裕的例证。比如说,明清两代江南地区为什么富裕,而过去曾经钱粮充足的北方地区却持续贫困?钱穆先生在《国史大纲》中曾对此详加讨论,他分别批评了从气候、从血统等角度进行的原因探讨,最后将结论归到江南士人在水利整修中所发挥的积极作用[2]。其实,除了钱穆先生的说法以外,还可以找到一个重要的原因,那就是明清两代国家有意实行的一项政策。由于富裕的江南地区在财政上特别重要,自明初开始国家就严禁在东南封藩,规定宦官不许在江南买地。这一政策,在一定程度上杜绝了特权阶层对江南地区土地产权与市场交易秩序的破坏,由此保障了江南地区经济的发展与民间的富裕。这样的做法,未尝不可视为基于某种产权保护意识而放松破坏性管制罗网的例证。

除了上面的补充外,对于"网疏而民富",我们今天还可以思考得更多。比如说,"网"从何来?因何而"疏"?"民"何以"富"?

(一)"网"从何来?

在《史记·酷吏列传》的一开始,司马迁也曾描述过这张国家管制之网或者说权力之网,认为网密带来的结果是"奸伪萌起",而网疏"漏于吞舟之鱼"反而可以使"黎民艾安"。事实上,自司马迁以来,历代学者尤其是现代自由主义学者对于这张网总是诟病不已。不过我们也许可以追问的是,能不能干脆不要这张网笼罩于人群之上了?

要回答这个问题,就要追究这张网来自何处。汉承秦制,汉代的这张网毫无疑问来自秦;而秦代铸就的权力之网,又来自商鞅、韩非等法家代表的理论主张以及秦国历代君臣的治国实践。再往前追究的话,今天的我们在理论上就可能要动用"社会契约论"这一武器了。要说明的是,在中国古代已有许多学者运用

---

[1] 侯家驹著:《中国经济史》(下),新星出版社2008年版,第788页。
[2] 钱穆著:《国史大纲》(下册),商务印书馆1996年版,第747页。

过类似于社会契约论的方法来回答此类问题,比如,第一章所述商鞅与第三章所述荀子都讨论过这一问题。以荀子为例。他说:"人之生不能无群,群而无分则争,争则乱,乱则穷矣。故无分者,人之大害也;有分者,天下之本利也;而人君者,所以管分之枢要也。"(《荀子·富国》)荀子的意思是说,人类必须以群体形式生活在一起,而没有制度的约束,人就倾向于争、乱乃至于陷入困境,因此才需要君主用一张权力之网施加于人群之上,以保障基本的安全与秩序,赢得人类的生存机会。换言之,这张网的必要性,事实上来自人类自我生存的需要;说到底,"网"是人类施加在自己身上的。只不过,在那样的时代,这张网的管理权不得不交给以个人面貌出现的君主,并将其归诸天意或神明。所以荀子又说:"天之生民,非为君也。天之立君,以为民也。"(《荀子·大略》)慎子表达过与荀子几乎相同的意思:"立天子以为天下,非立天下以为天子也。立国君以为国,非立国以为君也。"(《慎子·威德》)

在帝国国家的制度安排中,由君主个人掌握这张网,将共同体的最高权力与元首的个人身份紧密地结合在一起,如此君主就可能会有积极性,为了个人(或家族)利益而使用、善用这张网。大体上,自战国至汉初这一段时间,是君主用权力之网去管理、塑造和提升中华共同体的过程,目的在于创造统一、提高安全与秩序;而共同体也在利益保障和价值诉求等方面,对君主掌握权力之网提出种种要求,并在秦末之际加以再造。君主与共同体双方互动的结果,使得这张权力之网慢慢成熟为家国一体的帝国制度,并在司马迁所描述的武帝时期大致达到相对成熟的地步。这张网,接下来影响了两千多年中国历史的发展,以至于到了清末,谭嗣同喊出"冲决罗网"。站在今天的立场上,我们知道,问题的关键不是废除或冲决这张网,而是使之"升级",以适应当今现代社会的要求。

(二) 因何而"疏"?

在帝国国家制度的建构中,所有权与统治权合一,君主既是国家的所有者又是统治者,因而君主似乎极为乐意收紧这张权力之网,以便控制所有的人并掌握一切财富。只有在两种情况下,君主有可能会放松这张网而使之显出"疏"来:一是在某一特定时期,收紧权力之网而增加的边际收益(财富与服从等收益)明显不足以抵消为此付出的边际成本(增加管制措施、管理机构与管理活动等耗费的成本);二是在战乱之际或王朝初兴时,君主尚未来得及完善这张网并将其收紧。在历史上,不断有士人劝告君主,要为政宽和、要轻徭薄赋,这在相当程度上说的就是前一种情况;而侯家驹先生说汉初因网疏而民富,指的是后一种情况。

也就是说,若以意愿/能力这一分析框架来分析,似乎帝国的君主总是有强烈的愿望去收紧这张网,但在能力上受到了种种限制。从这个意义来说,越是在帝国初期,由于机构发展和财政资源不足,限制就越大,这张网也就显得越"疏";而越到帝国后期,随着官僚机构能力的增长和可获财政资源的增加,其能力限制就越小,这张网也就可以收得越"紧"。也许以此可以理解法国大革命前后的名人斯塔尔夫人的名言:"在法国,自由是古典的,专制才是现代的。"[1]也就是说,在法国封建国家初期,因君主能力有限、权力之网疏松而显得民众有自由;可到了路易十四至路易十六期间,君主有能力收紧这张权力之网,法国才显示出专制性。

当然,上面所说的是帝国时期的状况。站在今天现代国家的立场上理解这个问题,又有所不同。在现代理念中,这张网应该是"疏"的,其原因不在于统治者的意愿或能力,而是因为每个人都拥有不受政府侵犯的生命、自由和财产权利;网疏是因为网中的民众拥有坚硬的权利的阻挡,以至于这张网无法收紧,不得不显示出疏松的特征来。因此,在现代对网疏的要求,不再寄希望于君主有意识的或无奈的放松,而是致力于保障民众的权利而让这张网不得不疏松。

(三)"民"何以"富"?

在现代经济学眼中,经济增长、国民富裕的源泉至少有三个:增加投入(动员闲置的资源资本加入到生产活动中)而取得增长,即粗放式增长;依靠技术或组织的创新取得增长,即熊彼特式增长;依靠市场范围扩大而带来的分工深化取得增长,即斯密型增长。

这样的增长和民富,就是道格拉斯·诺斯在《西方世界的兴起》中定义的"人均收入的长期增长"。诺斯说,这种增长必然来自因财产权得到可靠的保障而致经济主体有足够的激励[2]。而财产权的保障,又与普遍的法治联系在一起。普遍法治的存在,会使得约束市场活动的结构大体公正。有这样的约束结构存在,才有可能通过涓滴效应而使得增长的财富渗漏、分散到绝大多数人身上;没有这样的结构,增长的财富只会集中于少数有权控制资源与渠道的人手中。如果再能运用有效的财税手段配合法治与市场,经济增长就能使绝大多数人受益,现代意义上的民富就是如此。

那么,如何理解司马迁所描述的民富呢?这样的民富当然可能是侯家驹先生在书中强调的,由于政府掌握的手段有限,因此汉初政府未能将民众创造的剩

---

[1] 拉吉罗著:《欧洲自由主义史》,吉林人民出版社2001年版,第1页。
[2] 诺斯、托马斯著:《西方世界的兴起》,华夏出版社1999年版,第6页。

余大量地甚至全部地拿走,所以普通民众手中的粮食甚至财富显得比秦末战乱时多了不少。不过,根据司马迁在《平准书》中的描述可知,司马迁所说的"民"其实更多指的是兼并之徒、豪党、宗室、公卿大夫等人,他们"争于奢侈,室庐舆服僭于上,无限度"。事实上,司马迁描述的也是中国历史上的常见现象,即因"网疏"政策而富起来的"民",不是一般的民众而是那些拥有制度特权及法外特权的官僚和贵族。

此一状况,明代大臣丘濬也曾说过,"方今国与民俱贫,而官独富"(《明史》卷226,《丘濬传》)。官或者依附于官位的势力,是如何富裕起来的?大致上,至少有以下几条途径:利用手中的权力或自己的地位,将国家财富化公为私;运用行使权力的机会,直接从民众身上榨取钱财;运用特权经营工商业或者给予工商者庇护,获取或者分享工商业利润,并因工商业轻税政策而获益;大量兼并土地后收取地租,又因掌握法内法外特权而逃避田赋形成财富积累等。因此,在缺乏公正法治与有效财税手段的条件下,民众创造的大量财富以及应该从民众向国家转移的财富,会被官僚和特权阶层大量地获取或截留。此时,权力之网若疏松,获利者未必是普通民众;权力之网收紧,得益者也未必是国家。这是帝国财政经济运行的致命困境。

中国古代士人总是喋喋不休地建议君主实行薄赋敛,直至今天仍有许多学者呼吁借鉴中国古代这一轻税思想。这一思想本身当然没有什么问题,可需要提醒的是,实行"薄赋敛",受益者未必是真正的升斗小民而可能是权贵阶层。更为糟糕的是,薄赋敛导致财政收入少,有可能削弱政府履行公共责任的能力。

第五章
"愚人反裘而负薪,爱其毛,不知其皮尽也"
——《盐铁论》选文与阐释

【文本选录】[1]

本 议 第 一

惟始元六年,有诏书使丞相、御史与所举贤良、文学语。问民间所疾苦。

文学对曰:"窃闻治人之道,防淫佚(淫佚,放纵享乐)之原,广道德之端,抑末利而开仁义,毋示以利,然后教化可兴,而风俗可移也。今郡国有盐、铁、酒榷(榷què,原意为独木桥,后引申为政府专卖),均输,与民争利。散敦厚之朴,成贪鄙之化。是以百姓就本者寡,趋末者众。夫文繁则质衰,末盛则本亏。末修则民淫,本修则民悫(悫què,诚实)。民悫则财用足,民侈则饥寒生。愿罢盐、铁、酒榷、均输,所以进本退末,广利农业,便也。"

大夫曰:"匈奴背叛不臣,数为寇暴于边鄙,备之则劳中国之士,不备则侵盗不止。先帝哀边人之久患,苦为虏所系获也,故修障塞,饬(饬chì,整治)烽燧,屯戍以备之。边用度不足,故兴盐、铁,设酒榷,置均输,蕃(蕃,增加)货长财,以佐助边费。今议者欲罢之,内空府库之藏,外乏执备之用,使备塞乘城之士饥寒于边,将何以赡之?罢之,不便也。"

文学曰:"孔子曰:'有国有家者,不患贫而患不均,不患寡而患不安。'故天子不言多少,诸侯不言利害,大夫不言得丧。畜(畜,通"蓄",蓄积)仁义以风之,广德行以怀之。是以近者亲附而远者悦服。故善克者不战,善战者不师,善师者不

---

[1] 本章对《盐铁论》中文字的选录与注释,参考自王贞珉注译:《盐铁论译注》,吉林文史出版社1996年版;王利器校注:《盐铁论校注》,中华书局1992年版。

阵。修之于庙堂,而折冲(折冲,意思是挫败敌人)还师。王者行仁政,无敌于天下,恶用费哉?"

大夫曰:"匈奴桀(桀 jié,凶暴)黠(黠 xiá,狡猾),擅恣入塞,犯厉中国,杀伐郡、县、朔方都尉,甚悖逆不轨,宜诛讨之日久矣。陛下垂大惠,哀元元(元元,平民百姓)之未赡,不忍暴(暴,通"曝")士大夫于原野;纵难被坚执锐,有北面复(复,报复,抗击)匈奴之志,又欲罢盐、铁、均输,扰边用,损武略,无忧边之心,于其义未便也。"

文学曰:"古者,贵以德而贱用兵。孔子曰:'远人不服,则修文德以来之。既来之,则安之。'今废道德而任兵革,兴师而伐之,屯戍而备之,暴兵露师,以支久长,转输粮食无已,使边境之士饥寒于外,百姓劳苦于内。立盐、铁,始张利官以给之,非长策也。故以罢之为便也。"

大夫曰:"古之立国家者,开本末之途,通有无之用,市朝(市朝,指集市)以一其求,致士民,聚万货,农商工师各得所欲,交易而退。《易》曰:'通其变,使民不倦。'故工不出,则农用乏;商不出,则宝货绝。农用乏,则谷不殖;宝货绝,则财用匮。故盐、铁、均输,所以通委财(委财,积压的财物)而调缓急。罢之,不便也。"

文学曰:"夫导民以德,则民归厚;示民以利,则民俗薄。俗薄则背义而趋利,趋利则百姓交于道而接于市。老子曰:'贫国若有余,非多财也,嗜欲众而民躁也。'是以王者崇本退末,以礼义防民欲,实菽粟货财。市、商不通无用之物,工不作无用之器。故商所以通郁滞,工所以备器械,非治国之本务也。"

大夫曰:"管子云:'国有沃野之饶而民不足于食者,器械不备也。有山海之货而民不足于财者,商工不备也。'陇、蜀之丹漆旄(旄 máo,牦牛尾巴装饰的旗)羽,荆、扬之皮革骨象,江南之柟(柟 nán,通"楠")梓竹箭,燕、齐之鱼盐旃(旃 zhān,通"毡",一种毛织品)裘,兖、豫之漆丝絺纻(絺 chī 纻 zhù,都是纺织品),养生送终之具也,待商而通,待工而成。故圣人作为舟楫之用,以通川谷,服牛驾马,以达陵陆;致远穷深,所以交庶物而便百姓。是以先帝建铁官以赡农用,开均输以足民财;盐、铁、均输,万民所载仰而取给者,罢之,不便也。"

文学曰:"国有沃野之饶而民不足于食者,工商盛而本业荒也;有山海之货而民不足于财者,不务民用而淫巧众也。故川源不能实漏卮(卮 zhī,一种酒器),山海不能赡溪壑。是以盘庚萃(萃,草丛生)居,舜藏黄金,高帝禁商贾不得仕宦,所以遏贪鄙之俗,而醇至诚之风也。排困(排困,即排斥)市井,防塞利门,而民犹为非也,况上之为利乎?《传》曰:'诸侯好利则大夫鄙,大夫鄙则士贪,士贪则庶人盗。'是开利孔为民罪梯也。"

大夫曰:"往者,郡国诸侯各以其方物贡输,往来烦杂,物多苦恶,或不偿其费。故郡国置输官以相给运,而便远方之贡,故曰均输。开委府(委府,即仓库)于京师,以笼(笼,收拢,此处指收归国有)货物。贱即买,贵则卖。是以县官不失实,商贾无所贸利,故曰平准。平准则民不失职,均输则民齐劳逸。故平准、均输,所以平万物而便百姓,非开利孔而为民罪梯者也。"

文学曰:"古者之赋税于民也,因其所工,不求所拙。农人纳其获,女工效其功。今释其所有,责其所无。百姓贱卖货物,以便上求。间者(间者,近来),郡国或令民作布絮,吏恣留难,与之为市。吏之所入,非独齐、阿之缣(缣 jiān,细绢),蜀、汉之布也,亦民间之所为耳。行奸卖平,农民重苦,女工再税,未见输之均也。县官猥发(猥 wěi,杂乱;猥发,乱发命令),阖门擅(擅,独占)市,则万物并收。万物并收,则物腾跃。腾跃,则商贾侔(侔 móu,谋取)利。自市(自市,指官吏自己经营贸易),则吏容奸。豪吏富商积货储物以待其急,轻贾(轻贾,指不法商人)奸吏收贱以取贵,未见准之平也。盖古之均输,所以齐劳逸而便贡输,非以为利而贾万物也。"

力 耕 第 二

大夫曰:"王者塞天财,禁关市,执准(准,指平衡工具)守时(守时,守候时机),以轻重御民。丰年岁登,则储积以备乏绝;凶年恶岁,则行(行,发行)币物;流有余而调不足也。昔禹水汤旱,百姓匮乏,或相假(假,借贷)以接衣食。禹以历山之金,汤以庄山之铜,铸币以赎其民(赎其民,意思是让民众用君主给的货币赎回自己已卖出的子女),而天下称仁。往者财用不足,战士或不得禄,而山东被灾,齐、赵大饥,赖均输之畜,仓廪之积,战士以奉,饥民以赈。故均输之物,府库之财,非所以贾万民而专奉兵师之用,亦所以赈困乏而备水旱之灾也。"

文学曰:"古者,十一而税,泽梁以时入而无禁,黎民咸被南亩而不失其务。故三年耕而余一年之蓄,九年耕有三年之蓄。此禹、汤所以备水旱而安百姓也。草莱不辟,田畴不治,虽擅(擅,据有)山海之财,通百末之利,犹不能赡也。是以古者尚力务本而种树繁,躬耕趣时而衣食足,虽累凶年而人不病也。故衣食者民之本,稼穑者民之务也。二者修,则国富而民安也。《诗》云:'百室盈止,妇子宁止'(止,此处是句末语气助词,表示肯定)也。"

大夫曰:"贤圣治家非一宝,富国非一道。昔管仲以权谲(谲 jué,狡诈)霸,而纪氏以强本亡。使治家养生必于农,则舜不甄(甄 zhēn,制造陶器)陶而伊尹不为庖。故善为国者,天下之下我高,天下之轻我重。以末易其本,以虚荡其实。

今山泽之财,均输之藏,所以御轻重而役诸侯也。汝、汉之金,纤微之贡,所以诱外国而钓胡、羌之宝也。夫中国一端之缦(缦 màn,没有彩色花纹的丝织品),得匈奴累金之物,而损敌国之用。是以骡驴馲(tuó)驼,衔尾入塞,驒(tuó)騱(xí)騵(yuán)马,尽为我畜,鼲(hún)貂狐貉(hé),采旃(旃 zhān,通"毡")文罽(罽 jì,毛毡),充于内府,而璧玉珊瑚琉璃,咸为国之宝。是则外国之物内流,而利不外泄也。异物内流则国用饶,利不外泄则民用给矣。《诗》曰:'百室盈止,妇子宁止。'"

文学曰:"古者,商通物而不豫(豫,欺骗),工致牢而不伪。故君子耕稼田鱼,其实一也。商则长诈,工则饰骂(饰骂,即作假),内怀窥觎(窥 kuī 觎 yú,即窥伺)而心不怍(怍 zuò,惭愧),是以薄夫欺而敦夫薄。昔桀女乐充宫室,文绣衣裳,故伊尹高逝(高逝,远走)游薄(薄,通"亳",当时商的国都)而女乐终废其国。今骡驴之用,不中牛马之功,鼲貂旃罽,不益锦绨之实。美玉珊瑚出于昆山,珠玑犀象出于桂林,此距汉万有余里。计耕桑之功,资财之费,是一物而售百倍其价也,一挹(挹,通"把",一捧东西)而中万钟之粟也。夫上好珍怪,则淫服(淫服,指奇装异服)下流,贵远方之物,则货财外充。是以王者不珍无用以节其民,不爱奇货以富其国。故理民之道,在于节用尚本,分土井田而已。"

大夫曰:"自京师东西南北,历山川,经郡国,诸殷富大都,无非街衢五通,商贾之所凑,万物之所殖者。故圣人因天时,智者因地财,上士取诸人,中士劳其形。长沮(长沮,隐士名)、桀溺(桀溺,隐士名),无百金之积,跖蹻(跖 zhí 蹻 qiāo,指盗跖与庄蹻两个传说中的大盗)之徒,无猗顿之富,宛、周、齐、鲁,商遍天下。故乃商贾之富,或累万金,追利乘羡(羡,盈余;乘羡,谋取利润)之所致也。富国何必用本农,足民何必井田也?"

文学曰:"洪水滔天,而有禹之绩,河水泛滥,而有宣房(宣房,汉武帝在黄河决口处筑坝并建"宣房宫"于其上)之功。商纣暴虐,而有孟津之谋,天下烦扰,而有乘羡之富。夫上古至治,民朴而贵本,安愉而寡求。当此之时,道路罕行,市朝(市朝,指市场)生草。故耕不强者无以充虚,织不强者无以掩形。虽有凑会之要,陶、宛(陶、宛,指陶朱公和宛孔氏两个大商人)之术,无所施其巧。自古及今,不施而得报,不劳而有功者,未之有也。"

禁 耕 第 五

大夫曰:"家人(家人,即民人)有宝器,尚函匣而藏之,况人主之山海乎?夫权利(权利,权势利益,此处指财富)之处,必在深山穷泽之中,非豪民不能通其利。异时,盐铁未笼,布衣有朐邴(朐 qú 邴 bǐng,在朐地一个叫邴的商人),人君有吴王,皆盐铁初议也。吴王专山泽之饶,薄赋其民,赈赡穷乏,以成私威。私威积而逆节之心作。夫不蚤(蚤,通"早")绝其源而忧其末,若决吕梁,沛然,其所伤必多矣。太公曰:'一家害百家,百家害诸侯,诸侯害天下,王法禁之。'今放民于权利,罢盐铁以资暴强,遂其贪心,众邪群聚,私门成党,则强御日以不制,而并兼之徒奸形成也。"

文学曰:"民人藏于家,诸侯藏于国,天子藏于海内。故民人以垣(垣 yuán,墙)墙为藏闭,天子以四海为匣匮。天子适(适,到)诸侯,升自阼阶(阼 zuò 阶,堂下东边的台阶,是主人迎接宾客的地方;升自阼阶,意思是天子到诸侯那里去也站在主人的位置上),诸侯纳管键(管键,开闭城门的钥匙),执策(策,书有自己名字的简策)而听命,示莫为主也。是以王者不畜聚,下藏于民,远浮利,务民之义;义礼立,则民化上。若是,虽汤、武生存于世,无所容其虑。工商之事,欧冶之任,何奸之能成?三桓专鲁,六卿分晋,不以盐铁。故权利深者,不在山海,在朝廷;一家害百家,在萧墙,而不在胸邪也。"

大夫曰:"山海有禁而民不倾(倾,倾轧);贵贱有平而民不疑。县官设衡(衡,量具)立准(准,标准),人从所欲,虽使五尺童子适市,莫之能欺。今罢去之,则豪民擅其用而专其利。决(决,决定)市闾巷,高下在口吻,贵贱无常,端坐而民豪,是以养强抑弱而藏于跖(跖,指盗跖)也。强养弱抑,则齐民消;若众秽之盛而害五谷。一家害百家,不在胸邪,如何也?"

文学曰:"山海者,财用之宝路(宝路,宝贵的源泉)也。铁器者,农夫之死士也。死士用,则仇雠(雠 chóu,即仇)灭,仇雠灭,则田野辟,田野辟而五谷熟。宝路开,则百姓赡而民用给,民用给则国富。国富而教之以礼,则行道有让,而工商不相豫(豫,欺诈),人怀敦朴以相接,而莫相利。夫秦、楚、燕、齐,土力不同,刚柔异势,巨小之用,居句(居句,意思是曲直)之宜,党(党,古代五百家为一党)殊俗易,各有所便。县官笼而一之,则铁器失其宜,而农民失其便。器用不便,则农夫罢于野而草莱不辟。草莱不辟,则民困乏。故盐冶之处,大傲(大傲,即大抵)皆依山川,近铁炭,其势咸远而作剧。郡中卒践更(卒践更,自己服役或雇人服役)者,多不勘(勘,通"堪";不勘,不能忍受),责取庸代(责取庸代,意思是责令交钱代替服役)。县邑或以户口赋铁(以户口赋铁,按户征收生铁),而贱平其准(贱平其准,压低收购价格)。良家(良家,汉代指医、巫、商贾、百工以外的人家,另一说指陇西少数民族)以道次(道次,汉代一种行政单位,相当于县)发僦(发僦 jiù,出钱雇佣车子与劳动力)运盐、铁,烦费,百姓病苦之。愚窃见一官之伤千里,未睹其在胸邪也。"

复古第六

大夫曰:"故扇水都尉彭祖宁归(宁归,请假回家办理父亲或母亲丧事),言:'盐、铁令品(令品,法令条文),令品甚明。卒徒衣食县官,作铸铁器,给用甚众,无妨于民。而吏或不良,禁令不行,故民烦苦之。'令意总一盐、铁,非独为利入也,将以建本抑末,离朋党,禁淫侈,绝并兼之路也。古者,名山大泽不以封,为下之专利也。山海之利,广泽之蓄,天地之藏(藏,宝藏)也,皆宜属少府;陛下不私,以属大司农,以佐助百姓。浮食奇民(浮食奇民,指依靠商贾等浮利为食的不正经人),好欲擅山海之货,以致富业,役利细民,故沮(沮,破坏)事议者众。铁器兵刃,天下之大用也,非众庶所宜事也。往者,豪强大家,得管山海之利,采铁石鼓铸,煮海为盐。一家聚众,或至千余人,大抵尽收放流人民也。远去乡里,弃坟墓,依倚大家,聚深山穷泽之中,成奸伪之业,遂朋党之权,其轻为非亦大矣!今者,广进贤之途,练(练,通"拣")择守尉,不待去盐、铁而安民也。"

文学曰:"扇水都尉所言,当时之权,一切(一切,一时)之术也,不可以久行而传世,此非明王所以君国子民之道也。《诗》云:'哀哉为犹(犹,谋划),匪(匪,不)先民是程(程,法式),匪大犹是经(匪大犹是经,意思是不遵循常规大道),维迩言(迩言,亲幸人的话)是听。'此诗人刺不通于王道,而善为权利者。孝武皇帝攘九夷,平百越,师旅数起,粮食不足。故立田官,置钱,入谷射官,救急赡不给。今陛下继大功之勤,养劳倦之民,此用麋鬻(麋 mí 鬻 yù,安抚养育)之时;公卿宜思所以安集百姓,致利除害,辅明主以仁义,修润洪业之道。明主即位以来,六年于兹(于兹,至今),公卿无请减除不急之官,省罢机利之人。人权县(权,秤;县,通"悬";权县,意思是等待轻重结果)太久,民良望于上。陛下宣圣德,昭明光,令郡国贤良、文学之士,乘传(传 zhuàn,驿站提供的马车)诣公车(公车,汉代京城所设官署,招待被召见的人居住),议五帝、三王之道,《六艺》之风,册陈安危利害之分,指意(指意,目的)粲然。今公卿辨议,未有所定,此所谓守小节而遗大体,抱小利而忘大利者也。"

大夫曰:"宇栋之内,燕雀不知天地之高;坎井之蛙,不知江海之大;穷夫否(否,意即"鄙")妇,不知国家之虑;负荷之商,不知猗顿之富。先帝计外国之利,料胡、越之兵,兵敌弱而易制,用力少而功大,故因势变以主四夷,地滨山海,以属长城,北略河外,开路匈奴之乡,功未卒。盖文王受命伐崇,作邑于丰;武王继之,载尸(尸,木质灵牌)以行,破商擒纣,遂成王业。曹沫弃三北之耻,而复侵地;管仲负当世之累,而立霸功。故志大者遗小,用权者离俗。有司思师望(师望,指姜太公)之计,遂先帝之业,志在绝胡、貉(貉,通"貊mò",指北方少数民族),擒单于,故未遑(未遑huáng,没有时间考虑)扣扃(扣扃,叩门,意指门外汉)之义,而录拘儒(拘儒,目光短浅的儒生)之论。"

文学曰:"燕雀离巢宇而有鹰隼之忧,坎井之蛙离其居而有蛇鼠之患,况翱翔千仞而游四海乎?其祸必大矣!此李斯所以折翼,而赵高没渊也。闻文、武受命,伐不义以安诸侯大夫,未闻弊诸夏以役夷、狄也。昔秦常举天下之力以事胡、越,竭天下之财以奉其用,然众(众,通"终")不能毕;而以百万之师,为一夫(一夫,独夫,暴君)之任,此天下共闻也。且数战则民劳,久师则兵弊,此百姓所疾苦,而拘儒之所忧也。"

非鞅第七

大夫曰:"昔商君相秦也,内立法度,严刑罚,饬政教,奸伪无所容。外设百倍之利,收山泽之税,国富民强,器械完饰(完饰,完备整齐),蓄积有余。是以征敌伐国,攘地斥境(攘,夺取;斥,开拓),不赋百姓而师以赡。故利用不竭而民不知,地尽西河而民不苦。盐、铁之利,所以佐百姓之急,足军旅之费,务蓄积以备乏绝,所给甚众,有益于国,无害于人。百姓何苦尔,而文学何忧也?"

文学曰:"昔文帝之时,无盐、铁之利而民富;今有之而百姓困乏,未见利之所利也,而见其害也。且利不从天来,不从地出,一取之民间,谓之百倍,此计之失者也。无异于愚人反裘而负薪,爱其毛,不知其皮尽也。夫李梅实多者,来年为之衰;新谷熟而旧谷为之亏。自天地不能两盈,而况于人事乎?故利于彼者必耗于此,犹阴阳(阴阳,此处指月和日)之不并曜(曜,照耀),昼夜之有长短也。商鞅峭法长利(峭法长利,严刑峻法与崇尚利益),秦人不聊生,相与哭孝公。吴起长兵攻取,楚人骚动,相与泣悼王。其后楚日以危,秦日以弱。故利蓄而怨积,地广而祸构,恶在利用不竭而民不知,地尽西河而人不苦也?今商鞅之册(册,通"策",策略)任于内,吴起之兵用于外,行者勤于路,居者匮于室,老母号泣,怨女叹息;文学虽欲无忧,其可得也?"

大夫曰:"秦任商君,国以富强,其后卒并六国而成帝业。及二世之时,邪臣擅断,公道不行,诸侯叛弛,宗庙隳(隳huī,毁坏)亡。《春秋》曰:'末言尔(末言尔,不说这个了),祭仲亡也。'夫善歌者使人续其声,善作者使人绍(绍,接续)其功。椎车之蝉攫(蝉攫,车轮外面的轮辋),负子(负子,可能是人名)之教也。周道之成,周公之力也。虽有禆谌(禆pí谌chén,人名)之草创,无子产之润色,有文、武之规矩,而无周、吕之凿枘(凿záo枘ruì,榫头与榫眼,此处指相互配合),

则功业不成。今以赵高之亡秦而非商鞅,犹以崇虎乱殷而非伊尹也。"

文学曰:"善凿者建周而不拔,善基者致高而不蹶。伊尹以尧、舜之道为殷国基,子孙绍位,百代不绝。商鞅以重刑峭法为秦国基,故二世而夺。刑既严峻矣,又作为相坐之法,造诽谤,增肉刑,百姓斋栗(**斋栗,发抖害怕**),不知所措手足也。赋敛既烦数矣,又外禁山泽之原,内设百倍之利,民无所开说容言。崇利而简义,高力而尚功,非不广壤进地也,然犹人之病水,益水而疾深,知其为秦开帝业,不知其为秦致亡道也。狐刺(**狐刺,指违背常规**)之凿,虽公输子不能善其枘。畚土之基,虽良匠不能成其高。譬若秋蓬被霜,遭风则零落,虽有十子产,如之何?故扁鹊不能肉白骨,微、箕不能存亡国也。"

大夫曰:"言之非难,行之为难。故贤者处实而效功,亦非徒陈空文而已。昔商君明于开塞之术,假当世之权,为秦致利成业,是以战胜攻取,并近灭远,乘燕、赵,陵齐、楚,诸侯敛衽(**敛衽 rèn,整顿衣襟,此处表示敬服**)西面而向风(**向风,望风倾仰**)。其后,蒙恬征胡,斥地千里,逾之河北,若坏朽折腐。何者?商君之遗谋,备饬素修(**备饬素修,意思是平常就整顿、有准备**)也。故举而有利,动而有功。夫畜积筹策,国家之所以强也。故弛废而归之民,未睹巨计而涉大道也。"

文学曰:"商鞅之开塞,非不行也;蒙恬却胡千里,非无功也;威震天下,非不强也;诸侯随风西面,非不从也;然而皆秦之所以亡也。商鞅以权数(**权数,权谋术数**)危秦国,蒙恬以得千里亡秦社稷:此二子者,知利而不知害,知进而不知退,故果身死而众败。此所谓恋朐(**恋朐 qú,手脚弯曲不能直,此处指智慧浅薄**)之智,而愚人之计也,夫何大道之有?故曰:'小人先合(**合,迎合**)而后忤(**忤,背叛**),初虽乘马,卒必泣血。'此之谓也。"

大夫曰:"汱好之人,戚施(**戚施,貌丑驼背之人**)之所妒也;贤知之士,阘茸(**阘 tà 茸,猥琐无能的人**)之所恶也。是以上官大夫短屈原于顷襄,公伯寮(liáo)愬(**愬 sù,申诉**)子路于季孙。夫商君起布衣,自魏入秦,期年而相之,革法明教,而秦人大治。故兵动而地割,兵休而国富。孝公大说,封之于、商之地方五百里,功如丘山,名传后世。世人不能为,是以相与嫉其能而疵(**疵 cī,非议**)其功也。"

文学曰:"君子进必以道,退不失义,高而勿矜,劳而不伐,位尊而行恭,功大而理顺;故俗不疾其能,而世不妒其业。今商鞅弃道而用权,废德而任力,峭法盛刑,以虐戾(**戾 lì,乖张**)为俗,欺旧交以为功,刑公族以立威,无恩于百姓,无信于诸侯,人与之为怨,家与之为雠,虽以获功见封,犹食毒肉愉饱而罹其咎也。苏秦合纵连横,统理六国,业非不大也;桀、纣与尧、舜并称,至今不亡,名非不长也;然非者不足贵。故事不苟多,名不苟传也。"

大夫曰："缟素（缟gǎo素,白色丝织品）不能自分于缁墨（缁zī墨,黑色染料）,贤圣不能自理于乱世。是以箕子执囚,比干被刑。伍员相阖闾以霸,夫差不道,流而杀之。乐毅信功于燕昭,而见疑于惠王。人臣尽节以徇名,遭世主之不用。大夫种辅翼越王,为之深谋,卒擒强吴,据有东夷,终赐属镂（属shǔ镂lòu,宝剑名）而死。骄主背恩德,听流说,不计其功故也,岂身之罪哉？"

文学曰："比干剖心,子胥鸱夷（鸱chī夷yí,皮囊,此处指吴王夫差将伍子胥尸体装入皮囊投入江中）,非轻犯君以危身,强谏以干名也。憯怛（憯cǎn怛dá,悲痛）之忠诚,心动于内,忘祸患之发于外,志在匡君救民,故身死而不怨。君子能行是不能御非,虽在刑戮之中,非其罪也。是以比干死而殷人怨,子胥死而吴人恨。今秦怨毒商鞅之法,甚于私仇,故孝公卒之日,举国而攻之,东西南北莫可奔走,仰天而叹曰：'嗟乎,为政之弊,至于斯极也！'卒车裂族夷,为天下笑。斯人自杀,非人杀之也。"

水旱第三十六

大夫曰："禹、汤圣主,后稷、伊尹贤相也,而有水旱之灾。水旱,天之所为,饥穰（穰ráng,丰收）,阴阳之运也,非人力。故太岁之数,在阳为旱,在阴为水。六岁一饥,十二岁一荒。天道然,殆非独有司之罪也。"

贤良曰："古者,政有德,则阴阳调,星辰理,风雨时。故行修于内,声闻于外,为善于下,福应于天。周公载纪（载纪,即修己）而天下太平,国无夭伤,岁无荒年。当此之时,雨不破塊（破塊,打破土块）,风不鸣条,旬而一雨,雨必以夜。无丘陵高下皆熟。《诗》曰：'有渰（渰yǎn,云雾翻卷）萋萋,兴雨祁祁。'今不省其所以然,而曰'阴阳之运也',非所闻也。《孟子》曰：'野有饿莩（莩piǎo,饿死的人）不知收也；狗彘食人食,不知检（检,约束）也；为民父母,民饥而死,则曰,非我也,岁也,何异乎以刃杀之,则曰,非我也,兵也？'方今之务,在除饥寒之患,罢盐、铁,退权利,分土地,趣（趣,致力于）本业,养桑麻,尽地力也。寡功节用,则民自富。如是,则水旱不能忧,凶年不能累也。"

大夫曰："议者贵其辞约而指（指,通"旨"）明,可于众人之听,不至繁文稠辞,多言害有司化俗之计,而家人语。陶朱为生,本末异径,一家数事,而治生之道乃备。今县官铸农器,使民务本,不营于末,则无饥寒之累。盐、铁何害而罢？"

贤良曰："农,天下之大业也,铁器,民之大用也。器用便利,则用力少而得作多,农夫乐事劝功。用不具,则田畴荒,谷不殖,用力鲜,功自半。器便与不便,其功相什而倍（相什而倍,意思是相差十倍）也。县官鼓铸铁器,大抵多为大器,务应员程(员程,规定的数量与期限),不给民用。民用钝弊,割草不痛,是以农夫作剧(作剧,劳动繁重),得获者少,百姓苦之矣。"

大夫曰:"卒徒工匠,以县官日作公事,财用饶,器用备。家人合会,褊(褊biǎn,狭小)于日而勤(勤,通"堇jǐn",少)于用,铁力不销炼,坚柔不和。故有司请总盐、铁,一其用,平其贾,以便百姓公私。虽虞、夏之为治,不易(易,改变)于此。吏明其教,工致其事,则刚柔和,器用便。此则百姓何苦?而农夫何疾?"

贤良曰:"卒徒工匠!故(故,过去)民得占租(占租,此处指民众缴纳租税后可以卖酒)鼓铸、煮盐之时,盐与五谷同贾,器和利而中用。今县官作铁器,多苦恶,用费不省,卒徒烦而力作不尽。家人相一(相一,集中在一起),父子戮力,各务为善器,器不善者不售。农事急,挽运衍(衍,散布)之阡陌之间。民相与市买,得以财货五谷新币易货;或时贳(贳shì,赊欠)民,不弃作业。置田器,各得所欲。更繇省约,县官以徒复作(以徒复作,意思是让囚徒做事情),缮治道桥,诸发民便之。今总其原,壹其贾,器多坚硁(硁kēng,刚硬),善恶无所择。吏数不在,器难得。家人不能多储,多储则镇生(镇生,指铁器生锈)。弃膏腴之日,远市田器,则后良时。盐、铁贾贵,百姓不便。贫民或木耕手耨(耨nòu,锄草)土耰(耰yōu,弄碎土块的简易农具)淡食。铁官卖器不售或颇(颇,不公平)赋与民。卒徒作不中呈(不中呈,并没有完成预定指标),时命助之。发征无限,更繇以均剧,故百姓疾苦之。古者,千室之邑,百乘之家,陶冶工商,四民之求,足以相更。故农民不离畦(畦qí,田园中分出来的小区)亩,而足乎田器,工人不斩伐而足乎材木,陶冶不耕田而足乎粟米,百姓各得其便,而上无事焉。是以王者务本不作末,去炫耀,除雕琢,湛(湛,通"沉",沉浸)民以礼,示民以朴,是以百姓务本而不营于末。"

【作者作品】

本章从桓宽所著中国古代经典财政名著《盐铁论》中选择了六篇。对于桓宽其人,今天我们已找不到他的生卒年月情况,只知道他是汉宣帝时期的学者,其生平事迹也找不到太多的记载。《汉书》中只是简略地提到,"汝南桓宽次公治《公羊春秋》,举为郎,至庐江太守丞",并说他写出了《盐铁论》这本书,"博通善属文,推衍盐铁之议,增广条目,极其论难,著数万言",目的在于"亦欲以究治乱,成一家之法焉"。

作者的生平事迹不详,并不会使《盐铁论》这本奇书减色分毫。说它是本奇书,是因为它所涉及的事件奇(六十多名民间知识分子与数目不详的朝廷官员,就盐铁专卖政策乃至治国方略展开当面的大辩论，这就是公元前81年的"盐铁会议"），人物也奇（民间知识分子即文学贤良不畏强权，公卿大夫以理服人而非仗势压人），同时它的形式奇（对话体，戏剧形式），内容同样奇（盐铁之争只是一部分，多数篇幅为讨论政治得失）。当然，最为奇特的是它的命运。自汉代成书后，该书虽然历代流传，但直到明代才真正为人所重视，而其人气高潮竟然发生于学术荒芜的"文革"时期。

《盐铁论》这本书是对上一章所述汉武帝财政改革后果的全面反思，源于汉昭帝始元六年在首都长安召开的"盐铁会议"。在盐铁会议形成的材料（"议文"）基础上，桓宽为了"究治乱"而写出了《盐铁论》一书，以便对治国理财的根本原则进行深入的思考。在盐铁会议上，出席的人很多。不过，在《盐铁论》一书中，桓宽写作时却采取典型角色的形式，只列出大夫、御史、丞相、丞相史、文学、贤良等六种角色，而没有列出具体的发言人姓名。为了简便起见，本章将前四者（大夫、御史、丞相、丞相史）通称为"公卿大夫"，将后二者（文学、贤良）合称为"文学贤良"。"贤良"与"文学"，原为选取读书人做官的两种途径。就本次会议而言，贤良基本上是从京畿三辅与太常之官所执掌的"诸陵园"地区诏举的知识分子，而文学全部为来自山东（函谷关以东郡国）的知识分子。

这本书共分为六十篇。其中第六十篇是以"客曰"引出一大段文字，交代本书写作的前因后果，并对盐铁会议及其出席者进行评价，其性质相当于今天著作中的序言。除该序言外，全书的正文共五十九篇，分为"会上"和"会下"两大部分。从第一篇《本议》至第四十一篇《取下》，为本书的第一大部分即"会上"部分，完整描述了"盐铁会议"从会议召集到会议开展，直至会议结束的全过程。从第四十二篇《击之》至第五十九篇《大论》，为本书的第二大部分即"会下"部分，描述的是公卿大夫与文学贤良在会后的讨论。

限于本书的目的，本章只从全书中选择六篇来加以阐释，以反映那个时代的学者对于治国理财问题的思考结果。这些文本中提出的问题及给予的回答，构成了后世帝国财政制度建设的基本问题与基础答案，为思考帝国财政制度重建、变异与转型的内在机理提供了线索。

本章所选六篇的大致内容如下。

《本议》是《盐铁论》一书的开篇。该篇首先载明盐铁会议的起因，"惟始元六年，有诏书使丞相、御史与所举贤良、文学语。问民间所疾苦"。此次会议由丞相车千秋主持，御史大夫桑弘羊与丞相史、御史等组成官方阵营，六十余位贤良、文学组成民间阵营。武帝时期由桑弘羊推行的盐铁专卖政策是否该继续执行？会议为此而征求民间的意见。民间代表文学在会议开始,就从治国的原则高度("治人之道")要求"抑末利而开仁义",坚决反对国家继续实行盐铁专卖等政策。他们为此提出的理由大致有:有利于发展农业("进本退末,广利农业");有利于国家的道德基础("导民以德,则民归厚;示民以利,则民俗薄");国家商业行为盘剥民众、扰乱市场("今释其所有,责其所无。百姓贱卖货物,以便上求","县官猥发,阖门擅市,则万物并收。万物并收,则物腾跃")。相形之下,公卿大夫则从实践效用角度给予回应,认为盐铁专卖政策应该继续,理由有:与匈奴的战争需要大量经费支持;盐铁均输等商业性政策有利于国家治理("盐、铁、均输,所以通委财而调缓急","交庶物而便百姓");平准、均输政策,是有力的经济调控手段("所以平万物而便百姓")。

《力耕篇》为《盐铁论》的第二篇。双方辩论的焦点在于国富的源泉。文学贤良坚决认为,只有农业才能创造财富("草莱不辟,田畴不治,虽擅山海之财,通百末之利,犹不能赡也");而要让农民致力于耕种,就需要国家轻徭薄赋("十一而税,泽梁以时入而无禁,黎民咸被南亩而不失其务");而国家要能轻税,统治者就必须控制自己对于奢侈品的欲望("王者不珍无用以节其民,不爱奇货以富其国")。公卿大夫则主张,工商业不但可以互通有无、增加财富("外国之物内流,而利不外泄也"),它们像农业一样是富国手段("富国非一道"),而且可以作为调控经济与社会的有力工具("所以御轻重而役诸侯也")。公卿大夫尤其认为,国家垄断自然资源("天财")、掌握货币与物资,是不可缺少的治国利器("故均输之物,府库之财,非所以贾万民而专奉兵师之用,亦所以赈困乏而备水旱之灾也")。

《禁耕篇》《复古篇》和《水旱篇》分别为《盐铁论》一书的第五、第六和第三十六篇。这三篇的核心主题在于争论盐铁专卖政策在实践中的利与弊。双方在争论中所使用的言辞与反映出的思想倾向,在帝国后世两千多年历史中一再回响。本章将把他们讨论盐铁专卖政策的具体内容放到"文本阐释"中讨论。在文本中,双方评价彼此所使用的言辞颇有意思:文学贤良说对方见利忘义、短视无知,"守小节而遗大体,抱小利而忘大利";而公卿大夫认为对方教条迂腐、不通实务,"故未遑扣肩之义,而录拘儒之论"。千百年后,民间学者与公职人员对彼此的看法仍然与此相似。

《非鞅篇》是《盐铁论》的第七篇。这一篇除了继续争议盐铁专卖政策的利弊外,还将重点转到了治国方略的选择上,并以商鞅及其政策为例证。大体上,公卿大夫肯定商鞅,认可商鞅为代表的国家中心主义思想,认为实质性财富与有效的力量才是国家治理的基础,强调应将财富掌握在国家机构手中,然后再以积极的态度调控经济与社会、用严厉的法治保障内外安全与秩序。文学贤良则否定商鞅,认为民众的支持与令人信服的道义才是国家治理的真正基础,强调财富(更多指土地与粮食)应该更多地掌握在民众手中,主张以德治国方能长治久安("伊尹以尧、舜之道为殷国基,子孙绍位,百代不绝")。以德治国还是依法治国,一直是中国古代治国方略的重要争议内容。对此问题,在《盐铁论》一书的其他篇章中也有大量的反映,事实上讨论治国方略和意识形态的篇数在全书中至少有19篇。由于篇幅所限,本章对此不再探讨。

【文本阐释】

在从秦到清这两千多年中国史中,帝国一直在进行着有效的治理,维护着广土众民的内外安全。即使出现帝国的崩溃,也很快就能获得重生(除了魏晋南北朝时期)。为什么帝国国家治理能够取得如此杰出的成就?本章此处不打算全面探讨这个问题,而将焦点集中于以下相关的问题上:在财政上帝国该怎样定位自己的职能?国家实现有效治理的方略是什么?该怎么管理暴利性资源?对于这些问题,《盐铁论》一书进行了深入的探讨。接下来本章主要依据选录的文本以及书中其他一些文本,来概括汉代学者对这些问题的思考与回答。这些思考与回答,事实上可以用来揭示主导帝国后世发展乃至现代转型的财政基因。

一、国家职能定位:积极与消极

帝国政制是中华先民们面对生存需要所进行的伟大创造,这一基本政制萌芽于春秋战国时期诸子百家的制度构想中,形成于秦皇汉武雄才大略的制度实践下。到了汉武帝去世时,中华帝国对外对内的基本格局已大体奠定。对外,向南和向西的版图扩张已大致达到极限,向北则处于战略优势中,由此确立了中华民族基本的生存空间;对内,通过官僚制度的深化和诸侯国问题的解决,确立了基本的政治秩序。

在基本生存空间与政治秩序奠定后,中华帝国的国家职能应该采取积极主义还是消极主义?从财政上来看,国家职能定位在积极还是消极,决定了财政支出数额的多少与财政制度的建构。这一问题,被"盐铁会议"的参与者提了出来,公卿大夫与文学贤良也分别对此给出了针锋相对的答案。类似的问题与答案,在两千年帝国史中被反复地提出与给予。

（一）公卿大夫的定位

公卿大夫持有的，显然是积极的国家职能观。他们提倡运用暴力与法治的工具，来实现对外的安全和对内的秩序，要求积极干预经济与社会，为此强烈主张大规模的财政支出方案，并因此要求从多种渠道筹集财政收入以满足支出的需要。

在公卿大夫看来，对外安全的取得，显然来自国家的武力及其运用。这是因为，外部威胁者"非服其德，畏其威也。力多则人朝，力寡则朝于人矣"（《诛秦》）。他们主张，要有积极的征伐与充足的防备，"自古明王不能无征伐而服不义，不能无城垒而御强暴也"（《繇役》）。要实现对外的安全，要满足支出的需要，就必须大力筹集财政收入，其基本方式显然是继续实行盐铁专卖等政策，"故兴盐、铁，设酒榷，置均输，蓄货长财，以佐助边费"（《本议》）。在他们看来，运用所谓的德性感化手段，对匈奴这样的异类无效，并认为从长远看，武力征伐的成本并不高，"当世之务，后世之利也。今四夷内侵，不攘，万世必有长患"（《结和》）。在他们的理性计算中，对外军事行动，不仅是防范侵略的需要，而且在经济上也是有收益的，"孝武皇帝平百越以为园圃，却羌、胡以为苑囿，是以珍怪异物，充于后宫，䮄騠駃騠，实于外厩，匹夫莫不乘坚良，而民间厌橘柚。由此观之：边郡之利亦饶矣！"（《未通》）

对内秩序的取得，在公卿大夫看来，也是国家积极利用刑罚的力量惩罚作恶者的结果，"鉏一害而众苗成，刑一恶而万民悦"（《后刑》）。只有大力提倡法治，严厉地惩罚犯罪，使民众不敢违法，才能保证基本秩序，"令者所以教民也，法者所以督奸也。令严而民慎，法设而奸禁。……是以古者作五刑，刻肌肤而民不逾矩"（《刑德》）。为了维护基本秩序而扩大运用刑罚的力量，可能会出现一些文学贤良所批评的问题。但在公卿大夫看来，这些问题只有通过国家进一步地积极行动才能解决。比如，他们承认吏治有问题，但认为整顿吏治仍应运用惩罚手段："为吏既多不良矣，又侵渔百姓。长吏厉诸小吏，小吏厉诸百姓。故不患择之不熟，而患求之与得异也；不患其不足也，患其贪而无厌也"（《疾贪》）。在这种前提下，公卿大夫显然赞成在司法和行政管理方面作出进一步的努力，并因此增加支出。

除了秩序外，公卿大夫还特别地对国家发挥经济的和社会的职能充满自信，"故人主积其食，守其用，制其有余，调其不足，禁溢羡，厄利涂，然后百姓可家给人足也"（《错币》）。他们将积极发挥国家职能所能达成的理想状况，设想为"使百姓咸足于衣食，无乏困之忧；风雨时，五谷熟，螟螣不生；天下安乐，盗贼不起；

流人还归,各反其田里;吏皆廉正,敬以奉职,元元各得其理也"(《执务》)。为了承担经济与社会职能,实现理想国家,他们认为重点在于增加财政支出。对文学贤良提出减少财政支出进而降低财政收入的要求,他们表示非常不满,认为这将使国家职能无法实现:"诸生若有能安集国中,怀来远方,使边境无寇虏之灾,租税尽为诸生除之,何况盐、铁、均输乎!"(《国疾》)

(二)文学贤良的定位

作为民间知识分子,文学贤良虽然存在公卿大夫所批评的缺乏治国经验等问题,但也并非不通世务的复古主义者,他们赞成"明者因时而变,知者随世而制"(《忧边》)。不过,他们依然认为,国家职能应采取消极主义的定位,遵循远古时代的德治要求,用以身作则的教化手段,来实现对外的和平和同化、对内的秩序与和谐。他们认为,这样的消极职能定位,可以减少财政支出并因此减轻对民众的财政征收水平。

在对外方面,文学贤良承认,安全与秩序的需要在国家职能方面确实有其地位。不过,他们更多地强调,对外扩张不应是积极的力的征服,而应是消极的德的感化,用和平的手段处理问题,"周累世积德,天下莫不愿以为君,故不劳而王,恩施由近而远,而蛮、貊自至"(《诛秦》)。事实上,文学贤良并不反对国家的扩张,只是认为应该用文化渗透而非武力征服的手段,"既以义取之,以德守之。秦以力取之,以法守之,本末不得,故亡。夫文犹可长用,而武难久行也"(《繇役》)。显然,他们觉得文化渗透成本更低,对财政支出的要求更少,不会过分干扰民众的生活,"往者,匈奴结和亲,诸夷纳贡,即君臣外内相信,无胡、越之患。当此之时,上求寡而易赡,民安乐而无事"(《结和》)。特别地,他们提出了帝国扩张的自然边界问题,即国家扩张到一定程度,为扩张而付出的(边际)成本已远高于(边际)收益,继续扩张并不合算,"今去而侵边,多斥不毛寒苦之地,是犹弃江皋河滨,而田于岭阪菹泽也。转仓廪之委,飞府库之财,以给边民。中国困于繇赋,边民苦于戍御"(《轻重》)。

在对内治理方面,他们认为国家职能最为重要的是要使人民有品德(仁义),而不是追逐利益与效率,"治人之道,防淫佚之原,广道德之端,抑末利而开仁义,毋示以利,然后教化可兴,而风俗可移也"(《本议》)。他们批评公卿大夫,"能刑人而不能使人廉,能杀人而不能使人仁"(《申韩》)。在他们看来,治国的关键在德治,即在上位者的模范带领下,民众自觉遵循各种"德"的要求,从而达到天下大治,"圣人假法以成教,教成而刑不施。故威厉而不杀,刑设而不犯"(《后刑》)。采用相对消极的德治手段,自然对财政支出的要求就很小,特别地,治国者就不需要用种种与民争利的手段来增加财政收入,"是以王者不畜聚,下藏于民,远浮利,务民之义;义礼立,则民化上"(《禁耕》)。他们一再强调,在当时情况下,国家的职能已过度扩张,以至于财政负担过重,伤害到民众,"(今)郡国繇役,远至三辅,粟米贵,不足相赡。常居则匮于衣食,有故则卖畜粥业"(《疾贪》)。因此,必须减少国家职能,降低财政支出对收入的要求。

二、经济政策选择:重商主义与重农主义

在国家治理方面,该选择怎样的经济政策?用今天的学术标签来衡量,《盐铁论》特别反映出公卿大夫持有的经济统制主义、重商主义经济政策与文学贤良持有的经济自由主义、重农主义经济政策二者间的对立。公卿大夫认为,国家应该垄断自然资源("天财"),发展国家专营的商业活动,很明显这是经济统制主义政策;他们还坚决主张,发展工商业可以让国家致富,这是一种重商主义政策。文学贤良主张,政府不该垄断盐铁等自然资源,而应交由民间使用,让民间自由开发,特别是自由地铸造货币,在相当程度上这属于今天的经济自由主义的政策。与此同时,文学贤良也可以被认为是典型的重农主义者,因为他们认为农业才是国富的根源,政府提倡、重视发展工商业,必然会导致天下人趋末而弃本的不良后果。双方在国家是否应该垄断自然资源及商业活动,即经济统制主义与经济自由主义的争论,本章将在下文说明,此处将重点放在双方对重商还是重农的政策争议上。

经过秦皇汉武时期的大规模征战,中华帝国的主体疆域已大体确立,这就是长城一线以内的农耕区。在这一区域内,以家庭为单位的小农经济,成为帝国的主要经济基础。按照杨宽先生的说法,从战国到清中期,占帝国经济主导地位的一直是五到八口之家的小农家庭,耕种 32 亩左右的土地(自有土地或租佃而来的土地)[1]。因此,中华帝国的经济基础,一直是以家庭为单位的、有极强生命力的小农经济,帝国财政也因此主要依靠以农户为基础的田赋,这也是帝国财政的正统形式。问题是,如何处理工商业?一方面,工商业确实可以动员和集中大量资源,可以实行劳动分工而提高效率,从而创造出极大的财富,并因此成为国家财政收入的来源;另一方面,工商业从业者及其财富,在相当程度上属于自由资源,易于流动与集散,容易破坏社会的稳定与各阶层势力的平衡。对于工商业

---

[1] 杨宽著:《战国史》,上海人民出版社 2003 年版,第 4—5 页。

的处理,始终是帝国国家治理中的难题。对此,公卿大夫和文学贤良分别作出了不同的回答。

(一) 公卿大夫的态度

公卿大夫持有的重商主义态度,在今天显然更能得到同情,因为他们似乎更为正确地认识到工商业对社会财富的作用。在公卿大夫看来,社会财富的实现,"待商而通,待工而成"(《本议》),强调"故工不出,则农用乏;商不出,则宝货绝。农用乏,则谷不殖;宝货绝,则财用匮"(《本议》)。他们明确提出:"富国非一道,……富国何必用本农,足民何必井田也?"(《力耕》)在辩论中,公卿大夫列举了大量的事例,来说明富裕的城市与个人,是如何通过工商业致富的,"诸殷富大都,无非街衢五通,商贾之所凑,万物之所殖者"(《力耕》)。现代经济学认识到,工商业能有效动员和集中大量资源,工商业活动中的自愿交易与市场分工,能改善交易双方的效用,有利于将资源投入到更有效率的使用中,从而对经济发展有巨大的促进作用,并因此实现总效用的提高和财富的增值等。对此,公卿大夫有深刻的认识,并作出了很好的阐述:"财物流通,有以均之。是以多者不独衍,少者不独馑。若各居其处,食其食,则是橘柚不鬻,胊卤之盐不出,旃(zhān)罽(jì)不市,而吴、唐之材不用也。"(《通有》)

面对工商业带来的巨大财富,公卿大夫认为应该将其作为国家财政收入的源泉,并以此应对财政支出的需要。不过,他们并未像现代财政所主张的那样,让民间经营工商业活动同时国家实行征税以获取财政收入,而建议实行国家垄断经营以获取垄断利润。这种国家垄断,既对盐铁这样的特殊商品(消费的价格弹性比较低,财政可能获得暴利)进行,又对一般商品进行。对盐铁等特殊商品实行国家垄断,公卿大夫们认为可以在增加财政收入的同时不增加民众的负担,"今大夫君修太公、桓、管之术,总一盐、铁,通山川之利而万物殖。是以县官用饶足,民不困乏,本末并利,上下俱足,此筹计之所致,非独耕桑农也"(《轻重》)。对于一般商品的买卖实行垄断性国家经营,他们认为也能以商业利润的形式增加财政收入,"往者财用不足,战士或不得禄,而山东被灾,齐、赵大饥,赖均输之畜,仓廪之积,战士以奉,饥民以赈。故均输之物,府库之财,非所以贾万民而专奉兵师之用,亦所以赈困乏而备水旱之灾也"(《力耕》)。

(二) 文学贤良的态度

文学贤良对此时帝国的农耕基础,有着更为清醒的认识,因而坚决持有重农主义的态度,"草莱不辟,田畴不治,虽擅山海之财,通百末之利,犹不能赡也。是以古者尚力务本而种树繁,躬耕趣时而衣食足,虽累凶年而人不病也。故衣食者民之本,稼穑者民之务也。二者修,则国富而民安也"(《力耕》)。文学贤良对工商业的认识,也完全是从其对农业的重要性以及财富增值效应来看的,"山海者,财用之宝路也。铁器者,农夫之死士也"(《禁耕》)。在此基础上,他们主张实行重农主义,反对将工商业发展作为国策,也因此反对将其作为财政收入的重要来源。

为什么文学贤良如此反对公卿大夫的重商主义,并反对将工商业作为财政的收入来源?原因至少有两个方面:一是,工商业的发展会败坏社会风气,破坏社会的道德基础,"散敦厚之朴,成贪鄙之化"(《本议》),这是与工商业资源所具有的自由流动特性相关的;二是,在成为政府及其大小官吏盘剥百姓的工具方面,工商业显得更为便利,"于是兴利害,算车舡,以訾助边,赎罪告缗,与人以患矣。甲士死于军旅,中士罢于转漕,仍之以科适,吏征发极矣"(《击之》)。

三、暴利性资源商品管理方式:国家垄断与民间经营

有一些商品,要么因为是生活必需品,要么因为有致瘾性,因而需求的价格弹性比较低。也就是说,即使这些商品的价格上升,消费者的消费量也并不会减少或者减少不多。这样,政府可通过某种垄断方式(即实行专卖),通过制定垄断高价来牟取超额收益。这种做法,由于有商品买卖的形式作掩护,因此在《管子》中就已被认为是一种良好的财政管理方式,政府可因此获得暴利。在帝国早期,能够如此获得暴利的商品主要是盐和铁两项资源商品,前者因为消费弹性低(人人都需要定量食盐),管理成本低(控制住盐场即可)而得到推崇,后者是因为此时正处于铁器大推广时代,消费弹性显得比较低。从后世的经验来看,铁器因矿石分布分散和冶炼制作容易,管理成本较高,不在暴利性资源商品名单中。在暴利性资源商品名单上的,除了盐以外,后来又增添了茶、烟草、香料,以及近代的石油、煤炭等。

怎样管理这些暴利性资源商品?这一问题事实上是本次会议召开的主题,公卿大夫和文学贤良对此展开了广泛而激烈的争论,类似的争论贯穿了后世两千年帝国国家治理的全过程。以今天的眼光来看,对暴利性资源商品,财政上的管理手段无非三种:要么在生产销售的所有环节,实行全面垄断(也称直接专卖),以便在商品运动的全部环节获取垄断利润;要么在部分环节实行许可(也称间接专卖),以获取许可费(一般以出售许可证的形式);要么放开让民间经营,但征收特别税收(从量或从价征收特别商品税,或者征收暴利税等特殊收益税)。

就盐铁会议的双方而言,争论的焦点问题主要是:对盐铁这样的商品是实行全面垄断还是放开经营?

(一)公卿大夫赞成全面垄断

对于盐铁这样的暴利性资源商品,公卿大夫坚决主张继续实行公元前110年开始的全面垄断政策。他们提出的理由有两个方面:一个是财政收入方面的,另一个则涉及运用财政手段管理社会方面。显然,后一个理由更为他们所强调。

在财政收入方面,公卿大夫继承了姜太公、管仲以来利用盐铁等低弹性商品获取财政收入的观点,认为从这样的商品中获取财政收入,民众不会察觉,在提高政府财政收入的同时也不会影响百姓的生活。他们认为:"盐、铁之利,所以佐百姓之急,足军旅之费,务蓄积以备乏绝,所给甚众,有益于国,无害于人。"(《非鞅》)

在运用财政手段管理社会方面,公卿大夫认为盐铁若由国家全面垄断,就可实施统一标准化管理。用今天的经济学语言来描述就是,可以消除或减少信息不对称状况。这样做,可给社会带来很多好处,如价格稳定、规格一致、杜绝欺诈行为等。他们说:"故有司请总盐、铁,一其用,平其贾,以便百姓公私。虽虞、夏之为治,不易于此。吏明其教,工致其事,则刚柔和,器用便。"(《水旱》)同时,"县官设衡立准,人从所欲,虽使五尺童子适市,莫之能欺"(《禁耕》)。

当然,在运用财政工具管理社会方面,最能为盐铁全面垄断提供辩护理由的,是其对于平衡社会势力的作用。也就是说,如果这些暴利性资源落入私人手中,会使得部分豪强势力过于庞大,他们可能会压迫小民、危害国家稳定,"令意总一盐、铁,非独为利入也,将以建本抑末,离朋党,禁淫侈,绝并兼之路也","往者,豪强大家,得管山海之利,采铁石鼓铸,煮盐。一家聚众,或至千余人,大抵尽收放流人民也。远去乡里,弃坟墓,依倚大家,聚深山穷泽之中,成奸伪之业,遂朋党之权,其轻为非亦大矣"(《复古》)。因此,盐铁由国家垄断,暴利由国家获得,可以避免社会势力的失衡。应该说,防范社会势力的失衡,在今天也都是公共管理的目标。当然,私人势力会不会发展成为压迫小民、造成社会不平衡的豪强,关键不在于私人的经济状况,而在于用来制约私人势力的政治与法律状况。只要政治权力能真正为民所用,法律公平公正,私人经济势力再强,也会受到公共权力的有效约束,而不至于沦为破坏社会平衡的恶势力。这一点身为政治人物的公卿大夫,未能充分认识到,而被文学贤良尖锐地指出来。就今天的眼光来看,权力为民所用、法律公正实施,有赖于整个国家制度的民主化和法治化,这是帝国政治所无法实现的。

（二）文学贤良要求实行盐铁的民间经营

对于公卿大夫为盐铁的全面垄断所作的辩护，文学贤良给予了猛烈的抨击，强烈要求放弃这一政策，实行民间经营。他们的批评是相当有力的，其列举的事例与揭示的道理，可视为现代经济自由主义的内容。

文学贤良的批评，分为以下几个层次。

第一个层次，与前面批评工商业相似，他们批评盐铁由国家垄断，破坏了国家的真正基础（即道德基础与农耕基础），要求直接予以废除，"今郡国有盐、铁、酒榷、均输，与民争利。散敦厚之朴，成贪鄙之化。是以百姓就本者寡，趋末者众"（《本议》）。他们指出，国家基础的破坏，最终也会影响到当政者的利益（"筑城者先厚其基而后求其高，畜民者先厚其业而后求其赡。《论语》曰：'百姓足，君孰与不足乎？'"〔《未通》〕）

第二个层次，他们鲜明地指出，对盐铁这样的低弹性商品实行国家垄断，只是增加了财政收入，虽然以自愿交易为形式掩盖了财政征收的实质，但却并不像公卿大夫所说的那样不影响百姓生活，事实上严重伤害了百姓。一方面，这种伤害体现为剥夺了民众的财富，毁坏了国家的财源基础，"且利不从天来，不从地出，一取之民间，谓之百倍，此计之失者也。无异于愚人反裘而负薪，爱其毛，不知其皮尽也"（《非鞅》）。另一方面，强制性地统一标准化管理盐铁，不能做到因地制宜，严重影响了百姓的生产和生活，"夫秦、楚、燕、齐，土力不同，刚柔异势，巨小之用，居句之宜，党殊俗异，各有所便。县官笼而一之，则铁器失其宜，而农夫失其便"（《禁耕》）。

第三个层次，他们认为，盐铁由国家全面垄断，超出了国家的管理能力。这体现为以下两个方面。一方面，大小官吏并无能力真正经营盐铁业，而只是简单地将其转化为财政负担，加在百姓身上，"铁官卖器不售或颇赋与民。卒徒作不中呈，时命助之。发征无限，更繇以均剧，故百姓疾苦之"（《水旱》）。另一方面，各级官吏没有能力从盐铁经营中获利，而只是简单地抬高盐铁价格，用垄断的力量获取暴利，导致百姓无力消费，"盐、铁贾贵，百姓不便。贫民或木耕手耨，土耰淡食"（《水旱》）。

第四个层次，他们驳斥盐铁国家垄断可抑制私人势力、维护社会平衡的说法。在文学贤良看来，将暴利性资源从民间转到国家手中，并未使这些暴利转为国家的财富，而只是将其转移到权力拥有者之手，最终使权贵阶层获得了巨额财富，"自利官之设，三业之起，贵人之家云行于涂，毂击于道，攘公法，申私利，跨山泽，擅官市，非特巨海鱼盐也；执国家之柄，以行海内，非特田常之势，陪臣之权也"(《刺权》)。因此,破坏社会势力均衡、影响国家稳定的,不是盐铁的民间经营者,而是因政府垄断盐铁而得到垄断权的官僚们,他们才是破坏国家稳定的力量,"工商之事,欧冶之任,何奸之能成?三桓专鲁,六卿分晋,不以盐铁。故权利深者,不在山海,在朝廷;一家害百家,在萧墙,而不在胸邪也"(《禁耕》)。文学贤良的这一批评,在今天仍能得到同情与反响。

四、帝国治理在财政上的显基因与隐基因

就以上国家职能定位、经济政策选择、暴利性资源商品管理等三方面,可以大致看出在治国理财基本问题上,公卿大夫与文学贤良持有针锋相对的观点。公卿大夫的主张主要为三条:(1)财政支出规模应大,以支持国家履行积极的职能;(2)工商业在经济政策上应该予以重视,并使之成为财政收入的主要来源;(3)暴利性资源应该掌握在政府手中,实行国家的全面垄断。而文学贤良的主张则与此相反,主要是:(1)财政支出规模要小,国家在履行职能方面应该持消极主义;(2)经济政策上应该重农轻商,不应以工商业作为财政收入的来源;(3)暴利性资源应该分散给民间,不应掌握在国家手中。

在帝国后来的发展中,上述观点不断出现并反复交锋。有意思的是,占据讨论话语权上风并支配后世帝国财政实践的,是文学贤良的第一和第二个观点,以及公卿大夫的第三个观点;而公卿大夫的第一和第二个观点,文学贤良的第三个观点,在帝国财政讨论与制度实践中始终隐伏却从未断绝,在特定时期会显现出来,甚至有时会主张自己的主导地位。前者本文将其称为帝国财政的显基因,后者称为帝国财政的隐基因。财政的显基因,决定了帝国在重建及常态运行时的主要样态;财政的隐基因,在帝国危机时更多地浮现出来,并在帝国向现代国家的转型活动中发挥着主导性的作用。

(一) 显基因决定了帝国财政制度的重建与常态运行

国家崩溃是中华帝国运行时的常见现象,在帝国崩溃后的重建过程中,财政基本制度也不断地重建,并为帝国常态运行提供资源支持。以下几个方面,既是帝国财政制度重建时的基本原则,也是其常态运行时始终贯彻的原则。这些原则,就是帝国财政的显基因。

第一,像文学贤良主张的那样以有限的财政支出来应对相对固定的帝国职能,轻徭薄赋因此成为帝国财政的理想,量入为出成为帝国财政的基本原则。中华帝国很早就达到了职能相对固定的地步,这使得财政支出的有限性有了可能。

在对外方面，正如文学贤良所指出的，中华帝国在汉武帝时期就已大致达到扩张的自然边界。因此，以相对固定的军事支出维持对外的防守态势，利用和平手段进行渗透，在财政上是更为合算的事情。比起对外扩张来，对内治理更为重要，但都是常规化任务，在基本的经济和社会结构没有大变化的情况下，财政支出同样无需扩大。此时，财政的对内任务主要是进行再分配，即在阶层间、时间上和空间中进行财政的调拨。阶层间的再分配，是在穷人与富人之间进行的，主要是努力实现将财政负担落实到有能力的家庭（田产多、家赀厚）身上，并对弱者进行各种社会救助。时间上的再分配，主要有两个方面：一个是一年内在青黄不接季节与粮食收获季节间之间实现平衡，另一个是在不同年份中的丰收年份与歉收年份之间达成平衡，在财政上这两个方面都体现为仓储与调拨系统的建设。空间中的再分配，主要涉及水资源、物资（以粮食为主）和财富等诸方面，在财政中体现出来的就是各种水利工程的建设，以及大规模漕运系统的维护。财政支出相对有限，自然对财政收入的要求也不高，因此轻徭薄赋是帝国财政征收的最高理想。同时，为了实现财政支出的有限性，在财政管理上始终将"量入为出"作为最高原则。这一原则，既是农业社会中家庭财务原则在国家财政上的反映，又有基本的政治考虑，即以财政收入的相对有限性来约束君主的权力。在后世帝国中，君主们虽然在实践中常常突破"量入为出"原则，但在理念上仍高度认同这一原则。

第二，像文学贤良主张的那样重农，以农业收入为主要财政收入来源，在财政上确保履亩而税，在政治上实行"抑商"。帝国的基础是农耕文明，因而依托农业收益来获取财政收入就成为标准做法。由于小农经济的有效性与强大的恢复能力，帝国毁灭后，只要能给小农家庭配置适当的土地，就能以此为基础恢复经济和社会结构，并重建帝国。为了实现小农对适当土地的占有，财政上可以做的事情主要是直接给小农分配土地，而这一般只会发生在帝国重建初期，因为此时国家掌握着大量的荒地。到了王朝中期以后，国家手中就已不再掌握荒地，此时贯彻实行"履亩而税"至关重要。所谓履亩而税，就是说拥有土地的人根据田亩数量（及等级）上缴田赋，这样做可以将财政负担落实到有能力的人身上。小农只是根据自己占有的田亩数上缴田赋，若无土地则不缴田赋，此时小农可通过租种地主耕地实现正常的生产和生活。占有大量土地而有负担能力的地主，则根据自己的土地数量上缴田赋。如果能够这样成功地实现履亩而税，就能以农业收入为基础维持帝国。但在现实中，地主往往能够凭借其拥有或分享到的政治权力，将负担转嫁给小农，从而破坏履亩而税和帝国的财政基础，并进而造成小农破产和财政危机。工商业是帝国中的异类：一方面，它是小农经济的有益补充和连接纽带，正如公卿大夫在和文学贤良的辩论中屡次提及的；另一方面，由于工商业资源的自由流动特性，可能会成为威胁帝国稳定和破坏农耕文明的力量。因此，帝国在后世发展过程中，一再试图用国家权力限制工商业在资源上的自由流动特性，这就是帝国实践中重农抑商政策的内在原因。但这种做法却往往使得工商业落入权力拥有者手中，成为君主和官僚个人的财富来源而非国家的财政收入来源。不重视工商业在国家中的地位，没有正式规则的保护与约束，而任由工商业落入权力拥有者的私人庇护下，这是帝国时期工商业始终无法真正发达的原因所在。

第三，暴利性资源像公卿大夫主张的那样由政府统一掌管。帝国财政以农业经济为基础，按照履亩而税原则获取财政收入。这一做法的最大问题是，财政收入缺乏弹性，难以在紧急时获得大量的、可增长的货币收入。因此，在后世帝国的财政中，虽然文学贤良在财政支出规模和财政收入方式方面的主张都占了上风，但在暴利性资源方面却遵循了公卿大夫的主张。就是说，帝国财政的普遍性做法是，由政府控制暴利性资源，在获取弹性财政收入的同时，使其不至于落入民间豪强手中。但是，文学贤良所指出的这一体制的缺点，仍是无法回避的。所以，对暴利性资源的政府管理，后世有一个变化与探索的过程，以便纠正或至少减缓其中存在的问题。以盐业为例，其总体趋势是政府逐渐放弃全面垄断，不断地增加民间力量在该行业中的地位。变化的发生，首先是放弃全面垄断政策，只在收购与批发环节实行垄断，放开生产和零售环节，而代之以行政许可的方式，并由此获得财政收入，即只许可特定的民间盐商从事零售，并向他们收取许可费。唐代刘晏就是按这一方法主持了盐业体制的改革，大大增加了政府的财政收入。再后来，许可的对象、方式及收取许可费的形式，又有了一些变化。直到最后，在清末对盐业的管理开始探索放开所有环节并将其交给民间经营，同时政府征收特别商品税。从现代财政眼光来看，国家对暴利性资源进行某种形式的垄断，并借此获取财政收入，其做法本身并无不妥。但如何监管和限制垄断权？正像文学贤良所批评的，这种垄断权可能会落入大小官吏的私人之手，成为他们获利的渠道，并因此伤害民众的利益。在帝国时期，这一问题始终难以解决。事实上，这一问题直到现代国家才得以解决，其答案是以民主来制约垄断。

（二）隐基因决定了帝国财政制度的变异与转型

虽然根据上述三个方面的显基因，帝国财政制度不断地得以重建并常态运行，但隐基因始终隐伏在帝国的政治实践中。在帝国遭遇重大危机时，隐基因就会浮现出来,成为主导帝国财政变异的力量,直至近代,它成为主导帝国财政转型的重要力量。

第一,在危机时刻,财政支出可能不得不转向公卿大夫所主张的大幅度增加以应对现实需要,这样轻徭薄赋的理想就被突破,财政上不得不实行"量出为入"。由于中华帝国疆域的自然限度以及农耕经济的简单性,一般来说,帝国职能比较固定,财政支出相对有限。在正常情况下,破坏支出有限性的主要力量来自皇室与官僚对支出的要求。就是说,随着王朝的兴起与长期延续,依附于皇室的宗室人员以及官僚队伍会越来越庞大,由此导致皇室支出与官俸支出大幅增加,并带来财政支出的大规模增长,最终突破小农经济提供的财政收入基础。此时,历史上常见的现象是,在王朝中期进行财政改革,压缩和控制皇室支出与官俸支出的膨胀;或者王朝发生更替,以相对小规模的新皇室与新官僚队伍,来代替已无法控制的旧皇室与官僚队伍,从而强制性地恢复财政的平衡。从这个角度看,王朝中期财政改革和王朝兴衰是帝国自我维持的一种财政手段。但是,在特定时期,帝国可能会面临巨大的外部威胁而急需财政支出的增长,此时仅靠财政改革和王朝更替已无济于事。在帝国史上,至少有过两次这样的危机:一次是宋代中后期,面临着游牧帝国大规模入侵的威胁;另一次是清代末期,面临着西方列强带来的亡国灭种的威胁。在这样的危机中,为了军事支出的需要,就必须大幅度增加财政支出,这就需要突破原先的量入为出原则,在财政上就要为不断增长的支出寻找财政收入,而这种财政收入只能依赖于工商业。宋代中后期寻找财政收入的努力是失败的,这是宋亡的原因之一;而清代后期开始直至今日寻求财政收入的努力是成功的,由此带来工商业的发展以及帝国财政向现代财政的转型、整个帝国向现代国家的转型。

第二,在危机时刻,由于支出的需要,财政收入不得不以工商业为基础,由此带来公卿大夫所主张的重视工商业的要求。在帝国常态中,"履亩而税"带来的农业收益可以为帝国的财政支出提供支持。但在上述帝国危机时刻,财政支出呈爆发性增长。此时除了以附加形式临时性地增加来源于农业的财政收入外,只能转向公卿大夫所主张的工商业以寻求收入支持,这就会带来帝国财政的变异乃至转型。转向工商业获取财政收入,主要有两种方式:一种是由国家全面垄断工商业以获取垄断利润;另一种是放开工商业让民间经营但对其实行征税。第一种方式实际上就是依托于国营工商业来获取财政收入,这往往会因国营企业天生的低效而失败。因此,除了暴利性资源商品外,一般商品实行国营并不能给国家提供净财政收入。在宋代中后期,财政收入的一半以上来自工商业,这与常态的帝国财政具有鲜明的不同。但是宋代财政来自工商业的收入,绝大部分来自暴利性资源商品。因此,宋代中后期的财政是帝国财政的变异而非转型。第二种方式实际上是现代财政的方式,即由民间经营工商业(尤其是工业革命之后大规模生产与销售的工商业),政府根据其销售额或所得额征税,这种方式与帝国财政属于两种不同的类型。在理论上,要使这一方式奏效,至少需要两个前提:一个是政府必须保护私人产权、提供基础设施、健全市场规则,以使工商业能够得到发展,从而奠定税收的经济基础;另一个是财政管理能力的增强和税收征管机构的发展,特别需要纳税人服从度提高以减少征纳成本。要满足这两个条件,就意味着国家要转向积极地履行司法、经济与社会职能,也就意味着要发展理性化的国家制度,并实现国家的民主化以使民众自愿服从国家等。换言之,财政收入要成功地以工商业为基础,不但意味着财政的转型,也意味着国家的全面转型。

第三,在危机时刻暴利性资源管理方式朝着文学贤良的主张转向。在危机时刻,暴利性资源对于财政收入的意义显得越发重要。在紧急情况下,一般的做法是进一步加强对暴利性资源的垄断,以增加财政收入。宋代中后期的财政改革,方向正在于此。在王安石之后,继续实行"新法"的蔡京等人,所做的无非是进一步垄断暴利性资源商品(盐、酒、茶、香料等)。这种做法在短期内也确实成功地增加了财政收入,但文学贤良的批评再一次被验证:国家对暴利性资源的进一步垄断,只是严重盘剥了百姓,影响他们的生活,事实上国家受益极小,而掌握权力的权贵获得了巨额财富。因此,宋王朝亡于游牧帝国之手,固然因为外部军事压力过大,但国家进一步垄断暴利性资源对经济基础和民众支持的破坏,同样是重要的原因。在现代,文学贤良对政府垄断暴利性资源的批评,除了对农耕基础和道德基础的强调已没有当时那么重要外,其他的批评内容依然能够成立。解决暴利性资源管理中的问题,在现代国家的普遍做法是,让民间竞争性地经营暴利性资源(即遵从文学贤良的教导),同时由政府对其征收特别税,并以民主制度来制约大大小小官僚的权力。在从晚清开始的财政转型乃至国家转型之中,对诸如盐业这样的暴利性资源的管理方式正是这样变化的。

第六章
"政事所以理财,理财乃所谓义也"
——司马光与王安石选文与阐释

【文本选录】

司马光:《论财利疏》[1]

一、提出问题:潜在的财用危机[2]

月日,具位臣(具位臣,谦称)光谨昧死上疏尊号皇帝陛下:臣闻昔楚庄王以无灾为惧,曰:"天岂弃不穀(不穀 gǔ,诸侯的自谦称)乎?"范文子曰:"唯圣人能外内无患。"然则岁小不登(登,谷物成熟),边鄙有警,未必非国家之福也。伏见今春天久不雨,陛下忧劳于内,公卿惶恐于外,岂不以公私之积素不充实,若遇饥馑将无以相恤乎?一朝京师得雨,远方未遍,则君臣释然相庆,不复以民食为念。陛下安知来岁之旱不甚于今岁乎?盖天降灾沴(沴 lì,灾害),蛮夷猾(猾,侵犯)夏(夏,华夏),寇贼奸宄(宄 guǐ,奸邪、作乱),此尧舜所不能免也。即不幸有大水大旱,方二三千里,戎狄乘间而窥边,细民穷困而为盗,军旅数起,久未有功,府库之蓄积已竭,百姓之生业已尽。陛下当此之时,将以何道救之乎?臣不知陛下与公卿大臣以此为必无而不足忧乎?将以为有之而不为之备,俟(俟 sì,等待)事至然后忧之也。若俟事至然后忧之,虽以陛下之圣明,得益、稷(益、稷,都是舜的大臣)、太公以为辅佐,臣以为不及矣。何则?圣贤之治,皆积以岁月,然后有功。

---

[1] 此处选文文字及注释参考了李之亮笺注:《司马温公集编年笺注》,巴蜀书社 2009 年版;李文泽、霞绍晖校点:《司马光集》,四川大学出版社 2010 年版。
[2] 本章司马光与王安石文章的分节与小标题,都是笔者根据文意添加的,原文并没有,故用加粗楷体字标出。

欲天下之家给人足,固不可一日具(具,备办)也。《周易·既济》之象曰:"君子以思患而预防之。"此其时矣。失之愈远,救之愈难,奈何日复一日,取适(适,舒适)目前而已乎?晋武帝时,何曾(何曾,晋武帝时著名大臣)谓其子孙曰:"吾每见主上所说,皆平生常语,未尝及经远大计。吾子孙其及于乱乎?"其后五胡构乱,中州覆没,生民涂炭,几三百年。由是观之,上下偷安,不为远谋,此最国家之大患也。《诗》曰:"哀哉为犹(犹yóu,方略),匪先民是程(程,效法;匪先民是程,不以古代先民的行为作为自己的行为标准),匪大犹是经(经,依据;匪大犹是经,不以大的法则作为常道)。维迩言(迩言,亲近人的话)是听,维迩言是争,如彼筑室于道谋,是用不溃于成。"方今之政,何以异此?此臣之夙(夙sù,早)夜所为痛心疾首者也。

古之王者,藏之于民,降而不能,乃藏于仓廪府库。故上不足则取之于下,下不足则资之于上,此上下所以相保也。今民既困矣,而仓廪府库又虚,陛下傥(傥 tǎng,通"倘")不深以为忧而早为之谋,臣恐国家异日之患,不在于他,在于财力屈竭而已矣。今朝廷不循其本而救其末,特置宽恤民力之官,分命使者,旁午(旁午,纷繁于路)四出,争言便宜以变更旧制,米盐靡密(靡密,繁琐细碎)之事,皆非朝廷所当预者,张设科条,不可胜纪。或不如其旧,益为民患;或朝三暮四,移左于右。其间果能利民者,不过放散县官之物以予民耳。是诚损上益下,王者之仁政也,然臣闻古之圣王,养之有道,用之有节,上有余财,然后推以予民,是以上下交足,而颂声作矣。今入者日寡,出者日滋,是所谓厌(厌yā,堵塞)其原,开其渎(渎,水沟),其竭可立而待也。公家既竭,不取诸民,将焉取之?是徒有利民之名,而无利民之实,果何益哉?夫宽恤民力,在于择人,不在立法。若守令得人,则民力虽欲毋宽,其可得乎?守令非其人,而徒立苛法,适所以扰民耳。自置此官以来,于今累年,臣访之民间,未闻其困弊小瘳(瘳chōu,减损)于前也。然则为今之术奈何?曰:在随材用人而久任之,在养其本原而徐取之,在减损浮冗而省用之。

二、解决办法一:随才用人而久任之

何谓随材用人而久任之?夫人之材性,各有所宜。虽周、孔之材,不能遍为人之所为,况其下乎?固当就其所长而用之。今朝廷用人则不然,顾其出身(出身,科举成功取得功名)、资叙(资叙,资格)何如耳,不复问其材之所堪也。故在两禁(两禁,指翰林院),则欲其为严助、司马相如;任将帅,则欲其为卫青、霍去病;典州郡,则欲其为龚遂、黄霸;尹京邑(尹京邑,任用京城长官),则欲其为张敞、赵广汉;司财利,则欲其为孔仅、桑弘羊。世岂有如此人哉?故财用之所以匮乏者,由朝廷不择专晓钱谷之人为之故也。国初,三司使或以诸卫将军、诸司使为之,判官则朝士晓钱谷者皆得为之,不必用文辞之士也。先朝以数路用人,文辞之士置之馆阁,晓钱谷者为三司判官,晓刑狱者为开封府推判官。三者职业不同,取舍各异,莫相涉也。然后人主以时引对,访问以察之,使令以试之,积久以观之,核其真伪,辨其臧否,考其功效。然后进之退之,未必历其职者皆须进用,不可复退也。故群臣各宣其用,而万事交举矣。夫官久于其业而后明,功久于其事而后成。是以古者世官相承,以为氏姓。先朝陈恕领三司十余年,至今称能治财赋者以恕为首,岂恕之才智独异于人哉?盖得久从事于其职故也。至于副使、判官,勘其事者,亦未数易也。是以先帝屡行大礼,东封西祀,广修宫观,而财用有余者,用人专而任之久故也。近岁三司使、副使、判官,大率多用文辞之士为之,以为进用之资途。不复问其习与不习于钱谷也。彼文辞之士,习钱谷者固有之矣,然不能专也。于是乎有以簿书为烦而不省(省,审查),以钱谷为鄙而不问者矣。又居官者出入迁徙,有如邮舍,或未能尽识吏人之面,知职业之所主,已舍去矣。臣顷者判度支勾院甫(甫 fǔ,才)二年耳,上自三司使,下至检法官,改易皆遍,甚者或更历数人。虽有恪勤(恪勤,恭敬勤恳)之人,夙夜尽心,以治其职,人情稍通,纲纪粗立,则舍之而去。后来者意见各殊,则向之所为,一皆废坏。况怠惰之人,因循苟且,惟思便身,不顾公家者乎?如此而望太仓有红腐之粟,水衡有贯朽之钱,臣未知其期也。凡百官,莫不欲久于其任,而食货为甚。何则?二十七年耕,然后有九年之食。今居官者不满三岁,安得有二十七年之效乎?臣愚以为朝廷宜精选朝士之晓练钱谷者,不问其始所以进,或进士,或诸科,或门荫,先使之治钱谷小事。有功则使之权发遣(权发遣,临时代理)三司判官事。及三年而察之,实效显著者,然后得权三司判官事。又三年更有实效,然后得为正三司判官。其无实效者,皆退归常调,勿复收用。其诸路转运使,不复以路分相压,使之久于其任。有实效者,或自权为正,自转运副使为转运使。无实效者,亦退归常调,勿复收用。每三司副使阙(阙,通"缺"),则选三司判官及诸路转运使功效尤著者以补之。三司使阙,亦选于副使以补之。三司使久于其任,能使用度丰衍、公私富实者,增其秩,使与两府同,而勿改其职。如此,则异日财用之丰耗不离于己,不得诿(诿 wěi,把责任推给别人)之他人,必务为永久之规矣。其文辞之士,则自有资途,不必使为钱谷之吏以轻之也。

三、解决办法二:养其本原而徐取之

何谓养其本原而徐取之?善治财者,养其所自来而收其所有余,故用之不竭而上下交足也。不善治财者反此。夫农工商贾者,财之所自来也。农尽力,则田

善收而谷有余矣;工尽巧,则器斯坚而用有余矣;商贾流通,则有无交而货有余矣。彼有余而我取之,虽多不病焉。今之有司自谓能治财者,臣见之矣:冻馁(馁něi,饥饿)其民而丰积聚者也,扫土以市禄位而不恤后人者也,捃(捃jùn,拾取)拾麻麦而丧丘山者也,保惜一钱而费万金者也,不操白刃而为寇攘(攘rǎng,抢夺)者也,奸巧簿书而罔(罔wǎng,蒙蔽)君上者也。必曰养其所自来而收其所有余,则闻者以为笑矣。夫使稼穑者饶乐,而惰游者困苦,则农尽力矣;坚好便用者获利,浮伪侈靡者不售,则工尽巧矣;公家之利,舍其细而取其大,散诸近而收诸远,则商贾流通矣。农、工、商贾,皆乐其业而安其富,则公家何求而不获乎?夫农,天下之首务也。古人之所重,而今人之所轻。非独轻之,又困苦莫先焉。何以言之?彼农者苦身劳力,衣粗食粝(粝lì,糙米),官之百赋出焉,百役归焉。岁丰则贱贸其谷,以应官私之求;岁凶则流离冻馁,先众人填沟壑。如此而望浮食之民转而缘(缘,趋向)南亩(南亩,农田),难矣!彼直生而不知市井之乐耳,苟或知之,则去而不返矣。故以今天下之民度之,农者不过二三,而浮食者常七八矣。欲仓廪之实,其可得乎?臣愚以为,凡农民租税之外,宜无有所预。衙前当募人为之,以优重相补,不足则以坊郭上户为之。彼坊郭之民,部送纲运,典领仓库,不费二三,而农民常费八九。何则?儇利(儇xuān利,敏捷灵巧)戆愚之性不同故也。其余轻役,则以农民为之。岁丰则官为平籴(平籴dí,用平价买进谷物),使谷有所归;岁凶则先案籍(案籍,查考户籍)赒(赒zhōu,救济)赡农民,而后及浮食者。民有能自耕种积谷多者,不籍(籍,登记在册)以为家赀(家赀zī,家中的财产)之数。如此,则谷重而农劝矣。彼百工者,以时俗为心者也。时俗贵用物而贱浮伪,则百工变而从之矣。时俗者,以在上之人为心者也。在上好朴素而恶淫侈,则时俗变而从之矣。其百工在官者,亦当择人而监之,工致为上,华靡为下,物勒工名,谨考其良苦而诛赏(诛赏,责罚与奖赏)之。取其用,不取其数,则器用无不精矣。彼商贾者,志于利而已矣。今县官数以一切之计,变法更令,弃信而夺之。彼无利则弃业而从他,县官安能止之哉?是以茶盐弃捐,征税耗损,凡以此也。然则县官之利,果何得哉?善治财者不然,将取之,必予之;将敛之,必散之。故日计之不足,而岁计之有余。此乃白圭、猗顿之所知,岂国家选贤择能以治财,其用智顾不如白圭、猗顿邪?患在国家任之不久,责近效而遗远谋故也。夫伐薪者,刈(刈yì,割)其条枚(条枚,枝干),养其本根,则薪不绝矣。若并本根而伐之,其得薪岂不多哉?后无继矣。是非难知之道也。然则有司不为者,彼其心曰:"吾居官不日而迁,不立效于目前以自显,顾养财以遗后之人,使为功,吾何赖焉?"是非特有司之罪也,亦朝廷用人之法驱之使然也。

四、解决办法三：减损浮冗而省用之

何谓减损浮冗而省用之？昔太祖初得天下之时，止有一百一十一州耳。江南、两浙、西川富饶之土，皆为异域。又承五代荒乱之余，府库空竭。豪杰棋布于海内，戎狄窥觎（窥 kuī 觎 yú，伺隙图谋）于边境，戎车岁驾，四方多虞。当是之时，内给百官，外奉军旅，诛除僭伪，赏赐钜万，未尝闻财用不足如今日之汲汲（汲汲，急切的样子）也。陛下承祖宗之业，奄（奄 yǎn，覆盖）有四百余州，天下一统，戎狄款塞（款塞，前来通好），富饶之土，贡赋相属，承平积久，百姓阜（阜，物资多）安，是宜财用羡溢，百倍於前。奈何竭府库之所蓄，罄率土之所有，当天下无事之时，遑遑焉专救经费而不足？万一有不可期之灾患，将何以待之乎？夫以国初之狭隘艰难，财用宜不足而有余；今日之广大安宁，财用宜有余而不足，陛下亦尝熟思其所以然之理乎？得非太祖所养者，皆有功有用之人，陛下所养者，未必尽有功用乎？

臣窃见陛下天性恭俭，不好侈靡，宫室苑囿，皆因祖宗之旧，无所更造，或隳（隳 huī，毁坏）顿荒翳（翳 yì，遮蔽），不加修治，饮膳衣服、器皿帷帐，适足供用，不极精华，或苦恶敝绽，亦不更易，虽唐、虞之土阶三尺，茅茨（茅茨，茅草盖的屋顶）不剪，殆无以过。然左右侍御之人，宗戚贵臣之家，第宅园囿，服食器用，往往穷天下之珍怪，极一时之鲜明，惟意所欲，无复分限。以豪华相尚，以俭陋相訾（訾 zǐ，说坏话），厌常而好新，月异而岁殊。是以费用不足，则诛求（诛求，强制征收）无厌，丐（丐，乞求）贷不耻。甚者或依凭诏令，以发府库之财，假托供奉，以糜（糜，浪费）县官之物，真伪莫辨，多少不会。陛下圣度宽仁，不欲拒塞，恶闻人过，不加案诘（诘 jié，追问）。至于颁赐外廷之臣，亦皆逾溢常数，不循旧规。如向者皇女初生，所散包子之类，费用不可胜纪。臣尝闻耆旧之人言，先朝公主在宫中，俸钱不过月五千，其余后宫月给，大抵仿此。非时未尝轻有赐予，虽有赐予，亦不甚丰。汉明帝曰："我子岂宜与先帝子等乎！"夫等犹不可，又况过之？是以祖宗之积，穷于赐予，困於浮费。臣不能知其详，以外望度之，什耗七八矣。内藏已虚，而浸淫於左藏矣。夫府库者，聚天下之财以为民也，非以奉一人之私也。祖宗所为置内藏者，以备饥馑兵革非常之费，非以供陛下奉养赐予之具也。今内藏库专以内臣掌之，不领于三司。其出纳之多少，积蓄之虚实，簿书之是非，有司莫得而知也。若皆以奉养赐予而尽之，一旦有饥馑兵革之事，三司经费自不能周，内藏又无所仰，敛之於民，则民以困竭，得无狼狈而不支乎？此臣夙夜所懔懔（懔懔，危惧的样子）也。

今陛下所以有唐、虞之德，而无唐、虞之治者，其失在于不忍而好予。不忍则不诛有罪,好予则不待有功。不诛有罪,则奸邪欺罔而不忌;不待有功,则贪佞侥幸而无厌。治道之所以不格于上下者,凡以此也。昔韩昭侯有敝袴(敝袴,敝旧的裤子),命藏之,侍者曰:"君亦不仁矣!不赐左右而藏之。"昭侯曰:"吾闻明主爱一嚬(嚬pín,皱眉)一笑。嚬有为嚬,笑有为笑。今袴岂特嚬笑哉?吾必待有功者。"彼小国诸侯,犹能慎赏如是,而国以富强,况以四海之主,不行无功侥幸之赏,杜塞甘言悲辞之请,则唐、虞之治,何远之有哉!夫府库金帛,皆生民之膏血,州县之吏鞭挞其丁壮,冻馁其老弱,铢铢寸寸而聚之。今以富大之州,终岁之积,输之京师,适足以供陛下一朝恩泽之赐,贵臣一日饮宴之费。陛下何独不忍于目前之群臣,而忍之于天下之百姓乎?夫以陛下恭俭之德,拟于唐虞;而百姓困穷之弊,钧(钧jūn,古代重量单位)于秦、汉。秦、汉竭天下之力以奉一身,陛下竭天下之力以资众人。其用心虽殊,其病民一也。此臣之所以尤戚戚者也。

又宫掖(宫掖yè,皇宫)者,风俗之原也;贵近者,众庶之法也。故宫掖之所尚,则外必为之;贵近之所好,则下必效之,自然之势也。是以内自京师士大夫,外及远方之人,下及军中士伍、畎亩(畎quǎn亩,田亩)农民,其服食器用,比于数十年之前,皆华靡而不实矣。向之所有,今人见之,皆以为鄙陋而笑之矣。夫天地之产有常,而人类日繁;耕者寖(寖,通"浸",逐渐)寡,而游手日众;嗜欲无极,而风俗日奢。欲财力之无屈,得乎哉?又府史胥徒之属,居无廪(廪lǐn,粮食)禄,进无荣望,皆以啖(啖dàn,吃)民为生者也。上自公府省寺、诸路监司、州县乡村、仓场库务之使,词讼追呼(追呼,谓吏胥到门号叫催租、逼服徭役),租税徭役,出纳会计,凡有毫厘之事关其手者,非赂遗(赂遗lù yí,赠送财物)则不行。是以百姓破家坏产者,非县官赋役独能使之然也,太半尽于吏家矣。此民之所以重困者也。又国家比来政令宽弛,百职隳(隳huī,毁坏)废。在上者简倨(简倨jù,高傲)而不加省察,在下者侵盗而恣为奸利,是以每有营造贸买,其所费财物十倍于前,而所收功利曾不一二,此国用之所以尤不足者也。又自古百官皆有常员,而国家用磨勘(磨勘,勘察官员政绩、任命和使用官员的一种考核方式)之法,满岁则迁,日滋月益,无复限极。是以一官至数百人,则俸禄有增而无损矣。又近岁养兵,务多不务精。夫兵多而不精,则力用寡而衣粮费,衣粮费则府库耗,府库耗则赐赉(赐赉lài,赏赐)稀。是以不足者,岂惟民哉?兵亦贫矣。策之失者,无甚于此也。凡此数者,皆所以竭民财者也。陛下安得熟视而无所变更邪?

臣愚伏愿陛下观今日之弊,思将来之患,深自抑损,先由近始。凡宗室、外戚、后宫、内臣,以至外廷之臣,俸给赐予,皆循祖宗旧规,勿复得援用近岁侥幸之例。其逾越常分,妄有干求者,一皆塞绝,分毫勿许。若祈请不已者,宜严加惩谴,以警其余。凡文思院、后苑作所为奇巧珍玩之物,不急而无用者,一皆罢省。内自妃嫔,外及宗戚,下至臣庶之家,敢以奢丽之物夸眩相高,及贡献赂遗以求悦媚者,亦明治其罪,而焚毁其物于四达之衢。专用朴素,以率先天下,矫正风俗,然后登用廉良,诛退贪残,保佑公直,销除奸蠹,澄清庶官,选练战士,不禄无功,不食无用。如此行之,久而不懈,臣见御府之财将朽蠹而无所容贮,太仓之粟将弥漫而不可盖藏,农夫弃粮于畎亩,商贾让财于道路矣!孰与今日汲汲(汲汲,急切的样子)以应目前之求,懔懔(懔懔,危惧貌)以忧将来之困乎!

五、结束语

夫食货者,天下之急务。今穷乏如是,而宰相不以为忧。意者以为非己之职故也。臣愿陛下复置总计使之官,使宰相领之。凡天下金帛钱谷,隶于三司及不隶三司,如内藏库、奉宸库之类,总计使皆统之,小事则官长专达,大事则谋于总计使而后行之。岁终则上其出入之数于总计使。总计使量入以为出。若入寡而出多,则总计使察其所以然之理,求其费用之可省者,以奏而省之。必使岁余三分之一以为储蓄,备御不虞。凡三司使、副使、判官、转运使,及掌内藏、奉宸等库之官,皆委总计使察其能否,考其功状,以奏而诛赏之。若总计使久试无效,则乞陛下罢退其人,更置之。议者必以为宰相论道经邦、燮(燮 xiè,调和)理阴阳,不当领钱谷之职,是皆愚人不知治体者之言。昔舜举八恺(八恺 kǎi,八个有名的贤臣),使主后土,奏庶艰食(奏,进;艰食,根生的粮食;奏庶艰食,意思是为民众提供谷物),贸迁有无,地平天成(地平天成,意思是上下相称、事事妥帖),九功(九功,各种职业的赋税)惟叙。《周礼·冢宰》以九职、九赋、九式、九贡之法治财用。唐制以宰相领盐铁、度支、户部。国初亦以宰相都提举三司、水陆发运等使。是则钱谷自古及今,皆宰相之职也。今译经(经,此处指佛经)润文,犹以宰相领之,岂有食货国之大政,而谓之非宰相之事乎?必若府库空竭,间阎(间阎,泛指平民百姓)愁困,四方之民流转死亡,而曰我能论道经邦、燮理阴阳,非愚臣之所知也。臣不胜狂愚,冒犯忌讳。惟陛下裁察。臣光昧死再拜上疏。

王安石:《上仁宗皇帝言事书》[1]

臣愚不肖,蒙恩备使一路(备使一路,指他任江南东路提点刑狱事),今又蒙

---

[1] 此处选文文字与注释,参考了王水照主编:《王安石全集》(第六册),复旦大学出版社2017年版;李之亮笺注:《王荆公文集笺注》,巴蜀书社2005年版;刘振鹏主编:《王安石文集》,辽海出版社2010年版。

恩召还阙廷（阙què廷，朝廷），有所任属（指他任度支判官），而当以使事归报陛下。不自知其无以称职，而敢缘（缘，由于）使事之所及，冒言天下之事，伏惟陛下详思而择其中，幸甚。

一、提出问题：国患在于不知法度

臣窃观陛下有恭俭之德，有聪明睿智之才，夙兴夜寐，无一日之懈，声色狗马、观游玩好之事，无纤介之蔽，而仁民爱物之意，孚（孚，信任）于天下；而又公选（公选，合于公心之选举）天下之所愿以为辅相者，属之以事，而不贰（贰，怀疑）于谗邪倾巧（倾巧，善变）之臣。此虽二帝、三王之用心，不过如此而已。宜其家给人足，天下大治。而效不至于此，顾内则不能无以社稷为忧，外则不能无惧于夷狄，天下之财力日以困穷，而风俗日以衰坏，四方有志之士，諰諰然（諰諰然，担心害怕的样子）常恐天下之久不安。此其故何也？患在不知法度故也。

二、原因分析：不知法度是因法度不合先王之意，是因人才不足

今朝廷法严令具，无所不有，而臣以谓无法度者，何哉？方今之法度，多不合乎先王之政故也。孟子曰："有仁心仁闻，而泽不加于百姓者，为政不法于先王之道故也。"以孟子之说，观方今之失，正在于此而已。

夫以今之世，去先王之世远，所遭之变、所遇之势不一，而欲一二修先王之政，虽甚愚者，犹知其难也。然臣以谓今之失，患在不法先王之政者，以谓当法其意而已。夫二帝、三王，相去盖千有余载，一治一乱，其盛衰之时具矣。其所遭之变、所遇之势，亦各不同，其施设之方亦皆殊。而其为天下国家之意，本末先后，未尝不同也。臣故曰：当法其意而已。法其意，则吾所改易更革，不至乎倾骇天下之耳目，嚣（嚣，喧哗）天下之口，而固已合乎先王之政矣。

虽然，以方今之势揆（揆kuí，揣测）之，陛下虽欲改易更革天下之事，合于先王之意，其势必不能也。陛下有恭俭之德，有聪明睿智之才，有仁民爱物之意，诚加之意，则何为而不成，何欲而不得？然而臣顾以谓陛下虽欲改易更革天下之事，合于先王之意，其势必不能者，何也？以方今天下之人才不足故也。

三、进一步原因分析：人才缺乏源自陶冶而成之者非其道

臣尝试窃观天下在位之人，未有乏于此时者也。夫人才乏于上，则有沉废（沉废，被埋没的人才）伏匿在下，而不为当时所知者矣。臣又求之于闾巷草野之间，而亦未见其多焉。岂非陶冶而成之者非其道而然乎？臣以谓方今在位之人

才不足者,以臣使事之所及,则可知矣。今以一路数千里之间,能推行朝廷之法令,知其所缓急,而一切能使民以修其职事者甚少,而不才苟简(苟简,苟且马虎)贪鄙之人,至不可胜数。其能讲先王之意以合当时之变者,盖阖郡之间,往往而绝也。朝廷每一令下,其意虽善,在位者犹不能推行,使膏泽加于民,而吏辄缘之为奸,以扰百姓。臣故曰:在位之人才不足,而草野闾巷之间,亦未见其多也。夫人才不足,则陛下虽欲改易更革天下之事,以合先王之意,大臣虽有能当陛下之意而欲领此者,九州之大,四海之远,孰能称陛下之指,以一二推行此,而人人蒙其施(蒙其施,得到帝王的恩惠)者乎?臣故曰:其势必未能也。孟子曰"徒法不能以自行",非此之谓乎?然则方今之急,在于人才而已。诚能使天下之才众多,然后在位之才可以择其人而取足焉。在位者得其才矣,然后稍视时势之可否,而因人情之患苦,变更天下之弊法,以趋先王之意,甚易也。今之天下,亦先王之天下。先王之时,人才尝众矣,何至于今而独不足乎?故曰:陶冶而成之者非其道故也。

商之时,天下尝大乱矣。在位贪毒祸败,皆非其人。及文王之起,而天下之才尝少矣。当是时,文王能陶冶天下之士,而使之皆有士君子之才,然后随其才之所有而官使之。《诗》曰:"岂弟(岂弟,通"恺悌",开明)君子,遐(遐,怎么)不作人(作人,培养人才)",此之谓也。及其成也,微贱兔罝(兔罝 jū,捕兔的网)之人,犹莫不好德,《兔罝》之诗是也。又况于在位之人乎?夫文王惟能如此,故以征则服,以守则治。《诗》曰:"奉璋(奉璋,臣下见君主时所捧玉器)峨峨,髦士(髦士,英俊之士)攸宜(攸宜,所宜)",又曰:"周王于迈(于迈,巡行),六师及之",言文王所用,文武各得其才,而无废事也。及至夷、厉之乱,天下之才又尝少矣。至宣王之起,所与图天下之事者,仲山甫而已。故诗人叹之曰:"德輶(輶 yóu)如毛(德輶如毛,德轻得像羽毛一样易行),维仲山甫举之,爱莫助之。"盖闵(闵,通"悯",忧虑)人士之少,而山甫之无助也。宣王能用仲山甫,推其类以新美天下之士,而后人才复众。于是内修政事,外讨不庭(不庭,不来朝拜的异邦),而复有文、武之境土。故诗人美之曰:"薄言(薄言,语气助词)采芑(芑 qǐ,野菜名),于彼新田,于此菑亩(菑 zī 亩,初耕的田地)。"言宣王能新美天下之士,使之有可用之才,如农夫新美其田而使之有可采之芑也。由此观之,人之才,未尝不自人主陶冶而成之者也。

四、解释陶冶而成之

所谓陶冶而成之者,何也?亦教之、养之、取之、任之有其道而已。

所谓教之之道，何也？古者天子诸侯，自国至于乡党皆有学，博（博，普遍地）置教导之官而严其选。朝廷礼乐刑政之事，皆在于学。士所观而习者，皆先王之法言德行治天下之意，其材亦可以为天下国家之用。苟不可以为天下国家之用，则不教也；苟可以为天下国家之用者，则无不在于学。此教之之道也。

所谓养之之道，何也？饶之以财，约之以礼，裁之以法也。何谓饶之以财？人之情，不足于财，则贪鄙苟得，无所不至。先王知其如此，故其制禄，自庶人之在官者，其禄已足以代其耕矣。由此等而上之，每有加焉，使其足以养廉耻而离于贪鄙之行。犹以为未也，又推其禄以及其子孙，谓之世禄。使其生也，既于父子、兄弟、妻子之养，婚姻、朋友之接，皆无憾矣；其死也，又于子孙无不足之忧焉。何谓约之以礼？人情足于财而无礼以节之，则又放僻邪侈（放僻邪侈，胡作非为），无所不至。先王知其如此，故为之制度。婚丧、祭养、燕享之事，服食、器用之物，皆以命数（命数，品级）为之节，而齐之以律度量衡之法。其命可以为之，而财不足以具，则弗具也；其财可以具，而命不得为之者，不使有铢两分寸之加焉。何谓裁之以法？先王于天下之士，教之以道艺矣，不帅教（帅教，遵循教导）则待之以屏弃远方、终身不齿（终身不齿，终生不再承认贵族身份）之法。约之以礼矣，不循礼则待之以流（流，流放）、杀之法。《王制》曰："变衣服者，其君流。"《酒诰》曰："厥或诰曰：'群饮，汝勿佚（佚，放荡）。尽执拘以归于周，予其杀。'"夫群饮、变衣服，小罪也；流、杀，大刑也。加小罪以大刑，先王所以忍而不疑者，以为不如是，不足以一天下之俗而成吾治。夫约之以礼，裁之以法，天下所以服从无抵冒（抵冒，触犯）者，又非独其禁严而治察之所能致也，盖亦吾至诚恳恻之心，力行而为之倡。凡在左右通贵之人，皆顺上之欲而服行之，有一不帅者，法之加必自此始。夫上以至诚行之，而贵者知避上之所恶矣，则天下之不罚而止者众矣。故曰：此养之之道也。

所谓取之之道者，何也？先王之取人也，必于乡党，必于庠序（庠序，乡学），使众人推其所谓贤能，书之以告于上而察之。诚贤能也，然后随其德之大小、才之高下而官使之。所谓察之者，非专用耳目之聪明而听私于一人之口也。欲审知其德，问以行；欲审知其才，问以言。得其言行，则试之以事。所谓察之者，试之以事是也。虽尧之用舜，亦不过如此而已，又况其下乎？若夫九州之大，四海之远，万官亿丑（丑，类）之贱，所须士大夫之才则众矣。有天下者，又不可以一二自察之也，又不可以偏属于一人，而使之于一日二日之间考试其行能而进退之也。盖吾已能察其才行之大者，以为大官矣，因使之取其类以持久试之，而考其能者以告于上，而后以爵命（爵命，封爵受职）、禄秩予之而已。此取之之道也。

所谓任之之道者,何也?人之才德,高下厚薄不同,其所任有宜有不宜。先王知其如此,故知农者以为后稷,知工者以为共工。其德厚而才高者以为之长,德薄而才下者以为之佐属。又以久于其职,则上狃习（狃习,熟悉）而知其事,下服驯而安其教,贤者则其功可以至于成,不肖者则其罪可以至于著,故久其任而待之以考绩之法。夫如此,故智能才力之士,则得尽其智以赴功,而不患其事之不终、其功之不就也。偷惰苟且之人,虽欲取容于一时,而顾僇辱（僇,通"戮"；僇辱,刑辱）在其后,安敢不勉乎?若夫无能之人,固知辞避而去矣。居职任事之日久,不胜任之罪,不可以幸（幸,侥幸）而免故也。彼且不敢冒而知辞避矣,尚何有比周（比周,结党营私）、谗谄（谗 chán 谄 chǎn,说别人坏话、巴结奉承）、争进之人乎?取之既已详,使之既已当,处之既已久,至其任之也又专焉,而不一二以法束缚之,而使之得行其意,尧、舜之所以理百官而熙（熙,兴盛）众工者,以此而已。《书》曰："三载考绩,三考,黜陟（黜 chù,废掉官职；陟 zhì,提升官职）幽明（幽明,善恶、贤愚）。"此之谓也。然尧、舜之时,其所黜者则闻之矣,盖四凶是也。其所陟者,则皋陶、稷、契,皆终身一官而不徙,盖其所谓陟者,特加之爵命禄赐而已耳。此任之之道也。

五、终极原因:现实中缺乏陶冶人才的条件

夫教之、养之、取之、任之之道如此,而当时人君又能与其大臣,悉其耳目心力,至诚恻怛（恻怛 cè dá,恳切）,思念而行之。此其人臣之所以无疑,而于天下国家之事,无所欲为而不得也。

（一）不具备教之的条件

方今州县虽有学,取墙壁具（取墙壁具,只有房屋书案）而已,非有教导之官,长育人才之事也。唯太学有教导之官,而亦未尝严其选。朝廷礼乐刑政之事,未尝在于学。学者亦漠然自以礼乐刑政为有司之事,而非己所当知也。学者之所教,讲说章句而已。讲说章句,固非古者教人之道也。近岁乃始教之以课试之文章。夫课试之文章,非博诵强学、穷日之力则不能。及其能工（工,熟练）也,大则不足以用天下国家,小则不足以为天下国家之用。故虽白首于庠序,穷日之力以帅上之教,及使之从政,则茫然不知其方者,皆是也。

盖今之教者,非特不能成人之才而已,又从而困苦毁坏之,使不得成才者,何也?夫人之才,成于专而毁于杂。故先王之处民才,处工于官府,处农于畎亩,处商贾于肆,而处士于庠序,使各专其业,而不见异物,惧异物之足以害其业也。所谓士者,又非特使之不得见异物而已,一示之以先王之道,而百家诸子之异说,皆屏之而莫敢习者焉。今士之所宜学者,天下国家之用也。今悉使置之不教,而教之以课试之文章,使其耗精疲神、穷日之力以从事于此。及其任之以官也,则又悉使置之,而责之以天下国家之事。夫古之人,以朝夕专其业于天下国家之事,而犹才有能有不能,今乃移其精神,夺其日力(日力,时间),以朝夕从事于无补之学;及其任之以事,然后卒然责之以为天下国家之用,宜其才之足以有为者少矣。臣故曰:非特不能成人之才,又从而困苦毁坏之,使不得成才也。又有甚害者,先王之时,士之所学者,文武之道也。士之才,有可以为公卿大夫,有可以为士,其才之大小、宜不宜则有矣;至于武事,则随其才之大小,未有不学者也。故其大者,居则为六官之卿,出则为六军之将也;其次,则比、闾、族、党之师,亦皆卒、两、师、旅之帅也。故边疆、宿卫,皆得士大夫为之,而小人不得奸(奸,玷污)其任。今之学者,以为文武异事,吾知治文事而已,至于边疆、宿卫之任,则推而属之于卒伍,往往天下奸悍无赖之人。苟其才行足自托于乡里者,亦未有肯去亲戚而从召募者也。边疆、宿卫,此乃天下之重任,而人主之所当慎重者也。故古者教士以射御为急,其他技能则视其人才之所宜而后教之,其才之所不能,则不强也。至于射,则为男子之事。人之生,有疾则已,苟无疾,未有去射而不学者也。在庠序之间,固当从事于射也,有宾客之事则以射,有祭祀之事则以射,别士之行同能偶(行同能偶,德行和能力相同)则以射。于礼乐之事,未尝不寓(寓,包含)以射,而射亦未尝不在于礼乐祭祀之间也。《易》曰:"弧矢之利,以威天下。"先王岂以射为可以习揖让之仪而已乎?固以为射者武事之尤大,而威天下、守国家之具也。居则以是习礼乐,出则以是从战伐,士既朝夕从事于此而能者众,则边疆、宿卫之任皆可以择而取也。夫士尝学先王之道,其行义尝见推于乡党矣,然后因其才而托之以边疆、宿卫之事,此古之人君所以推干戈以属之人,而无内外之虞(虞,危险)也。今乃以夫天下之重任、人主所当至慎之选,推而属之奸悍无赖、才行不足以托于乡里之人,此方今所以愳愳然常抱边疆之忧,而虞宿卫之不足恃以为安也。今孰不知边疆宿卫之士不足恃以为安哉?顾以为天下学士以执兵为耻,而亦未有能骑射、行阵之事者,则非召募之卒伍,孰能任其事者乎?夫不严其教、高其选,则士之以执兵为耻,而未尝有能骑射、行阵之事,固其理也。凡此皆教之非其道故也。

(二) 不具备养之的条件

方今制(制,规定)禄,大抵皆薄。自非朝廷侍从之列,食口(食口,所养活的家口)稍众,未有不兼农商之利而能充其养者也。其下州县之吏,一月所得,多者钱八九千,少者四五千,以守选(守选,等候授官任职)、待除(待除,等候调任新职)、守阙(守阙,等候补官)通之,盖六七年而后得三年之禄,计一月所得乃实不能四五千,少者乃实不能及三四千而已。虽厮养(厮养,家中的厮役)之给,不窘于此矣,而其养生、丧死、婚姻、葬送之事,皆当于此。夫出中人之上者,虽穷而不失为君子,出中人之下者,虽泰(泰,经济宽裕)而不失为小人。唯中人不然,穷则为小人,泰则为君子。计天下之士,出中人之上下者,千百而无十一,穷而为小人、泰而为君子者,则天下皆是也。先王以为众不可以力胜也,故制行不以己,而以中人为制,所以因其欲而利道之。以为中人之所能守,则其志可以行乎天下而推之后世。以今之制禄而欲士之无毁廉耻,盖中人之所不能也。故今官大者,往往交赂遗(交赂遗,相互用财物买通)、营赀产,以负贪污之毁(毁,坏名声);官小者,贩鬻乞丐,无所不为。夫士已尝毁廉耻以负累(负累,负罪)于世矣,则其偷惰取容(偷惰取容,懈怠懒惰,求人宽容)之意起,而矜奋自强之心息,则职业安得而不弛,治道何从而兴乎?又况委法(委法,枉法)受赂、侵牟(侵牟,侵害掠夺)百姓者,往往而是也。此所谓不能饶(饶,生活富裕)之以财也。

婚丧、奉养、服食、器用之物,皆无制度以为之节,而天下以奢为荣,以俭为耻。苟其财之可以具,则无所为而不得,有司既不禁,而人又以此为荣。苟其财不足,而不能自称于流俗,则其婚丧之际,往往(往往,处处)得罪于族人亲姻,而人以为耻矣。故富者贪而不知止,贫者则强勉其不足以追之。此士之所以重困(重chóng困,加倍困难),而廉耻之心毁也。凡此所谓不能约之以礼也。

方今陛下躬行俭约以率天下,此左右通贵之臣所亲见。然而其闺门(闺门,宫中小门)之内,奢靡无节,犯上之所恶,以伤天下之教者,有已甚(已甚,太过)者矣,未闻朝廷有所放绌(绌,通"黜";放绌,放逐,贬退),以示天下。昔周之人,拘群饮而被之以杀刑者,以为酒之末流生害,有至于死者众矣,故重禁其祸之所自生。重禁祸之所自生,故其施刑极省,而人之抵于祸败者少矣。今朝廷之法所尤重者,独贪吏耳。重禁贪吏而轻奢靡之法,此所谓禁其末而弛其本。然而世之识者,以为方今官冗,而县官财用已不足以供之,其亦蔽于理矣。今之入官诚冗矣,然而前世置员盖甚少,而赋禄又如此之薄,则财用之所不足,盖亦有说(有说,有原因)矣。吏禄岂足计哉?臣于财利固未尝学,然窃观前世治财之大略矣。盖因天下之力以生天下之财,取天下之财以供天下之费。自古治世,未尝以不足为天下之公患也,患在治财无其道耳。今天下不见兵革之具,而元元(元元,百姓)安土乐业,人致己力,以生天下之财。然而公私常以困穷为患者,殆以理财未得其道,而有司不能度世之宜而通其变耳。诚能理财以其道而通其变,臣虽愚,固知增吏禄不足以伤经费也。方今法严令具,所以罗天下之士,可谓密矣。然而亦尝教之以道艺,而有不帅教之刑以待之乎?亦尝约之以制度,而有不循理之刑以待之乎?亦尝任之以职事,而有不任事之刑以待之乎?夫不先教之以道艺,诚不可以诛其不帅教;不先约之以制度,诚不可以诛其不循理;不先任之以职事,诚不可以诛其不任事。此三者,先王之法所尤急也,今皆不可得诛。而薄物细故(薄物细故,无关紧要、微不足道的事)、非害治之急者,为之法禁,月异而岁不同,为吏者至于不可胜记,又况能一二避之而无犯者乎?此法令所以玩(玩,玩忽、藐视法令)而不行,小人有幸而免者,君子有不幸而及者焉。此所谓不能裁之以刑也。凡此皆治之非其道也。

(三) 不具备取之的条件

方今取士,强记博诵而略通于文辞,谓之茂才异等、贤良方正。茂才异等、贤良方正者,公卿之选也。记不必强,诵不必博,略通于文辞,而又尝学诗赋,则谓之进士。进士之高者,亦公卿之选(选,候选者)也。夫此二科所得之技能,不足以为公卿,不待论而后可知。而世之议者,乃以为吾常以此取天下之士,而才之可以为公卿者常出于此,不必法古之取人而后得士也,其亦蔽于理矣。先王之时,尽所以取人之道,犹惧贤者之难进,而不肖者之杂于其间也。今悉废先王所以取士之道,而驱天下之才士,悉使为贤良、进士,则士之才可以为公卿者,固宜为贤良、进士,而贤良、进士亦固宜有时而得才之可以为公卿者也。然而不肖者,苟能雕虫篆刻之学,以此进至乎公卿,才之可以为公卿者,困于无补之学,而以此绌(绌,通"黜",贬退)死于岩野(岩野,山野),盖十八九矣。夫古之人有天下者,其所以慎择者,公卿而已。公卿既得其人,因使推其类以聚于朝廷,则百司庶物(庶物,种种事物),无不得其人也。今使不肖之人,幸而至乎公卿,因得推其类聚之朝廷,此朝廷所以多不肖之人,而虽有贤智,往往困于无助,不得行其意也。且公卿之不肖,既推其类以聚于朝廷;朝廷之不肖,又推其类以备四方之任使;四方之任使者,又各推其不肖以布于州郡,则虽有同罪举官之科,岂足恃哉?适足以为不肖者之资(资,利用)而已。其次九经、五经、学究、明法之科,朝廷固已尝患其无用于世,而稍责之以大义矣。然大义之所得,未有以贤于故也。今朝廷又开明经之选,以进经术之士。然明经之所取,亦记诵而略通于文辞者,则得之矣。彼通先王之意,而可以施于天下国家之用者,顾未必得与于此选也。其次则恩泽子弟,庠序不教之以道艺(道艺,学问和技能),官司(官司,各政府机关)不考问其才能,父兄不保任(保任,担保)其行义,而朝廷辄以官予之,而任之以事。武王数纣之罪,则曰"官人以世(官人以世,凭家世任用官职)"。夫官人以世而不计其才行,此乃纣之所以乱亡之道,而治世之所无也。又其次曰流外(流外,不入流品的胥吏),朝廷固已挤之于廉耻之外,而限其进取之路矣。顾属之以州县之事,使之临士民之上,岂所谓以贤治不肖者乎?以臣使事之所及,一路数千里之间,州县之吏,出于流外者往往而有,可属任以事者,殆无二三,而当防闲(**防闲,防范**)其奸者,皆是也。盖古者有贤不肖之分,而无流品之别。故孔子之圣,而尝为季氏吏。盖虽为吏,而亦不害其为公卿。及后世有流品(**流品,官吏等级与品阶**)之别,则凡在流外者,其所成立(**成立,成就**),固尝自置于廉耻之外,而无高人之意矣。夫以近世风俗之流靡,自虽士大夫之才,势足以进取,而朝廷尝奖之以礼义者,晚节末路,往往怵(**怵 chù,诱惑**)而为奸;况又其素所成立,无高人之意,而朝廷固已挤之于廉耻之外,限其进取者乎?其临人亲职,放僻邪侈,固其理也。至于边疆、宿卫之选,则臣固已言其失矣。凡此皆取之非其道也。

(四)不具备任之的条件

方今取之既不以其道,至于任之,又不问其德之所宜,而问其出身之后先,不论其才之称否,而论其历任之多少。以文学进者,且使之治财。已使之治财矣,又转而使之典狱。已使之典狱矣,又转而使之治礼。是则一人之身,而责之以百官之所能备,宜其人才之难为也。夫责人以其所难为,则人之能为者少矣。人之能为者少,则相率(**相率,互相跟着**)而不为。故使之典礼,未尝以不知礼为忧,以今之典礼者,未尝学礼故也。使之典狱,未尝以不知狱为耻,以今之典狱者,未尝学狱故也。天下之人,亦已渐渍(**渐渍,浸染、习惯**)于失教,被服(**被服,覆盖、同化**)于成俗,见朝廷有所任使,非其资序,则相议而讪之。至于任使之不当其才,未尝有非之者也。且在位者数徙,则不得久于其官,故上不能狃习而知其事,下不肯服驯而安其教,贤者则其功不可以及于成,不肖(**不肖,不成材**)者则其罪不可以至于著(**著,显明**)。若夫(**若夫,至于**)迎新将(**将,送**)故之劳,缘绝簿书(**缘绝簿书,文书繁冗、部门猥多**)之弊,固其害之小者,不足悉数也。设官大抵皆当久于其任,而至于所部(**部,管**)者远,所任者重,则尤宜久于其官,而后可以责其有为。而方今尤不得久于其官,往往数日辄迁之矣。

取之既已不详,使之既已不当,处之既已不久,至于任之则又不专,而又一二以法束缚之,不得行其意,臣故知当今在位多非其人,稍假借(**假借,给予**)之权,而不一二以法束缚之,则放恣而无不为。虽然,在位非其人,而恃法以为治,自古及今,未有能治者也。即使在位皆得其人矣,而一二以法束缚之,不使之得行其意,亦自古及今未有能治者也。夫取之既已不详,使之既已不当,处之既已不久,任之又不专,而一二之以法束缚之,故虽贤者在位,能者在职,与不肖而无能者,殆(**殆,几乎**)无以异。夫如此,故朝廷明知其贤能足以任事,苟非其资序,则不以任事而辄进之,虽进之,士犹不服也。明知其无能而不肖,苟非有罪,为在事者所劾(劾 hé,弹劾),不敢以其不胜任而辄退之,虽退之,士犹不服也。彼诚不肖无能,然而士不服者何也？以所谓贤能者任其事,与不肖而无能者,亦无以异故也。臣前以谓不能任人以职事,而无不任事之刑以待之者,盖谓此也。

(五) 小结

夫教之、养之、取之、任之,有一非其道,则足以败天下之人才,又况兼此四者而有之,则在位不才、苟简、贪鄙之人,至于不可胜数,而草野闾巷之间,亦少可任之才,固不足怪。《诗》曰："国虽靡止(靡止,不大),或圣或否。民虽靡膴(靡膴 wǔ,不多),或哲或谋,或肃或艾(艾 yì,治理)。如彼泉流,无沦胥(沦胥,互相陷在水里)以败。"此之谓也。

六、结论：君主需勇于承担培养人才的责任

夫在位之人才不足矣,而闾巷草野之间,亦少可用之才,则岂特行先王之政而不得也,社稷之托,封疆之守,陛下其能久以天幸为常,而无一旦之忧乎？盖汉之张角,三十六方同日而起,所在郡国,莫能发其谋；唐之黄巢,横行天下,而所至将吏,无敢与之抗者。汉、唐之所以亡,祸自此始。唐既亡矣,陵夷以至五代,而武夫用事,贤者伏匿消沮(消沮,沮丧)而不见,在位无复有知君臣之义、上下之礼者也。当是之时,变置社稷,盖甚于弈棋之易,而元元肝脑涂地,幸而不转死于沟壑者无几耳！夫人才不足,其患盖如此。而方今公卿大夫,莫肯为陛下长虑后顾,为宗庙万世计,臣窃惑之。昔晋武帝趣过目前,而不为子孙长远之谋,当时在位亦皆偷合苟容,而风俗荡然,弃礼义,捐法制,上下同失,莫以为非。有识固知其将必乱矣,而其后果海内大扰,中国列于夷狄者二百余年。伏惟三庙祖宗神灵所以付属陛下,固将为万世血食,而大庇元元于无穷也。臣愿陛下鉴汉、唐、五代之所以乱亡,惩(惩,警惕)晋武苟且因循(因循,守旧而安)之祸,明诏大臣,思所以陶成(陶成,陶冶使之成就)天下之才,虑之以谋,计之以数,为之以渐,期为合于当世之变,而无负于先王之意,则天下之人才不胜用矣。人才不胜用,则陛下何求而不得,何欲而不成哉？夫虑之以谋,计之以数,为之以渐,则成天下之才甚易也。

臣始读《孟子》,见孟子言王政之易行,心则以为诚然。及见与慎子论齐、鲁之地,以为先王之制国,大抵不过百里者,以为今有王者起,则凡诸侯之地,或千里,或五百里,皆将损之至于数十百里而后止。于是疑孟子虽贤,其仁智足以一天下,亦安能毋劫之以兵革,而使数百千里之强国,一旦肯损其地之十八九,比于

先王之诸侯？至其后,观汉武帝用主父偃之策,令诸侯王地悉得推恩封其子弟,而汉亲临定其号名,辄别属汉(辄别属汉,分别直属汉朝中央)。于是诸侯王之子弟,各有分土,而势强地大者,卒以分析弱小。然后知虑之以谋、计之以数、为之以渐,则大者固可使小,强者固可使弱,而不至乎倾骇变乱败伤之衅(衅,灾祸)。孟子之言不为过。又况今欲改易更革,其势非若孟子所为之难也。臣故曰:虑之以谋,计之以数,为之以渐,则其为甚易也。

然先王之为天下,不患人之不为,而患人之不能,不患人之不能,而患己之不勉。何谓不患人之不为,而患人之不能？人之情所愿得者,善行、美名、尊爵、厚利也,而先王能操之以临天下之士。天下之士,有能遵之以治者,则悉以其所愿得者以与之。士不能则已矣,苟能,则孰肯舍其所愿得,而不自勉以为才？故曰:不患人之不为,患人之不能。何谓不患人之不能,而患己之不勉？先王之法,所以待人者尽矣,自非下愚不可移之才,未有不能赴(赴,趋向)者也。然而不谋之以至诚恻怛(恻 cè 怛 dá,恳切)之心,力行而先之,未有能以至诚恻怛之心,力行而应之者也。故曰:不患人之不能,而患己之不勉。陛下诚有意乎成天下之才,则臣愿陛下勉之而已。

臣又观朝廷异时(异时,过去)欲有所施为变革,其始计利害未尝熟也,顾有一流俗侥幸之人不悦而非之,则遂止而不敢为。夫法度立,则人无独蒙其幸者。故先王之政,虽足以利天下,而当其承弊坏之后,侥幸之时,其创法立制,未尝不艰难也。以(以,若)其创法立制,而天下侥幸之人亦顺说以趋之,无有龃龉(龃 jǔ 龉 yǔ,意见不合),则先王之法,至今存而不废矣。惟其创法立制之艰难,而侥幸之人不肯顺悦而趋之,故古之人欲有所为,未尝不先之以征诛(征诛,用武力制裁、讨伐),而后得其意。《诗》曰:"是伐是肆(肆,通"袭"),是绝是忽(忽,灭绝),四方以无拂(拂,违背、抗拒)",此言文王先征诛而后得意于天下也。夫先王欲立法度,以变衰坏之俗而成人之才,虽有征诛之难,犹忍而为之,以为不若是,不可以有为也。及至孔子,以匹夫游诸侯,所至则使其君臣捐所习,逆所顺,强所劣,憧憧(憧 chōng 憧,往来不绝的样子)如也,卒困于排逐。然孔子亦终不为之变,以为不如是,不可以有为。此其所守,盖与文王同意。夫在上之圣人,莫如文王,在下之圣人,莫如孔子,而欲有所施为变革,则其事盖如此矣。今有天下之势,居先王之位,创立法制,非有征诛之难也。虽有侥幸之人不悦而非之,固不胜天下顺悦之人众也。然而一有流俗侥幸不悦之言,则遂止而不敢为者,惑也。陛下诚有意乎成天下之才,则臣又愿断之(断之,详细地剖析)而已。

夫虑之以谋,计之以数,为之以渐,而又勉之以成(勉之以成,努力地去完成），断之以果（断之以果，果断地加以处理），然而犹不能成天下之才，则以臣所闻，盖未有也。

然臣之所称，流俗（流俗，平庸凡俗的人）之所不讲，而今之议者以谓迂阔而熟烂（熟烂，过时）者也。窃观近世士大夫所欲悉心力耳目以补助朝廷者有矣，彼其意，非一切利害，则以为当世所不能行者。士大夫既以此希世（希世，迎合时世、追随流俗），而朝廷所取于天下之士，亦不过如此。至于大伦大法、礼义之际，先王之所力学而守者，盖不及也。一有及此，则群聚而笑之，以为迂阔。今朝廷悉心于一切之利害，有司法令于刀笔之间，非一日也，然其效可观矣。则夫所谓迂阔而熟烂者，惟陛下亦可以少留神而察之矣。昔唐太宗贞观之初，人人异论，如封德彝之徒，皆以为非杂用秦、汉之政，不足以为天下。能思先王之事、开太宗者，魏文正公一人尔。其所施设，虽未能尽当先王之意，抑其大略，可谓合矣。故能以数年之间，而天下几致刑措（刑措，因无人犯法而使刑罚无用），中国安宁，蛮夷顺服，自三王以来，未有如此盛时也。唐太宗之初，天下之俗，犹今之世也，魏文正公之言，固当时所谓迂阔而熟烂者也，然其效如此。贾谊曰："今或言德教之不如法令，胡不引商、周、秦、汉以观之？"然则唐太宗之事，亦足以观矣。

七、结束语

臣幸以职事归报陛下，不自知其驽下（驽下，能力低下）无以称职，而敢及国家之大体（大体，治国的纲领）者，以臣蒙陛下任使，而当归报。窃谓在位之人才不足，而无以称朝廷任使之意，而朝廷所以任使天下之士者，或非其理，而士不得尽其才，此亦臣使事之所及，而陛下之所宜先闻者也。释此一言，而毛举（毛举，罗列琐碎之事）利害之一二，以污陛下之聪明，而终无补于世，则非臣所以事陛下惓惓（惓 quán 惓，恳切的样子）之义也。伏惟陛下详思而择其中，天下幸甚。

【作者作品】

本章选文由初为好友终成政敌的宰执大臣司马光与王安石的各一篇文献构成，以对比的形式，来反映二人所代表的治国理财理念的相似与差异。在本书前面选择的学者中，商鞅、管仲学派、荀子等人的文本反映的尚属于帝国来临前那些伟大学者有关治国理财的设想，而在司马迁与《盐铁论》的文本中反映的是帝国初期经由短暂实践而修正的治国理财思想，到了司马光与王安石这里，反映出来的治国理财思想则有很大的不同。一方面，帝国已经历了长期的实践，制度内含的各种原则已较为充分地展现出来;另一方面,以农耕为基础的中华帝国遭遇到强有力的游牧帝国施加的重大生存威胁,而这种威胁正是检验帝国各项治理原则是否可靠、帝国是否存在新的生长机会的最好时机。司马光与王安石正是这样两个对比鲜明的人物,前者大体代表的是一种(不含贬义的)保守主义思想,即尊重与固守长期形成的治国理财原则;后者则代表一种激进主义思想,要求开发制度原有的潜力并探索新的制度突破。如此对立的思想,也曾体现在第一章所述《商君书·更法》中甘龙、杜挚与公孙鞅对于变法必要性的争论之中。

司马光(1019—1086 年),字君实,号迂叟,陕州夏县(今山西夏县)涑(sù)水乡人,世称涑水先生,北宋时期著名政治家、史学家与文学家。司马光幼年即以聪慧著称,留下"砸缸救友"的民间故事。宋仁宗宝元元年(1038 年),司马光登进士第,从此进入官场。在他的一生中,因两件大事而闻名当时并影响至今:一是作为充分体现中国古代国家治理保守主义原则的代表,坚决反对王安石的各种变法措施,并在自己获得执政机会后废尽所谓的"新法";二是作为史学家编撰了中国历史上第一部编年体通史《资治通鉴》,该书史料丰富、考订周详、文字流畅并因充分揭示治国智慧而长久流传。除了修撰《资治通鉴》外,司马光还有《司马温公文集》《稽古录》等著作传世。

本章所选《论财利疏》一文,是司马光在仁宗嘉祐七年(1062 年)写给皇帝的一份奏疏,阐述自己对解决国家财用问题的看法,它也是中国古代少见的专门论述财经问题的文章。这篇文章从治国理财的总原则入手,阐明主政者必须居安思危,府库蓄积要为大灾大难做准备,可是目前上下偷安、不为远谋的状况,将导致财力屈竭并成为国家异日的大患。司马光进一步提出,治国理财的方法在于宽恤民力,而宽恤民力的关键在于择人而不是立法。接下来,司马光用长篇大论对解决财用问题发表了自己的意见,主要有:(1)随材用人而久任之,即选拔那些有专业能力的财经官员并在财经专业内长期使用,以进一步加强他们的能力("夫官久于其业而后明,功久于其事而后成");(2)养其本原而徐取之,即在不扰民、不与民争利的前提下发展农、工、商等诸业,让民众乐其业而安其富,国家也能获得可靠的财政收入;(3)减损浮冗而省用之,即皇帝停止对宗戚贵臣的滥赏,抑制他们的消费行为以倡导简朴风气;(4)在制度上复置总计使这一官职(由宰相领之),集中管理国家所有的财赋(包括原由皇帝直接管理的内藏库、奉宸库),以便在统一管理、量入为出的基础上实现结余。在司马光的这篇《论财利疏》中,还有不少有关财政管理的金句,体现了中国古代治国理财的智慧,并在后世得到广泛认同,比如,"夫食货者,天下之急务","古之王者,藏之于民,降而不能,乃藏于仓廪府库。故上不足则取之于下,下不足则资之于上,此上下所以相保也",以及"夫府库者,聚天下之财以为民也,非以奉一人之私也"。由这篇文章也可以看出,司马光认为治国理财的关键在于,得人而非变法、应该通过节省费用来储备财赋等,这样的方法与接下来王安石的想法是颇为不同的。因此,到宋神宗年间司马光走上坚决反对王安石变法的道路可以说是必然的。遗憾的是,在政治上司马光的这篇奏疏并没有产生多大的作用。只是在治平元年十二月(1065年1月),北宋朝廷更定三司判官久任法,有人猜测可能与司马光的此篇奏疏有关。

王安石(1021—1086年),字介甫,号半山,临川(今江西抚州市临川区)人,是中国历史上罕见的兼备高洁品德、文学才能、经义学问、行政能力与政治勇气的完人。王安石于庆历二年(1042年)进士及第,长期任职地方并政绩显著。熙宁二年(1069年),王安石因多年来在品德和能力方面积累的巨大声望而被任命为参知政事,次年拜相,从此以超人的勇气开始他毁誉不一的变法活动。因遭遇到巨大的反对,熙宁七年(1074年)他被罢相。一年后,宋神宗再次起用,旋又罢相,退居江宁。元祐元年(1086年),王安石病逝于钟山。除了行政与政治的成就外,王安石在文学和经学方面也颇有成就,诗赋水平高,并因其散文水平而成为"唐宋八大家"之一。他还利用自己对儒家经典的重新阐释来为变法辩护,并借此改革科举、培养和选拔人才。苏轼在他所作《王安石赠太傅制》中是这样评价的:"名高一时,学贯千载;智足以达其道,辩足以行其言;瑰玮之文足以藻饰万物,卓绝之行足以风动四方;用能于期岁之间,靡然变天下之俗。"

本章所选《上仁宗皇帝言事书》,也有版本题作《上皇帝万言书》。该文是他在嘉佑四年(1059年)从提点江东刑狱任上返京述职时向皇帝递交的奏章。在文体上,该文层层递进、说理透彻、文字晓畅,在古代政论文中是少见的鸿篇巨制,也为后人留下政论文的典范。这一长达近万字的奏章包含的内容,被后世普遍认为是王安石十多年后主持变法的纲领性文件与蓝图。《宋史·王安石传》是这样评价的:"安石议论高奇,能以辩博济其说,果于自用,慨然有矫世变俗之志。于是上万言书……后安石当国,其所注措,大抵皆祖此书"。在结构上,该文大致如下:首先亮明观点即国家存在大患,原因在于不知法度,然后说明不知法度的原因是没有人才法先王之政的意,再进一步分析人才不足的原因在于现状未能陶冶而成之。接下来,王安石详细分析了君主陶冶人才的具体措施应该是恰当地教之(自国至于乡党皆有学,可以为天下国家之用者无不在于学)、养之(对人才要饶之以财,约之以礼,裁之以法)、取之(取人要依赖于乡党和庠序,众人推举贤能而由君主大臣进行考察)、任之(根据人才德与能的不同进行任用)。然后,王安石表明,目前在现实中人才的教、养、取、任方面都存在大量的不足,比如说:缺乏合格的教师;教学内容无益于国家治理;人才培养未能按照专业化方向进行;给官吏的俸禄偏少;官员频繁更换官职;不能做到赏罚分明等。在最后的结论中,王安石指明要克服危机需要具备两个条件:一是君主要有认识,即要认识到人才对于国家的重要性并及早进行谋划("虑之以谋,计之以数,为之以渐"),用人们对于"善行、美名、尊爵、厚利"的想望来进行引导人才的培养与选用;二是君主要有勇气,即要看到变革的利益及受人欢迎的程度,克服流俗言论的阻碍("虽有侥幸之人不悦而非之,固不胜天下顺悦之人众也")。

要看到的是,王安石的这一篇文章并非财政方面的专文,但确实包含了重要的财政思想并体现在后来的变法过程中。其中有一个观点与司马光相同,那就是财政管理人员一定要专业化而且要久任("以文学进者,且使之治财。已使之治财矣,又转而使之典狱。已使之典狱矣,又转而使之治礼","设官大抵皆当久于其任,而至于所部者远,所任者重,则尤宜久于其官,而后可以责其有为")。另一个观点则与司马光相左,并在后来变法过程中成为重要的冲突话题,那就是司马光建议节省经费特别是官员的俸禄和各种赏赐,而王安石认为增吏禄不足以伤经费,反而可以养廉耻。在这篇《言事书》中,也有一些治国理财的金句,为后世反复使用,如"盖因天下之力以生天下之财,取天下之财以供天下之费。自古治世,未尝以不足为天下之公患也,患在治财无其道耳","其所遭之变、所遇之势,亦各不同,其施设之方亦皆殊";"然则方今之急,在于人才而已","人之才,成于专而毁于杂";"制行不以己,而以中人为制,所以因其欲而利道之"。遗憾的是,这篇文章与前面司马光的文章一样,在当时的政坛中并未发挥多大的作用。

【文本阐释】[1]

在中华帝国成长史上,宋王朝与其他王朝相比有一个鲜明的特点,那就是在丧失马匹产地和战略要地等先天不足的前提下,始终面对着在制度成熟度、财政资源能力方面远高于汉唐时水平的游牧帝国。在相当程度上可以说,宋所面临的生存危机只有晚清可比。在此生死存亡的环境下,宋王朝不得不依靠其强大的制度能力,调动广泛的经济资源,培养着自觉的文化意识,装备出组织化程度

---

[1] 本章"文本阐释"的内容,参考了笔者指导的硕士研究生贾杰的毕业论文(贾杰著:《王安石与司马光"财政治国"思想比较研究》,上海财经大学硕士论文2015年)。

极高的军队,力抗辽、夏、金乃至蒙古等游牧帝国。

为了应对国家生存的危机,宋代政府的支出压力极大,因为它要供养庞大的专业化军队,要与游牧帝国争夺士人的忠诚,并需要以一定的福利措施争取民心。为了获取必要的财政资金,国家在正式财政收入(唐中期以后夏秋两税成为正统财政收入形式)之外,不得不更多地依靠来自工商业的财政收入。不过,两税财政收入,在宋太宗至道年间就达到了两宋时期的最好水平,不再具备增长的弹性。因此,与其他王朝不同的是,在宋代来源于工商业的收入经常超过来自田亩的两税,从而成为支持宋帝国参与国家竞争的重要资源。与汉武帝改革时实行官商垄断的政策不同,宋的商业活动主要由私商来进行。在私人商业活动广泛的基础上,政府从工商业获得的财政收入,既有向一般商品征收的商税,也有来自暴利性资源商品的收入。来自一般商品的商税,自英宗皇帝之后,收入额就未见增加,因而也不是获取弹性收入的可靠方式。而来自暴利性资源商品(盐、酒、茶、矾、香等)的收入,政府管理运用的主要方法为禁榷。在内容上,禁榷既包括官府对某些种类商品实行专卖的制度形式,又包括由这种专卖而派生出来的官商私商合营分利形式,以及对某些商品在严峻法律和严密措施保证下征收高额产销税的制度形式[1]。在宋代,禁榷收入很高,大致上与两税收入相当。不过需要注意的是,在自愿买卖掩护下的禁榷这一财政收入形式,于现实中可能会成为盘剥民众的有效手段。

由于帝国官僚机制的运行动力源于君主,约束与激励权力运行的机制在一定时间后往往会出现病变,表现为官僚阶层的因循疲沓、怠惰无为与贪污腐败。要解决这种帝国官僚机制运行的内在困境,就需要君主发动改革,重新输入新的动力、整顿基本的约束与激励机制,从而恢复制度一定程度的活力。到了宋仁宗时期,帝国官僚机制的运行问题渐渐显露,表现为财政领域中的危机。司马光与王安石都感觉到了,在国家表面繁荣无事的现实中潜藏着财用的危机,二人对危机分别给出了自己的原因分析与政策建议。到宋神宗即位初期,王安石获得了将自己的理念加以实践的机会,发动了闻名于后世的变法活动。而司马光对王安石的理念与变法措施,在变法前及变法后都进行了针锋相对的批评。在神宗皇帝去世后,司马光获得了主政的机会,于是废尽王安石的变法措施。

接下来本章将主要依托于上面选择的两个文本以及其他文本,比较与分析司马光与王安石在治国理财理念方面的差异。从今天的眼光来看,此二人理念

---

[1] 汪圣铎著:《两宋财政史》,中华书局1995年版,第243页。

有针锋相对甚至水火不容的地方,但也有相互契合、补充之处。他们二人对治国理财不同方式的选择,事实上也是中华帝国不同财政思想传统的集中体现,并影响到后世财政思想的继续发展。

一、国家治理中的保守主义与激进主义之辩

对比上文选录的司马光与王安石对于治国理财的看法与建议,一个鲜明的感觉是司马光的态度偏保守、稳健,而王安石的态度偏激进,或者用后世评价王安石变法时常说的话就是"求治过急"。如果我们使用今天的政治标签的话,那么司马光的思想大致可归为保守主义,而王安石思想大致为激进主义。钱穆先生曾经从南北方知识分子的思想差异来比较二人的激进主义与保守主义:"王安石新政,似乎有些处是代表着当时南方知识分子一种开新与激进的气味,而司马光则似乎有些处是代表着当时北方知识分子一种传统与稳健的态度。除却人事偶然方面,似乎新旧党争,实在是中唐安史之乱以后,在中国南北经济文化之转动上,为一种应有之现象"[1]。

需要指出的是,此处的保守主义并非贬义词,而是与激进主义相对的一种政治态度,它强调制度的稳定,尊重传统,注重实践与经验。在当今中国改革的时代,有人曾因司马光的这种保守主义而给他贴上因循守旧、不知变通的标签。其实司马光并非一味地守旧,他同样主张变通,深知财政改革的必要性。在《乞合两省为一札子》中,他提出:"臣等闻三王不相袭礼,五帝不相沿乐……何必事事循其陈迹,而失当今之宜也。"他还说过:"固不可于饥馑之时,守丰登之法也。"(《乞听宰臣等辞免郊赐札子》)此处的激进主义或改革派也并非纯粹的褒义词,事实上并不能因王安石求新求变的改革形象就一味地对他的言行加以肯定。

应该说,在治国理财的过程中,保守主义与激进主义这两种态度或策略都是必要的,都应该随社会经济状况的变化而相应地调整。在西方现代国家,一般是通过保守或激进两个党派的轮换,来实现国家治理策略的转换,而不需要执政集团自我的否定,这样既能在国家发展有必要时设法革弊,又能采取稳定措施应对因革弊而带来的社会动荡。

(一) 司马光与王安石对于变法的态度差异

司马光的保守主义与王安石的激进主义,首先体现在二人对变法的态度上。

---

[1] 钱穆著:《国史大纲》,商务印书馆1996年版,第586页。

前者并不完全反对变法,只是强调需要小范围地逐步进行,而后者要求大范围与快节奏地进行。

1. 司马光的渐进变革法度主张

对于治国理财中适用的法度,需不需要改革以及需要怎样的改革,司马光有一个形象的比喻,他说:"且治天下譬如居室,弊则修之,非大坏而不更造也。大坏而更造,非得良匠美材不成。今二者皆无有,臣恐风雨之不庇之也"(《涑水记闻·辑佚》)。在他看来,治国就像对待住房,要的是逐渐变革("弊则补之,倾则扶之"),只有在"大坏"的情况下才需"更造";而要进行较大范围的变革,"良匠"与"美材"两个条件缺一不可。在王安石变法时期,他认为这两个条件都不具备。

由此可见,司马光并非纯然的顽固、保守,他只是坚持改革必须缓步进行,"法相因则事易成,事有渐则民不惊"(《宋史·苏轼传》)。比如,对于当时行政决策权过度集中的现象,司马光便提出改革,要求放权:"臣伏见国家旧制,百司细事,如三司鞭一胥吏,开封府补一厢镇之类,往往皆须奏闻。……盖国初艰难权时之制,施于今日,颇伤烦碎。"(《上殿札子二道》)对于宋初为了应对战时用粮问题而定立的和籴法,他建议予以废除,"昔太宗平河东,立籴法,时米斗十钱,民乐与官为市",但是"其后物贵而和籴不解,逐为河东世世患"(《宋史》卷95)。在《论两浙不宜增添弓手状》中,他分析了差役法的弊病:"版籍差误,户口异同,毫厘不当,互相告抉,追呼无时,狱讼不歇。则民未暇为公上给役,而先困于贪吏之诛求矣",建议将衙前一役改为募役。在本章所选的《论财利疏》中,他也仔细地分析与建议差役法的改革:"衙前当募人为之,以优重相补,不足则以坊郭上户为之。彼坊郭之民,部送纲运,典领仓库,不费二三,而农民常费八九。何则?儇利戆愚之性不同故也。其余轻役,则以农民为之。"

由此可见,司马光不主张彻底、剧烈的变革。比如,对于宗室法,他就提出"此诚当变更,但宜以渐,不可急尔"(《续资治通鉴长编拾补》卷6)。即使对他一贯主张的节省国用的改革,他也建议渐变而不要剧变,"国用不足,在用度太奢,赏赐不节,宗室繁多,官职冗滥,军旅不精。必须陛下与两府大臣及三司官吏,深思救弊之术,非愚臣一朝一夕所能裁减"(《宋史·食货志》)。在司马光看来,变革动作越大,社会反响就越大,这样做未必能取得好的结果。他批判王安石的变法"徒见目前之利,不顾永久之害",没有认识到"世俗之情,安于所习,骇所未见"(《谨习疏》)。

2. 王安石主张大范围快节奏变革法度

王安石基于恢复汉唐旧境、实现天下一统的政治理想,力倡最大限度地创造财富,达到富国强兵的目的。因此,对于财政方面法度的改革,他主张对不合适的法度要进行彻底的变革。他提出:"变风俗,立法度,方今所急也"(《宋史·王安石传》)。为了给变法提供足够的支撑,王安石还表达了著名的"三不足"的意思:"天变不足畏,祖宗不足法,流俗之言不足恤"。邓广铭先生认为,王安石绝不曾在宋神宗面前提到过"三不足"的口号,但这三句话之为王安石亲口所说,却是决无可疑的[1]。王安石在实施新政的三年内,先后制定了诸多新法令,如均输、青苗、农田水利、免役、市易、方田均税法等。《宋文鉴》中记载了刘挚对当时新政情况的描述:"二三年内,开辟动摇,举天地之内,无一民一物得安其所者。……数十百事,交举并作,欲以岁月变化天下。"

王安石的新政,变革的范围广,新法推行的速度也快,以至于很多新法并没有经过充分的酝酿试行,就在全国的范围内推广开来。对王安石变法"求治过急",韩琦指出"新制日下,更改无常,官吏茫然,不能详记"(《宋史·韩琦传》)。王安国(王安石的弟弟)也评价王安石在变法过程中"知人不明,聚敛太急尔"(《宋史·王安石传》)。

这样的快节奏,在实践中造成很多问题,也面临很大的阻力,使支持新政的君主最终也变得犹豫不决。对此,王安石曾评价宋神宗的犹豫,说神宗"明智度,越前世人主,但刚健不足,未能一道德,以变风俗"(《续资治通鉴长编》卷 215)。事实上,宋神宗在变法的决心与毅力方面,并不亚于王安石。为了改变当时国家的危机局面,宋神宗在看到本章所选的《上仁宗皇帝言事书》后,便招王安石越次入对,并起用他实施变法。为了推行变法,宋神宗还将诸多反对变法的保守派官员调离了帝国的政治中枢,包括当时的宰相韩琦、反变法派的代表官员司马光以及名满天下的苏轼等,手腕不可谓不强硬。但在新法招致民怨沸腾、反对的声音越来越大时,宋神宗出于帝国内部稳定及新法实施状况做了一些调整,却被王安石评价为"刚健不足",这是不太公正的。由此也能看到,王安石本人在变革方面的激进主义立场。

3. 财政改革过程中的"理想"与"现实"

可见,在改革方面王安石与司马光有着鲜明的差异。从后世的眼光来看,王安石之所以主张"突变",原因在于他认为当时的情况已经非常糟糕,而又对以自己为核心的改革团队的能力估计过高。司马光之所以主张"渐变",与他"为政中和"的保守主义指导思想分不开,也源于他对改革的客观条件的考虑。司马光对

---

[1] 邓广铭著:《北宋政治改革家——王安石》,陕西师范大学出版社 2009 年版,第 95 页。

王安石变法最反对的一点是,在新政过程中起用了过多有才无德的官员,他认为根本不具备推动大变革所必需的条件"良匠"。与此同时,他也认为王安石的政令并不是"美材"。从一定意义上说,王安石站在了"理想"的一端,而司马光更多落脚于"现实";王安石更关注新法的设计,而司马光更关注新法落实的可行性。青苗法、免役法等新法的实施,都可以反映出这一点。尽管新法在理想上力求国富民强、公私两便,但在实行中却大为走样,非但达不到预想的效果,反而成为盘剥民众的工具。

(二) 司马光与王安石对于得人与变法之辩

基于保守主义与激进主义理念的差异,司马光与王安石对于治国理财的方略即依靠得人还是依靠法度也发生了争辩,其焦点集中于影响治国效果好坏的关键因素究竟是"治国之法"还是"治国之人"。对这一问题的回答,大体上,司马光基于保守主义立场,侧重于得人,不主张对法度进行大改;而王安石基于激进主义立场,强烈要求制度上的大变革即变法。

1. 司马光对"得人"的重视

对于治国理财过程中人治与法治的关系,司马光引用荀子的话来支持自己有关人治的结论:"荀卿曰:'有治人而无治法',故为治在得人,不在变法"。对此结论,神宗皇帝不太同意,他说:"人与法,亦相表里耳。"司马光反驳说:"苟得其人,则无患法之不善。不得其人,虽有善法,失先后之施矣。故当急于求人,而缓于立法也"(《宋朝事实类苑》卷15)。由此可见,司马光认为治国理财的关键是寻求"善人"而不是"良法",他对神宗皇帝强调说,"富民之本在得人。县令最为亲民,欲知县令能否,莫若知州,欲知知州能否,莫若转运使。陛下但能择转运使,俾转运使案知州,知州案县令,何忧民不富也!"(《续资治通鉴·宋纪》)。除此之外,在其编著的《资治通鉴》(卷57)中,司马光也评论过:"法制不烦而天下大治。所以然者何哉? 执其本故也","为治之要,莫先于用人"。可见,在司马光看来,"天下大治"的关键并不在王安石一再强调的"法度",而在于执其本,即其所说的"用人"。在本章所选《论财利疏》中,他表达了同样的意思:"夫宽恤民力,在于择人,不在立法。若守令得人,则民力虽欲毋宽,其可得乎?"可见他的这一保守主义态度是一贯的。

司马光重视"人治"的思想贯穿于他治国理财的实践中。就赈济灾荒的"荒政"问题,他指出,政府在应对"天灾"时之所以左支右绌,原因在于州县不事积蓄;而州县不事积蓄、小农不敢"力耕积田"则主要是因为地方官吏"不得人"(因为相应法度早已存在)。基层政府官吏只知道"陵轹州里,骚扰百姓",使本来就在艰难困苦中生存的小农更加难以抵挡水旱两灾的侵袭。因此,司马光提出:"守令非其人,而徒立苟法,适所以扰民耳"(《论财利疏》),而"所以能使民不流移者,全在本县令佐得人"(《续资治通鉴长编》卷374)。

在对待官营手工业方面,司马光倡导的是"贵用物而贱浮伪",而要真正能够将此贯彻落实下去,有赖于有司"得人"。他指出:"其百工在官者,亦当责人而监之,以工致为上,华靡为下,物勒工名,谨考其良苦而诛赏之"(《论财利疏》)。宋代在财政运行时,存在多头管理、号令不一的问题。元丰改制之后,三司事务归于户部,而户部又分为左右曹,仍不得总天下财赋。因此司马光主张效古法,用宰相治财,利权归一,并回到"用人"这一执政之本上。他说:"如此,则利权归一。若更选用得人,则天下之财庶几可理矣"(《论钱谷宜归一札子》)。在《论财利疏》中,他也谈到了这个问题并给出了相似的答案:"臣愿陛下复置总计使之官,使宰相领之。"

司马光坚决反对王安石变法中变卖常平、广惠仓的谷物为本钱来实施"青苗法",认为常平仓法乃"三代之良法也","物价常平,公私两利"(《续资治通鉴长编》卷384)。针对当时许多人批评常平法存在的弊病,司马光认为关键原因还是在人。在他看来,一方面,主管常平法的官吏消极怠惰,以致籴买粜卖均已失时;另一方面,牙人、行人与积蓄之家沉瀣一气,蒙蔽有司,导致常平仓主事高买低卖,结果厚利皆归积蓄之家,公私两不便。对此,司马光认为这是法因人坏,而不是法本身不善。他在《乞罢条例司常平使疏》一文中也说道:"比来所以隳废者,由官吏不得人,非法之失也"。

即使面对当时现实中的财政危机,司马光也认为这并非制度原因而是"治财"官员不得人,也就是说,国用不足是由于朝廷没有择用专晓钱谷的人。本章选文《论财利疏》,就充分显示了他的这一观点。

当然,司马光重视"贤才"并不代表他不明白"法度"的重要性。司马光在《论钱谷宜归一札子》一文中便提到:"祖宗之制天下钱谷,自非常平仓隶司农寺,其余皆总于三司。……一文一勺以上悉申帐籍,非条例有定数者,不敢擅支。故能知其大数,量入为出。详度利害,变通法度,分画移用,取彼有余,济彼不足。指挥百司,转运使诸州,如臂使指。"针对当时中央财政管理体系混乱的现象,司马光对法度建设也提出了建议,他认为应效古法的"冢宰之制",以宰相来管理财政。此外,他对宰相治财也提出要求,即"详度利害,变通法度"。可见,司马光对制度("法度")还是有认识的,只不过更重视"得人"罢了。

2. 王安石对治国理财过程中"善法"的重视

相对于司马光而言,王安石更重视"法治"。王安石在本章选文《上仁宗皇帝言事书》中就提到:"宜其家给人足,天下大治。而效不至于此,顾内则不能无以社稷为忧,外则不能无惧于夷狄,天下之财力日以困穷,而风俗日以衰坏,四方有志之士,諰諰然常恐天下之久不安。此其故何也? 患在不知法度故也"。就是说,他认为财力穷困、风俗衰坏的原因就在于不知"法度"。因此要解决国用不足,需要"治法以权之",而非像司马光说的那样着力于选人。王安石在《度支副使厅壁题名记》中提到:"夫合天下之众者财,理天下之财者法,守天下之法者吏也。吏不良则有法而莫守,法不善,则有财而莫理。……然则善吾法而择吏以守之,以理天下之财"。这段话体现了王安石对人治与法治间关系的认识,也就是说,为国理财需要依靠合理的法度,而官吏只是执行法的人;虽然官吏的选择"不得人"会使得"有法而莫守",但如果没有好的"法度",那么"为国理财"便无从谈起了。因此,王安石认为放在首位的还是"善吾法",而后才是"择吏以守之","夫法度立,则人无独蒙其幸者"(《上仁宗皇帝言事书》)。

王安石重视"善法"的思想在他诸多的"新法"之中均有体现。比如,王安石认为,如果"治财"得法,那么"增吏禄不足以伤经费也"(《上仁宗皇帝言事书》)。下文将述及的王安石的"动态取财"观,也依托于他对"法度"的重视,即通过合理的"法度"制定来实现"民不加赋而国用饶"的目的。而这一观点在司马光看来是不切实际的,原因也在于司马光不像王安石那样重视"善法",不相信"果得善法"即可以突破传统经济框架的限制。

虽然王安石更重视法治,但他并未完全忽视人的问题。比如,在免役、保甲、市易三法中,王安石就认识到"得其人缓而谋之,则为大利;非其人急而成之,则为大害"(《上五事书》)。他也指出,"善法"能否得以执行并达到预期的效果,很大程度上取决于是否"得人"。王安石在《上时政书》中指出:"盖夫天下至大器也,非大明法度,不足以维持,非众建贤才,不足以保守"。也就是说,"法度"与"贤才"都是"天下大治"的关键所在。

二、对财政危机的不同态度

中华帝国事实上每到王朝中期都会出现一定程度的财政危机,这一危机大多源于皇室支出与官僚费用的膨胀,以及正式收入因兼并之家隐税漏田而不能应收尽收。在北宋时期,不同于其他王朝的特殊问题是,它始终面临着北方游牧帝国的强大压力以致军事开支不断增长。军费加上官俸、冗费等，形成了困扰宋代财政的"三冗"问题。到神宗皇帝即位之初，这样的财政问题直接表现为三司内藏捉襟见肘、国用匮乏。

面对国用的不足，司马光与王安石均进行了积极的探索，但却基于各自态度而给出了两种针锋相对的答案。司马光的主张侧重于节用，而王安石则认为广开财路才是解决问题的根本之道。他们意见的分歧，来自不同理财观的差别。不同的理财观以及由此产生的解决财政危机的两种不同方案，事实上也是中华帝国财政思想的两大传统，它们在历史的不同时空中反复出现。

（一）司马光与王安石的不同理财观

在理财观方面，司马光的看法主要是基于对王安石的批评而表达的。接下来先看王安石的观点，这也是王安石变法的重要指导思想。

1. 王安石的"以义理财"与动态生财

在《盐铁论》中，文学贤良认为，《论语》中的"君子喻于义，小人喻于利"，孟子反复强调的"仁义而已矣，何必曰利"，才是真理性质的，因此，治国应该"抑末利而开仁义，毋示以利"（《本议》）。对这样的帝国正统财政思想，王安石并不认同，因为他意识到"理财"对于治国来说非常重要。他对宋神宗说："今所以未举事者，凡以财不足故。故臣以理财为方今先急。未暇理财而先举事，则事难济。臣固尝论天下事如弈棋，以下子先后当否为胜负。"（《续资治通鉴长编》卷220）在《上仁宗皇帝言事书》中他对于当时国家潜在的危机分析道，"患在不知法度也、患在治财无其道耳"，高度强调"治财"对于国家治理的重要性。要看到的是，在帝国财政思想中，王安石的理财观也并非异端邪说，同样具有正统的来源。正如王安石自己一直强调的："一部《周礼》，理财居其半，周公岂为利哉？"（《答曾公立书》）因此他重新批注了《周礼》，欲借助古代典籍的权威来支持自己的理财思想。事实上，对于"义""利"关系这一传统话题，王安石并不认为二者存在着矛盾，因为可以"以义理财"。也就是说，王安石将"理财"与"义"结合起来，消解了二者间可能的对立，对士大夫不言财利的传统而言，这无疑是一个创举。王安石曾向宋神宗进言："至于为国之体，摧兼并、收其赢余以兴功利，以救艰厄，乃先王政事，不名为好利也。"（《续资治通鉴长编》卷240）王安石还提及"孟子所言利者，为利吾国。如曲防遏籴，利吾身耳。至狗彘食人食则检之，野有饿莩则发之，是所谓政事。政事所以理财，理财乃所谓义也"（《答曾公立书》）。这些看法，充分体现了他的"以义理财"思想。在司马光批判王安石的新法是"生事"，只是"头会箕敛"（即征人头税），违反了"孟子之志"时，王安石反击道："举先王之政以兴利除害,不为生事;为天下理财,不为征利。"(《答司马谏议书》)《宋会要》中也有类似的记载:"今陛下广常平储蓄、抑兼并、振贫弱,置官为天下理财,非所以佐私欲,则安可谓之兴利之臣乎?"(《宋会要·食货之二〇》)

  可见,王安石把治国理财提高到"为天下理财"的高度,这一认识是十分深刻的。在一定程度上,王安石"以义理财"的思想也避开了传统儒家"重义轻利"思想的桎梏,对于宋帝国扩大财政收入、应对国家生存危机提供了思想的支持,减轻了新法推行的阻力。那么如何实现以义理财并进而克服财用危机呢?王安石提出的方案实际上是动态生财而非静态取财,就是说他认为财政收入是可以大幅增长的,其基础是生产的发展,"盖因天下之力以生天下之财,取天下之财以供天下之费。自古治世,未尝以不足为天下之公患也,患在治财无其道耳"(《上仁宗皇帝言事书》),"方今之所以穷空,不独费出之无节,又失所以生财之道故也"(《与马运判书》)。他指出:"富其家者资之国,富其国者资之天下,欲富天下,则资之天地。"(《与马运判书》)显然,这是一种"动态"取财的思想。

  至少在财政理念上,王安石并不是司马光所批评的"箕敛之臣"。他同样不赞成单纯地从民众身上敛财,因为这种做法就像"阖门而与其子市,而门之外莫入焉,虽尽得子之财,犹不富也"(《与马运判书》)。王安石提倡的"富国之术"是要"民不加赋而国用饶",是动态地生财。

  如何能够动态地生财?从现代眼光来看,主要途径有以下几个方面:(1)通过发展生产,创造经济增值,这样政府可以增加财政收入,民众增加财富;(2)通过市场交易行为,使政府与民众之间因自愿交易而增加双方的效用;(3)通过市场深化,将政府手中原来未投入市场的资源转化为商品或资本,以便从中获得收益;(4)通过财政管理的加强,将财政负担落实在有负担能力者(富户)身上,在不增加普通民众负担且富人牺牲不大的同时,增加财政收入。

  在神宗皇帝的支持下,王安石在财政方面实施的变法,大多数都是试图从上述途径来动态地生财。具体来说,主要表现为以下几个方面。

  第一,"农田水利法"体现了发展生产、创造经济增值的途径。在帝国时代,农耕经济是财政的最重要基础。因此,王安石试图通过大力兴修农田水利(由官府和大户出钱,普通民众出力)、鼓励提高农业技术等方法,来发展农业生产。

  第二,"免役法"和"保马法"体现了通过市场交易行为来增加官民双方效用的途径。"免役法"是允许那些苦于担任差役的人出钱免役,官府则花钱雇役,这样在不耽误正事的前提下,原来担任差役的人因花钱免役而改进了效用,政府也因收支差额的存在而获得一定的财政收入,同时还能避免原先伴随着差役摊派而来的各种敲诈勒索行为。"保马法"是官府资助民间养马,以代替原来官府自己雇人养马,这样可以节约政府的开支,同时增加养马户的收入。

第三,"青苗法""市易法"和"均输法",体现了通过市场深化来获取财政收入的途径。在宋代经济发展中,出现了对资本借贷的要求,私人提供的资本要么不足要么成本过高,不能满足社会的要求。在当时,政府通过财政工具征收了大量的钱粮,这些钱粮集中在官府的库房中,没有成为可交易的资本商品。于是,一方面,王安石颁布"青苗法",将官府手中的钱粮,按低于民间高利贷的利率,每年分春秋两次,贷给民众,帮助民众度过青黄不接时期,在减轻民众负担、抑制高利贷商人势力的同时,还能让官府获得利息收入;另一方面,王安石颁布"市易法",向商人提供低息贷款(以金银、地契为抵押),或者贷款给官营商号去收购商旅卖不出去的货物,待机转卖。也就是说,青苗法和市易法,主要是将政府库房中尚未商品化的钱粮资源转化为资本性商品。另外,在当时条件下,相对于民间来说,政府手中掌握的信息与人才资源最为丰富,可以通过官营经济的方式,将这样的资源加以市场化。王安石颁布的均输法和市易法,大体符合这一目的。均输法是汉代旧法,王安石加以扩大,并将权限下放给六路发运使,让他们利用信息优势,就上供之物"徙贵就贱、用近易远",在不增加税负的前提下增加向朝廷输送的财赋。市易法的内容,除了上述官方借贷外,还有就是在京师及各地设立市易务,从事商业买卖。与汉代相比,王安石的国营商业至少在立法意图上,并未像汉武帝时那样试图全面垄断商业。

第四,"方田均税法"体现了通过加强财政管理来扩大财政收入的途径。如果让财政负担落在真正有负担能力的人身上,一般民众的负担不会增加,有负担能力的人感受到的主观牺牲不大(即现代经济学所说的富人的收入边际效用较小)。与此同时,由于欠税可能性降低,实征率提高,财政收入总量会增加。方田均税法的目的正在于此,即通过"方田"来整理土地账册、清丈田亩,检查漏赋,落实"履亩而税"。这样,田多者多缴田赋,无地者不缴,既能增加财政收入,又能均衡财政负担。

2. 司马光对理财的态度

在王安石宣扬当时国家治理的症结在于缺乏"善理财者"时,《宋史》中记载了司马光著名的回应:"善理财者,不过头会箕敛尔。"这一回应反映了司马光对于王安石理财法的一种态度,也曾被不少学者解读为司马光属于因循守旧派的证据,因为他不重视为国"理财"。不过,以钱穆为代表的一批学者不赞成这种说法。钱穆在《论荆公温公理财见解之异同》一文中就提到:"荆公新法重理财,论史者遂疑温公论政不重理财,其实非也。"从司马光留下的文字资料来看,司马光本人也是十分重视"理财"的。在《乞施行制国用疏上殿札子》中他说:"何以临人,曰位;何以聚民,曰财。有位无财,斯民不来。所以《洪范·八政》,食货惟先,天子四民,农商居半。"只不过,司马光不赞成王安石的理财方法。在本章所选的《论财利疏》一文中,司马光集中而系统地阐述了他的财政观点。

司马光之所以说"善理财者,不过头会箕敛尔",更多地不是反对"理财",而是批评王安石理财新法在实践中导致"头会箕敛"。出于对北宋立国总体环境的考虑,当时的治国精英罕有不重视财利的,而司马光更是其中善谈理财的杰出代表。司马光上书皇帝:"于天下钱谷常留圣心,有熟知天下钱谷利害,能使仓库充实,又不残民害物者,并许上书自言。"(《钱粮札子》)他还说:"王者以天下为家,天下之财皆其有也。阜天下之财以养天下之民,已必豫焉。"(《资治通鉴》卷233)这些都充分体现了他依靠"理财"来治理天下的思想。

不过,司马光关于理财的看法,持有的是"静态取财"观,认为财政收入来源于相对缺乏弹性的农业,因而财富总量是有限的,不在民则在官。《宋史·司马光传》记载了王安石与司马光的一段著名的对话:"安石曰:'善理财者,不加赋而国用足。'光曰:'天下安有此理!天地所生财货百物,不在民则在官。彼设法夺民,其害乃甚于加赋。'"这段对话充分反映出,在财政收入问题上司马光与王安石分别持有针锋相对的看法。司马光的"静态"取财观,充分体现在他所说的"天地所生财货百物,不在民则在官",就是说他认为财富总量是有限的、静态的。虽然他也认识到"农工商者,财之所自来",因而提倡"养民"与培养"税源",但不认为主要来自农业的财源会大幅上升,也不认为可以通过积极的财政措施来实现国家与民众财富的共同增长。在他看来,由于能用来承担财政征收的经济剩余是有限的,所以"为国理财"的最好方式是"养其所自来而收其所有余"(《论财利疏》),政府要做的事情主要是"强本节用"。

(二)财政危机的不同解决方案——"开源"与"节流"

基于以上理财观的不同,王安石与司马光对财政危机,均积极地进行了探索,但却给出了两种针锋相对的答案。王安石认为广开财路才是解决问题的根本之道,而司马光的主张则侧重于节用。

对于这场财政危机,王安石说主要原因在于理财水平不高、未能创造出足够的财政收入,"患在治财无其道耳"(《上仁宗皇帝言事书》)。因此,只要找对方法,广开财源,就能"取天下之财以供天下之费"。在王安石看来,"方今之所以穷空",虽然有部分原因在于"费出之无节",但主要的原因却是"失所以生财之道"

(《与马运判书》)。也就是说,如果生财有道,收入足够多,那多一些官俸不足以"伤经费",帝王可以"以天下自奉","赏赉之资"也不会影响帝国财用的状况。

对这样的观点,司马光显然不能同意。在他看来,"培养税源"虽然重要(这需要实行"轻徭薄赋"),但单纯地增加财政收入则是取祸之道,"天地所生,财货百物,不在民则在官。设法夺民,害甚于加赋"(《宋史·司马光传》)。他认为扭转"入不敷出"的财政局面,关键在于压缩财政支出,"裁减费用",即重点应放在"节流"上。这是因为,"国用不足,在于用度太奢,赏赐不节,宗室繁多,官职冗滥,军旅不精"(《宋史·食货志》)。因此,他在《论财利疏》中认为应对财政危机的关键在于"抑赐赍、去奇巧、反奢丽、正风俗、用廉良、退贪残、澄清庶官、选练战士、不禄无功、不食无用",最终达到的理想目标是"御府之财将朽蠹而无所容贮,太仓之粟将弥漫而不可盖藏。农夫弃粮于畎亩,商贾让财于道路"(《论财利疏》)。

王安石、司马光在三冗(冗官、冗兵、冗费)问题上的争论,充分反映了二人对解决当时财政危机的不同思路。简单地说,这种不同就是,王安石在相当程度上持有"量出为入"的主张,而司马光则坚持"量入为出"的原则。

1. 在养官费用上的争论

北宋时期养官费用巨大,而且支出规模增长得极快。沈括对当时的吏禄岁支有如下记载:"熙宁三年,京师诸司岁支吏禄钱三千八百三十四贯二百五十四。岁岁增广,至熙宁八年,岁支三十七万一千五百三十三贯一百七十八。"(《梦溪笔谈·官政》)

对于"冗官"问题,司马光有着清醒的认识,并一直表达其深切的担忧。他在《论财利疏》一文中提到:"国家比来政令宽弛,百职隳废……又自古官有常员,而国家用磨勘之法。是以一官至数百人,则俸禄有增而无损……凡此数者,皆所以竭民财者也。……又府吏胥徒之属,居无廪禄,进无荣望,皆以啖民为生者也。"司马光竭力主张裁减官职,降低养官费用,特别针对恩荫制、特恩法的官员,他提出:"其五服外亲及不系亲属者,并量赐金帛罢去,庶几少救滥官之失。"(《论进贺表恩泽札子》)

王安石显然并不赞成司马光裁损官费的主张。他在《上仁宗皇帝言事书》一文中说:"公私常以困穷为患者,殆以理财未得其道,而有司不能度世之宜而通其变耳。诚能理财以其道而通其变,臣虽愚,固知增吏禄不足以伤经费也。"这是因为,在以他为首的主张新法的人看来,"吏禄既厚,则人知自重,不敢冒法,可以省刑。"(《宋史·食货志》)就是说,王安石持有一种"高薪养廉"的观点。当然,王安石的主张是有前提的,即"诚能理财以其道而通其变",也就是说,只有能有效地增加官府的财政收入,官员俸禄的费用才不会"伤经费"。

2. 对养兵费用的不同意见

对于占"国家所费十之七八"的"冗兵"费用问题,王安石认为"兵省非所先"。他在《省兵》一诗中写道:"有客语省兵,兵省非所先。方今将不择,独以兵乘边。以众亢彼寡,虽危尤幸全。"面对北方游牧帝国带来的威胁,王安石力主进行军事准备,希望能通过军人数量优势来保证帝国的安全。针对宋政府的"养兵"政策,王安石虽然也认识到当时士兵大多"骄惰习已久,去归岂能田",但其言论之中鲜有"省兵"的说法。不过,在"熙丰新政"中,他将宋帝国士兵免兵为民的年限由六十一岁下调到五十岁,这对减少军费支出、提高军队战斗力还是有一定帮助的。

司马光则直截了当地建议"省兵"。他向神宗皇帝进言,称兵"务精而不务多"。在《论财利疏》中,他十分明确地说:"是以每有营造贸买,其所费财物什倍于前,而所收功利曾不一二,此国用之所以尤不足也。……夫兵多而不精,则力用寡而衣粮费,衣粮费则府库耗,府库耗则赐赉稀。……凡此数者,皆所以竭民财者也。"司马光尤其反对毫无限制地招募兵士,要求根据国家财力来增养士兵,"边臣之请兵无穷,朝廷之募兵无已,仓库之粟帛有限,百姓之膏血有涯"(《宋史》卷10)。对于当时有大臣建议"广招兵士",他反对说:"臣不知建议之臣,曾不曾计较今日府库之积,以养今日旧有之兵,果为有余为不足乎?"(《招军札子》)为了节省军事开支,司马光不但反对过度蓄养士兵,也反对对外用兵。他在总结历代征战与和平对生产所产生的不同影响之后,肯定澶渊之盟使户口滋息,农桑丰茂,下结论说:"由是观之,征伐之于怀柔,利害易见矣。"(《续资治通鉴长编拾补》卷2)这一看法,显然与《盐铁论》中的文学贤良相似。

3. 围绕皇室消费、郊祀赏赐、崇尚释老等费用的争论

宋代在皇室消费、郊祀赏赐、崇尚释老等活动中花去的费用,时人称为"冗费"。这一费用的规模是巨大的。司马光、王安石二人在处理这一费用问题上,也分别持有不同的观点。

(1) 司马光对裁损冗费的倡导。在皇室权贵消费方面,司马光继承了文学贤良的观点,鲜明地提出:"夫府库者,聚天下之财以为民也,非以奉一人之私也!"(《论财利疏》)他提倡整个国家的消费一定要节制,并认为这应该是一个"自上而下"的过程:"方今国用不足,灾害荐臻,节省冗费,自当贵近为始,宜听两府辞赏为便。"(《国朝诸臣奏议》)司马光建议:"伏望上自乘舆服御之物,下至亲王公主婚嫁之具悉加裁损,务从简薄。……出六宫冗食之人,使之从便。罢后苑文

思院所造淫巧服玩,止诸处不急之役。然后命有司考求在外凡百浮费之事,皆一切除去。群臣非有显然功效,益国利民者,勿复滥加赏赐。"(《节用札子》)

针对当时的君主非常大方的赏赐问题,司马光更是直接提出批评:"陛下近日宫中燕饮,微为过差,赏赍之费,动以万计。"(《与杨攸论燕饮状》)对于御用与赏赐,司马光主张要遵循古制,要效法宋初的君主,"先朝公主在宫中,俸钱不过月五千,其余后宫,月给大抵仿此。非时未尝轻有赐予,赐予亦不甚丰……窃闻近日奉给赐予,比于先朝何啻数十倍矣"(《论财利疏》)。要解决"赏赐不节"问题,一方面需要君主裁减"赏赍之费",另一方面要赏罚严明,不能无故赏赐。司马光说道:"夫明主之不妄赏赐,非吝之也,诚以赐一无功,则天下无功之人皆有徼觊之心,有功之人皆怀怨望故也。"(《辞赐金第二札子》)

除了皇室的奢侈消费以及毫无节制的赏赐,司马光还反对君主崇尚释老,广置佛寺道观,认为此举徒费民财。他质疑帝国皇帝:"方今元元贫困,衣食不赡,仁君在上,岂可复倡释老之教,以害其财用乎。"(《续资治通鉴长编》卷 197)在他看来,这样的耗费无穷无尽,空耗国家的财富。

(2)王安石对减损费用必要性的反对。对于"冗费",王安石的观点十分鲜明,他认为只要"取财""理财"有道,国家的财政收入完全可以支撑这些看似高额的消费。《宋史·杨时传》记载:"神宗称羡汉文帝惜百金以罢露台,安石乃言:'陛下若能以尧舜之道治天下,虽端天下以自奉不为过,守财之言非正理'"。这充分说明,王安石对于保守的削减财用观点不以为然,认为"守财"的方式不占"正理",而通过开源来取财才是平衡财政收支的根本途径。

显然,王安石这种量出为入、通过"理财"来"以天下自奉"的言论,更能打动帝国的统治者。对于"赏赐不节"问题,王安石认为:"大臣郊赉所费无几,而惜不之与。未足富国,徒伤国体。"(《续资治通鉴长编拾补》卷 3 下)事实上,"所费无几"的言论是不符合当时的实际情况的,他本人也有"不独费之无节"的言论。只不过,王安石想强调的是,如果寄希望于节约"赏赐"这样的费用来达到富国的目的或者解决严峻的财政危机,无异于杯水车薪,反而白白损害了帝国的体面。

三、对财政制度作为治国平衡手段的争辩

国家治理活动的一个非常重要的内容,就是在多种目标、不同价值与利益之间进行平衡,正因如此,德国国务活动家俾斯麦才将政治定义为"平衡术"。作为历史悠久、治理成就突出的文明古国,中国在国家治理活动中也一直有效地使用

着财政制度来发挥平衡的作用,在国家与民众间、富裕阶层与贫民阶层间、不同职业(或身份)集团间以及其他方面进行着财富与资源的配置。

经过从秦代至宋初上千年国家治理的实践后,如何基于丰富的经验而进一步地发挥财政制度的平衡作用?司马光与王安石展开了激烈的争辩,各自阐述了两种不同的甚至针锋相对的治国理财思想。他们的看法,事实上也是那个时代的学者就运用财政手段实现平衡治国这一主题而持有的两种典型的思想。这样的思想,不仅影响了宋代直至明清两代治国理财的实践,也为今天治国理财的思想与行为提供了借鉴。

(一)"国富"与"民富"之间的平衡问题

在国家与民众之间如何配置财富才能实现国家治理的目的?就国家的有效治理而言,"最廉价的政府是最好的政府"这一古典自由主义的名言并非任何时候都能成立,因为如果国家手中掌握的财政资源过少,或者像魏晋南北朝时期那样"国弊家丰",就容易招致外敌或内乱,也无法履行必要的社会和经济职能,最终伤害的仍是民众的利益。在司马光和王安石所处的北宋,国家拥有足够数量的财政资源是抵抗契丹、西夏等外敌入侵、赢得国家间生存竞争的必要条件。但是,如果财政征收过多,留在民众手中的财富过少,不但会损伤民众生产的积极性、破坏税源,而且会因民众穷困、民生苦难而引发社会动乱,从而彻底违背国家治理的目标。对于这个问题,在中国财政思想传统中,一种看法主张"民富",要求"藏富于民";而另一种看法主张"国富",要求国家尽力掌握更多的财富。司马光和王安石二人,大致上分别是前后两种看法的代表。

1. 司马光"藏富于民"的思想

司马光在《论财利疏》中说:"善治财者,养其所自来而收其所有余,故用之不竭而上下交足也。不善治财者反此。"这句话不但体现了司马光对财富生产与国家财政收入之间关系的认识,还反映出他"藏富于民"的思想。他认为国富依赖于民富,财政政策要先使四民均富足而有余,然后国家再去获得财政收入,这样财政收入"彼有余而我取之,虽多不病矣"(《论财利疏》)。

司马光"藏富于民"的思想,主要集中在以下两个方面:第一,司马光反对给农民施加过重的赋役负担,要求国家改善小农的生存境况,鼓励力耕积田;第二,对于从事工商业的小民,司马光要求国家"不与细民争利"。

(1)司马光对改善小农生存条件的主张。司马光的"富民"思想,鲜明地体现在他对于当时小农极其恶劣的生存环境有深刻的认识与深切的同情。他认为"四民之中,惟农最苦",描述当时小农的生活是"所食者糠籺而不足,所衣者绨褐而不完。苦身劳力,恶衣粝食"(《宋史》卷173)。正因如此,小农往往容易弃业成为流民,"农者不过二三,而浮食者常七八矣"(《论财利疏》)。之所以"四民之中,惟农最苦",原因在于"公私之债,交争互夺"(《劝农札子》),"彼农者苦身劳力,衣粗食粝,官之百赋出焉,百役归焉。岁丰则贱贸其谷,以应官私之求;岁凶则流离冻馁,先众人填沟壑"(《论财利疏》)。就是说,一方面国家对小农的征敛过于沉重,另一方面当时的"兼并之家"通过"高利贷"等方式对小农进行了巧取豪夺。所以,司马光主张"轻徭薄赋",他对王安石说:"其所以养民者,不过轻租税,薄赋敛,以逋(bū)负也。"(《与王介甫书》)

对于国家当时的财政措施,司马光一方面认为正式财政收入中的"两税"偏重,另一方面觉得役法及其他征敛措施过于压迫小农。他痛斥当时的财政"使贫下之民,寒耕热耘,竭尽心力,所收斛斗,于正税之外,更以巧法,取之至尽,不问岁丰碎俭,常受饥寒",而且"聚敛之臣,于租税之外,巧取百端,以邀功赏"(《奏为乞不将米折青苗钱状》)。他特别地反对"荒年刺兵"的政策,认为这也是一种赋役的增加。他指出:"今既赋敛农民之粟帛以赡正军,又籍农民之身以为并,是一家独任二家之事也。如此,民之财力,安得不屈?"(《义勇第五札子》)

在王安石的变法活动中,尽管司马光反对王安石的免役法,但他并非没有认识到原先差役法的弊病,尤其是衙前役(负责官府物品的押运与供应,丢失或短缺需赔偿)常常使得应役的人家流离失所、家破人亡。司马光提倡的是有限度改革,他不赞成王安石以征收免役钱的形式全面废除差役,"衙前当募人为之,以优重相补,……其余轻役,则以农民为之"(《论财利疏》)。与此同时,司马光还认为现行根据户等的不同而区别对待的差役制度是不合理的,因为户等的划分没有严格的界限而在实践中容易受到官吏的操纵(如官吏可能下调户等的标准,以获得更多的差役等),这样的后果是,一般的农户不敢稍作积蓄或者购置田产,"民无敢力田积谷,求致厚产",因为"今欲多种一桑,多置一牛,蓄二年之粮,藏十匹之帛,邻里已视为富室,指抉以为衙前,况敢益田畴,葺(qì)庐舍乎?"(《论衙前札子》)他希望国家减轻广大农民的负担,"务令百姓敢营生计",最终能够实现"家给人足"(《论衙前札子》)。

(2)司马光对国家不与细民争利的主张。北宋的商业相较前代有很大的发展,商税也因此成了国家财政收入的重要组成部分。对于从事工商业的民众,司马光的态度与对广大农民的态度相似,即主张养民、"藏富于民",国家"莫与细民争利"。比如,对于手工业从事者,他主张要鼓励手工业生产的发展,要使生产好产品的人获利("坚好便用者获利",《论财利疏》);对于从事商业的小民,他提出要"利悦小人"。在《乞听宰臣等辞免郊赐札子》一文中,司马光提出他的著名论断:"君子所尚者义也,小人所徇者利也。为国者当以义褒君子,利悦小人"。就是说,司马光虽然认为君子应该避谈财利,但细民还是应该用利益来引导。由此可见,在此处,司马光并没有一味地坚守文学贤良"毋示以利"的治国传统。

相较于王安石来说,司马光赞成的是让"细民"从事于商业活动,坚决反对国家垄断商业贸易。因此,他对王安石新法中颁布的"均输法""市易法"等法令持强烈的反对态度。在《革弊札子》中,司马光批评道:"置市易司强市榷取,坐列贩卖,增商税色件及菜果,而商贾始贫困矣","下至菜果油面,驵侩所得,皆榷而夺之,使道路怨嗟,远近羞笑,商旅不行,酒税亏损,夺彼与此,得少失多"。他还尖锐地批评说:"今赤子冻馁,滨于沟壑,奈何与之争锱铢之利,岂为民父母之意哉?"(《荒政札子》)因此,他强烈建议"除市易、绝称贷,以惠工商"(《荒政札子》),其出发点仍是藏富于民。

总之,司马光认为国家不能以国富为目标而过度地盘剥民众,财富应该更多地藏诸民间,"古之王者,藏之于民,降而不能,乃藏于仓廪府库"(《论财利疏》)。民富而后国能富,四民均富足有余,那么国富也是顺理成章的事情,"农、工、商贾皆乐其业而安其富,则公家何求而不获乎?"(《论财利疏》)当然,以现代财政眼光来看,司马光的断言还是有逻辑漏洞的,因为在民富与国富之间还需要有效的征税手段;若缺乏征税能力,民富并不能导致国富,"国弊家丰"完全是有可能的。

2. 王安石的"富国"思想

王安石并不是没认识到民富的重要性,只是与司马光不同的是,他认为国富优先于民富并且是民富的条件,国富的手段主要在于商业而非农业。因此,王安石更为关心的是,如何才能实现"富国强兵",如何通过"民不加赋"的方式实现"国用饶"。

(1)王安石"国富"优先于"民富"的主张。在《与马运判书》一文中,王安石提到:"富其家者资之国,富其国者资之天下。"他的意思是,小家庭的富裕依赖于整个国家的富裕,而国家富裕需要从天下取财。王安石并不是对农民困苦生活不了解,相反,他很清楚。比如针对河北民的辛苦,他写诗道:"家家养子学耕织,输于官家事夷狄。今年大寒千里赤,州县仍催给河役。"(《河北民》)只不过,他强调欲富家必先富国,因而在面临先富国还是先富民时,他优先选择了前者。正如在王安石变法的实践中显示出来的,免役法这一意图减轻小民差役的法令最终变成了王安石的"富国之术"。他本人也承认:"百姓卖房纳役钱,臣不能保其无此。……方今田桑之家,时犹不可得者钱也。今责够而不可得其间必有鬻田以应责者"(《上运使孙司谏书》)。

"熙丰新政"的中后期,就连宋神宗也感觉到对小民的剥削压迫过重,担心民间均苦于新法。王安石则对宋神宗说:"祁寒暑雨,民犹怨咨者,岂足顾也?"宋神宗则说:"岂若并祁寒暑雨之怨亦无邪?"王安石不悦,退而称疾居家(《涑水记闻》卷16)。可见,在王安石看来,如果可以达到"富国强兵"的目的,即便一定程度上损伤到了小民的利益也是值得的。究其本源,还是因为王安石把国家的富强看得更为重要。当然,公平点说,王安石并不反对民富,并不像《商君书》中说的那样靠削弱民众以使其失去反抗能力而达到国家治理的目的,他只是觉得国富更加重要罢了。

3. 王安石采用商业经营增加国家财富的主张

与司马光主要关注农业财富的增长不同,王安石更重视利用商业经营来增加国家财富。如前所述,就现代眼光看,这一看法是有道理的,因为自愿的交易可以改进双方的效用并提高资源配置的效率,从而增加财富。而且,至少在变法初期,王安石并不赞成以国家垄断手段来经营商业。他在《议茶法》一文中便写道:"国家罢榷茶之法,而使民得自贩,于方今实为便,于古义实为宜,而有非之者,盖聚敛之臣,将尽财利于毫末之间,而不知与之为取之过也"。显然,他认为国家取消茶叶的专卖既便民又合古法。类似的表述在《收盐》《茶商十二说》等文中都有所反映。

不过,在变法过程中,由于国营商业机构天生低效率,而它要产生盈利就只能依赖于垄断特权。因此,王安石采用商业经营手段来增加国家财富,到最后都变成了国家垄断,如在茶、盐、酒、矿冶等领域都是如此。

(二) 平衡巨室与小民之间的力量关系

北宋从一开始就"不立田制、不抑兼并",因此随着经济和社会的发展,土地流转得十分频繁。到了宋仁宗时期,巨室(又称品官形势之家或兼并之家)因兼并而占有天下田地超过半数。《宋史》有载:"势官富姓,占田无限,兼并冒伪,习以成俗,重禁莫能止焉。"这些兼并之家除了广蓄土地外,还垄断贸易,"乘时射利","擅轻重敛散之权"。除此之外,富者还"隐田漏税",将财政负担转到低收入阶层身上。"兼并之家"对社会平衡和财政收入具有消极的影响,对此司马光与王安石的认识基本相同,但二人在如何平衡"兼并之家"与"升斗小民"之间的关系上有很多不同的意见。

1. 司马光就平衡巨室与小民关系的看法

司马光认识到"兼并之家"与普通小民之间在力量上应有所平衡,对这样的平衡关系,他的观点主要有两个方面:第一,他主张打击富者的隐田漏税行为,对王安石的均税做法是赞成的;第二,他对于巨室与小民该如何分担社会责任,包括税赋、力役等有一个明确的观点,即"力业相称"。

尽管司马光在言论中并不像王安石那样反复强调要"摧抑兼并",但他对于巨室富户欺行霸市、隐田漏税的做法并不持放纵的态度,因此不像过去有论者所言的他代表大地主大官僚的利益而反对王安石。王安石变法过程中几乎每一项法令都遭到司马光的反对,就连"农田水利法"这样一个符合传统重农思想的法令,也被他说成是"劳民伤财",但唯独对于"方田均税法",司马光认为是合理的。这是因为,司马光也注意到了当时"豪强征敛倍于公赋""田业多为豪右所占夺"(《宋会要辑稿·食货》)的现实,他本人在宋仁宗嘉祐年间便有过两次均税的实践:嘉祐四年,他与吕景初等人"并同详定"均税事宜;嘉祐六年七月就均税问题,他立条约并下令诸路监司施行。在庆历年间,他又在淮南、京西等地实行方田均税。

在倡导均税的实践过程中,司马光注意到了北魏实行的均田制,但与王安石一样他也不赞成改变土地占有的状况,而是主张财政负担"宜更均量,使力业相称"(《资治通鉴》卷136)。所谓"力业相称",就是将财政负担落在真正有能力的人身上。在其《衙前札子》中司马光说道:"其所以劳逸不均,盖由衙前一概差遣,不以家业所直为准。若使直千贯者应副十分重难,直百贯者应副一分重难,则自然平均"。可见,司马光"力业相称"的思想试图实现的就是在巨室与小民之间平衡财政负担。与此同时,他坚决反对王安石的种种变法措施,认为它们只会残害民众而达不到其宣称的目的。

2. 王安石"摧抑兼并"的思想

"摧抑兼并"是王安石最核心的思想之一,也是他用来平衡巨室与小民之间关系的重要手段。王安石的"抑兼并"主要体现为两个方面:一是针对富者兼并土地且凭借法内或法外特权逃避税赋的现象,开展方田均税;二是利用国营商业活动("均输市易法""青苗法"等)打击"兼并之家"攫取商业利润、压迫小工商业者的行为。

(1) "摧抑兼并"是王安石"以义理财"思想的应有之义。王安石对兼并之家与兼并行为对国家治理的危害,认识是非常深刻的。他这样向神宗皇帝描述兼并之家的危害并进言抑制兼并之家:"今一州一县便须有兼并之家,一岁坐收息至数万贯者。此辈除侵牟编户齐民为奢侈外,于国有何功,而享以厚奉?","天命陛下为神明主,驱天下民使守封疆,卫社稷,士民以死徇陛下不敢辞者,何也?以陛下能为之主,以政令均有无,使富不得侵贫,强不得凌弱故也。今富者兼并百姓,乃至过于王公,贫者或不免转死沟壑,陛下乃于人主职事有所阙,何以报天下士民为必陛下之死?"(《续资治通鉴长编》卷240)就是说,摧抑兼并可以实现"义"(即"报天下士民为必陛下之死"),因而符合王安石提出的"以义理财"标准。

因此,从国家长远发展及获取天下四民民心的角度来考虑,王安石认为"摧抑兼并"是非常必要的。他认为"摧抑兼并"和"为国理财"一样重要,或者说"摧抑兼并"是"为国理财"的应有之义。他说:"有财而莫理,则阡陌闾巷之贱人,皆能私取予之势,擅万物之利,以与人主争黔首,而放其无穷之欲,非必贵强桀大而后能。"(《度之副使厅壁题名记》)

(2) 王安石"摧抑兼并"思想在"新法"中的体现。王安石在制定新政法令时,对"兼并之家"的态度是十分强硬的,他甚至把"摧抑兼并"作为他的一大施政纲领。他在《风俗》一文中说道:"节义之民少,兼并之家多,富者财产满布州域,贫者困穷不免于沟壑"。因此,新政除了要增加财政收入外,还有一个目的就是要"摧兼并,收其赢余,以兴功利,以救艰厄"(《续资治通鉴长编》卷240)。

秉承宋初"不立田制"的国策,王安石与司马光一样,并不赞成通过田制调整(即"均田")来抑制兼并。他说:"播种收获,补助不足,待兼并有力之人而后全具者甚众,如何可遽夺其田以赋贫民?此其势固不可行,纵可行亦未为利。"(《续资治通鉴长编》卷213)他还说:"今百姓占田或连阡陌,顾不可夺之。"(《续资治通鉴长编》卷223)王安石的主张是,通过财政手段来抑制兼并之家的实力,并进而实现阶层间的势力平衡。如方田均税法,是最为直接(也非常传统)的"摧抑兼并"措施,即通过土地丈量,将财政负担真正落实在田亩多的大户家庭,抑制其兼并的能力。事实上,王安石的不少改革措施都有这样的目的。

以均输法为例,其部分目的也在于此。针对"朝廷所用之物,多求于不产,责于非时",巨室富户便"因时乘公私之急,以擅轻重敛散之权"(《乞制置三司条例》)的现象,王安石颁布了均输法,其目的在于"稍收轻重敛散之权,归之公上,而制其有无,以便转输。省劳费,去重敛,宽农民,庶几国用可足,民财不匮矣"(《乞制置三司条例》)。王安石认为,富商巨室能够对商业贸易进行垄断是因为"去古既远,上无法以制之,而富商大室得以乘时射利,出纳敛散之权一切不归公上"(《续资治通鉴长编》卷231)。因此,他通过市易法,以国营商业来限制"兼并之家"对贸易的垄断。

王安石变法中的青苗法,实施时有一个目的就是打击放高利贷的兼并之家,

"使农人有以赴时趋事,而兼并不得乘其急"(《宋会要辑稿·食货》)。因此,由国家在青黄不接之时提供贷款,可以改变"人之困乏常在新陈不接之际,兼并之家乘其急以邀倍息,而贷者常苦于不得"(《宋会要辑稿·食货》)的现象,就能限制"兼并之家"毫无节制地通过高利贷来盘剥百姓。当然,青苗法对于限制兼并之家的作用可能并不大,王安石自己也承认青苗法是"于治道极为毫末,岂能遽均天下之财,使百姓无贫?""今制法但一切因人情所便,未足操制兼并也"(《续资治通鉴长编》卷223)。

免役法改革,也有"抑兼并,便趋农"的目的。本来巨室富户因为其特权的存在而不承担或甚少承担差役,而多由中下等民户承担。现在改纳助役钱,一定程度上可以使"兼并之家"分担力役。

(三) 农、工、商之间的平衡

在古代中国,从事农业、工业、商业活动不仅是一种职业,在一定程度上也是一种身份。在以农立国的国策影响下,至少原则上农民身份的地位比手工业者和商人要高。不过,相对于其他时代而言,宋代的工、商从业者地位还算是比较高的。如何处理好农、工、商各个阶层的关系并使之大体平衡,是历代国家治理的重要问题。对此,司马光与王安石的观点,有相同之处,也有不同的地方。

1. 司马光对农、工、商平衡的观点

司马光秉承了宋代国策中一定程度的重商主义思想,对工商阶层的评价明显地高于"盐铁会议"上文学贤良的看法。在《论财利疏》中,他指出,"夫农、工、商贾者,财之所自来也",承认农、工、商贾都为财富生产作出了贡献。从国家治理来说,他主张农、工、商三个阶层要均衡发展,使"农尽力、工尽巧、商贾流通","田善收而谷有余、器斯坚而用有余、有无交而货有余"(《论财利疏》)。不过,在这三个阶层中,司马光最重视的自然是农业阶层。

(1) 司马光对农本的重视。司马光继承了"盐铁会议"上文学贤良视为正统的"农本"思想,他说:"夫农,天下之首务也。""农者,天下之本。"(《应诏言朝政阙失事》)"夫农蚕者,天下衣食之源。"(《乞省览农民封事札子》)"国家所赖为根本者,莫若农民。农民者,衣食之源,国家不可不先存恤也。"(《宋史全文》卷13上)虽然在现行国策中农业与农民的地位也很重要,但他发现这些政策往往都是"徒有利民之名,而无利民之实",他提醒神宗皇帝说:"今国家每下诏书,必以劝农为先,然而农夫日寡,游手日繁岂非利害所驱邪。"(《劝农札子》)在他看来,四民之中农民最苦。大量农民寒耕热耘、昼夜劳作却衣食不足,以至于弃业而去,"以今天下之民度之,农者不过二三,而浮食者常七八矣"(《论财利疏》)。因此,司马光建议国家要重视农业的生产,多体恤农民的疾苦。

（2）司马光肯定工商业为国家创造财富。司马光重农,但并不排斥工商业活动。对于手工业的发展,司马光结合了他的"强本节用"的观点,认为对于生产质量好、实用价值高的手工业者应给予大力的支持。前文已经提及,司马光继承了文学贤良的观点,认为手工业应该追求的目标是"器斯坚而用有余"而不是制造奢侈品,国家治理应该让"坚好便用者获利,浮伪侈靡者不售",因而建议"凡文思院、后苑作所为奇巧珍玩之物,不急而无用者,一皆罢省"(《论财利疏》)。

与对手工业的态度相似,司马光对商业也不像许多儒家学者那样视商贾为"末作之人"、视商业为"奇邪之业"。相反,他认为商贾也是国家财富的创造者,"夫农工商贾者,财之所自来也","商贾流通则有无交而货有余"(《论财利疏》)。对于商业的发展,司马光认识到逐利动机的重要性,"商贾者,志于利而已矣",如果政府"弃信而夺之,彼无利则弃业而从他,县官安能止之哉？是以茶盐弃捐,征税损耗,凡以此也。然则县官之利,果何得哉？"(《论财利疏》)也就是说,如果国家政策使得商人无利可图,那他们就会弃业而去,国家的商税收入会大受减损,民众的生活也会变得不方便。因此,司马光反对王安石变法(均输、市易等新法)后出现的国家垄断商业的状况,要求给一般的小商人也留有一定的获取利润与谋求发展的空间。司马光一贯的观点是,"公家之利,舍其细而取其大,散诸近而收诸远,则商贾流通矣"(《论财利疏》)。从今天的眼光来看,司马光对王安石变法中国家垄断商业的批评还是相当正确的。

2. 王安石对农、工、商平衡的看法

与司马光相似,王安石也持有农本的思想,反映了他作为那个时代的儒家学者的本色。只不过,正如王安石变法所显示出来的,王安石比司马光更加重视工商业,而且他强调的是由国家来经营工商业。

（1）王安石的农本与分工观点。在农、工、商三者的关系之中,王安石和司马光一样,也将农业放在了首位。王安石说:"理财以农事为急。"国家要鼓励农业的发展,使"元元安土乐业,人致其力,以生天下之财"(《续资治通鉴长编》卷220)。与此同时,他希望通过抑制工商末业的方式来实现重本,"民见末业之无用,而又为纠罚困辱,不得不趋田亩;田亩辟,则民无饥矣"(《风俗》)。他的结论是:"是以国家之势,苟修其法度,以使本盛而末衰,则天下之财不胜用,庸讵而必区区于此哉？"(《议茶法》)

对于帝国时期农、工、商的分工,王安石继承了《管子》一书中建议的"四民分业定居论"。他提出:"夫人之才,成于专而毁于杂。故先王之处民才,处工于官府,处农于畎亩,处商贾于肆,而处士于庠序,使各专其业,而不见异物,惧异物之足以害其业也。"(《上仁宗皇帝言事书》)今天看来,王安石对"各专其业"的劳动分工观点是正确的,只是"不见异物"的分工主张未免过于机械。

(2) 王安石对工商业的看法。对待手工业,王安石显然采用了《周礼》中工商食官的看法,认为应该"处工于官府",就是说,虽然他并不完全反对私商,但更重视官营的手工业。对于当时的手工业,他还提出:"工者,治人之末者也。"(《夔》)因此国家治理应该"重租税以困辱之"(《风俗》)。这些看法与司马光的看法(发展实用的产品,抑制奢侈品的生产)相比,还是很不同的。

对于商业,王安石在《答韩求仁书》中表达了国家治理商业活动的两难性:"盖制商贾者恶其盛,盛则人去本者众;又恶其衰,衰则货不通。故制法以权之,稍盛则廛而不征,已衰则法而不廛。"就是说,一方面,他意识到商贾是社会分工中不可缺少的部门,商贾使得货物流通畅达,商业不能衰败;另一方面,王安石又担心商业发展过度繁荣,会使得末盛而本衰,以至于农民弃业,这是文学贤良在盐铁会议上就担心过的问题。如何在国家治理过程中,既能保留商业活动的益处又能避免它带来的危害?王安石的策略是,举办国营商业,加强国家对商业贸易的干预,打压富商巨贾垄断市场、控制价格的行为,从而使小商人有一个更为宽松的生存环境。王安石的这一想法过于理想主义,在实践中商业经营收归国家虽然打压了富商巨贾,但对小商人境地的改变没多大作用,而且带来了文学贤良批评过的国营商业的一切弊病,如"榷货卖冰致民卖雪不售,卖梳朴则梳朴贵,卖脂麻则脂麻贵"(《续资治通鉴长编》卷236)。

四、治国理财官员的选择与使用

帝制时期的中国经历了长期成功的治理,传统学者对于如何选择与使用治国理财的官员积累了丰富的经验与智慧。这样的经验与智慧,也由司马光和王安石这两位第一流的学者兼政治家分别加以表达。司马光的看法是,国用困乏与财政管理不善息息相关,而理财官员的选择又是财政管理好坏的关键。就是说,要慎重地选拔与使用理财官员。在这方面,王安石的观点与司马光是相同的,只不过王安石在选择官员时还多了要为自己变法提供支持的考虑。就当时的现实情况而言,北宋建立初期,对理财官员的选择标准是"国初,三司使或以诸卫将军、诸司使为之,判官则朝士晓钱谷者皆得为之,不必用文辞之士也"(《论财利疏》),可到了司马光与王安石所处的时代,"近岁三司使、副使、判官,大率多用文辞之士为之,以为进用之资途。不复问其习与不习于钱谷也"(《论财利疏》)。对这一变化及其问题,司马光与王安石均进行了有力的批评,提倡任用专业人士担任财经官员并且使其久任。

(一) 司马光"随材用人而久任之"的择用观

司马光的择人用人观点是"慎选理财官员,用人专而任之久",这反映在《论财利疏》中所说的"养其本原而徐取之,减损浮冗而省用之,随才用人而久任之"。其中,"养其本原"与"减损浮冗"已在上文中有所论述,而"随才用人而久任之"是其择人、用人的核心观点。由此可见,司马光对于理财官员的择用主要有两方面的观点:选拔时,要求根据人才的才性特点来决定是否任用为理财官员;使用时,要求使官员久于其任,使其逐渐精于理财业务,并使其治财之效能够获得客观公允的评价。

在司马光看来,择用理财官员首先要"随材用人"。他提出:"夫人之材性,各有所宜,而官之职业,各有所守。"(《御臣》)不同的人才能不同,不同的官职担负的职能不同,择人就是要使得人的才干与官的职责相匹配。司马光说:"虽周、孔之材不能遍为人之所为,况其下乎?固当就其所长而用之"(《上殿札子》)。人无完人,尤其才性智慧不可能做到面面俱到。人才自身要挖掘发展自己的专长,而择人之人就要发现人才的专长,就其所长而用之。因此,司马光对时下用"文辞之士"理财治财十分反对,他提出:"彼文辞之士,习钱谷者固有之矣,然不能专也。"(《论财利疏》)所以,在司马光看来:"择人而任之,此为政之本也。"(《资治通鉴》卷292)具体到理财官员选择的标准,司马光认为合格的理财官员一方面要精通理财的业务,另一方面要勤勉刻苦。他在《体要疏》中提到:"精选晓知钱谷、忧公忘私之人,以为三司使、副、判官、诸路转运使。"此外,司马光还重视对理财官员的考察,认为理财官员是否称职的标准不仅仅在于能否直接使州县国家财政收入增加,还在于有没有使民众各安其业、仓库充实。如果生产发展、农民殷实,那么国家的收入自然就能增加。他提出:"有功则进,无功则退,名不能乱实,伪不能掩真。安民勿扰,使之自富,处之有道,用之有节,何患财利之不丰哉?"(《体要疏》)

在司马光看来,择用理财官员还要让他们"久于其任"。他提出:"夫官久于其业而后明,功久于其事而后成。"(《论财利疏》)理财官员需"久于其任",才能习得钱粮知识、精通理财业务。司马光以陈恕的例子来说明"久于其任"对获得理财之术的重要性，他说："先朝陈恕领三司十余年，至今称能治财赋者以恕为首，岂恕之才智独异于人哉？盖得久从事于其职故也"(《论财利疏》)。比如，在当时，陈恕行使茶法，"行之数年，货财流通，公用足而民富实。世称三司使之才，以陈公称首"(《续资治通鉴长编》卷196)。财政管理的好坏，显然跟理财官员的长期实践经验密切相关。与此同时，"久于其任"还可以让理财官员治理财赋的功绩得到更合理的评判。比如，一些有利于农业发展的治理政策，像沿边荒地的开垦、农田水利的兴修，都需要较长的周期才能够体现出功效。而现实中北宋对官员实行的是磨勘之法，一年一考，三年一任，因此官员的流动极其频繁。对此，司马光提出："凡百官，莫不欲久于其任，而食货为甚。"(《论财利疏》)其根本原因在于："二十七年耕，然后有九年之食。今居官者不满三岁，安得有二十七年之效乎？"(《论财利疏》)由官员任期过短而带来的问题是，当时的理财官员，作风多是"吾居官不日而迁，不立效于目前以自显，顾养财以遗后之人，使为功，吾何赖焉？"(《论财利疏》)因此，司马光呼吁要改变这样的士人风气。

在合理选取理财官员并使其久于其任之后，司马光认为，还需要赋予理财官员充分的治财之权。司马光在《谨习疏》中提出，"择人而授之职业，丛脞（cuǒ）之务不身亲之也"，强调君主宰相级的治国者不应事无巨细一律过问，而要充分利用财政管理制度，赋予理财官员相应权限，并对其职责予以监督考核。司马光对于理财官员的考核标准有十分明确的表述，一如他在《劝农札子》中说的："遇丰岁能广谋籴入，官满之日，仓廪之实，比与始至，增羡多者赏之。其无水旱之灾、益兵之费，而蓄积耗减者黜之。"

（二）王安石在择用理财官员方面的看法

尽管在治国理财方面王安石更为侧重"法治"，但对于理财官员的择用，他同样认为关乎国之兴衰。在《材论》中，王安石提到："夫材之用，国之栋梁也。得之则安以荣，失之则亡以辱。"

对于理财官员选用的原则，王安石与司马光基本一致，他也认为理财官员的选拔任用需要"随材用任"，"人之才德高下厚薄不同，其所任有宜有不宜"(《上仁宗皇帝言事书》)。他还认为，当时理财官员的选取缺少正确的方法，取材用人没考虑人的才干是否与官职相称，而只考虑了其为官的年限、出身的好坏，甚至是历任官职的多寡。择人的标准进而又影响了官员的任用。王安石提到："方今取之既不以其道，至于任之，又不问其德之所宜，而问其出身之后先，不论其才之称否，而论其历任之多少。以文学进者，且使之治财。已使之治财矣，又转而使之典狱。已使之典狱矣，又转而使之治礼。"(《上仁宗皇帝言事书》)他指出，北宋时大多数官员无法久于其任，"文辞之士"却在理财与刑狱等职务间辗转。因此，和司马光的观点一致，王安石同样赞成理财官员需要久任之，他说："设官大抵皆当久于其任。"(《上仁宗皇帝言事书》)

不过，相较于司马光，王安石更加强调理财官员的行政能力，并要求这种能力能够为新政服务。他在《材论》一文中说道："人之有才能者，其形何以异于人哉？惟其遇事而事治，画策而利害得，治国而国安利，此其所以异于人也。"特别是在新政中，王安石需要一批思维开阔、办事能力强且拥护新政的人才。因此，在对能人干吏的迫切需求中，王安石就不像司马光那样强调人才的德行与品质，这就引出所谓人才中"君子"与"小人"的问题。

（三）治国理财人才中的"君子"与"小人"

后世研究者对王安石大多有"用人不明"的评价。这一评价自有其道理所在，但也应看到，王安石之所以在变法过程中起用了一些在道德上有瑕疵的人，是有客观原因的。

中华帝国在治理过程中，一直强调人才选拔时须注重德才兼备，将人才的道德品质摆在首位。王安石与司马光作为北宋时期士大夫的杰出代表，在个人道德品质上，二人均为世人称道。比如司马光，为人尊崇的个人品质是俭朴、廉洁、博学、重名节、行忠信，历仕四朝"皆为人主所敬"。宋神宗曾夸奖说："如光者，常在左右，人主自可无过矣。"(《续资治通鉴长编》卷220)王安石也称赞司马光说："行义信于朝廷，文学称于天下。"(《待制司马光礼部郎中制》)此外，司马光建议"裁损节用，必自近始"，他以身作则，再三对帝王的赏赐进行请辞，最终辞赏不成，就把赏赐充作公费使用。同样，王安石本人也是一心忧国为民，兢兢业业，不谋私利。《宋史·王安石传》记载道："性不好华腴，自奉至俭。"对这两个人的道德，有人评价道："荆公、温公不好声色，不爱官职，不殖货利皆同。"(《邵氏闻见录》)不过，尽管王安石本人有着极高的道德水平，但他在主持变法过程中的一些同僚和战斗伙伴，却屡被人从道德上加以诟病。正因如此，司马光对王安石在变法过程中所用官员的才干与道德问题，持有激烈的批评与反对态度。

应该承认，王安石所择取的变法派官员大多有才干。如变法干将、王安石的左膀右臂、被称为"护法善神"的吕惠卿，《宋史》就说他"少有才名"，欧阳修也曾认为他是非常难得的青年才俊。这些人之所以得到提拔，自然与王安石选拔官员的标准有关，即除了要拥护新政外，更重要的是要有业务能力。他在向宋神宗推荐吕惠卿时，着重说的也是其办事之才："惠卿之贤，岂特今人，虽前世儒者未易比也。学先王之道而能用者，独惠卿而已。"(《宋史·吕惠卿传》)在吕惠卿成为变法派骨干之后，王安石"事无大小必谋之，凡所建请章奏皆其笔"(《宋史·吕惠卿传》)。

虽然王安石个人道德品质几乎无瑕，他重用之人也有能力且有变革的热情，但许多人确实在道德上存在瑕疵，有一些人甚至是野心家。如在王安石罢相后成为变法派领头者的吕惠卿就是如此。他分裂了变法派，严重影响了变法派官员之间的团结，甚至不惜排挤王安石来达到个人专权的目的，最终对变法事业造成了很大的破坏。也有一些在新政过程中被起用的人，确实是投机钻营者或者传统中所谓的"小人"，其中以邓绾、蔡京最为典型。邓绾的为人反复无常，对得势者极尽阿谀奉承，对失势者则落井下石。在王安石为宋神宗起用以发动"熙丰新政"之初，邓绾便上书神宗称："陛下得伊吕之佐，作青苗免役等法，民莫不歌舞圣泽，诚不世之良法。"(《宋史》卷 329)在王安石罢相、吕惠卿得势之时，他又去依附吕惠卿。而当王安石再度被起用后，邓绾又反过来向王安石揭发吕惠卿的过错。蔡京则是在变法派与反变法派之间首鼠两端，只求攀附得势的一方让自己得以平步青云。这些做法和这些人，在当时为士大夫们所不齿。

王安石之所以会这样选择理财官员，其主观方面的原因是希望起用支持新法的官员来力推新法。这样的愿望虽属合理，但在做法上却显得过于粗糙、冒进。《宋史》中记载，有一位依靠恩荫而获得官位的官员唐坰为了迎合王安石，对王安石说"青苗法不行，宜斩大臣异议者一二人"，王安石便"喜而荐之"，完全把"任人唯才"的思想抛诸脑后。相反，对反对变法的官员，王安石不能做到兼容并蓄，而是建议神宗将反对派官员一一贬谪于地方。

当然，王安石选择起用"小人"也有客观原因，那就是自我标榜为"君子"、道德操守相对较高的官员并不支持新法，以至于他不得不使用小人。《元城语录》中记载了司马光与王安石对理财官员任用有一段争论："公常谓安石曰：'介甫行新法，乃引用一副真小人或在清要，或在监司，何也？'安石曰：'方法行之初，旧时人不肯向前，因用一切有才力者，候法已成即逐之，却用老成者守之。所谓智者行之，仁者守之。'公曰：'介甫误也。君子难进易退，小人反是。若小人当路，岂可去也，必成仇敌，他日将悔之。'"从这一对话中可以看出，王安石并非没有认识到官员操守问题，只是想要在新政之初，极力寻求有意愿、有才干者推行新法，并打算在新政成功后再选择老成持重、德才兼备的"君子"守之。不过，在客观上，由于变法造成的分裂，到后来王安石事实上已经无法寻得所谓的"君子"来守新法了，所以他不得不继续起用这些道德上有瑕疵的"小人"。

五、小结

纵观中华国家发展史，就财政问题而发生的思想争论至少有三场比较重要：第一场是发生在汉昭帝始元六年（公元前81年）"盐铁会议"上的那场争论，它是在中华大一统国家初兴时期基于国家治理已获得的部分经验教训而进行的理论反思；第二场就是本章所述北宋中期司马光和王安石两人在治国理财思想方面的剧烈交锋，它是在大一统国家成长时期面对外部威胁和内部失衡等问题而在财政上进行的思考；第三场争论发生在晚清时期，是在中华传统国家的财政不能支持国家应对外来入侵而进行的理论探讨，集中于财政转型乃至国家转型的必要性与路径等。就本章探讨的第二场大争论而言，它继承了第一场争论中的许多话题及术语框架，又因面临着与晚清相似的国家生存压力，而在话题上给晚清学者许多启发，也就是说该场争论显现出某种承上启下的特征。

本章对王安石与司马光这场思想争论的回顾与总结，对于今天而言至少有以下三个方面的启发意义。

第一，在治国理政方面，财政手段是实现政治与社会平衡的重要工具，必须善加利用。国家与民众之间、不同收入阶层之间、不同职业身份团体之间，可以运用税收与支出手段加以适当的调控，以使政治与社会力量不至于失衡。而一旦陷入失衡，就会造成政治不稳定与社会动荡。特别在尊重私人产权的现代国家，财政手段成为平衡不同力量的主要工具。对于今天的治国理财而言，司马光和王安石在如何实现政治与社会平衡方面的相关看法，仍有积极的借鉴意义。

第二，司马光与王安石基于激进主义与保守主义两种不同立场而表达的不同看法可以用作梳理中国财政思想传统的框架，以汲取其中的思想资源。在中国治国理财思想史上，司马光与王安石的不同看法，在思想上都各自有渊源与继承，显示在孔孟言论、《周礼》等著作、汉代盐铁会议、叶适的思想、明代邱濬的《大学衍义补》及黄宗羲的《明夷待访录》等文本中。后人不但可以基于司马光与王安石就财政作为治国平衡手段的看法形成分析性框架，以此梳理与总结中国财政思想传统，而且可以在吸收双方不同观点的基础上获得治国理财的实践智慧。

第三，在继承和开发中国传统财政思想时，必须注意不同思想的流变与交锋。在某种程度上，正是由于不同思想流派的存在及其在现实中的反复实践与激辩,才使得中国古代国家治理能够灵活多变地应对各种情况而维持国家的稳定。特别是对儒家传统而言,不能将其简单化。就本章描述的辩论而言,要看到王安石的理财观在儒家思想中也并非异端邪说,同样具有正统的来源。正因如此,在阅读经典著作和继承传统思想时,应将其视为开放性的结构,可以与现实不断地对话,而不应视为僵死的教条。

第七章
"以天下之财与天下共理之"
——叶适选文及阐释

【文本选录】[1]

财 计 上

　　理财与聚敛异。今之言理财者,聚敛而已矣。非独今之言理财者也,自周衰而其义失,以为取诸民而供上用,故谓之理财。而其善者,则取之巧而民不知,上有余而下不困,斯其为理财而已矣。故君子避理财之名,而小人执理财之权。夫君子不知其义而徒有仁义之意,以为理之者必取之也,是故避之而弗为。小人无仁义之意而有聚敛之资(资,通"质"),虽非有益于己而务以多取为悦,是故当之而不辞,执之而弗置。而其上亦以君子为不能也,故举天下之大计属之小人,虽明知其负天下之不义,而莫之恤(恤,顾),以为是固当然而不疑也。呜呼!使君子避理财之名,小人执理财之权,而上之任用亦出于小人而无疑,民之受病,国之受谤,何时而已!

　　夫聚天下之人,则不可以无衣食之具。或此有而彼亡,或此多而彼寡,或不求则伏而不见,或无节则散而莫收,或消削而浸微,或少竭而不继,或其源虽在而浚导之无法,则其流壅(壅,壅塞、积滞)遏(遏,抑止)而不行。是故以天下之财与天下共理之者,大禹、周公是也。古之人,未有不善理财而为圣君贤臣者也。若是者,其上之用度,固已沛然满足而不匮矣。后世之论,则以为小人善理财而圣

---

[1] 本章选文的文字参考自刘公纯、王孝鱼、李哲夫点校:《叶适集》,中华书局1961年版;文字的注释参考自石椿年、吴炜华选注:《中国古代经济文选》,北京财贸学院出版社1982年版;巫宝三主编:《中国经济思想史资料选辑》(宋、金、元部分),中国社会科学出版社1996年版。

贤不为利也。圣贤诚不为利也。上下不给而圣贤不知所以通之，徒曰"我不为利也"，此其所以使小人为之而无疑欤！

当熙宁之大臣，慕周公之理财，为市易之司以夺商贾之赢，分天下以债而取其什二之息，曰："此周公泉府之法也。"天下之为君子者，又从而争之曰："此非周公之法也，周公不为利也。"其人又从而解之曰："此真周公之法也。圣人之意，六经之书，而后世不足以知之。"以此嗤笑其辩者。然而其法行，而天下终以大弊，故今之君子真以为圣贤不理财，言理财者必小人而后可矣。

夫泉府之法，敛市之不售、货之滞于民用者，以其贾（贾，通"价"）买之；其赊者，祭祀丧纪皆有数，而以国服（国服，为国家服务）为之息（息，利息）。若此者，真周公所为也。何者？当是时，天下号为齐民，未有特富者也。开阖、敛散、轻重之权一出于上，均之田而使之畊（畊 gēng，通"耕"），筑之室而使之居，衣食之具，无不毕与。然而祭祀丧纪犹有所不足，而取于常数之外，若是者，周公不与则谁与之！将无以充其用而遂与之也？则民一切仰上而其费无名，故赊而贷之，使以日数偿，而以其所服者为息。且其市之不售、货之滞于民用者，民不足，于此而上不敛之，则为不仁。然则二者之法，非周公谁为之？盖三代固行之矣。今天下之民，不齐久矣。开阖、敛散、轻重之权不一出于上，而富人大贾分而有之，不知其几千百年也，而遽夺之，可乎？夺之可也，嫉其自利而欲为国利，可乎？呜呼！居今之世，周公固不行是法矣。

夫学周公之法于数千岁之后，世异时殊，不可行而行之者，固不足以理财也。谓周公不为是法，而以圣贤之道不出于理财者，是足为深知周公乎？且使周公为之，同不以自利，虽百取而不害，而况其尽与之乎？然则奈何君子避理财之名，苟欲以不言利为义，坐视小人为之，亦以为当然而无怪也！徒使其后频蹙（蹙 cù，皱眉）而议之，厉色而争之耳。然则仁者固如是耶？

今天下之财，亦可得而略计矣。黄帝、尧、舜以来，财之在天下，今其不知取者几也？秦汉之后，创取于民，后世日以增益，今其弃而不求者几也？天下之遗利，天下之所不知，不得而用之者几也？抑犹有上之所未敛者乎？抑已尽敛而不可复加欤？然则有民而后有君，有君而后有国，有君有国而后有君与国之用，非民之不以与其上也，而不足者何说？今之理财者，自理之欤？为天下理之欤？父有十子，阖其大门，日取其子而不计其后，将以富其父欤？抑（抑，或者）爱其子者，必使之与其父欤？抑孝其亲者，固将尽困其子欤？抑其父固共其子之财者欤？然则今之开阖、敛散、轻重之权，有余不足之数，可以一辞而决矣。奈何以聚敛为理财，而其上至于使小人？君子以为不当理财，而听其绝而不继？若是者，何以为君子哉!

财 计 中

　　天下以钱为患,二十年矣。百物皆所以为货,而钱并制其权(钱并制其权,意为货币在百货交换中起权衡作用)。钱有轻重、大小,又自以相制而资其所不及。盖三钱并行,则相制之术尽矣;而犹不足,至于造楮(楮chǔ,即楮币,宋代的一种纸币,最早都用楮树皮制造)以权之。凡今之所谓钱者反听命于楮,楮行而钱益少,此今之同患而不能救者也。夫率意而戏造,猥(猥,苟且)以补一时之阙(阙,通"缺")而遂贻(贻,遗留)后日之忧。大都市肆,四方所集,不复有金钱之用,尽以楮相贸易。担囊而趋,胜一夫之力,辄为钱数百万。行旅之至于都者,皆轻出他货以售楮,天下阴相折阅(折阅,财务亏损),不可胜计。故凡今之弊,岂惟使钱益少,而他货亦并乏矣。设法以消天下之利,孰甚于此!兴利之臣,苟欲必行,知摹刻之易而不知其为尽钱之难,十年之后,四方之钱亦藏而不用矣,将交执空券,皇皇焉而无所从得,此岂非天下之大忧乎?

　　夫见其有而因谓之有,见其无而因谓之无者,此常人之识尔。所贵于智者,推其有无之所自来,不反手而可以除其患。且今之所谓钱乏者,岂诚乏耶?上无以为用耶?下无以为市耶?是不然也。天下之所以竭诚而献者有二议:有防钱之禁,有羡(美,有余、超出)钱之术。夫南出于夷,北出于房,中又自毁于器用,盗铸者虽淆杂而能增之,为器者日损之而莫知也。此其禁,患于不密也,是诚可密也。若夫羡钱之术,则鼓铸而已矣。虽然,尽鼓铸所得,何足以羡天下之钱?且天地之产,东南之铜或暂息而未复,虽有咸阳、孔仪之巧,何以致之?噫!不知夫造楮之弊,驱天下之钱,内积于府库,外藏于富室,而欲以禁钱鼓铸益之耶!

　　且钱之所以上下尊之,其仪尽重于百物者,为其能通百物之用也,积而不发,则无异于一物。铜性融溢,月铄岁化,此其朘(朘juān,剥削、减少)天下之宝亦已多矣。夫徒知钱之不可以不积,而不知其障固而不流;徒知积之不可以多,而不知其已聚者之不散,役楮于外以代其劳,而天下有镇(镇,重压)莫移之钱,此岂智者之所为哉?岂其思虑之有未及哉?故臣以谓推其有无之所自来,不反手而可以除其患者也。

　　虽然,壅(壅,壅塞、积滞)天下之钱,非上下之所欲也,用楮之势至于此也。赍(赍jī,携带)行者有千倍之轻,兑鬻者有什一之获,则楮在而钱亡,楮尊而钱贱者,固其势也。贵莫如珠金,贱莫如泥沙,至钱而平矣。先王之用币也,钱居其一;而后世之用钱也,它散至于皆废,诚认为轻重之适也。故夫天下之货,未有可轻于钱者也,一朝而轻千倍,曾不为后日之计者,何也?此臣之所谓弊极而当反者也。天下之事,本无奇画;为奇画者,小人之自便以干其君者也,不可听也。

虽然,臣又有疑焉。计今之钱,自上而下者,有兵之料(料,料钱),有吏之俸,自下而上者,州县倚(倚,依靠)盐酒杂货之人,而民之贸易以输送者,大抵皆金钱也。故虽设虚券以阴纳天下之钱,而犹未至于尽藏而不用。方今之事,比于前世,则钱既已多矣,而犹患其少者,何也?古之盛世,钱未尝不贵而物未尝不贱。汉宣帝时,谷至石五钱,所以立常平之法。唐太宗新去隋乱而致富强,米斗十钱以上为率。何者?治安则物蕃(蕃,茂盛,繁殖),物蕃则民不求而皆足,是故钱无所用。往者东南为稻米之区,石之中价财(财,通"才")三四百耳,岁常出以供京师而资其钱;今其中价既十倍之矣,不幸有水旱,不可预计,惟极南之交、广与素旷之荆、襄,米斗乃或上百钱为率耳。然大要天下百物皆贵而钱贱,瓜瓠(hù)果蓏(luǒ),鱼鳖牛彘(彘 zhì,猪),凡山泽之所产,无不尽取。非其有不足也,而何以至此?且以汉、唐之赋禄较之于吾宋,其用钱之增为若干?以承平之赋禄较之于今日,其用钱之增又若干?东南之赋贡较承平之所入者,其钱之增又若干?昔何为而有余?今何为而不足?然则今日之患,钱多而物少,钱贱而物贵也,明矣。天下惟中民之家,衣食或不待钱而粗具。何者?其农力之所得者足以取也。而天下之不为中民者十六,是故常割中民以奉之,故钱货纷纷于市,而物不能多出于地。夫持空钱以制物犹不可,而况于持空券以制钱乎!然则天子与大臣,当忧其本而已矣。

财 计 下

使天下疑己,不可以为天下。临财则疑其取,见患则疑其避,势相轧权相倾之际则疑其谋,若此者,虽匹夫不能自立于乡党。天下之人,其所以力为忠信廉洁之行者,未必其心安之以为当然,盖将以求免乎天下之疑也;故虽矫亢(矫亢,亦作"矫抗",与众违异,以示高尚)过惜,舍利就害,而不敢惮焉。一节之疑,足以伤其终身之信,此固人情之所甚惧也。噫!蛇未必噬也,而人疑其螫(zhē);虎未必搏也,而人疑其暴;有麟凤之德(麟凤之德,比喻品德高尚),而后见之者无疑心。虽然,麟与凤不常出于天下,而天下亦安得而不疑。古之圣人所为大过乎人者,理天下之财而天下不疑其利,擅(擅,专权)天下之有而天下不疑其贪,政令之行,天下虽未必能知其意而终不疑其害己。故圣人之于天下无不可为者,以其所以信服天下者明也。后世之君,用民之财未必如三代之多,役民之力未必如三代之烦,常为安静之令,数出宽大之言,而天下终疑之而不置,不亦悲夫!

今国家之患,法度未立,号令未信,财用未足,欲有所为而不能遂。若此者,不足为大忧也,而其忧则在乎未能免天下之疑。何者? 天子仁孝恭俭,服御简约,宫中之费,可悉布于海内而无毫发之私,此亦足以明其无所取于天下矣;一方水旱,忧见颜色,或特出使人,申命长吏,通财移粟,惟恐在后,奏疏蠲除(**蠲 juān 除,即免除**),不问缗石,来辄报可,此亦足以明其深自结于天下矣;而天下终不能无疑于其间。某欠某负(**欠、负,指所欠税赋**),诏书已释放矣,民犹未信也,曰:"此后岂不将复征之也?"开坐(**开坐,指开释或治罪**)画一,条件无数,谓之宽恤,至深切矣,民犹未信也,曰:"此其文盖未尝不具也。"或特建一官,或创立一司,其事未见也,而民已逆疑之曰:"此必将以兴某利也。"下自一县令而上至掌国计之近臣,未必皆有取民之意也,未必不与民也,而民又皆疑之曰:"此其挟国之重以病己也。"天子以大义安天下,非为苟且而已矣,将用以灭虏而复北方也。今也不出门阈(**阈 yù,门槛**)之近,而天下皆以利疑之矣,是犹可与有为耶?

夫当天下之皆疑,此不可以力胜而辨解也,宜退而考其原。今天下有百万之兵,不耕不战而仰食于官;北有强大之虏,以未复之仇而岁取吾重赂(**赂,财物、赔款**);官吏之数日益而不损,而贵臣之员多不省事而坐食厚禄。夫明示天下以无所用财之门,而后天下无疑心。若此者,其无所用耶? 然则虽上不能不自疑其为利也,天下独敢不疑其利之耶! 呜呼! 数世之富人,食指(**食指,比喻家庭人口**)众矣,用财侈矣,而田畴不愈于旧,使之能慨然一旦自贬损而还其初乎,是独何忧! 虽然,盖未有能之者也。于是卖田畴鬻宝器以充之,使不至于大贫竭尽,索然无聊而不止。今天下欲为大贫竭尽,索然无聊之术耶? 又岂特上下相疑而已也!

天下之人私相与言者,必曰:"今之官不可为也,伯夷之廉必改为跖、蹻(**跖 zhí、蹻 qiāo,传说中的两个大盗**)之横,尾生之信必习为狙公(**狙 jū 公,成语故事"朝三暮四"的主人公**)之欺。而非跖、蹻,非狙公,则其事不可以济。"然而不敢以其情告于上。其旨于上者,姑曰"陛下至仁,法令明备,群臣奉行不谨,而因以诛求于其中。"故朝廷虽崇重信而使民不能无疑耳。上岂将以为然耶? 臣敢言其情。

今天下之财用,责于户部,户部急诸道,每道各急其州,州又自急其县,而县莫不皆急其民。天下之交相为急也,事势使然,岂其尽乐为桑弘羊之所为耶? 使天下之用诚有常数,而户部以天下之税当之而有余,则户部必不以困诸道,每道必不以困其州,而州若县独何以自困其民耶? 使其真桑弘羊之流,固且不暇,而况其不为桑弘羊者耶! 所畏者,上每以所不足责其臣,使群臣以不足而后见其财,然则若是者,固教天下之为桑弘羊者也。昔刘晏当肃、代衰乱之际,天下多事,故谓晏能以不足为有余,此出于不幸耳。以今较之,犹为平世,而奈何以不足责其臣,而谓群臣以不足而后见其财欤? 岂不为有事者地欤! 天下方议更为贡赋之籍,钩考其会而悉书之,使一缕(一缕,指一缕丝的税赋)以上,上无不知其所自出,而州县不敢强取于民。噫! 今州县号为难治,一缕以上既在籍矣,而州县之用于何取之? 若此者,天下愈疑矣。

财总论一

财用,今日大事也,必尽究其本末而后可以措于政事。欲尽究今日之本末,必先考古者财用之本末。盖考古虽若无益,而不能知古则不能知今故也。夫财之多少有无,非古人为国之所患,而今世乃以为其患最大而不可整救(整救,即整治),此其说安从出哉?

盖自舜、禹始有贡赋之法,以会计天下之诸侯,比于尧、喾(喾 kù,五帝之一)以前为密矣,今《禹贡》之所载是也。然总(总,即绢)、秸(秸,为农作物的茎秆)、米、粟,不及于五百里之外;九州之贡入,较于今世,乃充庭之仪品,盖千百之一二耳。周公之为周治其财用,视舜、禹则已详;然王畿千里之外,法或不及,千里之内,犹不尽取。盖三代之所取者,正天下之疆理而借民力以治公田,为其无以阜(阜 fù,物资多)通流转,则作币铸金以权之。当是之时,不闻其以财少为患而以财多为功也。虽然,此其事远矣。

盐策末利,起自春秋;鲁之中世,田始有税;然诸侯各以其国自足,而无煎熬逼迫之忧。盖汉兴文、景之盛,而天下之财不以入关中,人主不租税天下;而诸侯若吴人者,亦不租税其国。光武、明、章,未闻其以财少自困,而中年常更盗贼夷狄之难,内外征讨,亦不大屈。惟秦始皇豪暴,有头会箕敛(头会箕敛,指按人数征税)之讥;汉武帝奢侈,有均榷征算之政,而西园聚钱,又鬻天下之官爵以致之。盖两汉虽不足以言三代,而其以财为病,非若今世也。虽然,此其事远矣。

分为三国,裂为南北,无岁不战,无时少安。且其运祚迫蹙,祸变繁兴,至于调度供亿(供亿,即供给),犹自有序,而亦岂若今日之贫窭漏底哉! 此皆具载册书,可即而见者。虽然,此其事远矣。

隋最富而亡,唐最贫而兴。唐之取民,以租,以庸,以调,过此无取也。而唐之武功最多,辟地最广,用兵最久,师行最胜。此其事则差近而可知矣。致唐之治,有唐之胜,其不待多财而能之也决(决,决断、断定)矣。然则其所以不若唐者,非以财少为患也。故财之多少有无,非古人为国之所患;所患者,谋虑取舍,定计数,必治功之间耳。非如今日以一财之不足而百虑尽废,奉头(**奉头,意为抱头,形容害怕的样子**)竭足以较锱铢,譬若惰夫浅人,劫劫焉徒知事其口腹而已者也。

以财少为患之最大而不整救,其说稍出于唐之中世,盛于本朝之承平,而其极甚乃至于今日。其为国之名物采章,精神威望,一切销耗。内之所以取悦其民,外之所以示威于敌者,一切无有。习为宽缓迂远之常说以文(**文,掩饰**)其无用,而尽力于苟且督迫,鞭挞疲民,舞役小吏,而谓之有能。陛下回顾而加圣虑,必有大不可安者。故臣以为不究古者财之本末,循而至于本朝,以去其错缪而不合于常经者,则无以知财之多少有无不足为国家之患。此而不知,则天下之大计皆不可得而豫论,而况望其有所施行以必成效哉!

财 总 论 二

唐末藩镇自擅,财赋散失,更五代而不能收,加以非常之变屡作,排门空肆(**排门空肆,指推开门清空店铺**)以受科敛之害,而财之匮甚矣。故太祖之制诸镇,以执其财用之权为最急。既而僭伪次第平一,诸节度伸缩惟命,遂强主威,以去其尾大不掉之患者,财在上也。至于太宗、真宗之初,用度自给,而犹不闻以财为患。及祥符、天禧以后,内之蓄藏稍已空尽;而仁宗景祐、明道,天灾流行,继而西事暴兴,五六年不能定。

夫当仁宗四十二年,号为本朝至平极盛之世,而财用始大乏,天下之论扰扰,皆以财为虑矣。当是时也,善人君子,以为昔之已取者固不可去,而今之所少者不可复取,皆安其心于不能。所谓精悍驵侩(**驵 zǎng 侩 kuài,指商人市侩**)之吏,亦深自藏抑,不敢奋头角以裒敛(**裒 póu 敛,意为搜刮**)为事。虽然,极天下之大而无终岁之储,愁劳苦议乎盐茗(**茗 míng,即茶**)、榷货之间而未得也。是以熙宁新政,重司农之任,更常平之法,排兼并,专敛散,兴利之臣四出候望,而市肆之会,关津之要,微至于小商、贱隶什百之获,皆有以征之。盖财无乏于嘉祐、治平,而言利无甚于熙宁、元丰,其借先王以为说而率上下以利,旷然大变其俗矣。

崇、观以来,蔡京专国柄,托以为其策出于王安石、曾布、吕惠卿之所未工,故变钞法,走商贾,穷地之宝以佐上用,自谓其蓄藏至五千万,富足以备礼,和足以广乐,百佾并斗,竭力相奉。不幸党与异同,屡复屡变,而王黼(**黼 fǔ**)又欲出于蔡京策画之所未及者。加以平方腊则加敛于东南,取燕山则重困于北方,而西师凡二十年,关、陕尤病,然后靖康之难作矣。

方大元帅建府于河北,而张悫(**悫 què**)任馈饷之责者,盐钞数十万缗而已。

及来维扬(维扬,指江苏扬州),而黄潜善、吕颐浩、叶梦得之流,汲汲乎皆以榷货自营,而收旧经制钱之议起矣。况乎大将殖私,军食自制,无复承统。转运所至,划刷(划刷,意为搜刮)攫拿。朝廷科降,大书文移,守令丞佐,持巨校,将五百,追捉乡户,号痛无告,赃贪之人又因之以为己利。而经总制之窠名(窠kē名,指款目、条项)既立,添酒(添酒,在酒价上加征的一种杂税,称添酒钱)、折帛、月桩、和籴,皆同常赋,于是言财之急,自古以来,莫今为甚,而财之乏少不继,亦莫今为甚也。自是以后,辛巳之役、甲申之役,边一有警,赋敛辄增,既增之后,不可复减。

尝试以祖宗之盛时所入之财,比于汉、唐之盛时一再倍;熙宁、元丰以后,随处之封桩(封桩,指储藏财宝的库存),役钱之宽剩,青苗之结息,比治平以前数倍;而蔡京变钞法以后,比熙宁又再倍矣。王黼之免夫至六千余万缗,其大半不可钩考。然要之渡江以至于今,其所入财赋,视宣和又再倍矣。是自有天地,而财用之多未有今日之比也。然其所以益困益乏,皇皇营聚,不可一朝居者,其故安在?

夫计治道之兴废而不计财用之多少,此善于为国者也。古者财愈少而愈治,今者财愈多而愈不治;古者财愈少而有余,今者财愈多而不足。然则善为国者,将从其少而治且有余乎?多而不治且不足乎?而况于多者劳而少者逸,岂恶逸喜劳而至是哉?故臣请陈今日财之四患:一曰经总制钱之患,二曰折帛之患,三曰和买之患,四曰茶盐之患。四患去则财少,财少则有余,有余则逸。有余而逸,以之求治,朝令而夕改矣。

【作者作品】

叶适(1150—1223年),南宋著名哲学家、思想家、文学家,字正则,永嘉(今属浙江温州)人。叶适生于宋高宗绍兴二十年(1150年),孝宗淳熙五年(1178年)擢进士第二名,曾任太常博士、江淮制置使等职,官至吏部侍郎;卒于宁宗嘉定十六年(1223年),享年七十四岁,死后赠光禄大夫,谥忠定;因晚年住在永嘉城外的水心村,故后世称其为"水心先生"。叶适一生著有《习学记言》《水心文集》《水心别集》等论著。

作为南宋永嘉学派的代表人物,叶适在哲学、史学、文学以及政论等方面均有贡献。因讲究"功利之学",认为"既无功利,则道义者乃无用之虚语尔"(《习学记言序目》卷23),故他的学派也常被称为"功利学派"。在经济方面,叶适反对传统的只重农业而轻视工商的"重本抑末"政策。在哲学上,他强调"道"存在于事物本身之中,"物之所在,道则在焉"(《习学记言》卷四十七)。他提出"一物为两""一而不同"的关于事物对立统一的命题,认为事物对立面处于依存、转化之中,但强调"止于中庸"。在认识上,他主张"以物用不以己用"(《水心别集》卷七、《进卷·大学》),提倡对事物作实际考察来确定义理,反对当时性理空谈,对于理学家们所最崇拜的人物如曾子、子思、孟子等进行了大胆的批判。

本章所选《财计上》《财计中》《财计下》,均收录于《水心文集》。

《财计上》篇首先辨明了"理财"与"聚敛"的本质区别,认为取之于民而用之于民是理财,取之于民而用之于自利是聚敛。接着,此篇从王安石变法中的一场争论入手,通过对周公泉府之法的深入剖析,阐明了"是法"只适用于当时,而今世异时殊,使周公居今之世,"固不行是法矣"的道理,从而对理学家们的"以不言利为义,坐视小人为之",以及今之"以聚敛为理财,而其上至于使小人"的思想和做法进行了猛烈的抨击。此篇着力以实证分析来印证概念的辩证,从而达到了为理财正名的目的,论证了君子不当避理财之名,关键在于为谁理财和由什么人执理财之权。在文中,叶适提出,"然则有民而后有君,有君而后有国,有君有国而后有君与国之用",此句道尽了千百年来治国理财的本质,即"为民理财"。

《财计中》篇主要从理论角度论述了南宋时期的货币流通问题。叶适发现,在他那个时代,易于贬值的纸币大量流通,而币值稳定的铜钱被取代,出现了"劣币驱逐良币"的现象或者说西方学者命名的"格雷欣法则"[1]。叶适分析了纸币的使用成为铜钱退出流通领域的原因,即所谓"壅天下之钱,非上下之所欲也,用楮之势至于此也。赍行者有千倍之轻,兑鬻者有什一之获,则楮在而钱亡,楮尊而钱贱者,固其势也"。他还认为铜钱的价值和轻重是最适宜的,货币的轻重"未有可轻于钱者也"。因此,他不赞成以纸币为货币,批评政府利用纸币敛财的不当做法,主张取消纸币。

在《财计下》篇中,叶适论述了政府的信用问题,认为无论做什么事,哪怕是对民众有好处的事,如果不能取得民众信任,必将一事无成。叶适鲜明地指出,治国理财的大忧"在乎未能免天下之疑",并举出若干君主想"深自结于天下矣;

---

[1] 格雷欣法则指在实行金银双本位制条件下,金银有一定的兑换比率,当金银的市场比价与法定比价不一致时,市场比价比法定价高的金属货币(良币)逐渐减少,而市场比价比法定比价低的金属货币(劣币)将逐渐增加,形成良币退藏、劣币充斥的现象。

而天下终不能无疑于其间"的例子。这也表明,所谓的"塔西佗陷阱"[1]在叶适那个时代早已存在,并被叶适深刻地阐明。

本章所选《财总论一》《财总论二》,出自《水心别集》。

在《财总论一》中,叶适主张通商惠工,流通货币,反对传统的重农轻商。在该篇中,他追述了从先秦到南宋各代理财的情况,指出财之多少,非为国之所患,患之所在,在于用财无度。在此篇中,叶适指出了财政史研究对于治国理财的重要意义,并成为千古名句:"财用,今日大事也,必尽究其本末而后可以措于政事。欲尽究今日之本末,必先考古者财用之本末。"

《财总论二》篇则深刻地抨击聚敛之非,提出古今治国理财对比所显出来的悖论:"古者财愈少而愈治,今者财愈多而愈不治;古者财愈少而有余,今者财愈多而不足。"类似这样的悖论,杜赞奇先生在他的名著《文化、权力与国家》中用"国家政权内卷化"这一概念概括过,即民国初年在华北农村,国家财政每增加一分,地方上无政府状态就扩大多分,于是国家越来越失去对乡村的控制[2]。处理这样的悖论,是古今治国理财过程中必须面对的难题。在该篇中,叶适提出解决当时的财之"四患"(经总制钱之患、折帛之患、和买之患、茶盐之患)就能消除上述悖论,"四患去则财少,财少则有余,有余则逸。有余而逸,以之求治,朝令而夕改矣"。

【文本阐释】

与历代其他王朝相比,南宋王朝所面临的国家生存状况是最为紧张的。它在对外战争中屡遭败北,失地丧师,甚至二君被虏,后来长期偏安一隅,复地无期。在王朝内部,它也面临着国库无财、社会矛盾激化等问题。外部战争威胁和内部财政危机,使得南宋陷入积弱积贫的局面。在这样的背景之下,意欲励精图治的士大夫们强烈感觉到,要改变内忧外患的困境,要解决南宋社会的种种实际问题,实现富国强民,仅靠空谈仁义是行不通的,解决财政困境首先需要良性的理财观作支撑。基于温州特定的物质经济条件而发展起来的永嘉学派趁势而

---

[1] 古罗马时代的历史学家塔西佗在评价一位罗马皇帝时说:"一旦皇帝成了人们憎恨的对象,他做的好事和坏事同样会引起人们对他的厌恶。"中国学界将塔西佗的这一断语命名为"塔西佗陷阱",用来指代一种社会现象,即当政府部门或某一组织失去公信力时,无论说真话还是假话,做好事还是坏事,都会被认为是说假话、做坏事。

[2] 杜赞奇著:《文化、权力与国家——1900—1942年的华北农村》,江苏人民出版社1995年版,第66—67页。

起,他们特别强调物质财富的作用,强调理财的重要意义,这一学派的思想可总结为"功利主义"。

本章所选录的文本作者叶适,作为永嘉学派的杰出代表,基于自己学派的"功利主义"思想,尝试将功利、务实思想整合到传统儒学义理之中,并以此指导治国理财活动,解救时代的困局。本章的"文本阐释"部分,将以选录的文本为主,辅以其他一些文本,来考察以叶适为代表的永嘉学派是如何阐述自己的治国理财思想的。

一、叶适的义利合一理财思想

叶适的治国理财思想,是在以他为代表的永嘉学派主张的"义利合一"思想主导下形成的。下文先行交代他的义利合一思想的含义,再来考察该思想在治国理财活动中的具体呈现。

(一)义利合一的含义

在我国伦理思想史上,先秦时代已有义与利之辩,但直到南宋时期,才出现将功利主义作为义利之辩的解决方案。以功利主义为核心理念的学派,典型的要数以叶适为代表的永嘉学派与以陈亮为代表的永康学派。这与南宋时期东南沿海地区经济繁荣、商品交换的迅速发展有莫大关系。因为在商品经济活动中,人们必须要同时顾及动机与后果,讲求实际效用。特别是在耕地面积过少、农业发展先天不足的温州地区,经商求利自古以来都有传统,于是形成了温州人注重实际、讲求实利的民间精神。这种精神被以叶适为代表的永嘉学派学者充分吸收。于是,由薛季宣开创、经陈傅良发展的永嘉事功之学,传至叶适等人时真正发展为功利主义。这一思想大力肯定人的求利行为、倡导务实而不务虚的原则,主张义利合一,因此与当时的理学学者形成了鲜明的分歧[1]。

在中国伦理思想史上,义利关系在儒家开创者孔子那里被表达为"君子喻于义,小人喻于利",到孟子这里发展为"仁义而已矣,何必曰利"。在后来的儒家学者中,董仲舒主张"正其谊不谋其利,明其道不计其功",将义与利对立起来,舍利而取义。第五章讨论《盐铁论》文本时,文学贤良的观点完全反映了董仲舒的看法。到了叶适生活的南宋时,兴盛一时的理学,也持有这种将功利和义理对立起

---

[1] 陈远平、肖永明:《论叶适经制事功之学的渊源及其与理学的分歧》,《湖南大学学报》2001年第4期。

来的观点,崇尚空谈义理,轻视功利。不过,在历史上同样也有为数不少的儒家学者并不绝对地排斥追求功利,而是将义和利排序,主张先义而后利,以道义优先于功利为原则,强调任何形式的功利追求都必须符合道义规范。

叶适的义利合一观点,与上述二者都不同。他批评以朱熹为代表的理学思想,认为不讲利的义或者说排斥利的义只是虚语,是无益于国计民生的空谈义理。同时,他也不赞同将义利排序的做法。在他看来,真正的"道义"其实包括"功利"的物质内容,或者说追求实效和功利是实现道义的可靠途径。与商鞅、管仲的观点相似,叶适认为,好利是人的本性,人们为了求利而"朝营暮逐,各竞其力,各私其求,虽危而终不惧"(《留耕堂记》)。对于人们追切的求利行为,他给予肯定:"其途可通而不可塞,塞则沮天下之望;可广而不可狭,狭则来天下之争"(《水心别集》卷3,《官法下》)。也就是说,叶适肯定,对利的追求是人的自然需要,认为应对此采取顺应的态度,而非抑制。基于此,叶适在思想中还特别肯定与鼓励发展以功受食的雇佣关系[1]。叶适之所以肯定个人对利的追求有其合理性,是因为他觉得个人功利可以成为"仁义"的基础,义理与功利相结合可以达到利与义的统一[2],即"成其利,致其义"(《习学记言序目》卷23,《汉书三》)。

因此,在义利关系上,叶适明确提出义利并存的新价值观,主张"以利和义,不以义抑利"(《习学记言序目》卷27,《魏志》)。也就是说,利是"和义"的基础,没有利,义就不能达到"和";反之,则不能先义后利,以义来抑制利。这一要求,是让功利与仁义并存,物质生活与道德生活相统一。他说:"古人之称曰:利,义之和;其次曰:义,利之本;其后曰:何必曰利?然则虽和义,犹不害其为纯义也;虽废利,犹不害其为专利也。此古今之分也"(《习学记言序目》卷11,《左传二》)。叶适分析说,古人所谓的"义利和"重点在于二者的统一,利是义之和,义乃利之本。"义"和"利"虽属不同的范畴,两者存在冲突,却可以以"义"规范"利",只是到了后世,人们才把义和利分割开来。在他看来,这种错误认识导致人们绝口不谈利,而只言义。可在现实中遇到私利时,他们却不行义而专谋利。这种夸大"义"和"利"的不可调和性做法,在叶适看来,"陋儒不晓,一切筑垣而封之,反以不言利自锢,而言利者遂因缘以病民矣"(《习学记言序目》卷22,《汉书二》),根本不能达成经世济民的儒家之志。因此,叶适反对不言利而只言义的空言和言利者不顾义以病民这两种偏向。同时,叶适还特别提出,反对董仲舒的

---

[1] 李明扬:《叶适的"功利"经济思想评述》,《湖南工程学院学报》2005年第1期。
[2] 叶坦:《宋代浙东实学经济思想研究——以叶适为中心》,《中国经济史研究》2000年第4期。

"正其谊(义)不谋其利,明其道不计其功"的观点。他说:"仁人正谊不谋利,明道不计功。此语初看极好,细看全疏阔。古人以利与人,而不自居其功,故道义光明。后世儒者,行仲舒之论,既无功利,则道义者乃无用之虚语尔"(《习学记言序目》卷23,《汉书三》)。他主张,儒家的君子不能只局限于正义,还应维护天下人的福利;同时,仁君也不能只求明道,还必须讲究如何富国利民的功效。

可见,叶适义利合一或者说义利并存的价值观,核心在于肯定人的物质利益及对这种物质利益追求的合理性,认为人们的物质利益和物质生活是富国利民的基础。而且,他主张和强调的功利,实际上是长远的功利,而且是整个国家的功利(或者说是墨家所谓的"公利")。这样的"公利",叶适认为实际上就是"义"。在他看来,自己的看法完全合乎儒家思想的传统。正因如此,他倡导人们须向孔子学习,"其规营谋虑,无一身之智而有天下之义,无一时之利而为万世之计"(《水心别集》卷3,《士学上》)。

所以,在相当程度上,不能把以叶适为代表的永嘉学派的功利主义主张放在传统儒学义利观的对立面。永嘉学派主张的特色鲜明的功利主义,主张"求实效,重功利",只是一种反对空谈义理、反对讳言财利、力倡"务实"的主张,功利只不过是它的一种立场。"务切实用"、"力行今日之实事"、关注社会实际问题,才是永嘉功利的根本和目的。叶适始终坚持,如果"道义"离开"功利",就没有任何意义,仅是一句空谈,真正的"道义"必须包括"功利"的物质内容。对此,明清之际的著名学者黄宗羲在《宋元学案》中曾指出:"永嘉之学,教人就事上理会,步步着实,言之必使可行。足以开物成务,盖亦鉴一种闭眉合目朦胧精神自附道学者,于古今事物之变,不知以为何等也。"(《宋元学案》卷51,《水心学案》)

除了"义"外,叶适还强调儒家思想中的礼的重要性。他说,要"崇义以养利,隆礼以致力"(《水心别集》卷3,《士学上》)。就是说,人可以通过劳动实现其所追求的利,养利要靠义,致力要靠礼。在叶适看来,在以崇义为基础追求利的行为过程中体现着道义的准则,在达到利的结果中充实了道义原则的合理性及价值意义;用力则需要处处体现礼,不能以武力服人,而要以礼待人,以礼为达到利的手段,行为方式和手段也体现了道义优先的原则。

(二)叶适在义利合一思想指引下的治国理财观

叶适讲求实效、重视功利的义利统一思想,是他对"君子喻于义,小人喻于利"的贵义贱利思想传统和"罕言利"的伪道学进行的一针见血的批判,带有反叛传统、启蒙革新的精神意蕴,对于防止脱离实际的空谈和超功利的说教具有一定的积极作用。在义利合一思想指引下,叶适提出了自己的治国理财观。在引用《周易·系辞传》时,叶适说:"夫孔子则既言之矣,天地之大德曰生,圣人之大宝曰位,何以守位曰仁,理财正民曰义。"在这句话中,叶适主要强调两方面内容:第一,他提出天地之大德曰生,表明叶适看到了人的自然属性,换句话说,叶适非常看重人的自然属性(即求利)的正当性与合理性,也看到人存在的正当性与合理性,这种正当性是和天地之间的大德相互联系的,并不是脱离日常生活的空谈或离开社会实践的虚论。在此基础上,他强调理财正民曰义,这就将适当的经济基础作为人生存的前提保障,理财作为正民的手段可以实现公利或者义,从而把理财和道义联系起来。

对于国家的理财活动,曾有不少儒家学者表示坚决反对。叶适回顾说,自先秦开始,士大夫中就流行一种偏见,认为讲求财政就是言利,从事理财就是聚敛,因此"使君子避理财之名,小人执理财之权"(《水心别集》卷2,《财计上》)。第六章曾提及,司马光在反对王安石时指出"善理财者,不过头会箕敛也"。上述言论在思想上造成了财利与仁义道德之间的冲突和对立,形成重义轻利、德本财末的治国理财思想。这些重义轻利的思想,在历史上产生了诸多消极的影响:一,造成了人们普遍地不敢名正言顺地追求财利;二,导致许多人即使求财也须用道德之名来掩盖[1]。特别是有一些士大夫,他们讳言财利,并常常因自己持有的不敢理财或不屑理财的态度而自居道德的高地。

到了南宋以后,在持有反对财利思想的理学兴起的同时,大倡理财、以叶适为代表的永嘉学派也兴起。叶适强烈主张:"既无功利,则道义者乃无用之虚语尔。"(《习学记言序目》卷23,《汉书三》)他还分析道,持"君子不言利"思想的人,是因为他们不懂"理之"与"取之"的区别,"以为理之者,必取之也"(《水心别集》卷2,《财计上》)。

对于理财,叶适解释说,理财异于聚敛,他支持前者而坚决反对后者。他以大禹和周公的例子,述说君子缘何应该善于理财的道理:"古之人,未有不善理财而为圣君贤臣者也。"(《水心别集》卷2,《财计上》)他充分肯定讲求财政是国家的头等大事,善于理财者才是圣君贤臣。"理财与聚敛异。今之言理财者,聚敛而已矣。非独今之言理财者也,自周衰而其义失,以为取诸民而供上用,故谓之理财。而其善者,则取之巧而民不知,上有余而下不困,斯其为理财而已矣"(《水心别集》卷2,《财计上》)。

---

[1] 吴松:《叶适理财思想评述》,《思想战线》1998年第3期。

叶适认为，自从商周以来，理财的本义就已丧失，人们将理财与聚敛等而视之，把取财于民供统治集团使用认作理财。正因为"理财"与"聚敛"在概念上的混淆，才导致君子为了避理财的名义而不屑理财，而使理财的权利落入小人之手。在贤臣圣君放弃理财后，执掌理财之权的小人们则尽力搜刮百姓的财产，认为攫取的税赋越多越好，并以此为悦事。在叶适看来，这样的行为和理财意识的混乱，一直延续至他所处的南宋时代。叶适强调，真正的理财当以"天下之财与天下共理之者"，而绝非聚敛的"务以多取为悦"。换言之，理财与聚敛的根本区别在于：理财者是与天下为利，是为天下黎民服务的，君子不但不应避理财的名义而不去理财，而且应该积极承担和履行理天下之财的责任；聚敛则是政府官吏的自利，即政府或官吏与民争利。总之，一味搜刮并不等于理财，"不自利"而"为天下理之"即谓理财，"为自利"或"自利之"则是聚敛。理财是为国家办财政，而不是为君主个人办财政。

叶适上述对理财与聚敛的区分具有双重意义：一方面，叶适针对现实运作中理财与聚敛的混同，指出当时的统治者是借理财之名行聚敛之实，与民争利，于国于民都造成了极大的危害，由此提出了清除苛捐杂税、减免经总制钱的改革主张；另一方面，叶适从理财动机、理财效果方面揭示理财与聚敛的区别，澄清了经济思想史上关于理财的模糊概念，具有理论方面的突破。

在阐述理财的本质之后，叶适还在本章选录的《财总论一》对"历代理财之大概"进行了解析。叶适认为："财用，今日大事也，必尽究其本末而后可以措于政事。"叶适总结说，在虞舜、夏禹的时候，天下开始有贡赋的法规来计算各诸侯贡纳的数量。但那时征收绢帛、高粱、大米和各种贡物的范畴，不超出京城五百里以外的地方，"然总、秸、米、粟，不及于五百里之外；九州之贡入，较于今世，乃充庭之仪品，盖千百之一二耳"。周公旦为周朝治理财政，比虞舜、夏禹的时候周密得多。但离京城一千里外的地方也不去征收，在京城千里以内的地方，也不全都征收。夏、商、周三代所收取百姓的，不过是把天下的土地划分为公田和私田，借助民力来耕种公田，且为了使百姓财物丰富流通，又铸造了金属货币来调节。当时诸侯各国都能自给自足，没有因财用少而窘困。到了东汉的光武帝、明帝和章帝时，也未听说财用缺乏。即使到了三国时期，财政收支也能各自有条理。因此，叶适认为，如不研究古代财用的始末，并用来对比宋朝，那治理天下的根本大计就无法事先预计，更不能施行和取得成效。"故臣以为不究古者财之本末，循而至于本朝，以去其错缪而不合于常经者，则无以知财之多少有无不足为国家之患。此而不知，则天下之大计皆不可得而豫论，而况望其有所施行以必成效哉！"

叶适此处对历代理财经验的总结,为我们指出了财用对于国家治理的作用,以及财政史研究对于国家治理的重要性。

二、叶适对理财的方法与原则的看法

叶适所处的南宋后期,工商业还是有所发展的,但社会政治已开始随着国势逐步衰败。"北有强大之虏,以未复之仇而岁取吾重赂;官吏之数日益而不损,而贵臣之员多不省事而坐食厚禄。"(《水心别集》卷2,《财计下》)是时,南宋偏安临安,政治腐败,风雨如晦,国家财政入不敷出,加上赋税繁重,民不聊生。正因如此,叶适及永嘉学派特别强调国家理财的重要性和实效性,并特别提出"善理财"的标准是前已提及的"以天下之财与天下共理之"。

从上述理财观出发,叶适提出了对于理财方法与原则的设想。

(一) 理财的方法

南宋时期,财政状况岌岌可危,但统治者始终难觅正确的解决办法。"古者财愈少而愈治,今者财愈多而愈不治;古者财愈少而有余,今者财愈多而不足。"(《水心别集》卷11,《财总论二》)叶适认为,国家治理与否,不在财之多少,而在于如何理财。他以隋、唐为例:"隋最富而亡,唐最贫而兴。唐之取民,以租,以庸,以调,过此无取也。而唐之武功最多,辟地最广,用兵最久,师行最胜。此其事差近而可言矣,致唐之治,有唐之胜,其不待财多而能之也,决矣。然则其所以有若唐者,非以财少为患也。故财之多少有无,非古人为国之所患,所患者,谋虑取舍、定计数、必治功之间耳。非如今世以一财之不足而百虑尽废,奉头竭蹙以较锱铢,譬若惰夫浅人,劫劫焉徒知事其口腹而已者也。"(《水心别集》卷11,《财总论一》)

那么,正确的国家理财方法是什么呢?"夫聚天下之人,则不可以无衣食之具。或此有而彼亡,或此多而彼寡,或不求则伏而不见,或无节则散而莫收,或消削而浸微,或少竭而不继,或其源虽在而浚导之无法,则其流壅遏而不行。是故以天下之财与天下共理之者,大禹、周公是也。古之人,未有不善理财而为圣君贤臣者也。"(《水心别集》卷2,《财计上》)他以大禹、周公为例,鼓励统治者效仿之,反对与民争利和取诸民的做法。

永嘉学派自薛季宣以来,一贯反对政府与民争利。薛季宣在《大学解》中说:"《易》称'何以聚人,曰财'。财者,国用所出,其可缓乎?虽然为国务民之义而已。聚敛之臣,不知义之所在,害加于盗,以争利之民也。民争利而至于乱,则不可救药矣。所见之小,岂知利义之和哉!惟知利者为义之和,而后可以共论生财之道。"叶适幻想,理财可以不必取之于民,对秦、汉以后"创取于民""取诸民而供上用"表示非议,并发挥杨雄的"为其父而榷其子"的譬喻来反对"取诸民"的财政方式:"父有十子,阖其大门,日取其子而不计其后,将以富其父欤?抑爱其子者必使之与其父欤?抑孝其亲者固将尽困其子欤?抑其父固共其子之财者欤?"(《水心别集》卷2,《财计上》)

除了效仿大禹、周公等人在农业社会的传统理财办法,叶适也根据南宋经济当时的形势提出了新的理财方法。他批评北宋时期熙宁变法中市易法的缺陷,"当熙宁之大臣,慕周公之理财,为市易之司以夺商贾之赢,分天下以债而取其什二之息",认为这种理财方法"盖三代固行之矣"(《水心别集》卷2,《财计上》)。显然,南宋的情况已大有不同。"居今之世,周公固不行是法矣"(《水心别集》卷2,《财计上》)。叶适认为这不是"善为治者"的办法,不仅君子不能采用这种方法,就算周公在世也不能实行该法。因此,他进一步提出:"夫学周公之法于数千岁之后,世异时殊,不可行而行之者,固不足以理财也。"(《水心别集》卷2,《财计上》)叶适认为,理财首先是削减财政支出、减轻人民负担以"慰民心,苏民力",摆脱"财愈多而愈不治"这一财政上的困境,其次才是从工商业获取收入。下面分述之。

首先,就削减财政支出、减轻人民负担而言。叶适积极主张豁免苛捐杂税,以减轻小地主和农民的负担。他大力抨击国家的聚敛行为,极力赞成免税和减税运动。对于南宋时期的各种苛捐杂税,他认为"累其所入,开辟以来未之有也"(《水心别集》卷15,《应诏条奏六事》)。叶适呼吁说:"使天下速得生养之利,此天子与其群臣当汲汲为之。"(《水心别集》卷2,《民事下》)在《财总论二》篇中,他提及"财少而有余"。"财少",指废除苛捐杂税,减轻百姓负担;"有余"指的是百姓有喘息的余地,这样国家财政才有运用自如的余地。马端临在叶适《财总论》两篇之后加有按语:"右水心外稿所上《财总论》二篇,足以见历代理财之大概,及中兴以后,财愈多而事愈不立之深病。"(《文献通考》卷24,《国用考二》)"财愈多而事愈不立",从百姓身上搜刮的财物愈多,则民穷财尽,民不聊生,社会必愈不安定,国家必愈不可治。显然,叶适此处提出的"财少而有余",在相当程度上就是现代财政学中"拉弗曲线"理论[1]的早期版本,而他对废除苛捐杂税、减轻百

---

[1] "拉弗曲线"理论是由美国经济学"供给学派"代表人物阿瑟·拉弗教授提出的。拉弗教授用一条倒U形曲线表明,税收收入一开始随着税率的提高而增加,但是在税率高过一定点后,税收收入的总额不仅不会增加,反而还会下降。这是因为过高的税率会削弱经济主体的经济活动积极性和从事经济活动的能力,这样生产会缩减,税源萎缩,最终导致税收总额的减少。

姓负担才能使国家财政收入增加的看法，也与供给学派的主张是一致的。

在此基础上，叶适详细分析了南宋苛捐杂税中的"四患"，即经总制钱之患、折帛之患、和买之患和茶盐之患，并主张应迅即废除这四患。在本章未选录的文本中，叶适进一步分析了经总制钱的产生和发展，指出它对国家的危害，并认为"经总制钱不除，一则人才日衰，二则生民日困，三则国用日乏"，"昔之号为壮县富州者，今所在皆不可复举乎"（《水心别集》卷11，《经总制钱》）。就是说，经总制钱让昔日仅达到温饱的齐民中户，现在都变成盗贼或冻死饿死之人。因此，叶适强调，"故经总制钱不除，则取之虽多，敛之虽急，而国用之乏终不可救也"（《水心别集》卷11，《经总制钱》）。此外，对于其他三患，叶适也给予严厉的批评，"和买折帛不罢，舍目睫之近而游视于八荒，此方、召不能为将，良、平不能为谋也"（《水心别集》卷11，《折帛》）；盐茶之患，"榷之太甚，利之太深，刑之太重……终不可以为政于天下"（《水心别集》卷11，《茶盐》）。这四患都是"常科"以外的苛捐杂税，也是引起国家税收和劳役的来源逐渐越少、国家日益贫困的根源。他主张坚持以农业征课为主的"二税"常科制度，废除两税以外的苛捐杂税，"国以（夏秋）二税为常赋"（《水心别集》卷11，《和买》）。

其次，从工商业获取收入。叶适强调，理财不应只着眼于赋税的征收，而更应努力拓展除农业外的其他生产方式，广开税源、扩大税基。叶适认为，政府不能单靠征收赋税来解决财政收入问题，更不能横征暴敛、巧取勒索，而必须开辟财源、拓宽财路，开源与节流并举，理财与生财结合。理财是依靠发展社会生产、增加社会财富来扩大财政收入，而非作消极的聚敛，这是功利主义理财观的重要思想之一。在帝国时代，除了立足于农业两税、废除苛捐杂税外，能够增加财政收入的渠道显然只有工商业。因此，叶适主张"通商惠工，皆以国家之力扶持商贾，流通货币"（《习学记言序目》卷19，《史记·平准书》）。可以说，就发展工商业的思想来说，叶适已完全突破了前人的思维窠臼。王安石变法时的实际做法是国家控制工商业，"稍收轻重敛散之权，归之公上而制其有无"（《宋史》卷一八六，《食货志下》八）。然而，如果政府控制工商业的话，就会出现官吏掠夺工商业者、侵占国营工商业利益的行为。叶适吸取了王安石变法的经验教训，提出了与之截然相反的建议，即对工商业者适当放任经营。他主张，以私人经营为先为主，国家经营为后为辅。显然，这一主张有利于提高百姓的主动性和积极性，减少国家管理成本，提高效率，促进生产的发展。"开阖、敛散、轻重之权不一出于上，而富人大贾分而有之，不知其几千百年也，而遽夺之，可乎？夺之可也，嫉其自利而欲为国利，可乎？呜呼！"（《水心别集》卷2，《财计上》）叶适的意思是，开合敛散轻重之权,早已为商人分而有之,不能再加夺取,也不能嫉视工商业者的利益而夺为"国利",夺为"国利"就不是理财而是聚敛了。他在肯定工商业者正常经营活动具有的社会作用的同时,还反对国家垄断经营"山泽"以及道路、城郭等一些公共财产,主张有条件地放开经营,或者采取官民并举的方式。

(二)理财的原则

量入为出原则作为帝国时代占支配地位的一项财政原则,指的是根据国家收入数量来确定支出数额。量入为出本是农业社会中家庭的财务原则,即粮食消费只能以扣除为下一年留存的种子后的余额为限,其目的在于控制消费支出不超出农业生产能力。后来量入为出逐渐成为国家财政的标准原则,如《礼记·王制》篇明确提出了"量入以为出"。这一原则既考虑到帝国农业立国的现实,也暗含基本的政治约束,即以财政收入的相对有限性来约束君主的权力。作为治国理财的原则,以量入为出确保财政平衡的做法,又与儒家学者们主张的节约节流、反对横征暴敛一脉相承,同时又配合着王朝君主(尤其开国君主)的"励精图治"和"与民休息"的政治实践。

叶适提出,在治国理财过程中必须坚持合理安排财政收入和支出的原则,而量入为出是财政平衡的基本原则,"参考内外财赋所入,经费所出,一切会计而总敷之,其理固当"(《水心文集》卷1,《上宁宗皇帝札子三》)。他认为,只有量入为出才能限制财政支出的规模,避免因皇帝的过度奢侈而鱼肉百姓。叶适一直主张,国家的兴衰不在于财政收入规模的大小,而在于是否善于治国理财,从另一角度也印证了他的量入为出的理财原则。"国家之体,当先论其所入。所入或悖,足以殃民,则所出非经,其为蠹国审矣。"(《水心文集》卷1,《上宁宗皇帝札子三》)

基于上述认识,叶适从"入"和"出"两个方面着手,阐明什么是正确的理财原则。

1."入"的方面

在"入"的方面,叶适认为,不仅要从数字上量"入",还要考虑怎样取得"入"。他主张要薄取于民、减轻农民的赋税负担,以起到保富养民的作用。叶适的意思是,财政上"量入为出"是不是一个好原则,须先考虑收入的来源是否合理,并将其与支出的是否合理联系起来考虑,而不是只从数字上去简单考察入与出的关系。收入如果来自横征暴敛,则收入愈多给人民带来的祸害愈大,财政支出也会不合乎常规,奢侈浪费的支出增多,其结果是收入愈多愈不敷开支。因此,叶适主张剔除一切殃民的赋税收入,节省不必要的开支。由此形成的余额,便可视为收入的常数,也是支出之常数。然后再以此为标准形成预算定额,控制一切收支,彻底消除流弊和不正当的苛捐杂税。

对南宋政府"财以多为累而至于竭"的严酷形势,叶适正确地认识到,这是由南宋政府赋税征收不合理造成的。他说:"今之茶盐净利,酒税征榷,何其浩大欤!虽汉、唐极盛之时,尽一天下之输,曾未能当今三务场之数,其又有浩大者,经总制钱,强立案名,从而分隶和买、白著、折帛、折变,再倍而取累其所入,开辟以来未之有也。入既若是,出亦如之。盖尝仓猝不继。相视无策,遂印两界会子而权之者,有年数矣。"(《水心别集》卷15,《应诏条奏六事》)收入浩大,但支出更加浩大,因此国家的财政依然入不敷出,加赋自然在所难免。"添酒、折帛、月椿、和籴,皆同常赋,于是言财之急,自古以来,莫今为甚,而财之乏少不继,亦莫今为甚也。"(《水心别集》卷11,《财总论二》)叶适认为,民穷财尽、财政匮乏的根本原因,在于赋税征收的来源和结构的不合理,尤其是经总制钱、和买、折帛、茶盐等成为财政的四患。"多财本以富国,财既多而国愈贫,加赋本以就事,赋既加而事愈散。"(《水心文集》卷1,《上宁宗皇帝札子三》)在此基础上,如前所述,叶适认为南宋时期的财政收入来源和结构亟须重新调整为以夏秋二税为主的两税制,废除其他的苛捐杂税。由此可见,叶适不仅重视财政收入数量,而且对收入的来源和结构有深刻的体认,这在中国财政思想发展史上是一个难能可贵的进步。

2. "出"的方面

叶适说,财用多少,尚非治国所患,治国患在用财无度。在南宋的财政支出方面,叶适总结道:"古者财愈少而愈治,今者财愈多而愈不治;古者财愈少而有余,今者财愈多而不足。"(《水心别集》卷11,《财总论二》)叶适回顾说,宋太祖时,政权集中,财权集中,太宗(976—997年)、真宗(998—1022年)时,还可自给,并无入不敷出。至大中祥符(1008—1016年)、天禧(1017—1021年)以后,支出渐增、积贮渐空,而在仁宗明道、景祐(1032—1038年)年间,天灾流行,西事爆发,支出巨幅上升,财用乃大乏。降及神宗(1068—1086年),虽然大兴财利,但仍不敷支出所需,在嘉祐(1056—1063年)、治平(1064—1067年)年间财政匮乏。熙宁(1068—1077年)、元丰(1078—1085年)年间大增财利,到崇宁、大观(1102—1110年)以后变本加厉,靖康(1126—1127年)年间进一步巧立名目分散苛敛,可是仍无法应对支出的需要,"言财之急,自古以来,莫今为甚"(《水心别集》卷11,《财总论二》)。叶适指出,宋太祖时支出已相当于汉唐盛世的支出,熙宁的支出是宋太祖时的两倍,元丰以后的支出则是治平时的数倍。蔡京变钞法以后比熙宁又再倍,渡江以后比宣和又再倍。这就是说,自古以来,财用的支出数量,无过于南宋,但其财用困乏亦为自古所无有[1]。

叶适认为,南宋财政开支过大的原因在相当程度上是结构性的,比如说兵多和权力集中。由于兵多,兵不耕不战,全靠政府供养,兵多饷多,财政开支自然膨胀。为了节约开支,提高行政效率,叶适主张政府的权力分散,继而财权也自然分散。特别是军权分散后,中央的军费负担可以减轻,以便做到薄取于民,有利于保富养民。但在南宋时期,兵权集中与中央集权已积重难返,叶适的建议显然不可能被采纳。

三、以叶适为代表的永嘉学派的后世影响

以叶适为代表的永嘉学派所持有的功利主义思想,既源于中国古代治国理财思想,又与当时的主流思想不同而具有鲜明的地域特色。叶适所在的温州永嘉县,地处东海之滨和瓯江下游,是我国东南沿海交通极为便利的地方。唐代后期,随着政治、经济、文化中心南移,特别是北方汉族人口的大量南下,温州首县永嘉逐渐成为当时的重点城市之一。人口、资金的增加,使手工业、商业得到长足的发展。植根于温州这一特定的区域经济文化传统,又因当时历史条件下士大夫欲解决内忧外患问题的主观愿望,永嘉学派得以兴起和发展。如上所述,以叶适为代表的永嘉学派,注重经世实用,讲求事功,重视财利,肯定工商,其功利思想对后世影响颇深。特别在近现代,永嘉学派的功利主义思想因契合工商业经济发展需要而得以复兴,甚至影响到改革开放后温州民营经济在中国的率先发展。

(一)永嘉学派的传承

永嘉学派的师承,虽然有人追溯得更早,但一般公认北宋皇祐(1049—1054年)年间温州的三位学者(王开祖、林石和丁昌期)为早期开创者。作为"皇祐三先生",他们率先在家乡传播中原文化。之后,周行己、蒋元中、沈躬行、刘安节、刘安上、许景衡、戴述、赵霄和张辉等九人又于北宋元丰(1078—1085年)年间去汴京太学学习,世称温州"元丰九先生"。其间,有人还亲赴洛阳、关中分别学习程颐(洛学)、吕大临(关学)的学术。他们兼收蜀学(苏轼)、湖学(胡瑗)、新学(王安石)诸派学术,回到温州加以传播发扬。南宋时,薛季宣扩大前人学问的门径,陈傅良承前启后,到本章研究的叶适集其大成,真正形成永嘉事功学派。此时,温州地近京师临安,又处于大后方和经济腹地,经济得到较大发展。永嘉的事功

---

[1] 周伯棣著:《中国财政思想史稿》,福建人民出版社1984年版,第262页。

学派与吕祖谦为首的金华之学、以陈亮为首的永康之学及四明之学合称"浙东学派",与当时以朱熹为代表的理学派(福建学派)和以陆九渊为代表的心学派(江西学派)成为鼎足而立的三大学派。

永嘉学派虽然在南宋时期表现得十分活跃,并取得了重大成就,但到宋元之际却有所中断。元、明两代,永嘉学派沉潜不彰,到明末清初之时,在黄宗羲、黄百家、全祖望等人编订的《宋元学案》中才获得了肯定和赞誉,但仍旧不被重视和提倡,直到清末事功思潮兴起,才开启了它的近代重生之路。不过,在民间,永嘉诸子一直特立独行,强调心性事功以言经济,心性和事功相结合的学术风气始终延续,并传承历经数百年。

在同治光绪之际,国政日益松弛,民生艰困,外侮迭至,国势衰弱,有识之士无不深以为忧。内忧外患的局面,使温州知识分子看到了永嘉学派复兴的契机,以张振夔、孙希旦、孙锵鸣、孙衣言、宋恕、陈虬、陈黻宸等人为代表,掀起了一场声势浩大的事功思潮,促成了永嘉学派的复兴。从道光年间开始,温州知识分子开始从学术资源的枯竭来思考区域文化衰落不振的原因,这对温州地区而言可能意味着区域文化的重光。瑞安一带的孙衣言、孙锵鸣兄弟身先士卒,设立私塾,聚众讲学,倡导救国救民的思想,吸引了大批学者如金晦、陈虬、宋恕、陈黼宸等,他们利用地域优势,发扬永嘉思想,提倡经世致用,声闻天下,在当时影响颇大,永嘉学风得以复兴[1]。

在上述诸人中,宋恕通过对永嘉学与朱子学、永康学的比较,以永嘉学比朱子学"实",比永康学"纯",重申和界定了永嘉学派的"事功"主题[2]。陈黻宸更是明确将"功利"和"事功"进行区分,强调永嘉学派经世致用的学术主张,将其思想主旨与国家兴亡、民族富强结合起来。与此同时,陈虬、陈黻宸、孙诒让等温州学者还吸收了西方文明的精华,并躬身力行,通过改革教育、创办新式学校、建立近代企业等方式,达到"融会中西"、维护时政,从理论和实践上把"经世致用、实业救国"的主张推向新的高峰。

一般认为,瑞安孙氏对近代永嘉学派的重振复兴起了关键作用。五代时期,孙氏后裔孙惟睦一支自福建长溪迁居瑞安盘谷,瑞安孙氏由此发源。孙惟睦累传至清前期有孙希曾,希曾生三子衣言、锵鸣、嘉言,衣言生子诒让。孙诒让有"朴学大师"之誉,章太炎称他"三百年绝等双"(《太炎文录初编》卷2,《孙诒让

---

[1] 苏婷婷:《林损对永嘉之学在近代的发展与继承》,《学理论》2014年第3期。
[2] 陈安金、王宇著:《永嘉学派与温州区域文化崛起研究》,人民出版社2008年版,第2页。

传》)。虽然永嘉学派大师辈出,著述繁富,但却始终没得到妥善整理,遂致后人对先贤的生平学说知之甚少。因此,整理乡邦文献便成为孙氏父子的首要任务。孙氏凭借自身优越的藏书资源(其藏书楼玉海楼是江南四大藏书楼之一,存各类书刊近十万卷),整理刊刻了大量先贤著作,为后人研究永嘉学提供了丰富的文献资料。孙锵鸣与其兄孙衣言校刊的《永嘉丛书》15 种 253 卷,于光绪八年(公元 1882 年)在瑞安汇印,其中有陈傅良的著作《止斋集》。孙衣言还花费了 18 年时间,梳理永嘉学术的主线,编辑成近百万字的《瓯海轶闻》,叙述了宋代永嘉学派的形成历史、学术特色、发展脉络、传播影响[1]。在整理文献的同时,孙氏父子不忘推陈出新,融会中西,对永嘉学派进行了创新。在晚清时期,西学东渐已成不可逆转之势,许多士子拘于成见,对西学或声讨排拒,或不闻不问,与时代脱轨。孙氏父子则对西方学术持较为理性的态度,选择性地加以吸收采纳。除了前述刊刻先哲遗著,改造永嘉学术之外,孙氏父子还悉心培养青年才俊,授徒讲学,保证永嘉学术能薪火相传。

(二)永嘉学派事功思想的当代影响

在叶适等人思想的基础上,近代温州地区事功思潮的勃发,进一步加强了永嘉学派对温州人的影响力。中西文化的融会开阔了温州人的视野,实业救国口号的提出,更激发了温州人的创业热情,在温州地区形成深厚的务工经商传统。温州人充分利用本地区天赋的自然资源,将地理位置的不利转化成相对优势。他们擅长于商品性作物和手工业品的生产,即主要为市场而生产,家庭工业比较繁荣,并富有高度流动性,精于长途贸易,被人称为"中国犹太人"。

在前述永嘉学派"功利"传统的影响下,改革开放初期,温州人就抢得市场先机,形成"自主自立、敢于创新、讲求实效、注重功利"的带有浓郁地域特色的市场精神。这表明,一个地区的经济发展模式与该地区文化传统密切相关。永嘉学派所主张的"讲求实效、注重功利"以及"重视工商"的精神传统经过千百年来广泛的传播,构成了温州人特有的"文化基因"。这种"文化基因",即自觉地把是否有利于生产力的发展和经济效益的提高作为衡量制度创新的唯一标准,以务实、变通的办法进行变革。温州人结合当地传统工艺技术,发展以家庭为单位的民营手工业,从成本低、投资小、易销售、周转快的小商品生产做起,放眼去外地组建商品生产基地、开拓产品销售市场。于是,数以万计的温州人带着自己的产品和技术踏上了闯荡世界之路。温州地区也很快形成了小商品、大市场的经济格局,创造出了与"苏南模式""珠江模式"齐名的"温州模式"。

---

[1] 王学斌:《瑞安孙氏与近代永嘉学派复兴》,《浙江日报》2017 年 2 月 20 日。

第八章

"善于富国者,必先理民之财,而为国理财者次之"

——《大学衍义补》选文与阐释

【文本选录】[1]

《制国用·总论理财之道·上》

《书》禹曰:"予决九川,距四海,浚畎浍距川(畎浍距川,指挖深了田间的大水沟,使它们流进大河)。暨稷播(暨稷播,和稷一起播种),奏庶艰食鲜食(奏庶艰食鲜食,为民众提供谷物和肉食),懋(懋 mào,勉励)迁有无化居。烝(烝 zhēng,众也)民乃粒(粒,米食曰粒),万邦作乂(乂,治也)。"

蔡沈曰:"水平,播种之初,民尚艰食,懋勉其民,徙有于无,交易变化其所居积之货也。盖水患悉平,民得播种之利,而山林川泽之货,又有无相通以济匮乏,然后庶民粒食,万邦兴起治功也。"

臣按:《易》曰:"何以聚人?曰财。"财出于地而用于人,人之所以为人,资财以生,不可一日无焉者也。所谓财者,谷与货而已。谷所以资民食,货所以资民用,有食有用,则民有以为生养之具,而聚居托处以相安矣。《洪范》八政,以食与货为首者此也。大禹所谓"懋迁有无,化居",此六言者,万世理财之法,皆出于此。然其所以徙有于无,变化其所居积者,乃为烝民粒食之故耳。是其所以理财者,乃为民而理,理民之财尔。岂后世敛民之食用者,以贮于官而为君用度者哉?

---

[1] 本章选文参考自蓝田玉、王家忠、许山河、刘剑三、黎辉亮校点:《大学衍义补》,中州古籍出版社 1995 版;林冠群、周济夫校点:《大学衍义补》,京华出版社 1999 版。对文字的注释,参考自虞祖尧等编:《中国古代经济著述选读》(下册),吉林人民出版社 1985 年版;李守庸主编:《中国古代经济思想史》,武汉大学出版社 1988 年版。

古者藏富于民，民财既理，则人君之用度无不足者，是故善于富国者，必先理民之财，而为国理财者次之。

《禹贡》：六府孔（孔，大也）修，庶土交正（庶土交正，众土俱得其正），厎（厎，致也）慎财赋，咸则（则，分等级）三壤，成赋中邦（中邦，中国也）。

蔡沈曰："六府孔修者，谓水火金木土谷，皆大修治也。庶土，则非特谷土也，庶土有等，当以肥瘠高下名物交相正焉，以任土事。厎慎财赋，谓因庶土所出之财，而致谨其财赋之入。咸则三壤，谓九州谷土又皆品节之，以上中下三等。成赋中邦，谓土赋或及于四夷，而田赋则止于中国而已。"

臣按：土者，财之所自生。然必修金水木火四者，以相制相助，然后土顺其性，而谷生焉。然是土也，则非一等，有所谓山林、川泽、丘陵、坟衍、原隰（隰 xí，低湿之地），五者之不同。其质有肥者焉，有瘠者焉，其形有高者焉，有下者焉，其色又有黄白者焉，有青赤者焉。庶土所生之物，各各不同，以此交相质正，于是因其土所出之财，而致谨其财赋之入，兢兢焉，罔或怠忽，不敢责无于有，取少于多也。然土虽有五，而壤则有三。所谓三者，上中下也。壤之上者，则出上赋；壤之中者，则出中赋；壤之下者，则出下赋。咸有一定之准则，用是之法以成赋于九州之内。若荒服之外，则不敢例之以此也。有夏盛时，其取民之制，有所品节准则如此。后世征敛无艺，惟循簿书之旧，无复考核之实。田之等则无别，赋之多寡不伦。既无厎慎之心，复无咸则之法，此民财所以恒不足，而国用亦因之以不充也欤！

《王制》：冢宰制国用，必于岁之杪（杪 miǎo，末也），五谷皆入，然后制国用。用地小大视年之丰耗。以三十年之通制国用，量入以为出。

国无九年之蓄，曰不足。无六年之蓄，曰急。无三年之蓄，曰国非其国也。

应镛曰："必于岁之杪者，天时既周，而来岁之事方始也。五谷之熟有先后，皆入，则先后无遗，而丰歉尽见矣。"

臣按：先王制国用，必命冢宰者，冢宰为六卿之长，周时无宰相，冢宰即宰相也。每岁于年终之时，五谷皆入之后，俾其视今岁之所入，以制来年之所出，而定国家一岁多少之用焉。用地小大，视年之丰耗者，谓地之小者入亦小，地之大者入亦大。地小而入大，则年之丰可知。地大而入小，则年之耗可知。每岁以地所入，而定其年之丰耗。年丰，则国用随之而隆；年耗，则国用亦随之而啬。以三十年之通制国用者，每岁所入，析为四分，用度其三，而储积其一。每年余一，三年余三，积三十年则余十年矣。以三十年通融之法，常留九年储蓄之赀，然后计其见在所有之数，以为经常用度之节，量其所入而出之，因府库之虚实，为用度之赢缩,则国家无不足之忧,而兴事建功无有不成者矣。窃惟《王制》此章,说者谓为商制。以臣观之,古今制用之法,诚莫有加焉者也。夫国家之所最急者,财用也。财生于地,而成于天,所以致其用者,人也。天地岁岁有所生,人生岁岁有所用,岁用之数不可少,而岁生之物或不给。苟非岁岁为之制,先期而计其数,先事而为之备,至于临事而后为之措置,则有弗及者矣。臣愚以为,今日制国用,亦宜仿此法。每岁户部先移文内外诸司及边方所在,预先会计嗣岁一年用度之数。某处合用钱谷若干,某事合费钱谷若干,用度之外,又当存积预备若干,其钱谷见在仓库者若干,该运未到者若干,造为帐籍,一一开报。又预行各处布政司并直隶府分,每岁于冬十月,百谷收成之后,总计一岁夏秋二税之数,其间有无灾伤、逋欠、蠲免、借贷,各具以知。至十二月终旬,本部通具内外新旧储积之数,约会执政大臣,通行计算。嗣岁一年之间,所用几何,所存几何,用之之余,尚有几年之蓄,具其总数,以达上知。不足则取之何所以补数,有余则储之何所以待用。岁或不足,何事可以减省,某事可以暂已。如此,则国家用度有所稽考,得以预为之备,而亦俾上之人知岁用之多寡,国计之赢缩,蓄积之有无云。伏惟万几之余,留神省察,必使国家仓廪,恒有九年之余,而不至于六年之急。万有一焉而或不及余三年,则必惕然儆惧,凡事皆从减节,痛革用度之无益者,使毋至于国非其国焉。实惟宗社无疆之休。

《周礼·春官》:天府,祭天之司民、司录,而献民数、谷数,则受而藏之。

林之奇曰:"岁献民数、谷数,最为致太平之要务。管子曰:'制国以为二十一,工商之乡六,士乡十五。三分其制而言之,即所谓七民,而五农夫、二工商也。先王所以为此者,非他,为欲等(等,相当)其民数、谷数,使之本末相当,用为平岁之经制故尔。至于水旱不虞之至,则必有储蓄以待之,三年耕必有一年之蓄,三十年之通,必有十年之储。国有十年之储,则谓之太平。'故曰:岁献民数、谷数,最为致太平之要务者也。自古在昔,先民有作,其所以经纶图维,以富邦国,以生万民者,其要实在乎此。孰谓其可忽而不思,以坐视夫民之穷哉?"

臣按:民生于天,而岁岁有生死。谷产于地,而岁岁有丰凶。苟非有司岁岁各具其数,以闻之于上,则朝廷之崇高,海宇之广远,间阎(间阎,里巷的门,借指里巷,亦指平民)之幽隐,曷由以知之哉?是以成周盛时,每岁必祭,司民、司录而献民数、谷数焉。献民数,俾其知登耗(登耗,指增减)也。献谷数,俾其知多寡也。料其民数,计其谷数,郡邑版图,其户口凡若干,内外仓场,其蓄积凡若干。就一邑而计之,农圃食力者若干人,工商末作者若干人,吏兵廪食者若干人,枚而举之,总而会之。一人之食,日费几何?一月之食几何?一岁之食几何?某所有仓廪几何？一岁支发几何？存余几何？散之足以食几何人？积之足以给几何年？因其一岁之所入，通其累年之所积，以谷之数而较之于民，其果相当否邪？三年而有一年积否邪？十年而有三年积否邪？三十年而有十年积否邪？彼此通融，有无相济，以羡补不足。多而有余也，则蠲（蠲 juān，免除）民之逋（逋 bū，拖欠）负，除民之租赋，不尽利以遗民。少而不足也，则省上之常费，除人之冗食，不侈用以伤财。如是，则民谷两足矣。民有余食，国有余积，则凶荒有备，祸乱不作，风俗淳厚，治教休明矣。太平要务，岂外是哉！

《大学》：君子先慎乎德。有德此有人，有人此有土，有土此有财，有财此有用。

朱熹曰："德，即所谓明德。有人，谓得众。有土，谓得国。有国，则不患无财用矣。"或问熹曰："所谓先慎乎德，何也？"曰："上言有国者，不可不慎此言。其所慎而当先者，尤在于德也。德即所谓明德。所以慎之，亦曰格物致知，诚意正心，以修其身而已矣。"

外本内末，争民施夺（施夺，指施行劫夺）。是故财聚则民散，财散则民聚。是故言悖（悖，违背）而出者，亦悖而入。货悖而入者，亦悖而出。

朱熹曰："人君以德为外，以财为内，则是争斗其民而施之以劫夺之教也。盖财者，人之所同欲，不能絜矩（絜矩，指法度）而欲专之，则民亦起而争夺矣。外本内末，故财聚，争民施夺，故民散，反是则有德而有人矣。悖，逆也。此以言之出入，明货之出入也。"熹又曰："有德而有人有土，则因天分地，不患乎无财用矣。然不知本末，而无絜矩之心，则未有不争斗其民，而施之以劫夺之教者也。《易·大传》曰：'何以聚人，曰财'，《春秋外传》曰：'王人者，将以导利而布之上下者也。故财聚于上，则民散于下矣。财散于下，则民归于上矣。言悖而出者，亦悖而入。货悖而入者，亦悖而出。'郑氏以为君有逆命，则民有逆辞。上贪于利，则下人侵畔（畔，通"叛"），得其旨矣。"

臣按：财者，人之所同欲也。土地所生，止于此数，不在上则在下，非但上之人好而欲取之，而下之人亦恶人之取之而不欲与也。人心好利，无有纪极（纪极，指终极、极限），苟非在上者先谨其德，知义之可重而财利之轻，其不至专民之利而劫夺之也几希。今焉惟德之是谨，兢兢焉以自守，业业焉以自持。知财利吾所好也，而民亦好之。吾之欲取之心，是即民之不欲与之心。不得已而取之，所取者皆合乎天理之公，而不咈（咈 fú，违背）乎人情之欲。如是而取之，则入之既以其义，而出之也，亦必以其道矣。如是，则是能与民同好恶，而以民心为己心。所谓絜矩之道，而治平之要不外是矣。

生财有大道,生之者众,食之者寡,为之者疾,用之者舒,则财恒足矣。

吕大临曰:"国无游民,则生者众矣。朝无幸位,则食者寡矣。不夺农时,则为之疾矣。量入为出,则用之舒矣。"

朱熹曰:"此因有土有财而言,以明足国之道在乎务本而节用。"又曰:"《洪范》八政,食货为先。子贡问政,而夫子告之,亦以足食为首。盖生民之道,不可一日而无者,圣人岂轻之哉?特以为国者,以利为利,则必至于剥民以自奉,而有悖出之祸,故深言其害以为戒耳。至于崇本节用,有国之常政,所以厚下而足民者,则固未尝废也。吕氏之说,得其旨矣。有子曰:'百姓足,君孰与不足。'孟子曰:'无政事,则财用不足。'正此意也。然孟子所谓政事,则所以告齐梁之君,使之制民之产者是已。岂若后世头会箕敛,厉(**厉,鼓励、奖励**)民自养之云哉。"

臣按:金履祥谓《大学》通章以货财为戒,而此以生财为言,何也?盖财用国之常经,不可一日无者。苟徒禁其为聚财之政,而不示之以生财之端,则异时国用不给,终不免横取诸民。则是以理财为讳者,乃所以为聚财之张本也。所谓生财者,必有因天分地之源;所谓有道者,必非管、商功利之术。而究其所以为生财之道者,则生者众,食者寡,为者疾,用者舒而已。天地间自有无穷之利,有国家者亦本有无穷之财。但勤者得之,怠者失之,俭者裕之,奢者耗之。履祥谓《大学》此四语,万世理财之大法,臣窃以为履祥所谓勤、俭、怠、奢之四言,是又万世理财之节度也。

仁者以财发(**发,起**)身,不仁者以身发财,未有上好仁而下不好义者也,未有好义其事不终者也,未有府库财非其财者也。

朱熹曰:"仁者散财以得民,不仁者亡身以殖货。上好仁以爱其下,则下好义以忠其上。所以事必有终,而府库之财无悖出之患也。"又曰:"仁者不私其有,故财散民聚而身尊;不仁者惟利是图,故捐身贾祸,以崇货也。然亦即财货而以其效言之尔,非谓仁者真有以财发身之意也。夫上好仁则下好义矣,下好义则事有终矣,事有终则为君者安富尊荣,而府库之财可长保矣,此以财发身之效也。上不好仁,则下不好义,下不好义,则其事不终。是将为天下僇(**僇,通"戮"**)之不暇,而况府库之财又岂得为吾之财乎?若商纣以自焚而起巨桥鹿台之财,德宗以出走而丰琼林大盈之积,皆以身发财之效也。"

孟献子曰:"与其有聚敛之臣,宁有盗臣。"此谓国不以利为利,以义为利也。

长国家而务财用者,必自小人(**必自小人,言由小人导之也**)矣,彼为善("善"字上疑有不字)之,小人之使为国家,灾害并至。虽有善者,亦无如之何矣。此谓国不以利为利,以义为利也。

朱熹曰:"聚敛之臣,剥民之膏血以奉上,而民被其殃。盗臣,窃君之府库以自私,而祸不及下。仁者之心,至诚恻怛(怛dá,恳切),宁亡己之财,而不忍伤民之力,所以与其有聚敛之臣,宁有盗臣,亦絜矩之义也。"又曰:"此言灾害并至,无如之何,何也?曰:怨已结于民心,则非一朝一夕之可解矣。圣贤深探其实,而极言之,欲人有以审于未然,而不为无及于事之悔也。以此为防人,犹有用桑弘羊、孔仅、宇文融、杨慎矜、陈京、裴延龄之徒,以败其国者。故陆宣公之言曰:'民者邦之本,财者民之心,其心伤则其本伤,其本伤则枝干凋瘁(瘁cuì,劳累,疾病)而根柢蹶(蹶jué,跌倒)拔矣。'吕正献公之言曰:'小人聚敛,以佐人主之欲,人主不悟,以为有利于国,而不知其终为害也。赏其纳忠,而不知其大不忠也。嘉其任怨,而不知其怨归于上也。'若二公之言,可谓深得此章之指者矣。有国家者可不监哉!真德秀曰:'近世所谓善理财者何其懵(懵měng,昏昧无知)此也。元元已病,而科敛日兴,不知皮将尽,而毛无所傅(傅,通"附")也。出新巧以笼愚民,苟邀倍称(倍称,指加倍偿还)之入,不知朝四暮三之无益也。'孟子曰:'我能为君充府库。今之所谓良臣,古之所谓民贼也。'"

金履祥曰:"国,天下之国;家,天下之家也。君之者,长之而已。固非其所得私也。况可专其利以自私哉!夫为国家之长,而惟财用之务,其原必起于小人。小人虽悖,亦岂能自肆其毒哉?惟有国家者,以其言利为善于体国,以其任怨为善于忠君,以其掊(掊póu,搜刮、聚敛)克为善于理财。是以使为国家,小人之得为于国家,所以悖取者无所不至,而国家之灾祸患害,亦将无所不至矣。盖民穷众怨,兵连盗起,百姓畔于下,天变怒于上,国家至此,不可复为也已。虽有善者以承其后,亦将如之何哉?盖财之聚者,有必聚之怨。怨之聚者,有必至之祸。而祸之已至者,无可回之势。甚矣哉,小人之祸国家若是其烈也!不谨之于其始,而何以救于其终哉!"

臣按:《大学》释治国平天下之义,谆谆以理财为言,岂圣贤教人以兴利哉?盖平之为言,彼此之间各得分愿(分愿,指本心、所愿)之谓也。何也? 天下之大,由乎一人之积,人人各得其分、人人各遂其愿,而天下平矣。是故天子有天下,则有天下之用度。匹夫有一家,则有一家之用度。天子之用度,则取之民,民之用度,将取之谁哉? 居人之上者,将欲取于民也,恒以其心度民之心,曰彼民之家上有父母,下有妻子,一日不食则饥,一岁无衣则寒,彼之家计不可一日无,亦犹吾之不可一日无国计也。体民之心反之于己,使彼此之间,各止其所处之分,各遂其所欲之愿,无一人之不遂其生,无一人之或失其所,则天下无不平者矣。是则《大学》所谓絜矩之道。推极其理,即圣门所谓仁,所谓恕也。虽然有其心,无其政,是谓徒善。是以愿治之主,不独有理财之法,又必有理财之人。理财之法,即所谓生财之大道是也。理财之人,所谓聚敛之臣,决不用焉。不用聚敛之臣,而行崇本节用之道,推吾所以心度心者,以为取民之节度,仅足吾用而已,不分外以多求,不极欲以侈用。如是,则上之人既得其分愿,而下之人亦遂其分愿矣,天下岂有不平也哉。抑考理财之说,昉(昉,起初、始于)之《易大传》,而《大学》不言理而言生,何哉?噫,理之为言,有人为分疏之意;生之为言,有生生不穷之意。有以生之,而财之源生生不穷;有以理之,而财之流陈陈相因。如是,则存于民也无不足,而用于君也,恒有余矣。治平之道,端在于此。朱熹所引陆贽、吕公著告其君之言,尤为切要,伏惟圣明留神玩味。

以上总论理财之道上。

《制国用·总论理财之道·下》

《论语》:"子曰:节用而爱人。"

杨时曰:"《易》曰:'节以制度,不伤财,不害民。'盖侈用则伤财,伤财必至于害民,故爱民必先于节用。"

朱熹曰:"国家财用,皆出于民。如有不节,而用度有阙(阙,通"缺"),则横赋暴敛,必先有及于民者,虽有爱人之心,而民不被其泽矣。是以将爱人者,必先节用,此不易之理也。"

臣按:帝王为治之道,不出乎孔子此言。爱之一言,万世治民之本。节之一言,万世理财之要。

孟子曰:"无政事,则财用不足。"

朱熹曰:"生之无道,取之无度,用之无节故也。"

臣按:国家不患财用之不足,惟患政事之不立。所谓立政事者,岂求财于常赋之外哉?生之有道,取之有度,用之有节而已。

赵简子使尹铎为晋阳,请曰:"以为茧丝乎?抑为保障乎?"简子曰:"保障哉。"尹铎损其户数。

胡寅曰:"茧丝者,取之不息,至于尽而后止也。尹铎虽少而心智,简子虽贵而虑长,其后无恤为智氏所攻,卒于晋阳托身而得免。况为天下者乎?而后世谋国者,以爱民敦本为腐儒常谈,以聚敛积实为应时急务。凡江海、山林、薮(薮sǒu,多草的湖)泽、鱼盐、金石、茗荈(荈chuǎn,茶)之利,皆王政所弛者,设法著令,无不榷(榷,征税)取。昔也,民富可以多取,既而国富则民贫,而无可取矣。昔也,国富可以横费,既而民尽则国贫,而无可费矣。以四海之大,九贡之入,文、景守之,则三十税一,又且尽蠲,不闻空匮之患。明皇、德宗守之,则为大盗所迫,仓皇奔窜,食粝麦饭,啖芜菁根而不能饱。不闻掊(掊 pǒu,搜括)克之益,何轻用其国,而虑不及赵简子与尹铎哉!何急急于茧丝之近用,而忽于保障之大计哉!"

臣按:茧丝,主赋税而言。保障,指藩篱而言。尹铎之意,不在赋税,在乎藩篱。简子知其意而从之,铎守晋阳,损其户数,其后简子之子果赖其庇。然求其所以为保障之实,不过损民之户数而已。夫国家所以为保障之固者,以其民户之众也。今欲其保障,而乃损其户数,何哉?盖户数一增,则民间各自立门户,取之既多,役之复众,力分而财聚,民生所以日耗,民心所以日离,往往生其怨怼之心而背畔也。今损其户数,则一夫应公家之征求,余夫营私家之衣食,生理既厚,感戴益深,惟恐上之人一旦舍我去,而他人来不我恤也。一遇国家有难,竭力以卫上,捐躯以拒敌,凡可以为国家保障者,无所不用其极焉。彼其以民为茧丝者,则异乎是,尽民之力而役之,罄民之赀而取之,既征其田亩,又征其畜产,与夫山泽之所出、饮食之所需,无一不有税焉。譬则工女之缲(缲 qiāo,通"缫 sāo")丝,缕缕而绎(绎,抽丝)之,非见蛹不止也。胡氏所谓贼道者,岂非斯人也哉。上以贼道待下,下亦以贼道应之,睊睊(睊 juàn 睊,指侧目而视的样子)然侧目以视其上,惟恐其去之不速也,况望为之保障哉。

唐陆贽曰:"地力之生物有大数,人力之成物有大限。取之有度,用之有节,则常足。取之无度,用之无节,则常不足。生物之丰败由天,用物之多少由人。是以先王立程,量入为出,虽遇灾难,下无困穷,理化既衰,则乃反是。桀用天下而不足,汤用七十里而有余。是乃用之盈虚,在于节与不节耳。不节,则虽盈必竭;能节,则虽虚必盈。"

臣按:陆贽进言于其君。所谓节之一言,诚万世人君制用丰财之要道也。节与不节,是盖君德修否之验,府库盈虚之由,生民休戚之本,国家治乱之基。贽既即此言告其君于前,复即卫文公、汉文帝、唐太宗三君,始由艰窘而终获丰福,以著其能节,则虽虚必盈之效,以为其君劝。秦始皇、汉武帝、隋炀帝三君,始由丰厚而终以蹙(蹙 cù,紧迫)丧,以著其不能节,则虽盈必竭之效,以为其君戒。其末又曰:秦、隋不悟而遂灭,汉武中悔而获存,乃知惩与不惩,觉与不觉,其于得失相远,复有存灭之殊,安可不思,安可不惧?是又开其君以迁善改过之机也。吁!后世之英君谊(谊,通"义")主,有志于保民生、寿国脉者,当以节之一言佩服于心,而以贽所引之六君节与不节者以为劝戒,而是思是惧。则宗社之灵长,生灵之安养,实有赖焉。

苏轼曰:"为国有三计,有万世之计,有一时之计,有不终月之计。古者,三年耕必有一年之蓄，以三十年之通计，则可以九年无饥也。岁之所入，足用而有余，是以九年之蓄，常闲而无用，卒有水旱之变，盗贼之忧，则官可以自办，而民不知。如此者，天不能使之灾，地不能使之贫，盗贼不能使之困，此万世之计也。而其不能者，一岁之入，才足以为一岁之出，天下之产仅足以供天下之用。其平居虽不至于虐取其民，而有急则不免于厚赋，故其国可静而不可动，可逸而不可劳，此亦一时之计也。至于最下而无谋者，量出以为入，用之不给则取之益多，天下晏然，无大患难，而尽用衰世苟且之法，不知有急则将何以加之。此所谓不终月之计也。"

臣按：古今制国用之大略，苏轼此言尽之矣。人君承祖宗之统，为生灵之主，有土地为之产财，有黎庶为之生财，有臣工为之理财。当夫国家无事之时，豫（豫，通"预"）为国家先事之具，以为万世之计可也。不幸所入才足以为出，所产仅足以为用，吾则痛加抑损，力为撙（撙 zǔn，抑制、节省）节，可已则已，非不得已必已。可用则用，非必当用不用，不耗其财于无益之事，不费其财于无用之地，不施其财于无功之人。如此，则所以为国计者，非但不为不终月之计，而所谓一时之计者，方且经之营之，寸积铢累，朝斯夕斯，由小而致大，积少而成多。日计不足，月计有余，岁复一岁，积三年而有一年之储。由九年而致三年，由三十年而致十年，由是而致夫百千万年以为子孙无穷之计。所谓天不能灾，地不能贫，人不能困之者，岂不信其必然哉。

苏辙曰："方今之计，莫如丰财。然所谓丰财者，非求财而益之也，去事之所以害财者而已。使事之害财者未去，虽求财而益之，财愈不足。使事之害财者尽去，虽不求丰财，然而求财之不丰，亦不可得也。事之害财者三：一曰冗吏，二曰冗兵，三曰冗费。三冗既去，天下之财得以日生而无害，百姓充足，府库盈溢，人君所为无不成、所欲无不如意矣。"

臣按：苏辙论丰财之道，去其害财者而已。害财之事有三，所谓吏之冗员，兵之冗食，其中节目虽多，然大要有定，名有常数，除其繁冗，而存其切要，害斯去已。惟所谓费之冗杂者，则途辙孔多，窾白不一，横恩滥赐之溢出，修饰缮造之泛兴，祷祈游玩之纷举，不当用而用，不可予而予。三害之中，冗费之害尤大，必不得已而去之。吏兵无全去之理，惟费之冗者，则可权其缓急轻重而去之焉。凡所谓冗者，有与无皆可之谓也。事之至于可以有可以无，吾宁无之而不有焉，则不至害吾财矣。

曾巩曰："用财有节，则天下虽贫，其富易致也。用财无节，则天下虽富，其贫亦易致也。汉、唐之始，天下之用尝屈矣，文帝、太宗能用财有节，故公私有余，而致天下之富焉。汉唐之盛时，天下之用尝裕矣，武帝、明皇不能节以制度，故公私耗竭，而致天下之贫焉。且以宋景德、皇祐、治平校之，景德户七百三十万，垦田一百七十万顷。皇祐户一千九十万，垦田二百二十五万顷。治平户一千二百九十万，垦田四百三十万顷。天下岁入，皇祐、治平皆一亿万以上，岁费亦一亿万以上。景德官一万余员，皇祐二万余员，治平二万四千员。皇祐官数一倍于景德，治平则三倍之矣。其余用财之端，皆倍可知也。诚诏有司按寻载籍，而讲求其故，使凡入官之多门，用财之多端，皆可考而知之，然后各议其可罢者罢之，可损者损之，使其所费皆如景德之数，则所省者盖半矣。则又以类而推之，天下之费，有约于旧而浮于今者，有约于今而浮于旧者。其浮者，必求其所以浮之自而杜之。其约者，必求其所以约之由而从之。如是而力行，以岁入一亿万以上计之，所省者十之三，则岁有余财三万万。以三十年之通计之，当有余财九亿万，可以为十五年之蓄矣。"

臣按：曾巩此议，以宋真宗、仁宗、英宗三朝校之，以见其财赋出入之数，乞诏有司按寻载籍，讲求三朝所以费用其财者，考知其数。即今比旧，罢其所可罢，损其所当损，从其约而杜其浮，其议卓然可行，顾人君肯用与否耳。臣尝因其言而疏以为今日当行之要务。窃惟我朝疆宇，比宋为广，而百年以来无甚巨费，凡宋所谓郊赉（赉 lài，赏赐）、岁币、祠禄皆无之，其最费者，宗禄、养兵、荫子耳。然荫子止于武职，文臣亦无几焉。臣考诸司职掌，洪武中人民一千六十五万二千八百七十户，垦田八百四十九万六千五百二十三顷，税粮二千九百四十四万石。户口之数，较之宋虽略相当，而今日垦田则过之远矣。所入既多，而所费比之又少，是宜国家储积数倍于宋焉。请自今为始，乞命有心计臣僚稽考洪武、永乐、宣德、正统以来户口、垦田及钱粮、金银、绢帛之数。每岁出入，比今孰多孰少，然后即其见在，据其岁之所入，以计其岁之所出，该用几何，余积几何，以定今日出入之数。庶几晓然知祖宗之故实，府库之虚实，而不敢轻费焉。臣又观巩告其君有曰："前世于凋弊之时，犹能易贫而为富，今吾以全盛之势，用财有节，其所省者一，则吾之一也，其所省者，二则吾之二也。前世之所难，吾之所易，不论可知也。"吁，宋之时，入少而出多，其臣犹责其君以为非难，况今日之全盛庶富，非宋可比。在圣君为之，又何难哉？巩所谓"其浮者，必求所以浮之自而杜之。其约者，必求所以约之由而从之"与夫苏轼所谓"去之甚易而无损，存之甚难而无益"，是二人之言，诚人君去冗费、足国用之正论要法也。伏惟圣心加察，又何难而不易哉。

以上总论理财之道。

臣按：人君为治，莫要于制国用。而国之所以为用者，财也。财生于天，产于地,成于人,所以制其用者君也。君制其用,虽以为国,实以为民。是故君不足则取之民,民不足则取之君。上下通融,交相为用,时敛散,通有无,盖以一人而制其用,非专用之以奉一人也。是以古之仁君,知其为天守财也,为民聚财也。凡有所用度,非为天,非为民,决不敢轻有所费。其有所费也,必以为百神之享,必以为万民之安,不敢毫厘以为己私也。是何也?天生五材,民并用之,君特为民理之耳,非君所得而私有也。苟认以为己物而私用之,不知天生之有限,民力之孔艰,积之百年而不足,散之一日而无余。日消月耗,一旦驯(驯,逐渐)致于府库空虚,国计匮乏,求之于官,官无储峙(储峙,即储备),求之于民,民无盖藏。于是之时,凡百谋为,皆不遂矣。君位何所恃以为安,国家何所资以为治哉?譬则人之处家焉。凡百居处,食用之物,公私营为之事,苟有钱皆可以致也。惟无钱焉,则一事不可成,一物不可得。当夫平宁之时,尚可借贷以支吾,一旦有水旱盗贼之变,则为沟中瘠矣。家国一理,但有小大耳。然民非一家,吾家虽乏,犹可求之于比邻。若夫国之乏绝,藏之官者既虚,取之民者又竭,其将求之何所邪?人君当无事之日,而兴念及此,其尚兢兢焉戒谨,介介焉吝惜,而不轻用天下之财。如此,则国计不亏、邦本益固。下之人有家给人足之乐;上之人有安富尊荣之休。凡百所为,无不如意。朝廷无不可为之事,海宇无不得所之人矣。《大学》以理财为平天下之要道,臣观于此而益信。伏惟圣明万几之暇,留神《大学》之书,而玩味夫絜矩之一言,臣不胜大愿。

以上总论理财之道下。

【作者作品】

本章文本选自丘濬(濬 jùn,又写为"浚")所著《大学衍义补》卷20和卷21,即《制国用·总论理财之道》上下两篇。

丘濬[1](1420—1495年),字仲深,号深庵、玉峰、琼山,别号海山老人,海南琼山府城镇下田村(今金花村)人,是明朝中期著名的思想家、政治家和经济学家,与海瑞、王佐、张岳崧并称"海南四绝"。丘濬早年聪敏,于正统九年(1444年)参加乡试中举(解元),三年后入国子监。景泰五年(1454年),丘濬登进士第,置二甲第一,授翰林庶吉士,授编修,参与编纂《寰宇通志》。后丘濬进翰林院侍讲,参与编写《英宗实录》,之后进侍讲学士。待《续通鉴纲目》成,擢丘濬学士,

---

[1] 清雍正时为避孔子讳,雍正帝诏令"丘"姓改为"邱"姓,故也称邱濬。

迁国子监祭酒,后进礼部右侍郎,掌祭酒事。明孝宗时期,丘濬上书《大学衍义补》,后进礼部尚书,掌管詹事府事。后参修《宪宗实录》,充副总裁。弘治四年(1491年),书成,加封太子太保,后命兼文渊阁大学士参预机务。弘治六年(1493年),因眼疾免朝参。之后因事被言官弹劾,明孝宗不问。弘治八年(1495年)去世,享年七十六岁。赠太傅,谥文庄。

《明史》对丘濬生平记载如下:"邱濬,字仲深,琼山人。幼孤,母李氏教之读书,过目成诵。家贫无书,尝走数百里借书,必得乃已。举乡试第一,景泰五年成进士。改庶吉士,授编修。濬既官翰林,见闻益广,尤熟国家典故,以经济自负。成化元年,两广用兵,濬奏记大学士李贤,指陈形势,纚纚(líní,文章或言谈连绵不尽)数千言。贤善其计,闻之帝,命录示总兵官赵辅、巡抚都御史韩雍。雍等破贼,虽不尽用其策,而濬以此名重公卿间。秩满,进侍讲。与修《英宗实录》,进侍讲学士。《续通鉴纲目》成,擢学士,迁国子祭酒。时经生文尚险怪,濬主南畿乡试,分考会试皆痛抑之。及是,课国学生尤谆切告诫,返文体于正。寻进礼部右侍郎,掌祭酒事。"《名臣录》评价丘濬为"国朝大臣,律己之严,理学之博,著述之富,无出其右者"。《四库全书提要》记载:"濬记诵淹博,冠绝一时,文章尔雅,有明一代,不得不置作者之列。"

丘濬一生勤奋好学,博览群书,著述甚丰,研究领域涉政治、经济、文学、医学等。在丘濬的众多著述中,《大学衍义补》最全面最详细最集中地反映了他的治国理财思想。对于丘濬思想的研究,至20世纪80年代时仍不多见。20世纪80年代后,学术界开始展开相关研究。叶世昌先生在《中国经济思想简史》中对丘濬的思想给予了积极的评价,特别肯定其中的货币思想、劳动价值论因素。赵靖先生肯定了本章选录的《大学衍义补》,认为该书"分门别类地辑录了大量前人的有关言论","是一部中国古代经济思想资料汇编一类的书","在明代,固然堪称独步,在中国封建时代的漫长历史上,也是屈指可数的"[1]。不过,大体上,目前对于丘濬思想的研究,仍较多地集中于社会、政治、礼教等几个方面,对于他独树一帜的治国理财思想方面的关注尚显不足。

儒家思想是一个开放的体系,它不断地适应社会发展的要求,回答社会实践的不断挑战,经过一代又一代学人、思想家的努力,实现与时俱进。作为儒家思想经典著作的《大学》,其主旨是"明明德、亲民、止于至善"三纲领和"格物、致知、

---

[1] 赵靖:《邱濬——中国十五世纪经济思想的卓越代表人物》,《北京大学学报(哲学社会科学版)》1981年第2期。

诚意、正心、修身、齐家、治国、平天下"八条目,集中体现了儒家道德观和政治观的结合。南宋真德秀编纂《大学衍义》四十三卷,在《大学》原有的架构下以细目及按语的方式,阐发自己的思想,使《大学衍义》成为一本专供帝王借鉴的治国指南。该书提出了"君心为本"和"民本"等社会政治思想,把儒家道德实用化,用于解决当时的社会政治问题,试图探讨出一条从道德实践到政治实践的道路。降至明代,丘濬认为《大学衍义》这部书着墨修身齐家较多,而缺乏治国平天下的道理,"止于格致、诚正、修齐,而阙治国、平天下之事"(《钦定四库全书提要》)。鉴于此,丘濬延用这部书的体例,著书《大学衍义补》,增加了治国平天下的内容。他在这本书中,广征儒家经典、史籍及前代儒家学者的言论,最后附以自己的按语。在按语里,他广泛地探讨了明朝政治、经济、文化、教育、法律、军事等方面的问题,并提出改革意见,把儒家的"全体大用"和"民本"思想进一步演绎和深化。

《大学衍义补》阐述的治国平天下之要,下分十二目:1. 正朝廷;2. 正百官;3. 固邦本;4. 制国用;5. 明礼乐;6. 秩祭祀;7. 崇教化;8. 备规制;9. 慎刑宪;10. 严武备;11. 驭夷狄;12. 成功化。各目之中又分为一百十九条,共为书一百六十卷;在此基础上,补前书一卷,目录三卷,总计一百六十四卷。丘濬的财政思想,集中表现在制国用、固邦本诸目中。虽然《大学衍义补》肇撰于何时、费时几许、材料怎样等,《明实录》《明史》均付阙如。现存的《大学衍义补》版本,除了明代弘治元年建宁府刻本外,还有宗文堂刻本,嘉靖三十八年吉澄、樊献科等刻本,万历三十三年神宗皇帝作序的内府刻本,及同年乔应甲等人的刻本等。清代现存的本子,则有顺治十三年张熊麟删刻本、乾隆年间《四库全书》本、同治十三年刻本等。时至近现代,海口市海南书局在王国宪主持下,曾于1931年将此书用铅字排印出版。在日本,则有宽正四年(1792年)的和刻本。版本之众多,刊刻之频繁,正好说明《大学衍义补》一书内容之重要与影响之深远。

《大学衍义补》一书为帝国统治者提供了"治国平天下"的统治术,被后来的明清统治者作为必读书,财政自然是其中最为重要的部分。《大学衍义补》涉及财政者达31卷之多,其中从第13卷至第35卷,整整23卷系统地阐述与财政有关的理论问题。《大学衍义补》秉承了真德秀撰《大学衍义》的写法,首先罗列《大学》中的财政观点及历代财政家、理财家、改革家从不同角度对《大学》财政思想的阐释,然后再以按语的形式对这些观点进行系统的点评。在点评过程中,丘濬结合了明朝的具体情况,提出的观点和建议的内容几乎涵盖国家财政政策、财政收入、财政支出、财政管理等所有的财政领域。

在《大学衍义补》中,有关治国理财方面的内容,多处体现出作者突破儒家经济学说的传统观点,时有大胆的创新。这表现在以下几个方面:第一,肯定金钱物质的社会价值,提出"财者,人之所同欲也";"凡百居处,食用之物,公私营为之事,苟有钱,皆可以致也。惟无钱焉,则一事不可成,一物不可得"(《制国用·总论理财之道·下》);第二,提出理财的根本目的在于"富国",而"善于富国者,必先理民之财,而为国理财者次之",并指出帝王的责任是"盖以一人而制其用,非专用之以奉一人也"(《制国用·总论理财之道·上》);第三,反对政府直接经营商业和重农抑商的税赋政策,强调"市者,商贾之事",主张盐、铁、茶应交民间自由经营,反对国家垄断控制;第四,主张开放海禁,政府征收关税,"不扰中国之民,而得外邦之助,是亦足国用之一端也"(《制国用·市籴之令》)。

本章文字内容,涉及的《大学》文本有如下几句:"君子先慎乎德。有德此有人,有人此有土,有土此有财,有财此有用";"外本内末,争民施夺。是故财聚则民散,财散则民聚。是故言悖而出者,亦悖而入。货悖而入者,亦悖而出";"生财有大道,生之者众,食之者寡,为之者疾,用之者舒,则财恒足矣";"仁者以财发身,不仁者以身发财,未有上好仁而下不好义者也,未有好义其事不终者也,未有府库财非其财者也";"孟献子曰:'与其有聚敛之臣,宁有盗臣。'此谓国不以利为利,以义为利也";"长国家而务财用者,必自小人矣,彼为善之,小人之使为国家,灾害并至。虽有善者,亦无如之何矣。此谓国不以利为利,以义为利也"。在真德秀等人阐发的这些文字上,丘濬以《制国用·总论理财之道》为题,分上下两篇(即本章选录的文本),对理财之道进行了论述,回答了财和理财的概念、理财的范围、理财问题的实质、怎样理民之财、怎样理国之财等一系列理论问题。本章选录文本的具体内容,将在"文本阐释"一起予以介绍和阐释。

【文本阐释】

明代是帝国历史发展中一个十分重要的王朝。一方面,在明代,帝国政治制度达到了成熟的地步,以往王朝出现的外戚篡权、后宫干政、藩镇之祸以及宦官擅权等弊病,都得到了制度化的纠正;另一方面,社会经济得到比较长足的发展,尤其自明代中期始,随着美洲金银通过贸易方式流入中国,手工业与商业经济高度繁荣。在财政思想领域,明代尤其是明中叶以后发生了两个重要的变化:一是学术界有不少人批判传统的讳言理财的思想与行为,进而形成比较尖锐的新与旧、传统与反传统的斗争;二是统治者更为经常地以重商原则作为处理国家财政事务的指针[1]。这些变化趋势虽在唐宋已开其端,但新的历史条件又赋予其以新的内容。

在继承传统儒家的财政经济原则的基础上,丘濬在《大学衍义补》等著作中融入了自己的一些新概念,从而发展了传统的治国理财思想(特别是对宋明理学思想有所更新),并更加强调务实的思想取向。本章文本阐释部分,将主要依据选录的《总论理财之道》两篇,加以该书中其他部分的篇章段落,来概要阐明丘濬的治国理财思想。

一、理民之财的要求

丘濬在本章所选录的《总论理财之道》中,集中阐述了他对治国理财问题的见解。他认为,在国家治理活动中,理财问题非常重要,百姓"资财以生",国家"资以为治",君主"恃以为安"。像叶适一样,他指出,不能因反对聚敛而讳言理财,因为财用是一日不可缺少的"国之常经"。在他看来,理财可分为为国理财和为民理财两个方面:"善为国者,必先理民之财,而为国理财次之。"(《制国用·总论理财之道·上》)在这里,他对两种理财给出了优先次序的排列。这一论断道尽了古今治国理财的本质,即只有首先为民理财、改善民众财富的状况,才能以此为基础供应政事所需,"民财既理,则人君之用度无不足者"(《制国用·总论理财之道·上》)。那么,如何才能做到理民之财呢?丘濬强调的主要有两个方面:一是行政事以创造条件让民众从天地之间创造财富;二是要薄税敛以便民众有能力进行正常的生产生活。

(一)行政事生财

丘濬引用孟子的"无政事,则财用不足",并解释说:"国家不患财用之不足,惟患政事之不立。所谓立政事者,岂求财于常赋之外哉?生之有道,取之有度,用之有节而已。"(《制国用·总论理财之道·上》)他的意思是说,要用政事去鼓励民众开发天地以生财,从民众中取财要有法度与限度,用财时要严加控制,"不耗其财于无益之事,不费其财于无用之地,不施其财于无功之人"(《制国用·总论理财之道·下》)。

在这里,丘濬明确地指出了生财的重要性。在他看来,财源来自人的劳动,财政要供应君主去开发民众创造财富的能力,"人君为治,莫要于制国用。而国

---

[1] 谈敏著:《中国财政思想史教程》,上海财经大学出版社1999年版,第220页。

之所以为用者,财也。财生于天,产于地,成于人,所以制其用者君也。君制其用,虽以为国,实以为民"(《制国用·总论理财之道·下》)。当然,他所说的生财并不像"盐铁会议"中公卿大夫或王安石那样主要依靠从工商业活动获取收入,而主要仍指从农业经济活动中获取财源。不过,他还强调,在治国理财活动中,人民才是生产财富的主体,君主理财的目的是为民开拓财源。这样的声音,在中国古代治国理财思想中还是非常突出的。丘濬特别指出,只有民众富裕才会有国家财用的宽裕,"民财既理,则人君之用度无不足者"(《制国用·总论理财之道·上》)。

按照丘濬的说法,理国之财是工具,是为了君主能够"立政养民"。因此,理民之财才是目的,国家(或者君主)运行财政最终是为了民众所需。在古代治国理财思想中,有一种看法是将理国之财作为目的,而将理民之财作为手段,认为统治者为民做事或者赋敛从薄是为了放水养鱼。这与丘濬的看法显然是不同的,他说:"是故君不足则取之民,民不足则取之君。上下通融,交相为用,时敛散,通有无,盖以一人而制其用,非专用之以奉一人也。是以古之仁君,知其为天守财也,为民聚财也。"(《制国用·总论理财之道·下》)

(二) 薄税敛

除了强调理国之财是工具而理民之财才是目的之外,在如何处理"国财"与"民财"的关系问题上,丘濬强调的是,国家"取民"要适度,要薄税敛,以便民众有能力进行正常的生产生活,如此才算是理民之财。他说:"治国者,不能不取乎民,亦不可过取乎民。不取乎民,则难乎为国;过取乎民,则难乎其为民。"(《制国用·贡赋之常》)基于此,他要求国家的"征求"(赋税、贡献)、"营造"(征调徭役)必须严格限制在一定范围内,以使私人生产者和经营者有"生生之具"(正常进行生产、经营活动),并且能够"有余"。为此,他主张确定一个适当的税敛标准,"善于制治保邦者,必立经常之法,以为养民足国之定制",并设定一个"上之取于下,固不可太过,亦不可不及"的比例(《制国用·贡赋之常》)。在丘濬所处的明中叶时期,由于国家财政支出骤增,财政正式征收不断增加。地方官吏也常借机聚敛钱财,甚至"指一科十",百姓深受其害。因此,丘濬大声疾呼:"财者民之心,得其财则失其心。苟得民心,吾虽不得其财,而其所得者,乃万倍于财焉。"(《制国用·贡赋之常》)这是因为"人心好利,无有纪极",并且"财者,人之所同欲也"(《制国用·总论理财之道·上》)。好利之心是民与君共同的。然而君与民都好利,就发生了矛盾,"吾之欲取之心,是即民之不欲与之心"(《制国用·总论理财之道·上》)。因此,君不能多取,多取会伤民心,伤害他们的生产能力与积极性,

"不得已而取之,所取者皆合乎天理之公,而不睇乎人情之欲,如是而取之,则人之既以其义,而出之也,亦必以其道矣。如是,则是能与民同好恶,而以民心为己心"(《制国用·总论理财之道·上》)。

轻徭薄赋的主张事实上是中国古已有之的治国理财思想。《左传·哀公十一年》载,孔子认为鲁国的"丘赋"已经足用,不必按田纳赋,并主张"敛从其薄",反对过分地搜刮。战国时,孟子主张"易其田畴,薄其税敛,民可使富也",《孟子·尽心》曰:"有布缕之征,粟米之征,力役之征。君子用其一,缓其二。用其二而民有殍,用其三而父子离。"本书第二章所述《管子》中也主张薄税敛,《五辅》篇曰:"薄税敛,毋苛于民。"《管子·权修》也提出了取于民有度的观点:"地之生财有时,民之用力有倦,而人君之欲无穷。以有时与有倦养无穷之君,而度量不生于其间,则上下相疾也。是以臣有杀其君,子有杀其父者矣。故取于民有度,用之有止,国虽小必安,取于民无度,用之不止,国虽大必危。"《汉书·食货志》记载,董仲舒曾向汉武帝进言:"古者税民不过什一,其求易共;使民不过三日,其力易足。……薄赋敛,省徭役,以宽民力。然后可善治也。"

丘濬引用了唐代学者李翱对薄税敛的看法。在《平赋书》中,李翱说,"人皆知重敛之为可以得财,而不知轻敛之得财愈多也",因为"重敛则人贫,人贫则流者不归,而天下之人不来,由是土地虽大,有荒而不耕者,虽耕之,而地力有所遗,人日益困,财日益匮";反之,如果"轻敛",则人乐其生,"人乐其生,则居者不流,而流者日来,则土地无荒,桑柘日繁,尽力耕之,地有余利,人日益富,兵日益强"。李翱这段话的意思,实际上跟第七章叶适的说法是一样的,它们也都是"拉弗曲线"理论的早期版本。也就是说,他们认为重税并不多得财赋,轻税不仅不会减少财政收入,反而会增加财政收入。对李翱的上述"轻赋税"观点,丘濬表示十分赞同,并表达出对重税的坚决反对:"李翱作《平赋书》,盖悯当时之赋不平也,赋之所以不平者,盖以其制民产者无法,敛民财者无艺也。既无制民之产之法,而敛之又不以其道,则民贫矣,民贫则君安能独富哉?"摊税重敛"非但民不可以为生,而国亦不可以为国矣","摊税之害尤毒,非徒一竭而已,且将竭之至再至三而无已焉,不至水脉枯而鱼种绝不止也"(《制国用·贡赋之常》)。

丘濬认为,薄税敛的目的就是为民理财,因此必须做到以下四条才能保证国计民生的要求:"国无游民,则生者众矣。朝无幸位,则食者寡矣。不夺农时,则为之疾矣。量入为出,则用之舒矣。"(《制国用·总论理财之道·上》)另外还需要实行三条稳定社会生产与人民生活的措施,即"省力役,薄赋敛,平物价"(《制国用·市籴之令》)。他指责历代的重税政策和各封建王朝开征的各种苛捐杂税,如汉代的"算舟车"(财产税)、唐代的"间架"(房屋税)、宋代的"经、总制钱"(附加税)等,都是"罔民取利"的手段(《制国用·贡赋之常》)。

对于赋税的税率,丘濬一直推崇孟子主张"什一税"的轻税论,即按照收入的10%征收实物税。他认为国家应施行"经常可久,百世而不变"的征收赋税办法,依法征税,而"什一税"便是一种比较"中正"(合理)的税收形式。对《公羊传》中的"什一中正",他评价为"诚万世取民之定制"(《制国用·贡赋之常》)。如果按照"什一税"的税率征收,那就可以限制各级官吏肆意征收苛捐杂税,减轻人民的负担。在天下太平之时,税率甚至还可以再减少。

丘濬所说的薄税敛,事实上也是下文将提到的"量入为出"原则和理性化预算制度能够实施的基本前提。在帝国制度下,君主具有至高无上的权力,在政治上对臣民有生杀予夺之权,在生活上也往往任性挥霍,难以受到约束。帝国君主及其家族的花费,往往成为影响国家财政收支平衡不可控的因素。因此,以薄税敛和量入为出原则来约束皇室的消费,才能实现预算计划,在一定程度上也才能限制君主的专制权力,使"国家用度有所稽考"(《制国用·总论理财之道·上》)。

二、治国理财中的量入为出原则

在西方财政学经典理论中,有许多关于量入为出与量出为入的观点。例如,布坎南财政立宪主义思想中主张税收与支出同时表决是量入为出观点的典型代表,而凯恩斯主义财政思想主张按照有效需求决定财政支出水平并通过公债收入来弥补赤字,其思想总体上是量出为入的。在本书前面的章节中,有许多思想家都已说到了量入为出原则。而本章选取的丘濬,其在著作中对量入为出原则的阐述,也极具典型意义。

(一)对量入为出原则的强调

在我国历史上,量入为出原则的正式文字记载始见于《礼记·王制》:"冢宰制国用,必于岁之杪,五谷皆入,然后制国用。用地小大,视年之丰耗,以三十年之通制国用,量入以为出。"这是说,要在每年年底作为赋税征收的五谷都收齐以后,来安排明年的财政支出;安排时要留有余地,即要从通计三十年中应有相当于九年财政收入的积余为目标来考虑,做到量入为出。作为儒家经典的《礼记》,它所提出的量入为出原则,对后世有很大影响。汉宣帝时,丞相魏相提议:"王法必本于农而务积聚,量入制用以备凶灾"(《汉书》卷74,《魏相传》)。此处的"量入制用"即《礼记》中的"量入以为出"。至清代中期,在尚未建立起预算制度的情况下,量入为出始终是财政征收和支出的基本原则。据《大清会典》记载:"制天下之经费,凡国用之出纳,皆权以银,量其岁之入以定存留起运之数,春秋则报拨。"

在财政上提倡量入为出,在中国古代甚至被视为唯一正确的理财原则,其根本目的是为了限制帝国君主肆意征敛的权力,由此节省财政支出,减轻农民的财政负担,避免浪费社会财富。丘濬高度赞同这一原则,他在引用苏轼的论断"量出以为入,用之不给,则取之益多,天下晏然无大患难"之后,提出:"人君承祖宗之统,为生灵之主,有土地为之产财,有黎庶为之生财,有臣工为之理财,当夫国家无事之时,豫为国家先事之具,以为万世之计可也;不幸所入才足以为出,所产仅足以为用,吾则痛加抑损,力为撙节,可已则已,非不得已必已,可用则用,非必当用不用,不耗其财于无益之事,不费其财于无用之地,不施其财于无功之人。如此,则所以为国计者,非但不为不终月之计。而所谓一时之计者,方且经之营之,寸积抹累,朝斯夕斯,由小而致大,积少而成多,日计不足,月计有余,岁复一岁,积三年而有一年之储,由九年而致三年,由三十年而致十年,由是而致夫百千万年,以为子孙无穷之计。所谓天不能地不能贫,人不能困之者,岂不信其必然哉!"(《制国用·总论理财之道·下》)

在丘濬看来,虽然制国用的权力在君主手中,但君主不能将取之于民的国财"私有""私用"。仁德的君主,必须清楚自己的责任,即"为天守财也,为民聚财也。凡有所用度,非为天,非为民,决不敢轻有所费。其有所费也,必以为百神之享,必以为万民之安,不敢毫厘以为己私也"(《制国用·总论理财之道·下》)。因此,君主一定要慎重安排国用,"兢兢焉戒谨,介介焉吝惜"。以此为前提,丘濬对量入为出的理解如下:"每岁所入,析为四分,用度其三,而储积其一";然后按四分之三的岁入,安排支出;当国家财政充裕时,"则蠲民之逋负,除民之租赋";财政困难时,"则省上的常费,除人之冗食,不侈用以伤财"(《制国用·总论理财之道·上》)。只有通过这样的量入为出的理财方式,国家才能达到"下之人有家给人足之乐,上之人有安富尊荣之休"的稳定局面(《制国用·总论理财之道·下》)。

(二)量入为出的重点:控制支出

丘濬强调,君主节省财政支出是"万世理财之要",也是贯彻"量入为出"理财观念的唯一方法。为此,他甚至公开宣称皇室开支可有可无,"军国之需决不可无,奉养之具可以有可以无"(《制国用·经制之义·上》),以此作为限制皇室经费的理论依据。对于一个深受传统儒家思想影响的学者,这样的说法是极为难得的。他还提出了一个规范和限制皇室开支的办法,即分设内、外二府(储存金钱及财物的库房），严格划分两者的权限：外府为国家的财库，收存经常性的赋税收入，专供国家公共事务的开支，有盈余则专款存储，作为"水旱兵火不测之需"的储备；内府为皇室专用的财库，收存坑冶（矿税）、赃罚（没收赃物及罚款收入）之类的特殊收入，专供皇室用费，"夫外府有不足，则可取之于内；内府则常为撙节，使不至于不足；虽有不足，亦不可取之于外"（《制国用·经制之义·下》）。

（三）从量入为出到量出为入

与"量入为出"原则相对的是"量出为入"原则。在中国古代，"量出为入"原则于时人言也并非完全陌生，至少在唐代财政改革时就由杨炎明确提出过。不过，"量出为入"在帝国国家治理思想中一直被视为一项苛政。直到晚清咸丰、同治时期，治国理财思想才由"量入为出"慢慢向"量出为入"转变。这是因为，随着西方列强入侵的威胁逐渐增大，清朝的财政支出急剧增加，而常例收入的数量增加却非常有限。特别是太平天国起义破坏了传统粮赋重地江南，导致财政收入数量每况愈下。这样，"量入为出"在实际操作层面已无可能。这一时期虽然还能经常在诏书中看到对"量入为出"的强调，但由于财政开支不敷，清廷多采用指拨等变通方式，将非常例收入如厘金、捐纳纳入收入范畴，使得"量入为出"表面存在但徒具空壳。在财政收入方面，咸丰同治时期，政府不断地加征田赋、盐课等旧赋，并开征厘金、洋关税等新税种，另外还铸造大钱、发行宝钞、举借外债、推行捐输等。特别是大量征收的厘金和洋关税，源自工商业收入，在数量上超越了来自农业经济的田赋，成为这一时期最重要的财政收入来源[1]。这样的变化，既属现实的无奈，也蕴含了符合时代变化的新创造。

在这一历史条件下，很多有识之士开始呼吁改变旧有的财政指导思想，采取"量出为入"的办法。至1898年，户部的奏折中开始提及"量出为入"原则。不过户部声称，"近时泰西各国每年由该国度支大臣预将来岁用款开示议政院，以为赋税准则。说者谓其量入为出，颇得周官王制遗意，而实则泰西之法量出以为入，与中国古先圣王所谓量入为出者相似仍属相反，中西政体不能强同，颇如是也"[2]。到1910年，浙江巡抚增韫明确主张"量出为入"。他说："部臣纾筹于内，疆臣勉应于外，于各项行政费一再裁减，而不敷仍巨，于是就款办事之议起焉。夫国家财政与个人经济不同，值此宪政进行，若不统筹全局，本财政原则量出以制入，必至财源涸竭，百举俱废，匪惟贻笑各国，且无以并立于二十世纪，可

---

[1] 倪玉平：《从"量入为出"到"量出为入"：清代财政思想的转变》，《光明日报》2017年8月7日。
[2] 罗玉东：《光绪朝补救财政之方策》，《中国近代经济史研究集刊》1934年第2期。

断言也。臣愚以为处竞争时代,当用急进主义规划财政办法,然后可纾现实之困而策宪政之行"[1]。

三、理性化预算的设想

按照李龙潜先生的说法,丘濬是我国历史上第一个提出编制国家预算制度的人[2]。其实,对政府下一年度或者未来数年的收支进行规划,是中国古代治国理财思想中久已有之的内容,不过这样的收支规划只能算是最初步的预算活动,尚非当今财政思想中的理性化预算制度。所谓理性化预算制度,至少包括以下几个方面:首先,必须对政府职能有一个清晰的界定,以此建构政府组织结构、安排必要的政务活动、核算各项费用;其次,要对社会经济状况作一个全盘的调查统计,弄清可税的资源与途径;最后,在上述信息充分和可计算的基础上,决定税收的征收方式与分配途径。丘濬在《大学衍义补》一书中,基于中国治国理财思想传统与明代历史条件提出的预算制度主张,相对于过去的治国理财思想而言极有新意,已相当接近于理性化的预算制度。当然,真正理性化的预算制度与预算活动,只有在现代国家中才能实现。

在明以前的历代王朝中,虽然不乏预算思想,但政府对财政收支情况多数时候是糊涂不清的,往往需要临时征发,随意加重百姓的赋税负担。在制度中,虽然也有《会计录》《国计录》等财政账册,但这些大都是财政收支情况的流水账,而不是对未来收支的规划。丘濬坚决主张,国家财政要有对未来收支状况的规划,收入项目须以实际收入为依据,根据政府的收入多少来决定开支,避免盲目开支造成人民负担加重。尤其在灾荒之年,政府要尽量减少各方面的开支,能省去的则省去,能推迟的则推迟。他建议仿效《礼记·王制》和宋代应镛《礼记纂义》中的办法,实行预算的编造和决算的审计,"每岁户部先移文内外各司及边方所在,预先会计嗣岁一年用度之数。某处合用钱谷若干,某事合费钱谷若干,用度之外,又当存积预备若干,其钱谷见在仓库者若干,该运未到者若干,造为帐籍,一一开报。又预行各处布政司并直隶府分,每岁于冬十月,百谷收成之后,总计一岁夏秋二税之数,其间有无灾伤、逋欠、蠲免、借贷,各具以知。至十二月终旬,本部通具内外新旧储积之数,约会执政大臣,通行计算。嗣岁一年之间,所用几何,

---

[1] 彭立峰著:《晚清财政思想史》,社会科学文献出版社2010年版,第46页。
[2] 李龙潜:《试评丘濬经济思想中的几个问题》,《暨南学报》1999年第2期。

所存几何,用之之余,尚有几年之蓄,具其总数,以达上知。不足则取之何所以补数,有余则储之何所以待用。岁或不足,何事可以减省,某事可以暂已"(《制国用·总论理财之道·上》)。概而言之,丘濬的预算编造办法大致分为三步:首先,由各部门各地方确定来年国家所需经费数量,即财政支出数量,清理积蓄;其次,各地方在每年十月核定本年财政收入数量和库存数量;最后,在十二月下旬根据预定支出数与本年实际收入数,量入为出,确定来年的财政实施计划,进行平衡。

丘濬上述对国家预算所提出的具体而明确的设想,比唐代的《长行旨条》和《会计录》更为具体、实际,从内容和编制程序上看颇类于现代的国家预算制度。事实上,丘濬对预算的想法,极为接近现代理性化预算思想,它不仅涉及政府内部的财政管理,还涉及国民经济的整体规划,"料其民数,计其谷数,郡邑版图,其户口凡若干,内外仓场,其蓄积凡若干。就一邑而计之,农圃食力者若干人,工商末作者若干人,吏兵廪食者若干人,枚而举之,总而会之。一人之食,日费几何?一月之食几何?一岁之食几何?某所有仓廪几何?一岁支发几何?存余几何?散之足以食几何人?积之足以给几何年?因其一岁之所入,通其累年之所积,以谷之数而较之于民,其果相当否邪?三年而有一年积否邪?十年而有三年积否邪?三十年而有十年积否邪?彼此通融,有无相济,以羡补不足"(《制国用·总论理财之道·上》)。

当然,丘濬编制财政预算的设想和现代财政预算相比仍有差距。除了手续上的精粗之别外,主要的差距在于,丘濬的财政预算并不预计下年的收入,而是以编制年份(即预算执行的前一年度)的实际财政收入作为依据来预计下年的开支。相较之下,现代国家预算则是以预算执行年份的估计收入为编制基础。丘濬的这种方法是和明代的社会经济状况相适应的。在那样的农业经济社会,国家财政收入主要来自农业,而农业的丰歉主要取决于天时,所以下一年的收入是难以预计的。因此,丘濬在预算活动中贯彻的"量入为出",实际上是"量"当年之入,"为"来年之出,这也是丘濬的预算理念和理财思想的最大特点。从历史进程来看,现代国家的财政预算制度于清末才由西方国家传入中国,直至国民政府成立后才逐步沿用和完善。

为了使预算的编制、执行做到合理、可靠,丘濬还强调应发挥审计的作用,因此他也是南宋郑伯谦后又一个重视会计与审计的思想家。根据《周礼》所载,丘濬认为司会之官应遵照法令监督中央和地方财政收支,严加稽核。"成周设司会之官以职财计,……大宰总其法于上,司会察其法于下,有所施用于邦国,有所施用于官府,有所施用于都鄙,皆必合于六典、八法、八则之典礼,然后致之、令之、均节之,使财足以周天下之用,而用之各得其宜焉"(《制国用·经制之义·上》)。他强调,司会之职不仅掌管财政收支的事后审查,并有权于事前考察财政开支之是否得当。他同意郑伯谦的观点,主张"钩考"(即审核)与"书记"(即收支记录)应分官掌理,不能由一人兼任,使这两种职位"交相参互,以此所掌,稽彼所录",他的理由是,"以国家之大,用度之夥,其出入之数,必为籍以纪之,设官以稽之",必须建立相互牵制的会计与审计制度,"以防有司之奸欺也"(《制国用·经制之义·上》)。

丘濬还建议,可仿照唐宋旧例,如李吉甫的元和国计簿、苏辙的元祐会计簿等,将明王朝自洪武及弘治各朝的财政收支情况,每朝编成一卷会计记录供后世参考,"使今之知者而后日之知今",作为每年"规国用"即编制国家预算的必要参考资料[1]。这样的会计记录,主要内容有:"凡天下秋粮、夏税、户口、盐钞及商税、门摊、茶盐、抽分、坑冶之类租税年课,每岁起运、存留及供给边方数目,一一开具。仍查历年以来内府亲藩及文武官吏、卫所旗军并内外大官食粮人数,与夫每岁祭祀、修造、供给等费……每朝通以一年岁计出入最多者为准。要见彼时文官若干,武官若干,内管若干,凡支俸几何;京军若干,外军若干,边军若干,凡食粮几何;其年经常之费若干,杂泛之费若干,总计其数凡有几何;运若干于两京,留若干于州郡,备若干于边方;一年之内所出之数比所入之数,或有余,或不足,或适均称……每朝为一卷,通为一书,以备参考……使国计大纲,了然在目。如或一岁之入不足以支一岁之出,则推移有无,截补短长,省不急之用,量入为出,则国计不亏而岁用有余矣"(《制国用·经制之义·下》)。这样配套预算活动的档案制度,显然是丘濬预算思想的衍生和补充。

除了以上预算、审计、档案制度外,邱濬对于财政预算活动还提出了以下原则性意见:第一,恢复计相制度,在户部设尚书一员,总计"国计",并授予会计审计之权;第二,编制预算应符合农业生产季节,在年终十月至十二月编制预算;第三,应以农业为主,以耕地面积多少、年成丰歉为依据,以实物单位编制;第四,要坚决贯彻量入为出的原则[2]。

总之,在中国古代治国理财的思想家中,要数丘濬对于国家预算编制及其配套制度的设计最为系统和全面。这也标志着中国古代财政预算思想达到了一个新的理论高度。

---

[1] 张守军:《丘濬的财政思想》,《财经研究》1987年第5期。
[2] 孙文学主编:《中国财政思想史》(上册),上海交通大学出版社2008年版,第403页。

第九章
"吾意有王者起，必当重定天下之赋"
——《明夷待访录》选文与阐释

【文本选录】[1]

田 制 一

昔者禹则（则，划定等第）壤定赋，《周官》体国经野（体国经野，意为划分都城、丈量田野），则是夏之所定者，至周已不可为准矣。当是时，其国之君，于其封疆（封疆，指疆界）之内田土之肥瘠，民口之众寡，时势之迁改，视之为门以内之事也。

井田既坏，汉初十五而税一，文、景三十而税一，光武初行什一之法，后亦三十而税一。盖土地广大，不能缕（缕，详尽、细致）分区别，总其大势，使瘠土之民不至于甚困而已。是故合九州之田，以下下为则；下下者不困，则天下之势相安，吾亦可无事于缕分区别而为则壤经野之事也。夫三十而税一，下下之税也；当三代之盛，赋有九等，不能尽出于下下；汉独能为三代之所不能为者，岂汉之德过于三代欤？古者井田养民，其田皆上之田也；自秦而后，民所自有之田也；上既不能养民，使民自养，又从而赋之，虽三十而税一，较之于古亦未尝为轻也。

至于后世，不能深原其本末，以为什一而税，古之法也；汉之省赋（省赋，指减少赋税），非通行长久之道，必欲合于古法。九州之田，不授于上而赋以什一，则

---

[1] 本章选文文本以清光绪廿三年（1897年）十月丰城余氏宝墨斋本作为底本和参校，点校参考自北京古籍出版社1955年铅印标点本和中华书局1981年重印标点本。注释内容参考自刘河注译简评：《〈明夷待访录〉注译简评》，贵州人民出版社2001年版；李伟译注：《明夷待访录》，岳麓书社2016年版。

是以上上为则也。以上上为则,而民焉有不困者乎！汉之武帝,度支(度支,规划计算)不足,至于卖爵、贷假(贷假,即假贷、借贷)、榷酤(榷酤,指酒专卖)、算缗(算缗,汉代的一种财产税)、盐铁(盐铁,指盐铁由政府专营一事)之事无所不举,乃终不敢有加于田赋者,彼东郭、咸阳、孔仅、桑弘羊,计虑犹未熟与？然则什而税一,名为古法,其不合于古法甚矣。而兵兴之世,又不能守其什一者；其赋之于民,不任田而任用,以一时之用制天下之赋,后王因之；后王既衰,又以其时之用制天下之赋,而后王又因之。呜呼！吾见天下之赋日增,而后之为民者日困于前。

儒者曰：井田不复,仁政不行,天下之民始敝敝(敝敝,通"弊弊",意为辛苦经营或疲惫窘困的样子)矣。孰知魏、晋之民又困于汉、唐,宋之民又困于魏、晋,则天下之害民者,宁独在井田之不复乎！今天下之财赋出于江南；江南之赋至钱氏而重,宋未尝改；至张士诚而又重,有明亦未尝改。故一亩之赋,自三斗起科至于七斗,七斗之外,尚有官耗私增。计其一岁之获,不过一石,尽输于官,然且不足。乃其所以至此者,因循乱世苟且之术也。吾意有王者起,必当重定天下之赋；重定天下之赋,必当以下下为则而后合于古法也。

或曰：三十而税一,国用不足矣。夫古者千里之内,天子食之,其收之诸侯之贡者,不能十之一。今郡县之赋,郡县食之不能十之一,其解(解 jiè,押送)运至于京师者十有九。彼收其十一者尚无不足,收其十九者而反忧之乎！

田 制 二

自井田之废,董仲舒有限民名田之议,师丹、孔光因之,令民名田无过三十顷,期尽三年而犯者没入之。其意虽善,然古之圣君,方授田以养民,今民所自有之田,乃复以法夺之,授田之政未成而夺田之事先见,所谓行一不义而不可为也。或者谓夺富民之田则生乱,欲复井田者,乘大乱之后土旷人稀而后可,故汉高祖之灭秦,光武之乘汉,可为而不为为足惜。夫先王之制井田,所以遂民之生,使其繁庶(繁庶,众多)也。今幸(幸,希冀)民之杀戮,为其可以便吾事,将使田既井而后,人民(人民,指人类)繁庶,或不能于吾制无龃龉(龃 jǔ 龉 yǔ,指意见不合),岂反谓之不幸与？

后儒言井田必不可复者,莫详于苏洵；言井田必可复者,莫切于胡翰、方孝孺。洵以川路、浍(浍 kuài,田间水沟)道、洫涂(洫 xù 涂,指田间水道两边能容一车通行的道路)、沟畛(畛 zhěn,界限)、遂径(遂径,指田间小水沟的深浅及通过水沟的小路宽窄)之制,非穷数百年之力不可。夫诚授民以田,有道路可通,有水利可修,亦何必拘泥其制度疆界之末乎!凡苏洵之所忧者,皆非为井田者之所急也。胡翰、方孝孺但言其可复,其所以复之之法亦不能详。余盖于卫所之屯田,而知所以复井田者亦不外于是矣。世儒于屯田则言可行,于井田则言不可行,是不知二五之为十也。

每军拨田五十亩,古之百亩也;非即周时一夫授田百亩乎?五十亩科正粮十二石,听本军支用,余粮十二石,给本卫官军俸粮,是实征十二石也。每亩二斗四升,亦即周之乡遂用贡法也。天下屯田见额六十万四千二百四十三顷,以万历六年实在田土七百一万三千九百七十六顷二十八亩律之,屯田居其十分之一也;授田之法未行者,特九分耳。由一以推之九,似亦未为难行。况田有官民,官田者,非民所得而自有者也。州县之内,官田又居其十分之三。以实在田土均之,人户一千六十二万一千四百三十六,每户授田五十亩,尚余田一万七千三十二万五千八百二十八亩,以听富民之所占,则天下之田自无不足,又何必限田、均田之纷纷,而徒为困苦富民之事乎!故吾于屯田之行,而知井田之必可复也。

难者(难者,指责难的人)曰:屯田既如井田,则屯田之军日宜繁庶,何以复有销耗(销耗,意为亏损、减少)也?曰:此其说有四:屯田非土著之民,虽授之田,不足以挽其乡土之思,一也。又令少壮者守城,老弱者屯种,夫屯种而任之老弱,则所获几何,且彼见不屯者之未尝不得食也,亦何为而任其劳苦乎?二也。古者什而税一,今每亩二斗四升,计一亩之入不过一石,则是什税二有半矣,三也。又征收主自武人而郡县不与,则凡刻剥(刻剥,即剥夺)其军者何所不为,四也。而又何怪乎其销耗与?

田　制　三

或问井田可复,既得闻命矣。若夫定税则如何而后可?曰:斯民之苦暴税久矣,有积累(积累,指税外加税、税上加税)莫返之害,有所税非所出之害,有田土无等第之害。

何谓积累莫返之害?三代之贡、助、彻(贡、助、彻,均为春秋以前的租税制度),止税田土而已。魏晋有户、调之名,有田者出租赋,有户者出布帛,田之外复有户矣。唐初立租、庸、调之法,有田则有租,有户则有调,有身则有庸,租出谷,庸出绢,调出缯(缯zēng,古代丝织品的总称)纩(纩kuàng,丝绵)布麻,户之外复有丁矣。杨炎变为两税,人无丁中,以贫富为差,虽租、庸、调之名浑然不见,其实并庸、调而入于租也。相沿至宋,未尝减庸、调于租内,而复敛丁身钱米。后世安之,谓两税,租也,丁身,庸、调也,岂知其为重出之赋乎!使庸、调之名不去,何至是耶！故杨炎之利于一时者少,而害于后世者大矣。有明两税,丁口而外,有力差,有银差,盖十年而一值。嘉靖末行一条鞭法,通府州县十岁中夏税、秋粮、存留、起运[1]之额,均徭(均徭,即徭役)、里甲、土贡、顾(顾,通"雇")募、加银之例,一条总征之,使一年而出者分为十年,及至所值之年一如余年,是银、力二差又并入于两税也。未几而里甲之值年者,杂役仍复纷然。其后又安之,谓条鞭,两税也,杂役,值年之差也,岂知其为重出之差乎？使银差、力差之名不去,何至是耶！故条鞭之利于一时者少,而害于后世者大矣。万历间,旧饷五百万,其末年加新饷九百万,崇祯间又增练饷七百三十万,倪元璐为户部,合三饷为一,是新饷、练饷又并入于两税也。至今日以为两税固然,岂知其所以亡天下者之在斯乎！使练饷、新饷之名不改,或者顾名而思义,未可知也；此又元璐不学无术之过也。嗟乎！税额之积累至此,民之得有其生也亦无几矣。今欲定税,须反积累以前而为之制。授田于民,以什一为则；未授之田,以二十一为则。其户口则以为出兵养兵之赋,国用自无不足,又何事于暴税乎！

何谓所税非所出之害？古者任土作贡,虽诸侯而不忍强之以其地之所无,况于小民乎！故赋谷米,田之所自出也；赋布帛,丁之所自为也。其有纳钱者,后世随民所便,布一匹,直(直,通"值")钱一千,输官听为九百。布直六百,输官听为五百,比之民间,反从降落。是钱之在赋,但与布帛通融而已。其田土之赋谷米,汉、唐以前未之有改也。及杨炎以户口之赋并归田土,于是布帛之折于钱者与谷米相乱,亦遂不知钱之非田赋矣。宋隆兴二年,诏温、台、徽不通水路,其二税物帛,许依折法以银折输。盖当时银价低下,其许以折物帛者,亦随民所便也。然按熙宁税额,两税之赋银者六万一百三十七两而已,而又谷贱之时常平就籴,故虽赋银,亦不至于甚困。有明自漕粮而外,尽数折银。不特折钱之布帛为银,而历代相仍不折之谷米,亦无不为银矣；不特谷米不听上纳,即欲以钱准银,亦有所不能矣。夫以钱为赋,陆贽尚曰"所供非所业,所业非所供",以为不可,而况以银为赋乎！天下之银既竭,凶年田之所出不足以上供；丰年田之所出足以上供,折而为银,则仍不足以上供也,无乃使民岁岁皆凶年乎？天与民以丰年而上复夺之,是有天下者之以斯民为仇也。然则圣王者而有天下,其必任土所宜,出百谷者赋百谷,出桑麻者赋布帛,以至杂物皆赋其所出,斯民庶不至困瘁(瘁 cuì,劳

---

[1] 起运与存留是明代财政制度的重要内容。明代的起运是指各司、府、州、县等按中央的指派,定期定额将赋税运至中央及九边的仓库。存留是指一部分赋税留于地方,用作常规支出,该项钱粮一般储存于司、府、州县、卫所仓库。

累)尔!

何谓田土无等第之害?《周礼·大司徒》:"不易(不易,即不变)之地家百亩,一易(一易,变更一次)之地家二百亩,再易(再易,变更两次)之地家三百亩",是九则(九则,即九等)定赋之外,先王又细为之等第也。今民间田土之价,悬殊不啻二十倍,而有司之征收,画以一则,至使不毛之地岁抱空租,亦有岁岁耕种,而所出之息不偿牛种。小民但知其为瘠土,向若如古法休一岁、二岁,未始非沃土矣。官府之催科不假(假,通"暇",闲暇、从容),虽欲易之,恶得而易之,何怪夫土力之日竭乎!吾见有百亩之田而不足当数十亩之用者,是不易之为害也。今丈量天下田土,其上者依方田之法,二百四十步为一亩,中者以四百八十步为一亩,下者以七百二十步为一亩,再酌之于三百六十步、六百步为亩,分之五等。鱼鳞册字号,一号以一亩准之,不得赘以奇零(奇零,亦作"畸零",意为零星的),如数亩而同一区者不妨数号,一亩而分数区者不妨一号。使田土之等第,不在税额之重轻而在丈量之广狭,则不齐者从而齐矣。是故田之中、下者,得更番(更番,指更迭)而作,以收上田之利。如其力有余也而悉耕之,彼二亩三亩之入,与上田一亩较量多寡,亦无不可也。

【作者作品】

黄宗羲(1610—1695 年),字太冲,号南雷,又号梨洲,浙江余姚人。明末清初经学家、史学家、思想家、地理学家、天文历算学家、教育家。其父黄尊素为著名东林党人,被魏忠贤杀害。他十九岁时曾入京为父讼冤,后领导复社成员与宦官权贵斗争。清兵南下,黄宗羲招募义兵,组织"世忠营",被南明鲁王任为左副都御史。明亡后隐居著述,康熙时举博学鸿儒,荐修《明史》,皆不就。康熙三十四年(公元 1695 年)卒,终年八十六岁。黄宗羲学问极博,思想深邃,著作宏富。与顾炎武、王夫之并称明末清初三大思想家,与弟黄宗炎、黄宗会号称"浙东三黄",又与顾炎武、方以智、王夫之、朱舜水并称为"清初五大师"。黄宗羲一生笔耕不辍,著作等身,有《南雷文定》《南雷诗历》《明夷待访录》《明儒学案》《宋元学案》等。

中国传统社会的后半期尤其是南宋以降,在浙江历史文化版图中,一直不乏优秀的传世经典之作。《明夷待访录》作为其中重要的一部,是黄宗羲政治思想的代表作。在书名中,"明夷"原为周易六十四卦中第三十六卦的卦名,其爻辞有曰:"明夷于飞,垂其翼;君子于行,三日不食;有攸往,主人有言。"夷的意思是损伤，太阳潜藏在地下，无法焕发光芒，如同受到损伤一般，所以称明夷。因此，"明夷"可以理解为处在患难地位的有才之士。此卦有双重含义：一是代表昏君在上，明臣在下，不能发挥才干，实现理想，处境非常艰难困苦；二是代表目前的境况虽然暗淡，但前途却是一片光明，就如太阳虽潜伏地下，最后还是会升出地平线，散发光辉，使大地化暗为明。"待访"的意思是等待后世明君来采访接纳。黄宗羲在该书的序言中曾说："吾难老矣，如箕子之见访，或庶几焉。"在此处，他引用了周武王拜访商朝遗臣箕子，向他请教治道的故事。根据《尚书·洪范》篇的记载，周武王平定天下以后，拜访商朝遗臣箕子，向他请教治理天下国家的至理要道，箕子乃向周武王陈述九项治理天下国家的大法则。武王接纳了他的意见，封赐诸侯，使上下尊卑各有等分，天下因而获得安定太平。因此，所谓"明夷待访"，意思是既然在艰难困苦的时势中不能实现抱负，就把理想寄托在书中，等待以后的圣君来访察采纳实行。

《明夷待访录》成书于清康熙元年与康熙二年（1662—1663年）间，共十三个部分，计21篇。这21篇分别为《原君》《原臣》《原法》《置相》《学校》《取士上》《取士下》《建都》《方镇》《田制一》《田制二》《田制三》《兵制一》《兵制二》《兵制三》《财计一》《财计二》《财计三》《胥吏》《奄宦上》《奄宦下》。全书从政治、经济、法制、教育和军事五个方面，深入地剖析了秦汉以来统治中国近两千年的君主制度，总结了历朝历代治国理财的经验教训。通过对历史的深刻反思，黄宗羲试图探求国家兴衰演变的原因，且假托夏、商、周三朝的理想外衣，托古改制，规划出一个带有近代启蒙思想性质的政治纲领和改革方法。

在政体方面，黄宗羲自然不可能超出时代的限制，他依旧秉持君主制的观点。但是在《原君》篇中，他强调指出，君主的职责在于为人民谋福利。如果国君不能明白自己的职责，而把天下视为自己的一家之利，那将不仅贻害人民，而且也会使自己的家族遭受到灾祸。所以，理想的政治应该是以人民为主，君主为副（客）。在这一思想中，黄宗羲实际上初步道出了近代民主与革命的理念。

在国家制度安排方面，黄宗羲极力反对君主集权专制，主张分权而治。在《方镇》篇中，他比较了封建与郡县两种政治制度，认为二者都有弊病；而要免除弊病，只有采行唐朝的制度，在沿边一带，设立方镇。如此各方镇可以自给自足，战守自固，以防御外敌，同时也能够牵制中央，使其不致过分集权。

在教育方面，黄宗羲认为学校教育与治理天下有极为密切的关系。在《学校》篇中，他主张于郡县普遍设置各类学校，开设各种培养通才以及实用人才的课程。除此之外，他认为学校的功能不仅在于培养士人，还在于培养健全的舆论力量,即以学校和士子来监督批评政府的施政得失,避免天下是非都出于天子的弊害。

在选举人才方面,黄宗羲认为国家只用科举的方式选拔人才,容易产生流弊。在《取士》上下两篇中,除了抨击科举的流弊以外,他还提出多种取士之道。黄宗羲认为,如果能够分别以不同的方法来选拔各方面的人才,彼此配合,再对科举稍加改良,就是取士的好方法。他主张,要宽以取士,严以用士,这样国家才能多方面地罗致人才。

在法制方面,黄宗羲于《原法》篇中提出"有治法而后有治人"的看法。他认为,法治是人治的基础,立法的最高原则在于为人民谋求福利,所以治法的标准不在于法律条文的疏密,而在于立法精神为公还是为私。如果是为私,尽管法条再严密,大家也会钻法律的漏洞,谋求私利;如果是为公,即使法条再宽疏,也没人会玩法倡乱。

在官制方面,黄宗羲先在《原臣》篇中,指明君臣的职责都是在为民服务,因此其地位应该是相等的。又在《置相》《胥吏》《奄宦》等篇中,针对明代专制的流弊,深切地指出宰相不仅可以辅佐君王治理天下,而且还可以补救君主政体的缺失。明代由于废相不置,中央政府的大权旁落到宦官手中,地方政府也因任由胥吏玩法弄权,官制大坏。所以,他主张不能罢除宰相,对胥吏、宦官的设置也提出了许多改革的办法。

在兵制方面,黄宗羲主张"天下之兵当取之于口,而天下为兵之费当取之于户"。这一主张近似于现代的征兵制,又可减轻国家庞大的军费负担。此外,他还主张文武应当合为一途,儒生应能知兵书战策,武夫也应能知亲上爱民。如此,则文人羸弱或武人倡乱的弊病就可以消弭于无形。

就财政方面而言,黄宗羲认为应该废金银而用钱,如此将可便利人民。虽然他的此种建议在财政上并非积极彻底的改革措施,但仍以人民的利益为依归。

至于建都问题,黄宗羲考察明代的历史,发现建都于北京有种种的不便,以致造成许多困败。因此,他主张国都应该奠定在富庶繁华的南京,才能永固国家的根本。

本章选取了《明夷待访录》中黄宗羲论述田制内容的三篇文字来加以阐释,以反映明清之际的学者对于古代田赋制度的演变及其弊端的深入思考。事实上,在中国古代财政制度中,"田制"至少包含了两个方面的内容:土地产权制度安排;对土地出产物的财政征收(田赋及附加)。在本章所选的《田制》三篇文字中,黄宗羲讨论了土地产权制度安排、田赋制度的来源、税率及赋税的征收方式等问题,要求田制朝着利民、便民、纾民之困的方向去改革,反对以皇帝为首的统治阶级不合理地过多占有社会财富的现实。

《田制一》论述了夏周君主因时乘势,善于改旧立新,从百姓利益出发设定田赋制度。该篇阐述了在古代从"则壤定赋"到"体国经野"的井田制,肯定其在确定民众田制方面的历史作用。然后黄宗羲又将"三十而税一"的汉代与"十而税一"的三代作对比。黄宗羲阐述夏周田制之是,以便比较后代各朝之非;抓住"三十而税一"的问题,以便对比"什一而税"的苛害;说"什一而税"非古法,以说明国家对田制的设定是"古之为民,今之为己";讨论"井田不复,民始敝敝"这一看法,是为了严厉批评"因循乱世苟且之术"。

在《田制二》中,黄宗羲提出了井田制可以恢复实行的主张和理由。他首先批驳夺田生乱、乘乱以复井田的谬论,说明井田制的本质在于养民、遂民、庶民之主旨。然后黄宗羲多方批驳井田不可复而屯田可行的说法,接着他用卫所屯田的一些具体数字来说明屯田如井田,有力地证明了井田可以恢复的主张。最后黄宗羲用答疑的方式,分析当今屯田复有消耗的四个原因,间接地肯定了井田制的优越。

《田制三》论述了三大暴税的缘由、状况及危害的严重性,提出了去除暴税、改订赋税的主张和具体做法,有力地论证了恢复古法的必要。该篇开头从问答入手,提出三个论点,然后逐条加以论证说明。在肯定古代做法的前提下,黄宗羲批判三代以后历朝赋税递相加重、税银不税物、课田不分等的严重害民情况。文章虽然没有说明自己的主张如何正确,但相形之下,立论之正确自在其中。

总而言之,制定新的土地制度和赋税制度是黄宗羲在《田制》一、二、三篇中试图解决的两大问题,并表达自己对于未来的向往,"吾意有王者起,必当重定天下之赋"(《田制一》)。就土地新制而言,"授田以养民"是黄宗羲的基本设想。在论述土地新制时,黄宗羲详尽列举了历代学者关于土地问题的论述,对这些看法既有继承,也有发展。在论证"授田以养民"的土地设想时,黄宗羲假托了三代使民繁庶的井田制,以期将土地收归国有,并分配给农民。同时,他以屯田的可能性,论证井田的可恢复性。在主张"授田"给无地农民的同时,黄宗羲主张保护"富民",反对限田、均田,维护"富民"的土地权,斥责夺田之类主张为"不义"。黄宗羲在《田制二》中还以万历六年的实有土地为例,说明按例授田之余,尚有大量余田,可以听凭"富民"占有。就赋税制度而言,黄宗羲主要阐述的是反对田赋征银的做法。依据客观状况,他提出不同的赋税办法,不主张一概实行实物田赋,而认为应重新制定减轻赋税的制度和原则。

【文本阐释】[1]

黄宗羲的《明夷待访录》一书,被中国政治思想史学者认为是一部具有启蒙性质的批判君主专制的名著。该书通过对历史经验的深刻反思,批判了秦汉以来特别是明代的君主专制制度,激烈地反对"家天下"的观念,提出了"天下为主,君为客"等一系列具有近代政治色彩的主张。在书中,黄宗羲虽然没有从根本上否定君和臣的设置,但主张君主开明、强调平等因素、要求扩大社会对执政者的监督权等。在中国治国理财思想中,黄宗羲的主张具有衔接古今的意义,既承接了古代治国思想中主张的君主职位公共性等成分,又为未来中国向现代的转型奠定了基础。在清末维新变法运动中,《明夷待访录》对谭嗣同、梁启超等人造成了深远的影响。后来,它又影响了辛亥革命时期的孙中山、邹容和陈天华等爱国志士。秦晖教授也高度肯定黄宗羲思想具有的历史过渡意义,认为他作为"儒家启蒙学者"持有民本理论是传统儒家之"民本"过渡到近代"民主"的桥梁[2]。

一、黄宗羲的田制理论

在黄宗羲看来,土地制度的设计,一要体现君王有养民的责任,立田制需要承担为民制产的责任;二要承认民众"人各得其私""人各得其利"的合理性。他借古名"井田制"来命名他的制度。

(一) 黄宗羲的井田制方案

一般认为,中国古代的井田制盛行于西周、瓦解于春秋时期,它在性质上应该是土地国有制或者某种共耕制。不过,对于该制度的具体内容,当今学术界仍有较大争议。《孟子·滕文公上》一文中是这样描述井田制的:"方里而井,井九百亩,其中为公田。八家皆私百亩,同养公田。公事毕,然后敢治私事。"也就是说,长、宽各百步的方田称为一"田",一田的面积为百亩,作为一"夫",即一个劳动力耕种的土地。把九块方田摆在一起,恰好是一个"井"字形,井田因此而得名。《周礼·地官·小司徒》也如是记载:"乃经土地而牧其田野,九夫为井,四井为邑,四邑为丘,四丘为甸,四甸为县,四县为都,以任地事而令贡赋。"此处一井

---

[1] 本章在"文本阐释"中凡未交代文本信息来源的地方,均出自所选录的《田制》三篇。
[2] 秦晖:《从黄宗羲到谭嗣同:民本思想到民主思想的一脉相承》,《浙江学刊》2005年第4期。

的面积是方一"里",一百井是方十里,可容纳九百个劳动力。对于井田的具体内容,后世学者的普遍看法是:所谓的"井田",其实质是由政府出面进行规划、拥有一定面积与疆界的田地;井田规划在各地区又各不相同,有些地方采用十进制,有些地方则以九块方田叫一"井"。

到了帝国时期,土地制度名义上全部归皇帝所有,但在实际上产权分别属于国家、地主(包括皇室在内)和自耕农。一般来说,只有在特殊时期(如战争期间)或者特别地点(如边疆地区),国有土地制(即官田)才比较盛行。如魏蜀吴三国时期的屯田制,有军屯和民屯,土地皆属于国有,而屯田之民只有土地使用权。在帝国正常时期,君主除了留有一部分土地在自己手中(即皇庄)外,大多数土地以授田、恩赏、出售或确认占有等形式,归为地主或自耕农拥有,只有少部分以官田的形式保持着国有的状态。不过,帝国君主对于民众的土地仍保留调整的权力,特别是在王朝中期土地因兼并而呈集中状态时,调整田制常常成为一种强有力的呼声。到了宋代以后,国家"不立田制"才成为政府的自觉行为。

到了明末,因土地高度集中于官僚地主手中,大批无田耕种的农民流离失所。为了合理配置土地资源,黄宗羲提出改革土地制度。在《原法》篇中,黄宗羲便已主张恢复井田制度。在本章所选的《田制》诸篇中,他再次提起古代的井田及"什而税一"制度。他说,古时土地广阔,民有田可耕,"盖土地广大,不能缕分区别。总其大势,使瘠土之民,不至于甚困而已",又称"古者井田养民,其田皆上之田"。在井田制度下,土地皆由君王授予人民,即君主为民产制。但在此一制度被破坏后,人民只好自行出钱买田。此时君王并不授田于人民,却还要向人民抽税,因而即便税率再低,都比井田十分税一来得重。

在黄宗羲看来,井田制废除后,百姓的田赋负担日益繁重。三代社会的赋税之所以合理,根本原因在于井田制是以土地为君主所有为前提的。因此,在井田制破坏以后,尽管汉初田赋实行十五税一的政策,汉文帝、汉景帝时实行三十税一的政策,汉光武帝初期实行什而税一的政策,后又改为三十税一,但都没有得到薄赋爱民的美誉。其中一个原因是,这些田土的肥瘠差别异常悬殊,却以上上等级土壤出产为基础征收田赋,再加上天灾人祸的发生,因此即使是三十税一,对百姓来说也是较重的负担。汉代之后的情况更为糟糕。君主既不能授田于民,又拘泥于井田什而税一的制度,"不任田而任用,以一时之用制天下之赋,后王因之。后王既衰,又以其时之用制天下之赋,而后王又因之。呜呼!吾见天下之赋日增,而后之为民者日困于前"。因此,在井田制废除的前提下,若统治者尚能顾虑民生,就需以下下等级田地作为准则来征收田赋。

除了正式田赋负担外,还有其他赋税负担。在汉武帝时,考虑到国家用度不足,卖爵、贷假、榷酤、算缗、盐铁之事无所不为,但终究不敢增加田赋。可到了后来,不但田赋什而税一的原则守不住,税率愈定愈高,而且其他负担也是愈来愈多,于是民生的困苦也就日甚一日,黄宗羲称其为历代君主的"因循乱世苟且之术"。换言之,此时即使田赋恢复到三十分之一的税率,同古代相比,百姓的负担也更为沉重,"自秦而后,民所自有之田也。上既不能养民,使民自养,又从而赋之,虽三十而税一,较之于古亦未尝为轻也"。

黄宗羲认为,君王有养民的责任,因此必须在土地制度方面作出改变,即实行"授田养民",或者说"为民制产",为此必须恢复井田制度。黄宗羲心目中的井田制度及其意义,主要承袭自孟子。对于土地制度,孟子的说法是:"夫仁政,必自经界始。经界不正,井地不均,谷禄不平;是故暴君污吏必慢其经界。经界既正,分田制禄,可坐而定也"(《孟子·滕文公上》)。正经界,指的就是恢复被破坏的井田制。除了恢复井田制外,黄宗羲还指出,必须重新制定国家赋税制度,且必须以最困苦的百姓生活作为参考标准,以免赋税制度造成民生的困苦,"吾意有王者起,必当重定天下之赋;重定天下之赋,必当以下下为则而后合于古法也"。

那么,井田制能够恢复吗?黄宗羲在《田制》中列举了正反两种意见。一类以苏洵为代表的儒生,他们认为"井田必不可复",其理由就是"以川路、浍道、洫涂、沟畛、遂径之制,非穷数百年之力不可"。但是黄宗羲马上对之进行了驳斥,认为其理由完全不是真正为井田制着想,并没切中根本方面。另一类以胡翰、方孝孺为代表,他们虽然竭力主张恢复井田制,但是也没有提出切实可行的具体方案。黄宗羲认为,他们的观点都不能与为民制产之义相符,根本解决不了问题,故要彻底解除民生的困苦,唯有恢复井田制度。

事实上,黄宗羲的井田制,重点不在于恢复土地的国有或者将土地划成井字形状,而在于国家给民众授田。授田的前提是国家必须掌握大量的土地,可明末清初时国有土地并不多,大多数土地被官僚地主占有,而黄宗羲的授田方案并不主张剥夺富人占有的土地。他本人反对西汉董仲舒以来各种以夺富民之田实施限田、均田政策的主张,"今民所自有之田,乃复以法夺之,授田之政未成而夺田之事先见,所谓行一不义而不可为也"。

如何才能在不触动当时的土地实际占有状况的基础上解决流民耕地问题呢?黄宗羲提出了具体方案。黄宗羲先从屯田入手,认为屯田与井田存在异曲同工之妙,如能将明代所实行的卫所屯田制度稍加变通扩大,则天下绝大部分的土地都可用以授予人民,而仅余极小部分由富民分占。如此既可以避免夺富民之田以生乱的弊病,又可以合乎为民制产之义,使井田制度重复推行。然后,黄宗羲进一步以屯田的成功来论证井田制是可以恢复的。他指出,后代的亩比古代的亩大一倍,每军五十亩,相当于周代一夫授田百亩。他粗略计算道:"天下屯田见额六十四万四千二百四十三顷。以万历六年实在田土七百一万三千九百七十六顷二十八亩律之,屯田居其十分之一也,授田之法未行者,特九分耳。"既然十分之一的土地能授田,由一而推九,似乎不是很难做到的事情。况且,在七百多万顷田中,官田占三成,这么多官田为推行授田制提供了便利。

因此,在黄宗羲看来,统治者可仿照明初卫所的屯田办法,实行"复井田",将国家拥有的土地(官田)授田于民,按每户50亩的标准授田。至于授田后尚余下的田地,则任由富人占有。这既可以实现授田制,又可做到不夺富人的田。此外,这也能大大提高被授予田地的百姓的劳动积极性和生产力,赋役亦得以均平,政府的赋税收入会随之大幅增加。

(二) 黄宗羲方案的历史意义

黄宗羲的井田方案,体现了中国治国理财思想中传承已久的"为民制产"精神。它的主要内容是,国家要主动承担起为民众配置田地资源(确立产权)的责任,一方面让田地得到有效开发,保证正常生产;另一方面让民众能够养活家人、承担赋税。虽然传说的早期井田制已经体现了为民制产的精神,但对该制度精神的最早表述来自孟子:"是故明君制民之产,必使仰足以事父母,俯足以畜妻子;乐岁终身饱,凶年免于死亡;然后驱而之善,故民之从之也轻。"(《孟子·梁惠王上》)后来,为民制产精神也体现在历代治国理财的活动中。史学家钱穆在评论唐代租庸调制时,曾揭示了蕴含其中的为民制产精神:"最要用意,在为民制产,务使大家有田地,自可以向国家完粮。"[1]黄宗羲之所以沿用孟子津津乐道的井田制名称来设计他的土地制度,也正是为了贯彻为民制产的精神。

黄宗羲把自己的方案称作"复井田",但实际上该方案与古代以土地国有(或共有)为前提的井田制方案完全不同。黄宗羲的方案是在土地私有制基础上解决土地问题,即对原属私人产权的土地概不触动,而且还要把现有的全部官田都转化成私人产权。这一土地方案,有值得肯定的一面,即希望实现为民制产,让大批无地农民得到土地,以发展社会生产。不过,黄宗羲希望将政府掌握的官田以每户50亩的方式授予民众,注定是一个空想。这是因为,一来政府并不掌握

---

[1] 钱穆著:《中国历代政治得失》,生活·读书·新知三联书店2001年版,第59页。

足够数量的可供分配的土地,黄宗羲在账面上看到的大量官田实际上已经被各级官僚私有化;二来无论明末的统治者还是清初的统治者,都没有这样做的内在动力。

二、传统赋税制度的三大害

在《田制三》中,黄宗羲强调要制定合理的新赋税制度,必须去除赋税制度中现存的三种弊害,即"有积累莫返之害,有所税非所出之害,有田土无等第之害"。对于这三大弊害,黄宗羲进行了详细的论述,并提出了解决的措施。

(一)"积累莫返之害"

黄宗羲分析的三大弊害中的第一种,是"积累莫返之害",即赋税累积而不减返之害。黄宗羲指出,在历史上各种名目的税赋经并税式改革后,都会得以整编简化,但随后这些名目繁多的税种又重新出现,以致税赋持续攀升。这一税赋规律,被当今学者称为"黄宗羲定律"[1]。在文中,黄宗羲总结了我国古代历史上的几次重大赋税改革的过程,如唐代的两税法、明代的一条鞭法等并税式改革,情况皆是这样。正因如此,黄宗羲对它们都持否定态度。

具体说来,黄宗羲所说的"积累莫返之害"在历史上大致表现如下。

三代时期,贡法、助法、彻法只征收田地的租税。到了魏晋则增加了户税、调税的名目,就是有田的出田租,有户口的出布帛。这样一来,田税之外又有户税了。唐朝初年订立了租、庸、调的办法,有田地就有田租,有户口就有户调税,有身丁就有庸税。田租出稻谷,庸税出生绢,调税出缯纩布麻。这样,户口税之外就又有丁口税了。

到了唐德宗建中元年(780年),由宰相杨炎建议推行两税法改革。这一改革的实质,是以户税和地税来代替租庸调。两税法的主要原则是,只要在当地有资产、土地,就算当地人,上籍征税,同时也不再征租、庸、调,而是按贫富等级征财产税及土地税。这是中国土地制度和赋税制度的一大变化。它的具体办法是:将建中以前正税、杂税及杂徭合并为一个总额,即所谓"两税元额",将这个元额摊派到每户,分别按垦田面积和户等高下摊分;以后各州、县的元额都不准减少,每年分夏、秋两次征收,因此被称为两税。无固定居处的商人,所在州县依照其收入的三十分之一征税。租、庸、杂徭悉省,但丁额不废。两税法是一项有着

---

[1] 秦晖:《防止"黄宗羲定律"的陷阱》,《今日农村》2001年第1期。

重要意义的改革,它意味着国家财政收入从均田制下依据丁身征敛租调徭役,改为依据土地多少征税。这样,官府对农民的人身控制有所松弛,没有土地而租种地主土地的人只交户税、不交地税,改变了贫富负担不均的现象。

沿袭到宋朝,两税法的租税中一直包含庸调,可后来又增收丁口、人身的钱米。到明代,两税法中除了丁口税以外,还要征收力差、银差。到了明嘉靖末年,一条鞭法试行,所有府州县十年当中的夏税、秋粮、存留、起运的数量定额,以及均徭、里甲、土贡、雇募、加银之类,合并折银征收。在实行一条鞭法后,役银由户丁负担的部分缩小,摊派于田亩的部分增大,国家增派的差徭主要落在土地所有者身上,已初步具有摊丁入地的性质。赋役折银征收,使长期以来因徭役制对农民所形成的人身奴役关系有所削弱,农民获得较多的自由,也使较多的农村产品投入市场,促使自然经济进一步瓦解,为工商业的进一步发展创造了条件。不过,在现实中一条鞭法未能得到认真贯彻执行。有的地方官府仍逼使农民从事各种徭役,更严重的是借一条鞭法实行加赋,其中最为著名的就是崇祯年间加征的三饷(辽饷、练饷、剿饷)。明末户部尚书倪元路又新增饷银,并再度并入正税。

由此看出,上述历代赋税改革的初衷都是善意的,但是它们无一例外地在贯彻过程中与初衷背道而驰。从三代时期的百姓只需缴纳土地税,到汉、魏晋、唐、宋以来的加征户税、人口税,且一再重复征税,这些税制非但没有使百姓受益,反而使百姓的生活日益贫困。黄宗羲注意到了这个事实,认为"须反积累以前而为之制",即废除一切苛捐杂税,坚持"授田于民,以什一为则;未授之田,以二十一为则"的税率主张,反对并税式的改革。

(二)"所税非所出之害"

黄宗羲提及的第二种弊害是"所税非所出之害",强调要贯彻古代"任土作贡"的原则,即按当地所产征收实物,反对田赋征银。据《尚书·禹贡》记载,禹分天下为九州,各州以其土特产上贡。凡是列入贡品的,都是各州府的特殊物产和著名物产,不但包括各地方的重要生产品,而且包括各种自然产物,只要有一点可取,有一分可用,即使仅供观赏玩弄,亦都网罗无遗。由此可知,贡是中国古代国家财政的重要组成部分,虽然也是百姓的负担,但其宗旨还是围绕土地所产之物来征收。

黄宗羲认为,农民耕田所得,只是谷物或其他农产品。广大农民生活贫困,歉收时无力纳税,丰年时勉强可以纳税。但如果不用实物缴税,而用银纳税,就需要出售农产品,便会遭受商人的盘剥勒索,结果也和凶年的困苦情况差不多,无异是"岁皆凶年"。他又指出,在汉、唐以前,百姓都是以自己的生产品缴税;唐代以后,为图方便,才以钱替代粮米布帛;宋以来,更以银代钱;明中期推行一条鞭法后,所有的赋税都要折算成白银。虽然百姓在缴税时,先将农产品折换为银钱,有利于促进商品货币经济的发展,但是一旦流通的银数不足而出现银贵物贱的情况,折换之数日减,百姓交纳银两的负担反而加重了。"夫银力已竭,而赋税如故也。皇皇求银,将于何所?故田土之价不当异时之什一,岂其壤瘠与?曰:否,不能为赋税也。百货之价亦不当异时之什一。"(《明夷待访录·财计一》)流通的白银严重不足,纳税时物价被低压,百姓就受到很大的损失,获利的是商人,对国家也没有什么好处。黄宗羲的看法同两税法实行后陆贽反对田赋征钱的理由是一样的。黄宗羲主张,废止田赋征银,恢复让人民以自己的生产品缴税的办法,改征实物,"任土作宜,出百谷者赋百谷,出桑麻者赋布帛,以至杂物皆赋其所出",这样才不至于使民生困瘁。

应该说,黄宗羲的出发点是好的。但随着货币与商品经济的发展,以货币来征税恐怕是财政运行的必然趋势,难以回头。

(三)"田土无等第之害"

黄宗羲所说的第三种弊害,是"田土无等第之害",即田土不分等级好坏的危害。土地的肥瘠程度不一,可官府往往无视这一客观事实,仍完全依照土地面积的大小课税,不因土地肥瘠之别而对税额有所减免。这样的做法,显然对农民而言是不公平的。百姓为了应付政府的税收,无法让田地休耕,结果地力日竭。尤其是耕种贫瘠田地的百姓,负担更是严重。

为此,黄宗羲建议,对于土地亩数的认定,不必拘泥于固定的标准。他随即提出了两项具体措施:

其一,尽量使土地得到合理的休养生息,不要年年在同一块土地上进行耕种;

其二,重新丈量天下土地,上等土地以二百四十步为一亩,中等土地以四百八十步为一亩,下等土地以七百二十步为一亩,再酌情以三百六十步、六百步为一亩。这样,就可以按土地的等级好坏将其分为五等。

于是,"使田土之等第,不在税额之重轻而在丈量之广狭,则不齐者从而齐矣。是故田之中、下者,得更番而作,以收上田之利"。也就是说,如果田土的等级次第不在于税额轻重,而在于土地丈量的广狭,那么即使是有肥沃与贫瘠之分的土地也会变得无差别了。因此,拥有中、下等田土的人得到了更多的田土,其所得获益也和上等田土一样。这在一定程度上使财政征收适应贫富的差别,也大大减轻了贫苦民众的负担。可是,黄宗羲没有提到的是,他的这一设想事实上对官吏在土地丈量与分级方面的管理能力提出了极高的要求。

三、对黄宗羲治国理财思想的评价

本章是本书的最后一章,选录的黄宗羲文本基本上代表了中华帝国达到成熟时期的治国理财思想。可以看到,以黄宗羲为代表的中国古代思想家,基于数千年历史而提出的治国经验总结与方案设计,也达到了比较成熟的地步。这种成熟,一方面体现在他们的思想包含了无数年代丰富的经验,显得格外厚重而博大;另一方面又表现为囿于帝国已成熟的框架,这些思想家已很难提出全新的或更有灵性的治国理财设想,他们的思想往往显得笨拙而重复。

接下来,仅根据学界现有成果,对本章内容所及的田制与黄宗羲定律问题作一点评价。

（一）黄宗羲的田制思想

在《田制》三篇中,黄宗羲所思所虑着重于为民制产,并减除暴敛、纾解民生困苦。因此,他提倡井田制度,试图达到"为民制产以养民"的目标,并在一定程度上用它来缩小贫富的差距。显然,这样的目标至今仍然值得高度的肯定,虽然实际操作的可能性还需进一步考证。

在黄宗羲以井田为名的田制设想中,事实上包含了中国古代授田法与方田法两种制度。授田法就是把官田授给民众,以类似于屯田制的方式来解决田制问题。他的内容已如上所述。方田法是指在土地丈量过程中确立土地面积与等级,以均平田赋的负担。在《田制三》中有主张根据田地等级之别弥补土地肥瘠不均之失,由此使赋税负担公平。这些田制设想,实质上是黄宗羲提出的一种温和的、渐进的社会改良方案。

然而,黄宗羲的田制思想仍存在诸多偏颇之处,孙文学教授曾从四个方面进行过详细的讨论[1]。

第一,黄宗羲没有考虑到,随着社会的发展和进步,以及国家疆域的扩大和人口的增加,国家的职能在不断拓展,对财政的需求也随之扩大。因此,百姓负担的赋税绝对额必然增加,而不可能保持在夏、商、周时期赋税的绝对水平。

第二,黄宗羲没有考虑到生产力的发展水平和百姓的赋税承受能力相适应的问题。随着社会经济的发展,生产力的水平是不断提高的,因而百姓的负税能力也在相应提高,即使赋税绝对额上升,也未必意味着民众负担的提高。马大英

---

[1] 孙文学主编:《中国财政思想史》(上册),上海交通大学出版社2008年版,第425—426页。

的研究表明,两汉期间按照折算后的亩数和容量单位计算,总增产幅度是80%左右。而宋代以后,土地单位面积产量也在增长。当然,如果百姓赋税增加的幅度超过生产力提高的幅度,百姓的负担仍会增加。

第三,黄宗羲忽略了税制制定和税制执行的界限。也就是说,在王朝初期,往往都会革除苛捐杂税,制定一些轻简的税制;而到王朝中期,由于皇室开支与官俸支出增加或遇特殊情况(如战争、灾荒等),往往在执行过程中会实行法外加征,以至于破坏原来制定的税制。

第四,黄宗羲忽略了统治者在改革赋税制度、建立新的赋税制度的同时,往往首先剔除各种苛杂,而不是简单地合并或叠加。因此,后代赋税制度并非前代赋税的简单合并和叠加。

(二) 对黄宗羲定律的认识

对黄宗羲定律的关注,在学界中比较早见的文献首先来自王家范、谢天佑将"积累莫返之害"这一规律概括为公式性规则,并表示如下[1]:

两税法＝租庸调＋杂派

王安石免役钱法＝两税法＋杂派＝租庸调＋杂派＋杂派

一条鞭法＝王安石税法＋杂派＝两税法＋杂派＋杂派＝租庸调＋杂派＋杂派＋杂派

倪元璐税法＝一条鞭法＋杂派＝王安石税法＋杂派＋杂派＝两税法＋杂派＋杂派＋杂派＝租庸调＋杂派＋杂派＋杂派＋杂派

地丁合一(摊丁入地)＝……＝租庸调＋杂派＋杂派＋杂派＋杂派＋杂派

于是就出现公式: $bn = a + nx$(式中, bn 为经过 n 次改制之后的新税额, a 为原始税额, x 为杂派, n 为改制次数。)

这一公式表明,每并税改制一次,新税额中就增加一次杂派,从而形成了一个以原始税额为初值,以杂派为累进值,并税改制次数为级数的累进算术级数。

如前所述,秦晖先生将上述概括出来的现象,称为"黄宗羲定律"。对此,他解释说,每一次财政改革都是在财政极端困难的情况下进行的,每一次改革都是在农民负担异常沉重、对苛捐杂税已经无法忍受的时候进行的,每一次改革都是正税杂税合并一体征收,并承诺不在正税之外征收任何税费,而且每一次改革都只是暂时使"向来丛弊为之一清",收效于一时而无法从根本上解决问题,其中长

---

[1] 王家范、谢天佑:《中国封建社会农业经济结构试析——兼论中国封建社会长期停滞问题》,《中国农民战争史研究辑刊》1983年第3辑。

期效果甚至无一例外地与初衷完全相反。秦晖认为,其中的原因很简单:"原来税种繁多时虽有官吏易于上下其手之弊,但这些税种包括了能够'巧立'的一切'名目',也使后来者难以再出新花样。如今并而为一,诸名目尽失,恰好为后人新立名目创造了条件。时间稍移,人们'忘了'今天的'正税'已包含了以前的杂派,一旦'杂用'不足,便会重出加派。"[1]

不过,就"黄宗羲定律"以及中国历史上赋税负担状况的趋势,杜恂诚教授提出了不同意见:"从长时段看,自耕农和中小地主的税负应呈周期性变动的态势,而不可能单边上扬。""均田制加租(庸)调实行了300年,才有唐两税法,两税法制度演变了近800年,才有明一条鞭法推出,一条鞭法实行了150年,才有清摊丁入地的实施。每次税制改革,都包含了土地、农民、政府、人口等状况的相对变化因素,反映了税源和税负的周期性变化,绝不是杂税人头税后再生杂税那么简单。税负的轻重不在于税的名目,特别是杂税,而主要在于税率、税源、征税方法等。拿相隔数百年好几个朝代的税目来作简单比较,说明不了问题。"[2]

虽然从上面的内容看,学界对"黄宗羲定律"的具体内容仍有争议,但在今天"黄宗羲定律"仍可为研究税制与改革提供了重要的切入点和历史视角。按照解洪涛的说法,运用"黄宗羲定律"考察赋税制度在中国古代国家治理中的演变,至少可以发现三个值得重视的地方:一是"黄宗羲定律"所描述的赋税越并越多、愈演愈烈现象,是导致历代王朝兴衰的重要原因;二是轻税思想、君主集权、征税权力三者间的博弈出现困境,轻税思想被皇帝、官吏、士人共同认可,但由于专制体制下皇帝具有绝对的征税权力,名义上的轻税制度逐渐演化为实际上的重税制度;三是财政制度安排中"明税"与"暗税"共存,民众不仅要按官方公布的税率缴纳赋税,还要承担官吏在征税时加征的税收,这种"暗税"既可能是从上到下帝国默认的制度安排,也可能是官吏分肥的陋规[3]。

---

[1] 秦晖:《并税式改革与"黄宗羲定律"》,《农村合作经济经营管理》2002年第3期。
[2] 杜恂诚:《"黄宗羲定律"是否能够成立?》,《中国经济史研究》2009年第1期。
[3] 解洪涛著:《财政与公共部门治理:制度困境与改革经验》,经济管理出版社2016年版,第102—104页。

参 考 文 献

1. 柏拉图著:《法律篇》,上海人民出版社2001年版。
2. 伯瑞著:《进步的观念》,上海三联书店2005年版。
3. 陈安金、王宇著:《永嘉学派与温州区域文化崛起研究》,人民出版社2008年版。
4. 陈远平、肖永明:《论叶适经制事功之学的渊源及其与理学的分歧》,《湖南大学学报》2001年第4期,第9—12页。
5. 程颢、程颐著:《二程集》,中华书局1981年版。
6. 邓广铭著:《北宋政治改革家——王安石》,陕西师范大学出版社2009年版。
7. 董爽著:《商鞅变法与帝国基础的形成》,上海财经大学硕士论文2016年。
8. 杜恂诚:《"黄宗羲定律"是否能够成立?》,《中国经济史研究》2009年第1期,第153—156、176页。
9. 杜赞奇著:《文化、权力与国家——1900—1942年的华北农村》,江苏人民出版社1995年版。
10. 方勇、李波译注:《荀子》,中华书局2011年版。
11. 费孝通著:《乡土中国》,上海人民出版社2006年版。
12. 甘宏伟、江俊伟译注:《史记》,崇文书局2009年版。
13. 哈耶克著:《致命的自负》,中国社会科学出版社2000年版。
14. 黑格尔著:《法哲学原理》,商务印书馆1961年版。
15. 侯家驹著:《中国经济史》(下),新星出版社2008年版。
16. 黄仁宇著:《放宽历史的视界》,生活·读书·新知三联书店2001年版。
17. 贾杰著:《王安石与司马光"财政治国"思想比较研究》,上海财经大学硕士论文 2015 年。

18. 拉吉罗著:《欧洲自由主义史》,吉林人民出版社 2001 年版。
19. 丘濬著,蓝田玉、王家忠、许山河、刘剑三、黎辉亮校点:《大学衍义补》,中州古籍出版社 1995 版。
20. 李龙潜:《试评丘浚经济思想中的几个问题》,《暨南学报》1999 年第 2 期,第 65—77 页。
21. 李明扬:《叶适的"功利"经济思想评述》,《湖南工程学院学报》2005 年第 1 期,第 61—63 页。
22. 李守庸主编:《中国古代经济思想史》,武汉大学出版社 1988 年版。
23. 黄宗羲撰,李伟译注:《明夷待访录》,岳麓书社 2016 年版。
24. 司马光撰,李文泽、霞绍晖校点:《司马光集》,四川大学出版社 2010 年版。
25. 司马光撰,李之亮笺注:《司马温公集编年笺注》,巴蜀书社 2009 年版。
26. 王安石撰,李之亮笺注:《王荆公文集笺注》,巴蜀书社 2005 年版。
27. 梁启超著:《先秦政治思想史》,天津古籍出版社 2003 年版。
28. 丘濬著,林冠群、周济夫校点:《大学衍义补》,京华出版社 1999 版。
29. 林宏星著:《荀子精读》,复旦大学出版社 2011 年版。
30. 刘公纯、王孝鱼、李哲夫点校:《叶适集》,中华书局 1961 年版。
31. 刘河注译简评:《〈明夷待访录〉注译简评》,贵州人民出版社 2001 年版。
32. 刘守刚:《家财型财政的概念及其运用》,《经济与管理评论》,2012 年第 1 期,第 123—127 页。
33. 刘振鹏主编:《王安石文集》,辽海出版社 2010 年版。
34. 卢梭著:《社会契约论》,商务印书馆 1980 年版。
35. 罗玉东:《光绪朝补救财政之方策》,《中国近代经济史研究集刊》1934 年第 2 期。
36. 马非百著:《管子轻重篇新诠》,中华书局 1979 年版。
37. 倪玉平:《从"量入为出"到"量出为入":清代财政思想的转变》,《光明日报》2017 年 8 月 7 日。
38. 诺斯、托马斯著:《西方世界的兴起》,华夏出版社 1999 年版。
39. 帕克著:《城邦——从古希腊到当代》,山东画报出版社 2007 年版。
40. 彭立峰著:《晚清财政思想史》,社会科学文献出版社 2010 年版。
41. 钱穆著:《国史大纲》(下册),商务印书馆 1996 年版。
42. 钱穆著:《中国历代政治得失》,生活·读书·新知三联书店 2001 年版。

43. 秦晖:《防止"黄宗羲定律"的陷阱》,《今日农村》2001 年第 1 期,第 26—28 页。
44. 秦晖:《并税式改革与"黄宗羲定律"》,《农村合作经济经营管理》2002 年第 3 期,第 6 页。
45. 秦晖:《从黄宗羲到谭嗣同:民本思想到民主思想的一脉相承》,《浙江学刊》2005 年第 4 期,第 9—11 页。
46. 任继亮著:《〈管子〉经济思想研究——轻重论史话》,中国社会科学出版社 2005 年版。
47. 石椿年、吴炜华选注:《中国古代经济文选》,北京财贸学院出版社 1982 年版。
48. 石磊译注:《商君书》,中华书局 2009 年版。
49. 施特劳斯著:《自然权利与历史》,生活·读书·新知三联书店 2003 年版。
50. 苏婷婷:《林损对永嘉之学在近代的发展与继承》,《学理论》2014 年第 3 期,第 142、143、186 页。
51. 孙文学主编:《中国财政思想史》(上册),上海交通大学出版社 2008 年版。
52. 谈敏著:《中国财政思想史教程》,上海财经大学出版社 1999 年版。
53. 谭嗣同著:《仁学》,辽宁人民出版社 1994 年版。
54. 汪圣铎著:《两宋财政史》,中华书局 1995 年版。
55. 王家范、谢天佑:《中国封建社会农业经济结构试析——兼论中国封建社会长期停滞问题》,《中国农民战争史研究辑刊》1983 年第 3 辑。
56. 王军著:《荀子思想研究——礼乐重构的视角》,中国社会科学出版社 2010 年版。
57. 王萍著:《从清教神坛到福利国家》,中央编译出版社 2016 年版。
58. 王水照主编:《王安石全集》(第六册),复旦大学出版社 2017 年版。
59. 荀况著,王天海校释:《荀子校释》,上海古籍出版社 2005 年版。
60. 王学斌:《瑞安孙氏与近代永嘉学派复兴》,《浙江日报》2017 年 2 月 20 日。
61. 王贞珉注译:《盐铁论译注》,吉林文史出版社 1996 年版。
62. 巫宝三主编:《中国经济思想史资料选辑》(宋、金、元部分),中国社会科学出版社 1996 年版。
63. 吴松:《叶适理财思想评述》,《思想战线》1998 年第 3 期。
64. 西塞罗著:《论义务》,中国政法大学出版社 1999 年版。
65. 谢浩范、朱迎平译注:《管子全译》,贵州人民出版社 1996 年版。

66. 解洪涛著:《财政与公共部门治理:制度困境与改革经验》,经济管理出版社 2016 年版。
67. 熊彼特:《税收国家的危机》,附录于格罗夫斯著:《税收哲人》,上海财经大学出版社 2018 年版。
68. 亚里士多德著:《政治学》,商务印书馆 1965 年版。
69. 杨宽著:《战国史》,上海人民出版社 2003 年版。
70. 叶坦:《宋代浙东实学经济思想研究——以叶适为中心》,《中国经济史研究》2000 年第 4 期,第 102—113 页。
71. 虞祖尧等编:《中国古代经济著述选读》(下册),吉林人民出版社 1985 年版。
72. 张大可译:《史记》(白话本),商务印书馆 2016 年版。
73. 张觉等著:《商君书导读》,中国国际广播出版社 2008 年版。
74. 张曙光著:《外王之学——荀子与中国文化》,河南大学出版社 1995 年版。
75. 章太炎:《喻侈靡》,载于《章太炎选集》,上海人民出版社 1981 年版。
76. 张友直著:《〈管子〉货币思想考释》,北京大学出版社 2002 年版。
77. 张守军:《丘濬的财政思想》,《财经研究》1987 年第 5 期。
78. 赵靖:《邱濬——中国十五世纪经济思想的卓越代表人物》,《北京大学学报(哲学社会科学版)》1981 年第 2 期,第 47—53、60 页。
79. 赵明著:《大变革时代的立法者——商鞅的政治人生》,北京大学出版社 2013 年版。
80. 周伯棣著:《中国财政思想史稿》,福建人民出版社 1984 年版。
81. 周俊敏著:《〈管子〉经济伦理思想研究》,岳麓书社 2003 年版。

后 记

笔者一直以来就有个想法,选编一本"中国古代治国理财经典文献",以配合每年开设的"中国财政史"课程教学使用,目的是想让浸透在考证书和找实习风气之中的财经专业学生看看,我们古代那些第一流的治国理财者是怎样思考运用财政工具实现国家治理的。在设想中,这样的一本书需要为学生选编原文、解释字词、交代背景并从现代人的视角阐发文本的意义。

复旦大学出版社的王联合学兄鼓励我,这样一本书不仅能用于教学,也可给今天的治国理财者及所有对此话题有兴趣者提供借鉴与启发。在他的鼓励下,我将原来设想用于教学辅助的参考书,编写为一本以阐释中国古代财政治国思想为主要内容的著作。交稿之际,心中惴惴,不知选编的文本内容是否足够典型,不知对于作者作品的介绍是否足够准确,更不知道对于文本中治国理财思想的阐发是否有意义。书稿的编著,毕竟有时间与篇幅的限制,因此我只能将现有的内容呈现给读者,恭请读者评判。

在这本书的编著过程中,我荣幸地邀请到我的同事林矗博士与优秀的本科生宋浩天同学加入。编写时的大体分工如下:第一、三、四、五、六章,由刘守刚撰写;第二章由宋浩天撰写初稿,刘守刚改写;第七、八、九三章由林矗撰写,刘守刚统稿。

需要说明的是,本书三位编著者并非古文字的专家,选录古文的相关注释,是作者根据自己的理解,从有关公认的权威注释文本中摘选的。需要进一步阅读文本并了解文字情况的,可以参考那些校勘与注释文本,本书脚注与参考文献中也给出了一部分线索。

最后,希望这本书的出版能给积极鼓呼"财政是国家治理的基础与重要支柱"的同仁们增加一点响应,希望它能给关注中国古代治国理财经典文献的学生与爱好者们提供一些线索,也希望我们的微薄努力能为中国财政政治学科的发展增添推动的力量。

  这本书本来作为单本出版,恰逢"财政政治学文丛"启动,遂纳入其中,作为丛书第一本。恳请读者的批评。

刘守刚

2018 年 12 月

文 丛 后 记

筹划已久的"财政政治学文丛"终于问世了,感谢丛书的顾问、众多编委和复旦大学出版社帮助我们实现了这一愿望。

"财政政治学文丛"是"财政政治学译丛"的姊妹丛书。自 2015 年"财政政治学译丛"在上海财经大学出版社陆续出版以来,再出一套由中国学者作品组成的"财政政治学文丛"就成为周边很多朋友的期待。朋友们的期待就是我们的使命,于是我们设想用一套"财政政治学文丛"作为平台,将国内目前分散的、从政治视角思考财政问题的学者聚合在一起,以集体的力量推进相关研究并优化知识传播的途径。"财政政治学译丛"的许多译者成了"财政政治学文丛"的作者,我们还希望能够继续吸引和激励更多的学者加入到这一行列中来,以共同推进财政政治学的发展。

无论是对国内学界来说,还是对国外学界来说,"财政政治学"(fiscal politics)都不算是一个主流或热门的概念,甚至到目前为止都没有人专门考证过这个概念的提出者、提出的具体时间及其使用意图。从财政学发展史的角度看,至少早在 19 世纪 80 年代,意大利财政学者就将财政学划分为三个密切相关的分支学科:财政经济学(economia finanziaria)、财政政治学(politica finanziaria)和财政法学(diritto finanziario)。就今天来说,财政政治学在思想上主要源于财政社会学(fiscal sociology,译自德文 Finanzsoziologie),甚至可以说它和最初的财政社会学就是同义词。学界公认,美国学者奥康纳(James O'Connor)是 20 世纪 70 年代推动财政社会学思想复兴的重要代表,但他非常明确地在自己 1973 年出版的《国家的财政危机》一书中提倡"财政政治学",而他所说的财政政治学可以说就是财政社会学,因为他在谈到财政政治学时提及的学者就是财政社会学的创立者葛德雪和熊彼特,而其引用的也主要是熊彼特在1918年所发表的《税收国家的危机》这篇财政社会学的经典文献。无独有偶,在国际货币基金组织2017年出版的《财政政治学》(Fiscal Politics)论文集的导论中,主编也明确地将书名溯源到熊彼特1942年出版的《资本主义、社会主义与民主》和1918年发表的《税收国家的危机》,这实际上也是将财政政治学的思想上溯到财政社会学,因为《税收国家的危机》一文不仅是财政社会学的创始文献之一,也是《资本主义、社会主义与民主》一书的思想源头。

在这里,我们有必要明确强调,初创时期的财政社会学之"社会学"和当前的财政政治学之"政治学"之间并无实质性区别。虽然在今天社会学和政治学分属两个独立的学科,但我们不能根据今天学科分化的语境想当然地将财政社会学作为社会学的子学科或将财政政治学作为政治学的子学科,尽管很多人往往顾名思义地这样认为,甚至一些研究者也是如此主张。无论是从社会学思想史,还是从创立者的研究目的来说,财政社会学的"社会学"更应该被看作是社会理论(social theory)而非社会学理论(sociological theory)。前者试图理解、解释或识别大规模社会变迁,关注的是起源、发展、危机、衰落或进步等主题,因而特别重视制度和长历史时段分析;后者主要是建立一个能系统地将实证研究结果组成对现代社会的综合理解的框架,因其集中关注的主要是那些经济学、政治学、管理学遗漏的地方,甚至被人称作是"剩余科学"。在今天,西方学术界自称或被称为"财政社会学"的研究中,事实上既包含财政社会学初创时期所指的社会理论的内容,又包含当前社会学学科所指的社会学理论的内容,而我们所说的财政政治学跟初创时期的财政社会学基本一致。

"财政是国家治理的基础和重要支柱",我们理解的财政学就是揭示财政与国家治理的关系和后果,以及利用财政工具优化国家治理、推动政治和社会进步的学问。在此前提下,作为财政学分支的财政政治学,探讨的主要就是财政与国家之间的理论关系,就像熊彼特评论财政社会学时所说的,"它可以让我们从财政角度来考察国家,探究它的性质、形式以及命运"[1]。根据我们对财政政治学的理解以及试图实现的研究目标来说,财政政治学的"政治学"所体现的主要不是现代政治学的英美传统而是欧洲大陆传统。前者以英美的科学传统为基础,强调政治研究中的行为主义视角和量化方法;后者以欧洲的人文主义传统为

---

[1] 熊彼特:《税收国家的危机》,刘志广、刘守刚译,载格罗夫斯著,柯伦编:《税收哲人》附录,中译本,刘守刚、刘雪梅译,上海财经大学出版社2018年版,第183页。

基础,强调政治研究中跨学科研究和质性研究的重要性。就欧洲社会科学研究传统而言,遵循欧洲大陆传统的政治学可作为今天的社会理论的组成部分,事实上,当政治学研究传统上溯至亚里士多德时,它本身就是我们今天所说的社会理论。

因此,尽管名称有差异,但财政政治学与财政社会学实际上并不是两类不同性质的研究,只不过财政政治学指的是财政社会学初创时期所指的社会理论范畴。考虑到国内普遍流行的是社会学理论而非社会理论,为避免将财政社会学研究局限于实证或"剩余科学"的范围内,同时也为了进一步突出并传播"财政是国家治理的基础和重要支柱"这一重要理念,我们的译丛和文丛都特别选择财政政治学为名。也可以说,"财政政治学"这一名称选择,它以英美用法为名,但以欧洲大陆传统为实。

在财政学研究传统的划分中,一种更为合理的标准是区分为交换范式财政学和选择范式财政学,这种区分与曾经流行的欧洲大陆传统-英美传统、旧式财政学-新式财政学、德语财政学-英语财政学等划分标准能够基本形成对应关系,但表述更为准确,既能突出不同研究传统的内核,也能够有效避免以地域、时期、国别、语言等分类标准所带来的困难。财政社会学产生于"一战"后期关于欧洲各国战后怎样重建的辩论之中,是交换范式财政学研究传统的典型代表,它与曾流行于欧洲大陆的官房学(cameralism)在思想上有很深的渊源,后者兴盛于政治碎片化下民族国家形成的历史过程之中。无论对财政社会学来说,还是对官房学来说,国家都被置于分析的中心,甚至官房学后来在德国的发展还被称为国家学(Staatswissenschaft)。在欧洲大陆,财政学被认为起源于官房学,而财政社会学也曾被认为就是财政学本身。但长期以来,对英美社会科学思想史来说,官房学都是被遗失的篇章,后来在官房学被译介到英美时,按照其时下的学科划分标准,即经济学主要研究市场问题,政治学主要研究国家问题,而社会学主要研究社会问题,官房学者因为其研究的中心问题是国家而被看作是政治学家而非经济学家或社会学家。事实上,一些研究者也将选择范式财政学研究传统的思想追溯到官房学,但与今天选择范式下基于各种假设条件的虚幻选择不同,官房学中的选择是真实的选择,因为官房学者必须为其选择承担责任,有时甚至会付出生命的代价。从根本上说,官房学着眼于民族国家的实际创立、生存、竞争与发展,更能反映着眼于国家治理的财政科学的完整萌芽,它与我们理解的主要探讨财政与国家关系的财政政治学取向是一致的。阳光之下无罕事,我们并不需要假装财政政治学主张具有原创性,它并不是要构建出一个全新的出发点,而是对财政学思想史中已有传统的新的思考与拓展。周期性地追根溯源及重新阐述研究任务,似乎正是推进社会科学发展的常规做法,而官房学显然可以成为财政政治学发展的重要思想源头。

"财政政治学文丛"的选题范围与财政政治学译丛并没有太大区别,其覆盖面同样广泛,既涉及财政与国家的基础理论研究,也涉及此领域的历史及其实证研究。当然,探讨中国的财政与国家关系、国家治理优化过程中财政工具的运用、从财政推动政治发展等内容,是其中最为重要的组成部分。这些研究是依主题的相似而不是方法的相同而聚合在一起的,研究中各自采用的方法主要依据研究内容而定。它们所要传递并深入研究的基本思想,实际上是葛德雪和熊彼特在其财政社会学的经典论著中所总结并奠定的。

虽然财政政治学还是一个比较新的边缘性的提法,但这恰恰是其意义与价值所在,因为对社会科学研究来说,正是新的边缘性概念及其发展为理论的创新与发展提供了前提条件。更何况,从思想源头上说,财政政治学所代表的财政学思想传统,曾经是财政学本身或财政学的主流,那就是"以国家为中心"。遗憾的是,在中国目前的财政学研究中,恰恰丢掉了国家。正如葛德雪强调的,"财政学主要关心的是国家的经费问题,但它从未停止过询问,谁才是国家?"[1]因此,与政治学界以斯考克波为代表的学者呼吁"找回国家"[2]相应,"财政政治学"的发展实际上就是在财政学领域"找回国家"的知识努力。这种知识的发展和深化,将使我们能够拨开各种迷雾,更好地洞见在有国家的社会中财政制度安排对塑造国家治理体系、治理能力以及背后的社会权利-权力结构的基础性作用。

需要指出的是,财政政治学在当前还不是一个学科性概念,我们愿意遵循熊彼特当年对财政社会学的定位,仍将财政政治学看作是一个特殊的研究领域,它涉及一组特殊的事实、一组特殊的问题以及与这些事实和问题相适应的特殊的研究方法。奥康纳在 2000 年为其《国家的财政危机》再版所写的序言中反复强调了财政政治学研究是政治经济学和政治社会学的结合,而国际货币基金组织出版的《财政政治学》论文集的主编也强调财政政治学试图复兴一种在政治经济学中将经济、社会和政治过程看作是共同决定和共同演进的传统。正是在这种研究取向中,我们可以努力地去实现马斯格雷夫对财政学发展的反思性主张,他认为,主流财政学满足于帕累托最优而忽略了公平正义、个人权利以及有意义的

---

[1] 马斯格雷夫、皮考克主编:《财政理论史上的经典文献》,刘守刚、王晓丹译,上海财经大学出版社 2015 年版,第 263 页。
[2] 斯考克波:《找回国家》,载埃文斯、鲁施迈耶、斯考克波编著:《找回国家》,生活·读书·新知三联书店 2009 年版。

自由概念等对一个国家的重要意义[1]。主流财政学的不足主要在于其研究所依赖的方法或技术导致人为地割裂了财政与国家间的历史性与制度性联系,从而使其研究偏离了财政学的真正研究主题。我们想要做的,就是努力使财政学重新回到对国家具有重要意义的议题的关注之上,并重塑其对社会的理解力和指导力,这一重塑是出于一种迫切且共同的需要,也就是在新的时代更恰当地去理解并推动国家治理优化与中国政治的发展。

当然,我们在此处并不是在否定财政政治学今后走向独立学科的可能性,事实上,我们正在为此做准备。但这需要一个很长的努力过程,需要有更多人能够积极且静心地投入进来。当我们能够从更多的研究确立的各项解释原则的相互关系中发现财政政治学的学科统一性时,建立财政政治学学科所要探讨的问题,将像罗宾斯在重新定义经济学时所说的一样"由理论统一中的缺口和解释性原理中的不足来提示"[2]。但对财政政治学的发展,最令人期待的结果并不在于形成像现代主流财政学那样统一且标准化的理论以对世界进行技术性或工具性控制,而在于通过财政政治学这种多元、开放的思想体系吸收和转化不同学科的研究成果,并将这种独到的综合性思考成果不断地融入到所要分析的主题中去,实现对国家治理和政治发展的更深层次、更广范围的反思性对话,从而促进优良政治与美好社会建设。我们也并不在意符合这里所说的财政政治学研究目的的研究是否都冠之以财政政治学之名,在"有名无实"和"有实无名"之间,我们会毫不犹豫地选择后者,因为这才是我们真正的追求。

因此,对本文丛感兴趣的研究者和读者,不必在意是否满意于"财政政治学"这一名称,也不必纠结于财政政治学是否有一个明确的定义,关键在于志同道合,即我们试图发展一个能让我们更好地理解历史与现实并指导未来的财政学,"财政政治学"就是我们的"集结号"!我们希望拥有更多的读者,也希望有更多研究者能够加入到这一研究团队中来,共同使"财政政治学文丛"不断完善并成为推动财政学科发展的一支重要力量,进而贡献于国家治理的优化与政治的现代化。

刘守刚　上海财经大学公共经济与管理学院
刘志广　中共上海市委党校经济学教研部
2019 年 8 月

---

[1] 布坎南、马斯格雷夫:《公共财政与公共选择:两种截然不同的国家观》,类承曜译,中国财政经济出版社 2001 年版。

[2] 罗宾斯:《经济科学的性质和意义》,朱泱译,商务印书馆 2000 年版,第 9 页。

图书在版编目(CIP)数据

中国古代治国理财经典阐释/刘守刚,林矗,宋浩天编著.—上海:复旦大学出版社,2019.11
(财政政治学文丛)
ISBN 978-7-309-14736-0

Ⅰ.①中… Ⅱ.①刘…②林…③宋… Ⅲ.①财政史-研究-中国-古代 Ⅳ.①F812.92

中国版本图书馆CIP数据核字(2020)第003879号

中国古代治国理财经典阐释
刘守刚　林　矗　宋浩天　编著
责任编辑/方毅超

复旦大学出版社有限公司出版发行
上海市国权路579号　邮编:200433
网址:fupnet@fudanpress.com　http://www.fudanpress.com
门市零售:86-21-65642857　团体订购:86-21-65118853
外埠邮购:86-21-65109143
上海丽佳制版印刷有限公司

开本787×1092　1/16　印张18.25　字数301千
2019年11月第1版第1次印刷

ISBN 978-7-309-14736-0/F·2667
定价:59.00元

如有印装质量问题,请向复旦大学出版社有限公司发行部调换。
版权所有　侵权必究